Tanja Busse

Das Sterben der anderen

Tanja Busse

Das Sterben der anderen

Wie wir die
biologische Vielfalt noch
retten können

Blessing

Klimaneutral
Druckprodukt
ClimatePartner.com/12537-1707-1001

MIX
Papier aus verantwortungsvollen Quellen
FSC® C083411
FSC
www.fsc.org

Verlagsgruppe Random House FSC® N001967

1. Auflage, 2019

Neumarkter Str. 28, 81673 München
Satz: Leingärtner, Nabburg
Druck und Einband: CPI books GmbH, Leck
Printed in the Czech Republic
ISBN: 978-3-89667-592-7

www.blessing-verlag.de

Für Lenn, der mir Ohren und Augen geöffnet hat

Inhalt

Einleitung

»Mama, was ist das für ein Geräusch?« Es ist ein später Nachmittag im Sommer 2017. Wir radeln auf dem Uferradweg den Bodensee entlang. Drei Tage sind wir schon unterwegs, wir haben Enten gesehen, Kraniche, Gänse, Bussarde. Jetzt zirpt eine Heuschrecke. Und mein Sohn fragt, was das ist.

Ich brauche einen Moment, bis ich die Frage verstehe. Bis ich kapiere, dass er das Geräusch nicht kennt. Offenbar noch nie gehört hat.

Mein Sohn ist nicht im 84. Stock eines Hochhauses in Manhattan aufgewachsen. Er ist auch nicht *Konrad aus der Konservenbüchse,* das erschreckend ordentliche Kind aus dem gleichnamigen Kinderbuch. Im Gegenteil. Er wohnt in einem Haus mit verwildertem Garten. Seine Großeltern leben auf dem Land und ziehen mit ihm durch die Felder. Seine Kitagruppe wandert jede Woche einen ganzen Tag lang mit einem Biologen durch den Wald und erkundet die Tierwelt. Mein Sohn kann Seeadler von Fischadlern unterscheiden und kennt Kreuzspinnen, Libellen, Eichelhäher und Rotkehlchen. Er ist vier, fast fünf Jahre alt. Aber er hat gerade zum ersten Mal in seinem Leben eine Heuschrecke gehört. In diesem Moment verstehe ich, was Insektensterben bedeutet.

Natürlich hatte ich davon in der Zeitung gelesen. Ich hatte sogar Interviews für den WDR darüber geführt. Ich hatte gelesen, dass die vom Bundesamt für Naturschutz erstellten Roten Listen der gefährdeten Tier- und Pflanzenarten immer länger werden. Ich kannte also die Fakten. Trotzdem brauchte ich eine Radtour am Bodensee und ein erstauntes Kindergesicht – *Mama, was ist das für ein Geräusch?* –, um zu verstehen, dass hier etwas völlig aus dem Ruder läuft. Dass etwas sehr Unheimliches geschieht.

Offenbar brauchen wir solche Momente, um das ganze Ausmaß der Gefahr zu begreifen. Jahrzehntelang warnten Ökologen, Biologinnen und Naturschützer vor dem großen Artensterben. Jeder, der gelegentlich eine Zeitung aufschlägt, hat davon gehört. Dass da etwas verloren geht. Dass wir etwas tun müssten. Doch so richtig gekümmert hat das jahrzehntelang nur die Fachleute. Die Insekten und viele andere Arten starben leise und unbemerkt.

1992, also vor mehr als zweieinhalb Jahrzehnten, hatten die Vereinten Nationen zur großen Umwelt- und Entwicklungskonferenz nach Rio de Janeiro eingeladen. Auf dieser bahnbrechenden Konferenz einigten sich über 150 Staaten darauf, dass die Biodiversität unbedingt geschützt werden müsse und nur eine nachhaltige Entwicklung die Menschheit retten könne. Doch auf den Nachfolgekonferenzen konnten sie sich nicht auf rechtsverbindliche Ziele einigen. So wurden trotz zahlreicher Strategien und Aktionspläne auf allen politischen Ebenen und trotz einzelner Erfolge wie beim Kranich die Roten Listen der bedrohten Tier- und Pflanzenarten immer länger.

Erst die Langzeitstudie der Krefelder Entomologen hat das Insektensterben zum Thema gemacht. Medien aus der ganzen

Welt haben darüber berichtet. Mehr als 75 Prozent Verluste in den letzten dreißig Jahren, berichteten die Forscher, und zwar nicht nur seltene Arten, Spezialisten mit besonderen Ansprüchen – das kannte man ja schon –, sondern Verluste bei so ziemlich allen Arten. Die Insekten verschwinden.

Die Nachricht war deshalb so verstörend, weil viele merkten, dass sich die Krefelder Forschungsergebnisse mit ihrer Alltagserfahrung deckten. Saubere Windschutzscheiben nach langen Autofahrten, das war doch früher anders? Und warum kann ich im Sommer abends lüften und das Licht anlassen, ohne dass es hinterher im Zimmer summt und brummt? Warum ist es im Garten so still geworden? Wann habe ich eigentlich den letzten Schmetterling gesehen? Wo sind sie alle hin, die Insekten?

Trotzdem hatten Journalisten noch Ende 2017 das Gefühl, sich rechtfertigen zu müssen, wenn sie zur besten Sendezeit über die bedrohte biologische Vielfalt reden wollten. »Unser Thema heißt: Der stille Tod der Bienen – wer vergiftet unsere Natur? Falls Sie jetzt sagen, haben die keine anderen Sorgen? Was macht die GroKo, oder was macht Seehofer ohne das Ministerpräsidentenamt?«, so begann Frank Plasberg seine Sendung *hart aber fair* im Dezember 2017.[1] Das klingt wie: Was sind schon ein paar Millionen wilde Bienen gegen einen Horst Seehofer? Der Moderator erläuterte ausführlich, warum das Insektensterben für uns wichtig ist: »Wenn die Bienen, wenn Insekten sterben, bedroht das das ganze Ökosystem und auch die Nahrungskette von uns Menschen.« Für Biologinnen, Ökologen und alle, die irgendwie mit Natur zu tun haben, ist das so selbstverständlich wie etwa die Tatsache, dass ein Fahrzeug ohne Motor und Treibstoff nicht fahren kann. Das würde kein Journalist seinem Publikum erklären. Aber was Insekten für unser Ökosystem und damit für uns bedeuten, offenbar schon. Insekten sind klein und unwichtig, so haben wir das wohl lange empfunden: Schmetterlinge sind schön, eigentlich schade, dass sie so selten geworden sind ... Und die Mücken? Die stechen, vielleicht gar nicht so schlimm, wenn es weniger davon gibt! Nur bei den Bienen gibt es wohl ein Problem mit der Bestäubung. Ob wir dann bald keine Äpfel mehr essen können? Das Leben rund um uns erstirbt – und viel zu lange hat uns das nicht besonders beunruhigt.

Aber warum haben wir so viel Zeit verloren? Warum hat es so lange gedauert, bis viele gemerkt haben, dass der Verlust der biologischen Vielfalt zusammen mit dem Klimawandel unsere Existenz gefährdet? Dass Insekten systemrelevant sind? Vielleicht liegt es daran, dass wir uns so weit von der Natur entfernt haben. Dass wir dem Leben da draußen nicht mehr begegnen. Nicht im Auto auf dem Weg ins Büro. Nicht auf dem asphaltierten Schulhof, nicht im Fitnessstudio und auch nicht beim Grillen im Garten zwischen Kirschlorbeer und Steingarten-Arrangement.

Vielleicht liegt es auch daran, dass wir schon so oft vor Umweltkatastrophen gewarnt wurden und dann alles – scheinbar – doch nur halb so schlimm war. Hatte nicht die amerikanische Ökologin Rachel Carson schon 1962 vor dem *Stummen Frühling* gewarnt? Ihr Buch über den flächendeckenden und skrupellosen Einsatz von Pestiziden in Amerika war damals ein Bestseller, es gilt als Katalysator der weltweiten Umweltbewegung, ebenso wie der Bericht des *Club of Rome* über die Grenzen des Wachstums, 1972. Aber noch singen ja die Vögel, werden viele bei der Lektüre gedacht haben, und die Wirtschaft wächst auch weiter. Es scheint, als könnte man angekündigte Katastrophen ruhig aussitzen. Irgendwer wird schon was dagegen tun.

Als ich zur Schule ging, beherrschten der Saure Regen und das Waldsterben die Umweltdebatte. Wir Kinder sahen Bilder von abgestorbenen Fichten in der Tagesschau und stellten uns vor, die Wälder rund um unser Dorf könnten bald auch so schaurig und tot aussehen. Auf einem Flur in unserer Schule hing plötzlich ein Zettel, auf dem stand: »Erst wenn der letzte Baum gerodet, der letzte Fluss vergiftet, der letzte Fisch gefangen ist, werdet ihr merken, dass man Geld nicht essen kann.«

Doch unsere Bäume überlebten. In den Zeitungen lasen wir von neuen Luftreinhalterichtlinien, von Rauchgasentschwefelungsanlagen und Katalysatoren. Nach der Wiedervereinigung wurden die Braunkohlekraftwerke der ehemaligen DDR geschlossen, und 2003 erklärte die erste grüne Bundeslandwirtschaftsministerin Renate Künast das Waldsterben für beendet. Natürlich gab es nach wie vor gefährliche Emissionen und geschädigte Wälder, doch das war bis zum Dürresommer 2017 nur ein Thema für Forstwissenschaftler und Ökologen – weit unter der Aufmerksamkeitsschwelle der Medien.

Mit dem Ozonloch war es ähnlich: Schon 1974 hatten zwei Forscher – die späteren Nobelpreisträger Mario Molina und Sherwood Rowland – vor Fluorchlorkohlenwasserstoffen in der Atmosphäre gewarnt. Doch erst als Anfang der Achtziger tatsächlich eine Ausdünnung der Ozonschicht über der Antarktis gemessen wurde, machte das Thema Schlagzeilen. Im Chemieunterricht zeichnete unser Lehrer komplizierte Gebilde mit Chlor- und Fluoratomen an die Tafel und erklärte uns, dass die gefährlichen Fluorchlorkohlenwasserstoffe als Treibgas und Kühlmittel verwendet werden. Wir staunten, dass chemische Verbindungen, die zu Hause in unseren Kühlschränken steckten, weit entfernt von uns – irgendwo über dem Himmel Australiens – große Löcher in die Atmosphäre rissen. Ich tadelte meine Mutter, als ich sah, wie sie sich Haarspray auf den Kopf sprühte: Ob ihr die Kinder in Australien egal seien, die bald nicht mehr draußen spielen könnten – wegen der gefährlichen Strahlung?

Aber bald waren wir beruhigt: 1987 wurden FCKW verboten. Die internationale Staatengemeinschaft hatte ein wirkungsvolles Abkommen zustande gebracht, und das Loch über der Antarktis wird seit einigen Jahren tatsächlich wieder kleiner.

Eine entschlossene Weltgemeinschaft hat vernünftige Beschlüsse gefasst und auch danach gehandelt: Sind es solche Erfahrungen, die uns lange so ruhig ließen, wenn wir davon hören, dass um uns herum die Insekten sterben?

Oder ist es das Gegenteil? Hat uns das Gefühl, andauernd von irgendetwas bedroht zu werden, abstumpfen lassen? Schließlich sind die meisten großen Umweltprobleme ja eben nicht schnell gelöst worden wie der Saure Regen und die Fluorchlorkohlenwasserstoffe. Klimawandel, Feinstaub in der Luft, Plastik im Meer, Nitrat im Grundwasser, multiresistente Keime im Krankenhaus und gefährliche langlebige Gifte aus den Chemiefabriken dieser Welt, die sich weltweit ausgebreitet haben, dazu das Revival der Atomwaffen: Auf dieser Liste der ungelösten globalen Umweltgefahren können ein paar tote Insekten eher harmlos wirken. Lässt uns die Mischung aus Dauerbedrohung und Ohnmachtsgefühl am Ende doch resignieren?

An jenem Nachmittag am Bodensee jedenfalls hat mich die Frage meines Sohnes aus dieser Lethargie aufgeweckt. In diesem Moment habe ich auch begriffen, was *shifting baselines* sind. Und wie gefährlich sie sind, wenn es darum geht, Veränderungen wahrzunehmen und darauf zu reagieren.

Der Meeresbiologe Daniel Pauly hat den Ausdruck 1995 geprägt. Jeder Fischereiwissenschaftler, schrieb er, nehme eine andere Bestandsgröße und eine andere Artenzusammensetzung als Ausgangspunkt für seine Forschung, nämlich jeweils die, die er zum Beginn seiner Laufbahn vorfindet. Weil die Fischbestände aber seit Jahrzehnten sinken, findet jede neue Forschergeneration viel kleinere und artenärmere Bestände vor. Doch genau diese geschrumpfte Tierwelt ist die neue *baseline* der Wissenschaft. Das Ergebnis, folgert Pauly, ist ganz offensichtlich eine Gewöhnung an das schleichende Verschwinden der Arten. Im englischem Original klingt das noch gruseliger: *the creeping disappearance of resource species.*[2]

Diese neue Linie aber ist ein unangemessener Referenzpunkt, warnt Pauly eindringlich. Damit kann man weder die ökonomischen Kosten der Überfischung richtig berechnen noch Ziele für die Wiederherstellung eines Gewässers entwickeln. Pauly schlägt vor, historische Berichte von Fischern nicht einfach als Anekdoten abzutun. Die Wissenschaftler sollten sie vielmehr systematisch auswerten, um sich nicht durch die *shifting baselines* täuschen zu lassen.

Der Historiker David Blackbourn hat das getan. In seinem Buch *Die Eroberung der Natur. Eine Geschichte der deutschen Landschaft* zitiert er Naturschützer des 19. Jahrhunderts und Schriftsteller wie Theodor Fontane und Wilhelm Raabe, die voller Wehmut beschrieben, wie die Vielfalt vor ihren Augen verloren ging.[3] Es war die Zeit, als deutsche Ingenieure die wilden Ströme Rhein und Oder begradigten und zu Wasserstraßen machten. Sie errichteten Talsperren und legten weite Sumpfgebiete trocken, um darin Dörfer und Felder anzulegen. Ganze Ökosysteme wurden vernichtet, Fische, Vögel und Insekten verloren ihre Lebensräume. Damals zog es Künstler in die Dörfer in den verschwindenden Mooren, nach Worpswede und Dachau. Sie dokumentierten in ihren Bildern eine im Verschwinden begriffene Landschaft. »Nie wurden verlorene Feuchtgebiete so wertgeschätzt, nie genossen sie eine solche Bekanntheit wie zum Zeitpunkt ihres Verschwindens«, schreibt Blackbourn, und es gibt mir einen Stich, als ich das lese, so sehr drängt sich der Vergleich auf: Nie wurde die Biene so wertgeschätzt, nie genoss sie eine solche Bekanntheit …

Obwohl Blackbourn den Begriff nicht verwendet, ist der ehemalige Harvard-Professor sich des Phänomens der *shifting baseline* sehr bewusst. Den Menschen damals schien es, als würde mit der Trockenlegung der Moore eine Wildnis zerstört, eine unberührte Natur. Doch auch die so ursprünglich wirkende Moorlandschaft war längst durch menschliche Tätigkeiten verändert worden. Was die Maler Ende des 19. Jahrhunderts festhielten, war nur eine Momentaufnahme einer im ständigen Wandel begriffenen Landschaft. »Pfarrer und Botaniker, die Tierarten zählten und über die zurückgehenden

Zahlen klagten, machten ebenfalls Momentaufnahmen von einer einzelnen Phase eines längeren Übergangs«, erläutert der Historiker. Wir können lediglich sagen, schließt Blackbourn, »dass diese Nutzungen intensiver wurden. Sie waren auch zerstörerischer als frühere menschliche Eingriffe, wenngleich weniger zerstörerisch als das, was folgen sollte.«[4]

Ich erinnere mich, wie ich als Kind im Gras lag und das Krabbeln der Insekten beobachtete. Ich erinnere mich an *viele* Heuschrecken und an ein dauerndes Zirpen in unserem Garten. Wenn wir nicht schnell handeln, wird mein Sohn das nicht mehr erleben. Er ist zusammen mit den Kindern seiner Generation auf eine andere *baseline* heruntergerutscht. In eine Welt, in der Heuschrecken und Schmetterlinge kleine Sensationen sind.

Ich versuche mich in seine Naturerfahrung einzufühlen – *Sommer: Gras, Löwenzahn und Amseln* –, und das zeigt mir, wie falsch es ist zu denken, dass alles irgendwie gut gehen wird. Es ist eben nicht gut gegangen. Mein kleiner Sohn wächst in einer anderen, viel ärmeren Umwelt auf als ich vierzig Jahre zuvor. In einer Welt, in der Heuschrecken, Spatzen und Lerchen so selten sind wie für uns damals vielleicht Tagpfauenaugen und Störche. Aber er wird nichts vermissen, er kennt es ja nicht anders. Genauso wenig wie wir Erwachsenen die verlorene Vielfalt vermissen, die unsere Vorfahren für so selbstverständlich gehalten haben, dass sie uns nichts darüber in die Chroniken und Kirchenbücher geschrieben haben.

Der Umweltaktivist und Filmemacher Ulrich Eichelmann hat mir einmal die Flüsse seiner Kindheit gezeigt, in der hügeligen Landschaft südlich von Paderborn, die mir sehr vertraut ist, weil ich ganz in der Nähe aufgewachsen bin. Wir sind auf einem Wanderweg an dem kleinen Flüsschen Sauer entlangspaziert, das sich in sanften Biegungen durch einen hellen Auenwald schlängelt. Licht und Schatten wechseln sich ab, das Wasser rauscht und gluckert, während es Kiesbänke umspült und halb versunkene Baumstämme überwindet. Eine Idylle, fand ich.

Doch Ulrich Eichelmann hat geschimpft. »Es ist nicht mehr schön hier«, hat er gesagt. »Es mag grün sein, aber die Landschaft um uns herum ist einfach nur eine grüne Monotonie. Auf den Feldern wachsen nur noch Mais und Weizen und Turbogräser, die vier bis fünf Mal im Jahr gemäht werden. Früher hat man die Golfplätze in England nicht öfter gemäht. Da ist kein Leben mehr drauf. Es ist grüner Asphalt.«

Ulrich Eichelmann ist hier in den sechziger und siebziger Jahren aufgewachsen, als der grüne Asphalt am südlichen Rand des Eggegebirges noch lebendiger war. Als Kind hat er Eisvögel, Wasseramseln, Turteltauben und Rebhühner beobachtet und beschlossen, sie zu schützen. Er studierte Landschaftsökologie und ging zum WWF nach Wien, um die Donau-Auen vor einem Wasserkraftwerk zu schützen, und hatte damit Erfolg. Später gründete er die Naturschutzorganisation *RiverWatch* und drehte einen Film über Umweltverbrechen im Namen des Klimaschutzes.[5] Immer, wenn er zurück in sein Dorf kommt, kümmert er sich um die Flüsse seiner Kindheit. Zusammen mit dem Heimatverein Atteln, dem er als Inspirator gilt, ist es ihm gelungen, eine Staumauer abreißen zu lassen und dem aufgestauten Flüsschen Altenau das alte Flussbett mit allen Schlingen und Biegungen zurückzugeben. Es hat mich sehr beeindruckt, wie die Leute aus Atteln, Bäcker, Bauern und Beamte, die Behörden so lange wachgerüttelt haben, bis die Abrissbagger angerollt sind und die Staumauer zerschlagen haben. Ein großartiger Erfolg für die Naturschützer in der konservativen katholischen Gegend, in der Aufruhr und Widerstand nicht als Tugenden gelten. Der Fluss ist gerettet. Doch die Agrarlandschaft um ihn herum?

»Die Kulisse stimmt für die Leute«, klagt Eichelmann. »Aber es ist gar nichts mehr da. Natürlich hören wir noch Vögel singen, aber das Konzert, was jeden Morgen erklingt, hat nur noch ganz wenige Instrumente. Wir haben längst verlernt, die Vogelstimmen zu erkennen. Es fällt uns gar nicht auf, wenn der Gartenrotschwanz verschwindet. Der Ortolan. Die Lerche, der Kiebitz, das Rebhuhn. Selbst die Turteltauben. Die sind alle weg.«

Das Sterben der Turteltauben muss leise gewesen sein. Diese hübschen kleinen Tauben mit den schwarzweißen Streifen am Hals sind viel zarter und zurückhaltender als die forschen Straßentauben, die sich Fußgängerzonen und Bahnhöfe als Revier erobert haben. Die Turteltauben halten lieber Abstand zu den Menschen, sie nisten in Hecken und wagen sich höchstens in Parks vor. »In den achtziger Jahren haben sie hier noch gelebt«, erzählt Eichelmann. »Aber weil sie so unauffällig sind, hat niemand ihr Verschwinden bemerkt.«

Inzwischen haben Forscher herausgefunden, warum es die Tauben nicht mehr gibt: Die Turteltauben füttern ihre Jungen mit dem Samen des Erdrauchs. »Eine ganz normale hübsche rot blühende Pflanze«, so nennt sie Eichelmann, Landwirte werden sie wohl zum Unkraut zählen. Seit den achtziger Jahren ist die Landbewirtschaftung immer intensiver geworden. Viele kleine Felder wurden zu größeren zusammengelegt, Feldränder wurden einfach mitgepflügt und Hecken gerodet. Und der chemische Pflanzenschutz wirkt, wie er soll: Er tötet alle Pflanzen außer der Feldfrucht, die der Landwirt gesät hat.

Deshalb ist der Erdrauch immer seltener geworden und schließlich verschwunden. Aus der »ganz normalen hübschen Pflanze« ist eine Seltenheit geworden. Spaziergänger mögen das schade finden, doch für die Turteltauben muss es eine Katastrophe gewesen sein.

Ich stelle mir vor, wie die Turteltauben nach ihrem langen Flug über die Sahara und das Mittelmeer ausgehungert in ihren Nistgebieten angekommen sind und nur wenig zu fressen gefunden haben. Wie sie vergeblich nach der Hecke gesucht haben, in der sie im letzten Jahr genistet hatten. Denn dort ist inzwischen eine Siedlung mit neuen Einfamilienhäusern gebaut worden. Oder ein Landwirt hat sie abgesägt, weil ihm wegen der Hecke die Flächenprämie gekürzt wurde. Ich stelle mir vor, wie die Turteltauben dann irgendwo einen neuen Nistplatz gefunden haben, aber keine Samen, um ihre Nestlinge zu füttern. Wie sie immer weiter und weiter fliegen mussten auf der Suche nach Körnern. Die Turteltauben kennen das Wort Ackerbegleitflora nicht, aber sie merken, dass etwas fehlt, was sie über Jahrhunderte gut ernährt hat: Erdrauch, Miere, Wegerich und Gänsefuß.[6] Ich stelle mir vor, wie der Landwirt zufrieden von seinem großen Schlepper auf den Acker blickt und denkt: Wie gut der Weizen wächst! Oder wie eine junge Familie stolz ihr neues Haus in der Neubausiedlung bezieht und einen unkrautfreien Rollrasen im Garten ausbreiten lässt, damit die Kinder an der frischen Luft spielen können. Vielleicht ist genau an diesem nasskalten Tag der letzte Nestling der Turteltauben verhungert.

»Unsere Landschaft ist monoton geworden«, sagt Ulrich Eichelmann, »aber wir haben verlernt, das zu sehen.« Seine Definition der *shifting baseline* geht weiter als die von Pauly. »Auch die Älteren, die noch den Vergleich haben, vergessen mit der Zeit, wie es früher war«, sagt Eichelmann. »Du gewöhnst dich so dermaßen daran, dass du denkst, das war doch immer schon so.« Es startet nicht nur jede Generation an ihrer eigenen neuen *baseline*, sondern diese *baseline* sinkt im Laufe der Jahre offensichtlich noch weiter, zumindest bei Laien, die sich nicht auf gesicherte Zahlen stützen können.

Würden wir unsere Aufmerksamkeit heute noch so sehr auf die Natur richten wie unsere bäuerlichen Vorfahren aus der Zeit vor den Massenmedien, wäre uns das Verschwinden von Erdrauch und Turteltaube wohl aufgefallen. Der Erdrauch war den Kräuterkundigen als Heilpflanze bekannt, gegen Ekzeme und Bauchkrämpfe. Und das zärtliche Schnäbeln und Kuscheln der Turteltauben kannten früher alle auf dem Land und auch den Werberuf der Täuberiche, *turr turr turr*. Von ihrem Gesang stammt der schöne Ausdruck: miteinander turteln.

Aber weg sind sie. Der Erdrauch und die Turteltauben. Die Eisvögel und die Rebhühner. Die Heuschrecken und die wilden Bienen. Warum verschwinden sie? Warum stirbt die Vielfalt um uns herum? Was bedeutet das Sterben der anderen für uns? Warum tun wir nichts dagegen?

Ich steckte mitten in der Lektüre über die Fressgewohnheiten der Turteltauben, als ich einen Anruf vom Team der *Ocean Film Tour* bekam: Ob ich eine Diskussion zum Filmstart der Tour 2018 in Hamburg moderieren könne? Sie hätten Sylvia

Earle eingeladen, die berühmte Meeresforscherin. Und die habe tatsächlich zugesagt, obwohl sie schon 82 Jahre alt sei und noch immer unermüdlich damit beschäftigt, für neue Schutzgebiete in den Ozeanen dieser Welt zu werben. Dreihundert Tage im Jahr ist sie dafür unterwegs. Damit möglichst viele Leute die große alte Dame des Meeresschutzes kennenlernen und sich von ihrem Enthusiasmus für Haie und Korallenriffe mitreißen lassen, plante die *Ocean Film Tour* eine Podiumsdiskussion mit Sylvia und lauter Prominenten. Der Schauspieler Hannes Jaenicke hat zugesagt und Anton Hofreiter, der Fraktionsvorsitzende der Grünen. Über *Hope Spots*. Orte der Hoffnung für die Fische, die Meere und das Klima.

Ich staunte: Die *Ocean Film Tour* kannte ich als Filmfestival für Abenteurer, für Segler, Taucher und Extremsportler. Und die Veranstalter holen eine Wissenschaftlerin und lassen sie eine halbe Stunde lang auf Englisch über den Meeresschutz und Ökosysteme reden? Am Ende der Rede sagt Sylvia Earle: Wir wissen mehr als jemals zuvor in der Geschichte der Menschheit. Wir wissen, dass der Klimawandel die Korallenriffe sterben lässt. Dass die Meere wärmer und saurer werden und dass wir im Begriff sind, die weltweiten Fischbestände – unsere Nahrungsgrundlage – zu vernichten. Wir wissen das alles. Und deshalb können wir etwas dagegen tun! Jeder von uns kann etwas tun! Sylvia Earle, zierlich, elegant, gut aussehend, hebt ihre Hände und ballt sie zur Faust. Hunderte junge Leute im Publikum stehen auf und applaudieren. Ich bekomme eine Gänsehaut: Wenn das möglich ist, wenn wir uns für Sylvia Earle und ihre Botschaft begeistern können, dann muss es doch möglich sein zu handeln.

Seit über sechzig Jahren erforscht Sylvia Earle das Leben im Meer, sie war 7000 Stunden unter Wasser und hat dokumentiert, wie Korallen erbleichen, wie Haie verschwinden, wie Fischbestände im Meer zusammenbrechen und wie Öl im Golf von Mexiko die wunderbare Unterwasserwelt erstickt. Von ihr habe ich gelernt, die Dimension dessen, was wir gerade auf der Welt anrichten, besser zu begreifen. Vor 220 bis 66 Millionen Jahren lebten die Dinosaurier. Ihre Zeit nennt man das Erdmittelalter, Trias, Jura, Kreide. Wer kleine Kinder hat, kennt das schöne, schaurige Gefühl, sich vorzustellen, wie lange das her ist. Unendlich lang. Die Dinosaurier lebten schon, bevor wir Menschen wurden. Zu ihrer Zeit gab es Korallenriffe und Haie. Sylvia Earle fragt: Warum haben wir in wenigen Jahrzehnten neunzig Prozent der Haie getötet, die so lange auf unserem kleinen Planeten überlebt haben? Und sie wiederholt, so eindringlich, dass niemand weghören kann: Wir wissen so viel, wir können so viel erforschen – wir dürfen nicht zulassen, dass das Leben in den Meeren untergeht. Und an Land auch nicht, füge ich in Gedanken hinzu. Was für Haie gilt, trifft auch auf Heuschrecken zu. Und es geht ja eben nicht nur um Haie und Heuschrecken. In Ökosystemen hängt alles mit allem zusammen, in Nahrungsnetzen und Stoffkreisläufen. Deshalb sind weder Haie noch Heuschrecken einfach nur für sich selbst da. Deshalb können wir nicht einfach sagen, schade, wenn sie weg sind, aber sei's drum. Denn es geht immer um das ganze Leben und damit auch um unseres. Zur Verdeutlichung: Wenn das Leben in den Meeren stirbt, bleibt uns die Luft weg. Denn etwa die Hälfte des Sauerstoffs in der Luft wird von winzigen Meeresalgen produziert. Jeder zweite Atemzug.[7]

Als junges Mädchen hat Sylvia Earle die Flüsse an der Westküste Floridas erkundet. Sie erinnert sich an klares Wasser und viele verschiedene Fischarten. Heute sind die Flüsse ihrer Jugend zu Abwasserkanälen verbaut. Als junge Wissenschaftlerin erforschte sie die unendliche Artenvielfalt von Korallenriffen im Indischen Ozean. Als sie Jahrzehnte später an dieselben Stellen zurückkehrte, waren die Korallen gestorben und die Fische verschwunden. Sie spricht präzise und sachlich, Drama und Pathos sind nicht ihre Sache, und trotzdem spürt man ihren Schmerz über das große Sterben im Wasser. Aber sie hat dokumentiert, was vorher da war. Ihre Doktorarbeit hat sie über Algen im Golf von Mexiko geschrieben, 20000 verschiedene Algen-Exemplare aus dieser Unterwasser-Recherche lagern heute im großen National Museum of Natural History in Washington. Es sind die Beweise der Vielfalt, ihr Trumpf gegen die *shifting baselines.*

»Ich sehe, was andere nicht sehen«, sagt Sylvia Earle. »Der Ozean stirbt.« Der amerikanische Autor Ian Frazier hat ein sehr eindrucksvolles Porträt über Sylvia Earle geschrieben und über den professionellen Optimismus und Enthusiasmus, mit dem sie ihr Ziel verfolgt: mehr Meeresschutzgebiete, mehr *Hope Spots.* Doch dann stehen da diese Sätze: »Trotzdem ist da irgendwie dieses Gefühl, dass niemand zuhört. Sylvias meeresblaue Augen haben die gleiche sanfte Trauer, mit der weise und gütige Aliens in Filmen die törichten Erdlinge angucken.« »Viele Leute, die ich liebe, haben keine Ahnung von der Not, in der wir stecken«, sagt Sylvia.

Warum auch immer es so lange gedauert hat, bis wir verstanden haben, dass ein Teil unseres Ökosystems einfach verschwindet: 2018 ist etwas in Bewegung geraten. 2018 haben die Medien jenseits der Fachpresse und Politiker jenseits des Umweltressorts das große Sterben als großes Thema aufgegriffen. Endlich wird darüber geschrieben und gesprochen, dass etwas zusammenbricht, auf das wir alle angewiesen sind. Und das Jahr 2019 hat mit dem Erfolg des bayerischen Volksbegehrens Artenvielfalt begonnen. Ein breites Bündnis hat Alarm geschlagen, und fast jeder fünfte Wahlberechtigte hat unterzeichnet. Mehr als 1,7 Millionen Menschen. Es ist das bisher erfolgreichste Volksbegehren in Bayern, und es zeigt, dass sehr viele Menschen verstanden haben, dass es ums Ganze geht. Dass Reden nicht mehr reicht. Dass sich etwas ändern muss, und zwar schnell. Das ist neu. Und das ist unsere Chance, die biologische Vielfalt noch zu retten.

Denn gleichzeitig hat sich noch mehr verändert: Eine sechzehnjährige Schwedin ist weltberühmt geworden, weil sie wiederholt hat, sehr klar und sehr eindringlich, was Wissenschaftler seit Jahrzehnten sagen: Der Klimawandel wird unsere Lebensbedingungen so sehr verändern, dass wir alles tun müssen, um ihn abzumildern. Jugendliche auf der ganzen Welt sind Greta Thunberg gefolgt und gehen freitags zum Protestieren auf die Straße statt zur Schule. Sie nehmen den im März 2019 veröffentlichten UN-Bericht zum Klima ernst: Wenn schon jetzt Millionen Menschen von Extremwetter betroffen sind, mindestens zwei Millionen Menschen vor katastrophalen Klimabedingungen fliehen müssen und der Meeresspiegel innerhalb eines Jahres um 3,7 Millimeter gestiegen ist, können wir nicht länger warten.[8]

Wenige Tage vor der Europawahl kritisierte der YouTuber Rezo die Regierungsparteien heftig dafür, dass sie ihre Politik von den Erkenntnissen der Wissenschaft abkoppeln und ihre selbst gesteckten Ziele verfehlen. Rezo warnte eindringlich vor der menschengemachten Klimakrise und dem Verlust der Biodiversität. Auch wenn ich die Regierungsbilanz von CDU und SPD weniger drastisch kritisiert hätte als Rezo, war ich ihm doch sehr dankbar dafür, dass er das permanente Zieleverfehlen und die Dringlichkeit des Handelns zum Thema gemacht hat. Nach zehn Tagen war das Video mehr als 13 Millionen Mal geklickt worden. CDU und SPD verloren bei der Wahl, die Grünen verdoppelten beinahe ihre Stimmen, und spätestens jetzt ist klar: Regierungen, die Klima, Umwelt und Natur weiter gefährden und das nur rhetorisch verschleiern, werden sich nicht mehr lange halten können.

Das ist der Moment, den wir nutzen können. Für die Insekten. Für die Vielfalt. Und für uns.

Kapitel 1

Das Refugium der Heuschrecken

Warum die Landwirtschaft die Biodiversität jahrhundertelang gefördert hat und die Agrarindustrie sie jetzt gefährdet

»Achtung, Blindgänger!« steht auf dem Schild am Waldrand. Will man zum letzten Rückzugsort des Kleinen Heidegrashüpfers auf der Huppenheide gelangen, muss man die Warnung ignorieren.

»Blindgänger?«, frage ich. »Macht nichts«, sagt Thomas Fartmann. Er ist Heuschreckenforscher, promoviert und habilitiert, und leitet die Abteilung für Biodiversität und Landschaftsökologie an der Universität Osnabrück. »Hier wurde nie scharf geschossen.« Ich zögere kurz und folge ihm. Weg vom Wanderweg. Über einen kleinen Wall auf Mountainbikespuren hinein in die Huppenheide. Einst Allmende. Heute Truppenübungsplatz.

Thomas Fartmann ist hier aufgewachsen, auf einem Bauernhof am Rande der Huppenheide, nicht weit von Münster entfernt, die so heißt, weil hier früher der Wiedehopf sang, der Heuschreckenfresser.

Hupp hupp, so ruft der Wiedehopf. Huppe ist das Münsterländer Wort für Wiedehopf. Willkommen also in der Huppenheide, in der seit fast sechzig Jahren kein Wiedehopf mehr gesungen hat. Es ist wie mit dem Turteln und der Turteltaube: In unserer Sprache, in unseren Ausdrücken und Flurbezeichnungen überleben die Tiere länger als in der Natur. Als Wörter bewahren wir die Vielfalt besser als draußen im echten Leben. Der Name Wiedehopf ist mir vertraut, aber vielleicht auch nur, weil er seinen Auftritt in der *Vogelhochzeit* hat, dem uralten Kinderlied. »Der Wiedehopf, der Wiedehopf, er bringt der Braut 'nen Blumentopf!« Aber wie sieht er aus?

Ich muss erst im Internet nach Fotos suchen, um ein Bild zu haben: Der Wiedehopf trägt eine Art Irokesenschnitt aus langen orange-bräunlichen Federn, weiß und schwarz abgesetzt. Seine Flügel schwarz und weiß gestreift wie ein Zebra. Was für ein hübsches Tier!

An diesem Stückchen Land – der Heide, die nur noch so heißt, aber keine mehr ist – will mir Thomas Fartmann zeigen, warum die Wiedehopfe verschwunden sind und die Heuschrecken mit ihnen. Und all die anderen Tiere, die unsere Landschaft geprägt haben, unsere Lieder und unsere Sprache.

Bis vor zweihundert Jahren war die Huppenheide Gemeinschaftsland. Jeder, der Tiere hatte, durfte sie dort weiden lassen. Thomas Fartmann hat alte Karten mitgebracht, die zeigen, wie groß diese gemeinschaftlich genutzten Allmendeflächen früher waren – viel größer als die einzelnen Höfe im privaten Besitz. Eine der Karten zeigt das »Kirchspiel Telgte« – den Ort, an dem Günter Grass die Barockdichter über Muttersprache und Vaterland diskutieren lässt, während um sie herum der Dreißigjährige Krieg wütet. Fartmanns Karte zeigt Telgte knapp zweihundert Jahre nach dieser Zeit. Es sind darauf Stadtgärten eingezeichnet, größer als die Stadt selbst, und ein paar schmale Streifen: die Felder im Besitz der einzelnen Höfe. In einem weiten Bogen beinahe einmal um die Stadt herum liegen die großen Heideflächen.

Viele Jahrhunderte, vielleicht sogar Jahrtausende lang hatten die Hirten ihre kleinen Herden dorthin zum Weiden geführt. Auf diese Weise entstanden die offenen Heideflächen und die lichten Wälder. Denn auch dort – zwischen den Bäumen – ließen die Hirten ihr Vieh weiden und Bucheckern und Eicheln fressen. Man nennt sie Hude- oder Hutewälder oder auch Hutungen. Die alte Heimat der Heuschrecken und Wiedehopfe war also keine ursprüngliche Natur, sondern eine Kulturlandschaft, ein Ökosystem, das erst durch die Nutzung der Bauern und Hirten, durch ihre Agrar-Kultur, entstanden ist. »Hätten wir hier Naturlandschaft, wäre Mitteleuropa extrem langweilig«, flachst Fartmann. »Dann wäre hier nur Buchenwald. Wir könnten nichts sehen, es wäre dunkel, überall stünden Bäume.« Zu kalt und zu dunkel für Heuschrecken und Schmetterlinge.

Seit dem Ende der letzten Eiszeit, seit etwa 11700 Jahren, haben die Menschen die Landschaft Mitteleuropas geformt – und damit nicht nur Platz für ihre Bedürfnisse geschaffen, sondern auch Lebensraum für viele verschiedene Tier- und Pflanzenarten. »Ohne die Kulturtätigkeit des Menschen wären ganz viele Arten gar nicht da«, sagt der Ökologe. Die historischen Kulturlandschaften hatten eine höhere Biodiversität als die dichten Buchenwälder, die Mitteleuropa dominierten, bevor die Menschen begannen, Bäume zu roden und Felder anzulegen.

Zwar haben auch die riesigen Weidetiere, die vor der letzten Eiszeit in Mitteleuropa lebten und inzwischen ausgestorben sind, offene Flächen in den Urwäldern geschaffen. Erst im Neolithikum, also in der Jungsteinzeit, zogen Ackerbauern und Viehzüchterinnen aus Vorderasien nach Mitteleuropa. Damals waren wir Menschen also eine invasive Spezies, die in fremde Ökosysteme eindrang. Diese frühen Migranten aus dem Osten schufen neue Biotope, indem sie Äcker und Gärten anlegten, ihr Vieh in den Wäldern weiden ließen und Pferche bauten. Und dabei verbreiteten sie neue Arten. Weizen, Gerste, Erbsen und Linsen und – versteckt im ungereinigten Saatgut – viele andere wilde Gräser und Kräuter. Auf diese Weise schufen die Bäuerinnen und Bauern die große Biodiversität Mitteleuropas, die uns heute so natürlich vorkommt. Mit ihrem Saatgut gelangten die winzigen anthrazitfarbenen Samenkörner des Klatschmohns zu uns. Über Jahrhunderte prägten seine feuerrot leuchtenden Blüten die Getreidefelder unserer Vorfahren – bis in die sechziger Jahre des letzten Jahrhunderts. Wer heute rote Farbtupfer im Kornfeld eines Ökobauern entdeckt, fühlt sich an eine verloren gegangene Heimat erinnert, an unsere alte Kulturlandschaft, vielleicht sieht er Goethe oder Eichendorff in der Postkutsche vorbeirumpeln.

Dabei sind es Einwanderer aus dem Osten, die unser Bild von der urdeutschen Landschaft prägen – Klatschmohn, Echte Kamille, Ackerfrauenmantel, Storchschnabel, Taubnessel, Senf und sogar die Kleine Brennnessel. Später haben die Römer neue Pflanzen in den Norden gebracht, teils als Gemüse wie Kresse oder Portulak, teils unbeabsichtigt über ungereinigtes Saatgut, die hübsche Acker-Lichtnelke zum Beispiel.[9]

»Der Mensch hat über Jahrtausende Artenvielfalt gefördert«, so fasst Thomas Fartmann diese Entwicklung zusammen. »Dass er das nicht mehr macht, ist ein junges Phänomen des Anthropozäns. Seit etwa siebzig Jahren überlagert der Mensch mit seiner Aktivität alle geologischen Prozesse.« Er sagt das sehr nüchtern, als schaue er von außen auf diese Entwicklung und auf die seltsame Spezies Mensch und ihren Einfluss auf die Ökosysteme: erst als Schöpfer von Vielfalt und Schönheit und dann als ihr Vernichter.

Fartmann zählt auf, welche Vögel damals in den Heiden des Münsterlands zusammen mit den Wiedehopfen lebten: Blauracken, Schwarzstirnwürger, Ziegenmelker, Alpenstrandläufer oder Goldregenpfeifer. »Die kennt heute keiner mehr«, konstatiert Fartmann trocken, und ich muss ihm zustimmen und erst im Netz nach Bildern suchen. Die Blauracke ist wunderschön, sie sieht aus, als käme sie direkt aus dem tropischen Regenwald. Ihr Gefieder ist so bunt und schillernd, dass es für einen Auftritt im Zeichentrickfilm *Rio* reichen würde. »Sie ist in Deutschland ausgestorben«, sagt Fartmann. »Und von den Goldregenpfeifern gibt es weniger als zehn Brutpaare.« Kein Wunder, denn beide brauchen genau wie der Wiedehopf offene Landschaften zum Wohnen und große Insekten zum Fressen.

Unter den Ökologen gilt das Ende der Gemeinschaftsflächen um 1830 als Beginn des ersten großen Vogelsterbens. Damals beschlossen viele Regierungen des Deutschen Bundes, ihre Ländereien neu aufzuteilen und das Gemeinschaftsland, die Marken, zu privatisieren. Viele Heiden wurden damals mit Fichten und Waldkiefern aufgeforstet. So wuchsen dunkle dichte Wälder, in denen weder Heuschrecken noch Wiedehopfe leben können. »Diese Markenteilung war der Startschuss für die Trennung von Wald und Weide«, sagt Fartmann. »Und damit ging ein ganz wichtiger Lebensraum für viele Vögel verloren. Um 1800 waren zwei Drittel von Niedersachsen Moor und Heide, heute sind es weniger als ein Prozent.«

Bestimmt habe ich das Wort Markenteilung im Geschichtsunterricht gehört, aber ich erfasse erst hier, in der Huppenheide, was es bedeutet hat. Die scharfe Linie, die überall in Deutschland Wälder von Feldern trennt, schien mir immer etwas Natürliches zu sein, der Anfang des Waldes eben. Dabei ist diese erste Baumreihe ein Lineal, das die Großgrundbesitzer während der Markenteilung in die Natur gelegt haben, um die Heidelandschaften mit ihren Büschen, Bäumen und Gräsern zu zerschneiden und anschließend aufzuräumen. Hier stehen die Bäume ordentlich in Reih und Glied wie einst preußische Soldaten. Und dort weidet das Vieh hinter schnurgeraden Zäunen. Diese neuen Grenzen haben die Landschaft sortiert und geordnet, in Weiden, Äcker und Forste, also Holzacker. Verloren gegangen ist dabei die bunte Vielfalt der Heiden, das ungeordnete Nebeneinander von kleinen und großen Büschen, von Lichtungen und Dickicht, von zarten Gräsern und Orchideen und großen alten Eichen, die Heimat unserer Biodiversität. Seit mir Thomas Fartmann erklärt hat, was die Markenteilung, das Ende der Gemeinschaftsflächen, für die Vielfalt bedeutet hat, blicke ich anders auf die Waldränder. Seitdem sehe ich, was *fehlt*.

1917 hat eine prominente Zeitzeugin beschrieben, wie sie diesen Niedergang empfindet: »Gestern las ich gerade über die Ursache des Schwindens der Singvögel in Deutschland: Es ist die zunehmende rationelle Forstkultur, Gartenkultur und der

Ackerbau, die ihnen alle natürlichen Nist- und Nahrungsbedingungen: hohle Bäume, Ödland, Gestrüpp, welkes Laub auf dem Gartenboden – Schritt für Schritt vernichten.« Seit mehr als hundert Jahren ist also bekannt, welche Strukturen wir brauchen, um die biologische Vielfalt unserer Kulturlandschaften zu erhalten. Und seit mehr als hundert Jahren ist es nicht gelungen, dieses Wissen so wirkungsvoll anzuwenden, dass das große Sterben endlich gestoppt würde. Und seit mehr als hundert Jahren betrauern das die Naturfreunde. »Mir war es so sehr weh, als ich das las. Nicht um den Gesang für die Menschen ist es mir, sondern das Bild des stillen unaufhaltsamen Untergangs dieser wehrlosen kleinen Geschöpfe schmerzt mich so, daß ich weinen mußte«, schrieb Rosa Luxemburg im Mai 1917 in einem ihrer Briefe aus dem Gefängnis.[10] Die Pazifistin und Sozialistin hatte an der Universität Zürich neben Philosophie auch Botanik und Zoologie studiert. Könnten Ornithologen von heute eine Zeitreise in das Jahr 1917 machen, wären sie vermutlich begeistert vom Singvogelreichtum dieser Zeit. Sie würden als Fülle empfinden, was Rosa Luxemburg und die zeitgenössischen Vogelkundler als Untergang beklagt haben. *Shifting baselines* eben.

Wie viele Vögel muss es in der Huppenheide vor der Markenteilung also gegeben haben! Wenn man die Naturbeschreibungen aus alten Romanen oder Zeitzeugnissen liest, stellt sich unwillkürlich eine Sehnsucht nach der Vielfalt und Schönheit und Fülle ein. Wie gerne würde ich für ein paar Stunden in der Zeit zurückreisen, um das zu erleben! Vielleicht sollten wir eine Sehnsucht danach entwickeln, um zu verstehen, was wir da eigentlich wiederbringen müssten.

Das zweite große Vogelsterben begann in den Siebzigerjahren mit der Intensivierung der Landwirtschaft: Um effizienter wirtschaften zu können, wurden die Ackerflächen neu sortiert. Aus vielen kleinen zerstückelten Ackerflächen wurden wenige große, sodass die Landwirte nicht mehr von einem winzigen Acker zum nächsten fahren mussten, sondern ihre Flächen schneller bearbeiten konnten. Doch damit verschwanden Randstreifen, Hecken und Feldwege. Flurbereinigung nennt man das im Verwaltungsdeutsch, als müsste man das Durcheinander der kleinen Felder, Ackerstreifen und Feldwege wegputzen.

Damals wurden auch viele feuchte Wiesen trockengelegt. Die Landwirte zogen Entwässerungsgräben oder legten Drainagerohre und schufen so fruchtbare Äcker aus Böden, die früher so nass waren, dass ein Trecker darin versunken wäre. Doch die zahlreichen Insekten, Vögel und Pflanzen, die in diesen Sumpfwiesen gelebt hatten, verloren ihren Lebensraum. Und noch etwas kam in dieser Zeit dazu, was das Zusammenleben von Pflanzen, Tieren und Insekten für immer verändern sollte: chemischer Pflanzenschutz und künstlicher Mineraldünger.

Mehr Dünger auf den Feldern und mehr Tiere in den Ställen, die wiederum mehr Gülle produzieren – das führte dazu, dass immer mehr Stickstoff auf die Böden gelangte, auf denen früher Mangel herrschte. Zusätzlich fallen Ammoniak und andere Stickstoffverbindungen aus der Luft auf alle Flächen, sie machen etwa fünfzehn Kilogramm Stickstoff pro Jahr und Hektar aus. Deshalb setzen sich beinahe überall Brennnesseln, Löwenzahn und Brombeeren durch, die so viel Stickstoff brauchen, dass sie auf mageren Standorten keine Chance hätten. Die Vegetation wächst schneller und dichter, das Mikroklima wird feuchter und kühler, und das verdrängt wärmeliebende Insekten. Weil es kaum noch magere Böden gibt, gibt es eben kaum noch Pflanzen und Tiere, die dort gut gedeihen. Der bekannte Autor und Ökologe Josef Reichholf nennt den Stickstoff aus den Düngemittelsäcken und Güllefässern deshalb Erstickstoff für die Artenvielfalt.[11] Im Ohmtal in Hessen haben Forscher untersucht, wie sich die Arten des Grünlands von 1950 bis 1990 verändert haben, also in der Zeit, als aus feuchten und mageren Wiesen und Weiden nährstoffreiche wurden. Die Pflanzen, die dabei als verschwunden gelistet sind, klingen für mich wie Fantasie-Pflanzen: Kümmel-Silge, Pfennigkraut, Wald-Engelwurz, Wasser-Greiskraut und Teufelsabbiss.[12] Das ist kein Wunder, denn vermutlich gab es alle diese Pflanzen schon nicht mehr, als wir Kinder in den siebziger und achtziger Jahren über die Wiesen im Weserbergland gezogen sind, etwa hundert Kilometer nördlich. Denn auch hier hatten die Landwirte Drainagerohre durch die feuchten Weiden gezogen (oder besser: ziehen lassen, denn oft mussten Zwangsrekrutierte des Reichsarbeitsdienstes diese Schufterei übernehmen), und sie brachten Kunstdünger aus.[13]

Längst gefährdet diese zu große Düngemenge nicht nur die Artenvielfalt, sondern auch unser Grundwasser. An vielen Messstellen, vor allem in Regionen mit viel Gemüsebau und hoher Viehdichte, wird der Nitratgrenzwert überschritten. Die Europäische Union hat deshalb 2013 ein Vertragsverletzungsverfahren gegen die Bundesrepublik Deutschland eingeleitet. Erst vier Jahre später hat Deutschland seine Düngeverordnung verbessert, doch so lückenhaft, dass Agrarexperten wie Friedhelm Taube von der Kieler Christian-Albrechts-Universität warnten, dass die Verschärfung des Düngerechts nicht ausreiche, um die Nitratgrenzwerte künftig einhalten zu können. Auch die EU hielt die neue Regelung nicht für ausreichend, und deshalb musste Deutschland im Sommer 2019 die Verordnung gleich noch einmal verschärfen.[14]

Die 1970er-Jahre waren die Zeit der Modernisierung der Landwirtschaft: Die vielen kleinen Bauernhöfe, die ein paar Hühner, Schweine und Kühe hielten, Gemüsegärten und Streuobstwiesen kultivierten und viele verschiedene Feldfrüchte anbauten, verschwanden ebenso wie die Handwerker, all die Korbflechter, Weber, Schuhmacher, Schneider und Schmiede, die das Leben in den Dörfern über Jahrhunderte geprägt hatten. Und auch die Inhaberinnen der Tante-Emma-Läden. Übrig blieben wenige große Agrarbetriebe, die den Prinzipien der Industrie folgten: Intensivierung, Technisierung, Spezialisierung und Standardisierung. Was jetzt zählte, waren Ertrag und Effizienz. Wer nicht mithielt, konnte wirtschaftlich nicht bestehen.

Damit ist die große bunte Vielfalt der alten Höfe verloren gegangen, die den Bauernfamilien über die Jahrhunderte eine Lebensversicherung gewesen war. Sie waren – anders als die spezialisierten Betriebe heute – nicht von einem Erzeugnis abhängig und konnten schlechte Ernten einzelner Feldfrüchte besser kompensieren. Und genau diese Vielfalt der Kulturpflanzen und der unterschiedlichen Flächennutzungen bot auch vielen wilden Tieren und Pflanzen einen Lebensraum. Thomas Fartmann hat eine Postkarte mit einem Bild aus dem Jahr 1892 mitgebracht, *Tecklenburg im Frühling* von Otto Modersohn:

eine Wiese voller weißer und roter Blüten, dahinter, bunte Farbtupfer in unterschiedlichsten Grün- und Gelbtönen: die Felder. Rings um den Ort Büsche, Bäume und Hecken. Platz für Artenvielfalt. Die Intensivlandwirte von heute sehen Landschaftsbilder aus alten Zeiten mit anderen Augen: Schwärmereien über die schöne vielfältige Landschaft belächeln sie als Romantisierung des Mangels. Sie wissen, wie viel Schufterei damals mit der Landwirtschaft verbunden war – und wie niedrig die Erträge ihrer Vorfahren waren.

Mit der Technisierung der Landwirtschaft und der Globalisierung der Agrarmärkte ist es unrentabel geworden, so zu wirtschaften. Heute rechnet es sich für Ackerbauern, vor allem Weizen und Mais im Wechsel anzubauen.

Ausgerechnet die längst überfällige Abkehr von der Atomenergie und die Klimakrise haben diese enge Fruchtfolge befördert: Um die Energiewende zu beschleunigen, hat die Bundesregierung im Jahr 2000 beschlossen, Strom aus erneuerbaren Energien besser zu vergüten als Atom- oder Kohlestrom. Biogasanlagen zu bauen und sie mit Gülle und Mais zu füttern garantierte gute Einnahmen. Die Energiewirte verdienen damit viel mehr Geld als andere Landwirte, vor allem als Milchbauern, die ihre Kühe auf der Weide fressen lassen. Deshalb können sie höhere Pachtpreise zahlen und kommen leichter an neue Äcker. Auf zweieinhalb Millionen Hektar Acker wurde in den letzten Jahren Mais angebaut – auf Flächen, die Ökologen als Agrarwüsten bezeichnen. »Der totale Tiefpunkt für den Naturschutz«, sagt Thomas Fartmann. Es ist ein gutes Beispiel für einen schlecht gelösten Zielkonflikt: Die Energiewende war Klimaschutz auf Kosten des Naturschutzes. Alle Entwicklungen der letzten Jahrzehnte – die Technisierung, die Intensivierung, die Spezialisierung – haben zu einer Homogenisierung der Landschaft« geführt. Es war der Anfang vom Ende der Heuschrecken.

Thomas Fartmann zählt auf, warum Insekten im intensiven Ackerbau kaum noch leben können: Vor allem wegen der Insektizide, die vor der Aussaat auf das Saatkorn aufgetragen werden. Sie wirken systemisch, das bedeutet, sie breiten sich beim Wachstum in der ganzen Pflanze aus, es gibt kein Entkommen: »Jedes Insekt, das in die Pflanze beißt, wird erwischt.« Aber auch wegen der Herbizide, die Ackerbeikräuter bekämpfen, so dass auf den Getreidefeldern nur noch Getreide wächst und nichts anderes mehr – gut für den Landwirt, schlecht für die pflanzenfressenden Insekten. Außerdem wachsen die Getreidehalme heute so dicht, dass kein Licht mehr auf den Boden gelangt, und es deshalb in den Feldern zu kühl ist für die Insekten, die Wärme brauchen. Es ist paradox: Obwohl es wegen des Klimawandels immer wärmer wird, geht es ausgerechnet den wärmeliebenden Arten in Mitteleuropa immer schlechter. Die Dichte der Halme in den Getreidefeldern wiederum ist nur möglich, wenn das Getreide mit Fungiziden, also Pilzbekämpfungsmitteln, behandelt wird. Denn die Halme stehen so dicht beieinander, dass sie nicht gut trocknen und deshalb anfällig für Pilzbefall sind.

Aber auch im Grünland haben Heuschrecken heute keine Chance: Früher wuchsen auf den Weiden viele verschiedene Gräser und Kräuter. Heute säen die Landwirte Hochleistungsgräser, die wilden Pflanzen keine Chance lassen. Die Standardmischungen enthalten Deutsches Weidelgras, Wiesenschwingel und Wiesenlieschgras – das ist kein guter Speiseplan für Heuschrecken, viel zu einseitig, sagt Fartmann. Diese Turbogräser werden so intensiv gedüngt, dass sie schnell wachsen und öfter gemäht werden können. »Jede Mahd aber bedeutet 80 bis 90 Prozent Verluste«, erklärt Fartmann. »Wenn sich früher ein Balkenmäher näherte, hatten die Heuschrecken gute Chancen davonzuhüpfen. Die alten Mähwerke waren für Insekten etwa so, als würde man die Vegetation mit einem Messer abschneiden.« Heute aber fahren die Trecker schneller, und die meisten Landwirte verwenden Kreiselmäher, bei denen sich eine Scheibe mit messerscharfer Klinge um die eigene Achse dreht, mit einer solchen Wucht und Geschwindigkeit, dass Steine in die Luft geschleudert werden. »Diese Scheiben zertrümmern alles«, sagt Fartmann. Die meisten Wiesen sind drainiert, also durch unterirdisch verlegte Abflussrohre trockengelegt, und sie werden regelmäßig gewalzt, sodass fliehende Insekten wenig Senken und Rillen finden, in denen sie sich nach der Mahd verstecken könnten. So haben sie keine Zufluchtsorte mehr und werden sofort von Vögeln gefunden. »Wenn ich das Ganze sieben Mal im Jahr mache, sind die Heuschrecken schon lange weg.«

Das ist ungefähr das Gegenteil einer Win-win-Situation: Alles, was dem Landwirt die Arbeit erleichtert und seine Erträge steigert, ist schlecht für die Heuschrecken. Und für die anderen Insekten. Und damit für die Vögel.

Dabei sind die Heuschrecken im Vergleich zu anderen Insektengruppen nicht einmal extrem gefährdet. »Heuschrecken und Grillen sind selten geworden, aber es sind nur ganz wenige Arten ausgestorben. Durch den Klimawandel ziehen sogar neue Arten aus dem Süden zu uns«, erklärt Thomas Fartmann.

Die Große Schiefkopfschrecke zum Beispiel, eine grellgrüne und ziemlich schlanke Heuschrecke. Sie ist in den letzten Jahren vom Alpenrand bis nach Rheinland-Pfalz gewandert. »Bei anderen Insektengruppen sind die Verluste viel größer – vor allem bei denen, die relativ mobil sind, wie Schmetterlinge.« Solche Insekten brauchen ein ganzes Netz von geeigneten Habitaten in der Nachbarschaft. Ihre ursprünglichen Lebensräume sind in den letzten Jahrzehnten immer kleiner geworden und liegen immer weiter voneinander entfernt. Für Schmetterlinge aber kann schon eine Distanz von einem Kilometer zu groß sein.

Man kann sie sich wie kleine Boote vorstellen, die im großen Ozean von einer kleinen Koralleninsel zur nächsten segeln. Irgendwann liegt die nächste Insel nicht in Sichtweite am Horizont, sondern Hunderte von Kilometern weiter. Und die Boote segeln und segeln und entdecken sie nicht. So etwa ist es für die letzten überlebenden Schmetterlinge in den fragmentierten Landschaften. Sie fliegen hinaus auf den Ozean der lebensfeindlichen Agrarlandschaft – in der Hoffnung, auf eine Insel zu treffen. »Aber weil es viel zu wenig Habitate gibt, sterben sie, bevor sie sich reproduzieren.« So sind viele Arten verloren gegangen.«

Mit den Heuschrecken ist es anders. Auch wenn sie beeindruckende Sprünge machen können, ziehen sie nicht ins Ungewisse, sondern bleiben dort, wo sie als Larven aus der Erde gekrochen sind – wenn die Bedingungen dort für sie gut sind. Deshalb können Heuschreckenpopulationen auch auf kleinen Flächen lange Zeiten überdauern. Wie die Kleinen Heidegrashüpfer in der Huppenheide.

Thomas Fartmann führt mich auf Panzerspuren durch den Kiefernwald, immer tiefer hinein in das Truppenübungsgelände, bis wir zu einer winzigen Lichtung gelangen, nicht größer als sieben oder acht Meter im Quadrat.

»Hier ist er!«, ruft Thomas Fartmann und zeigt auf den sandigen Boden, auf dem ich nichts sehe außer einer paar struppigen Heidekräutern. Das also ist einer der letzten Rückzugsorte der Kleinen Heidegrashüpfer, hier verstecken sich die Überlebenden, die beinahe letzten ihrer Art.

Es ist Ende Januar, und ich stelle eine Frage, die für einen Orthopterologen, einen Heuschreckenforscher, ziemlich dumm klingen muss: Wo sind die Grashüpfer jetzt? »Sie liegen als Eier im Boden«, erklärt Thomas Fartmann, nachsichtig mit meiner Unkenntnis.

Hätte ich sie im Sommer gesehen, wäre mir nichts weiter an ihnen aufgefallen. Vielleicht hätte ich gestaunt, dass es so kleine Grashüpfer gibt, keine zwei Zentimeter lang. Grün, mit braunen oder gelblichen Streifen. *Stenobothrus stigmaticus* nennen sie die Forscher. Und sie kennen die winzigen Details, anhand derer man die Kleinen Heidegrashüpfer von anderen Grashüpfern unterscheiden kann. Zum Beispiel dass die Klappe der Legeröhre, mit der die Weibchen die Eier ablegen, winzige schwarze Zähnchen hat. In dem Heuschreckenbuch, an dem Fartmann mitschrieb, heißt es nüchtern und vielleicht deshalb so rührend zum Kleinen Heidegrashüpfer: »Der einfach strukturierte Gesang kann wegen seiner geringen Lautstärke leicht überhört werden.«[15] Das erinnert mich an die Turteltauben: Auch sie waren so unauffällig und leise, dass kaum jemand ihr Verschwinden bemerkt hat.

Dass die Kleinen Heidegrashüpfer in der Huppenheide überleben können, verdanken sie einer Kooperation von Soldaten und Naturschützern. Die Militärs hatten ehrenamtlichen Naturschützern vom Naturschutzbund (NABU) gestattet, an dieser Stelle Bäume zu fällen und alle Büsche zu entfernen. Zunächst lag der sandige Boden offen da, was für die Soldaten merkwürdig ausgesehen haben muss: Was hat Bäumefällen mit Naturschutz zu tun? Doch tief unter den Wurzeln der großen Kiefern hatten die Samen der Heidepflanzen jahrzehntelang auf genau diese Situation gewartet: auf Sonne und Licht und Wärme. Inzwischen wachsen Thymian und Heidekraut auf der Lichtung, ganz wie früher, als die Huppenheide noch eine richtige Heide war und kein Kiefernforst. Thomas Fartmann pflückt einen Stängel und zerreibt die winzigen Blättchen zwischen den Fingern, bis es duftet. »Der Thymian zeigt uns an, dass der Boden hier mager ist.«

In wenigen Wochen wird die Frühlingssonne den Sand erwärmen. Aus den Eiern im Boden werden dann kleine Larven schlüpfen, die beinahe wie richtige Heuschrecken aussehen, nur zart und nackt und blass.

»Dieses Mikroklima ist für viele Arten überlebenswichtig«, erklärt Fartmann. »Auch für Eidechsen zum Beispiel. Die kommen hier ganz in der Nähe entlang des Bahndamms vor, weil sich der Schotter entlang der Gleise so gut erwärmt und nicht zuwächst.«

Überleben auf kleinen Flächen: Das ist für manche Arten also möglich – aber dem Wiedehopf nützt es wenig. Er bräuchte viel, viel mehr Futter. »Noch vor dreißig, vierzig Jahren hatten wir hier ein Hundertfaches an Tieren«, stellt Fartmann klar.

Genau das macht das Verschwinden der Heuschrecken so schlimm: Wenn sie verschwinden, reißen sie ganze Vogelbestände mit sich. Denn Heuschrecken gehören zu den Schlüsselarten, die für die Artenvielfalt eines bestimmten Ökosystems besonders wichtig sind. Von diesen Schlüsselarten gibt es einmal die *keystone species*, die Schlussstein-Arten, die für eine bestimmte Lebensgemeinschaft von Pflanzen und Tieren so wichtig sind wie der oberste Stein in einem gemauerten Torbogen. Ohne diesen Schlussstein würde das ganze Gewölbe zusammenbrechen, das wissen Baumeister seit Jahrtausenden. In der Ökologie ist es genauso: Wenn eine Schlussstein-Art ausfällt, bricht das ganze Ökosystem zusammen – auch wenn es sich nur um ganz wenige Individuen handelt.

Der Biber gilt als Musterbeispiel für diese Schlussstein-Arten: Entlang von Bächen und Flüssen nagt er unermüdlich an Bäumen, damit sie ins Wasser stürzen und dort wie Staudämme wirken. Hinter diesen Dämmen staut sich das Wasser zu kleinen Teichen, in denen andere Fische leben können als im schnell fließenden Wasser der Flüsse und Bäche, die kleinen silbernen Bitterlinge zum Beispiel. Auch Ringelnattern profitieren von der Baukunst der großen Nagetiere: Die Biber decken ihre Burgen mit organischem Material ab, das wie ein Komposthaufen gärt und dabei Wärme erzeugt. Wenn die Biber aber verschwinden, gibt es auch keine Teiche und Burgen mehr – und also auch keinen Lebensraum mehr für die Tiere, die dort früher lebten.

Die Heuschrecken dagegen zählen zu den Schlüsselarten, nicht weil sie besondere Baumeister wären, sondern wegen ihrer schieren Menge. Ihre große Biomasse ist eine wichtige

Nahrungsquelle für viele andere Arten. Oder genauer: war. Schlüsseldominant nennt man sie deshalb. Das bedeutet: Ohne Heuschrecken kein Wiedehopf. Keine Blauracke. Kein Neuntöter.

Ich blicke mich um und sehe die dichten Kiefern der Huppenheide. Für mehr Heuschrecken bräuchte man mehr Platz, aber hier ist keiner. Sollten die Vögel und Insekten der Heidelandschaft hierher zurückkehren, müssten die Nadelbäume verschwinden.

Die Lage ist also klar: Es gibt keinen Naturzustand, den wir wieder erreichen könnten, wenn wir uns nicht einmischen. Wir leben im Anthropozän, und das bedeutet: Wir Menschen haben die globalen Stoffkreisläufe verändert. Vor allem Kohlendioxid und andere Treibhausgase, aber auch Stickstoff und Phosphor zirkulieren heute in bedenklich hoher Konzentration, und ihre Präsenz verändert nicht nur das Klima und den Säuregehalt der Ozeane, sondern auch den Nährstoffgehalt der Böden. All das hat Einfluss auf die Ökosysteme – überall. Was es gibt, sind die Reste einer Kulturlandschaft, die die Menschen anderer Zeiten erschaffen haben und die wir heute nur künstlich wiederherstellen könnten. Um die Natur zurückzuholen, müssten wir sie neu erschaffen. Mit Bewirtschaftungsmethoden, die unter den herrschenden Bedingungen nicht rentabel sind. Obwohl sich die Europäische Union dem Schutz des Klimas und der natürlichen Ressourcen verpflichtet hat, fördert die Gemeinsame Agrarpolitik der EU, GAP abgekürzt, noch immer eine Intensivlandwirtschaft, die hohe Erträge auf Kosten von Vielfalt und Natur produziert. Natürlich wollen die Landwirte auch nicht zurück in die alten Zeiten der idyllischen Heidelandschaft, in der arme Kinder nicht zur Schule gingen, sondern zum Schweinehüten in den Wald. Ist die Artenvielfalt der alten Kulturlandschaften also verloren? Träumen wir von einer musealen Landschaft, die sich ebenso überlebt hat wie die Sense und der Säkorb und die Ackergäule?

»Nein«, sagt Thomas Fartmann vehement. »Wenn man vorschlagen wollte, ach, der alte Kölner Dom, was wollen wir damit noch? Den können wir auch abreißen? Würde das etwa Zustimmung finden? Wir wollen die Artenvielfalt erhalten, die für Mitteleuropa typisch ist, und dazu gehören auch die Arten der Kulturlandschaft, und deshalb sollten wir viel Energie dareinstecken, diese Arten zu erhalten. Bei den Baudenkmälern fragt sich doch auch niemand, wollen wir die erhalten oder nicht.«

Auch bei der Erhaltung von Landschaften geht es um unser kulturelles Erbe: Wir wollen erhalten, was unsere Vorfahren geschaffen haben, was unsere Kultur geprägt hat. »Die vielen unterschiedlichen Kulturlandschaften, das ist es, was Deutschland ausmacht«, sagt Thomas Fartmann. »Und wir sind eines der reichsten Länder der Welt.«

Es geht dabei um Schönheit und Vielfalt und Genuss und Erholung und Inspiration, das gilt für den Kölner Dom genauso wie für die Lüneburger Heide. Wenn man es monetarisieren möchte, könnte man sagen, es geht um den Erhalt des touristischen Kapitals.

Doch die Frage nach dem Erhalt unserer Kulturlandschaft hat noch eine größere Dimension. Wie können wir die Stabilität unserer Ökosysteme, ihre Widerstandsfähigkeit und Ökosystemleistungen wie sauberes Wasser, frische Luft, fruchtbarer

Boden, Bestäubung von Blüten, Zersetzung von Nährstoff und so weiter erhalten. Diese Leistungen der Natur haben wir zu lange für völlig selbstverständliche Geschenke gehalten und nicht bemerkt, dass wir sie gefährden, wenn wir die Vielfalt in den Ökosystemen reduzieren.

Und noch eine Dimension kommt bei der Frage nach dem Erhalt unserer Kulturlandschaften dazu, nämlich die Frage, in was für einer Gesellschaft wir leben wollen. Wollen wir Homogenisierung und Vereinheitlichung? Denn das ist es, was auf den Feldern jenseits der Huppenheide passiert. Was ich gleich sehen werde, wenn ich mit dem Zug von Münster zurück nach Hamburg fahre: ausgedehnte Monokulturen. Maisäcker neben Maisäckern, dann Weizen und wieder Mais. Ab und zu ein bisschen Gerste. *Tecklenburg im Frühling* hätte heute nur noch zwei Farbtöne auf großen Flächen. Und das Pendant zur homogenisierten Landschaft sind die homogenisierten Fußgängerzonen mit den immer gleichen Ladenketten, die Neubaugebiete mit ihrer Kirschlorbeer- und Raseneinfalt und die großen Fast-Food-Ketten mit ihrer Pseudo-Auswahl von immer gleichen ungesunden Fettmachermenüs. Wollen wir in einer solchen Gesellschaft leben?

Individualität und Selbstverwirklichung halten wir für selbstverständliche Ziele unserer Lebensgestaltung. Wir verstehen uns als freie Menschen, die sich nach ihren eigenen Anlagen und Interessen entfalten können, wir distanzieren uns mit Schaudern von der Uniformität der untergegangenen kommunistischen Diktaturen. *Diversity* ist das Modewort der Soziologen und Wirtschaftssoziologen. Und doch schaffen wir durch unseren Konsum täglich mehr Monotonie. In den Städten wie auf den Feldern.

Ackerbauliche Monotonie aber ist gefährlich. Wenn über Jahre hinweg immer wieder die gleichen Kulturen angebaut werden, ist das »hervorragend für Schädlinge«, wie Thomas Fartmann es sarkastisch ausdrückt. Diese enge Fruchtfolge widerspricht sogar der »guten fachlichen Praxis«, den allgemein anerkannten Leitregeln für konventionell wirtschaftende Landwirte.[16] Dennoch wird deutschlandweit beinahe auf der Hälfte der Ackerflächen Weizen oder Silomais angebaut.[17] Die Folge: Typische Schädlinge für diese Pflanzen können sich ungehemmt vermehren, und die Landwirte müssen mehr Insektizide, Fungizide und Herbizide spritzen, die wiederum die Vielfalt weiter einschränken.

»Ökonomisch rechnet sich das nur für ein paar *global player*, die diese Mittel produzieren. Wie weit wollen wir dieses System ausweiten? Wenn wir alles Lebendige totspritzen und unsere Landschaft weiter fragmentieren, werden wir dann irgendwann mit Mini-Drohnen unsere Blüten bestäuben? Weil alle Bienen weg sind?«

Thomas Fartmann erzählt von einem seiner Studenten, Jonas Brüggeshemke, der untersucht hat, warum Raubwürger in Deutschland immer seltener werden. Raubwürger sind etwa so groß wie Amseln, sie haben graues Gefieder und eine schwarze Augenbinde, die ihnen etwas Geheimnisvolles verleiht, als wollten sie auf einem französischen Maskenball auftreten. Sie jagen kleine Säugetiere und große Insekten und spießen ihre Beute auf Dornen auf, wenn sie mehr erlegt haben, als sie fressen können. Als Vorrat für Zeiten mit schlechtem Wetter. Brüggeshemke hat verfolgt, wie Rabenvögel die kleinen Raubwürger dabei beobachten und später ihre Vorräte plünderten.

»Und die Raubwürger haben nichts zu beißen«, folgert Fartmann. »Die Opportunisten machen ihnen das Leben schwer.« Als Opportunisten bezeichnen die Ökologen alle Arten, die sich schnell anpassen können und die jede Gelegenheit, jede Umweltveränderung nutzen, um sich neue Lebensräume zu erobern. Früher, zur Zeit des Mangels, fanden die Rabenvögel in den kargen Mittelgebirgen gar nicht genug Nahrung. Heute plündern sie die Abfälle der Menschen genauso wie die keimenden Saatkörner auf den gut gedüngten Feldern – und nehmen als leckeren Snack die Überlebensration des Raubwürgers mit. Während die kleinen Würger und so viele andere Vogelarten ums Überleben kämpfen, breiten sich die anpassungsfähigen und vielseitigen Rabenvögel immer weiter aus. Vor den Menschen fürchten sie sich beinahe so wenig die Stadttauben am Bahnhof.

Es gibt noch mehr von solchen Profiteuren: Wildschweine und Füchse. Ihre Bestände sind so hoch wie nie zuvor. Ihnen muss die Intensivlandwirtschaft wie ein Paradies vorkommen. In den dicht bewachsenen Getreidefeldern sind die Fahrgassen, also die Spuren des Treckers, die einzigen freien Flächen, auf denen Vögel nisten können. »Für die Füchse sind das Wegweiser: Hier geht's zur Feldlerche!«, spottet Thomas Fartmann. Für die Wildschweine ist die Ausbreitung des Maisanbaus geradezu wie ein Vermehrungsprogramm: Den Sommer über verstecken sie sich unter den dichten, hohen Pflanzen und fressen sich im Herbst an den eiweißreichen Kolben einen dicken Winterspeck an.

Sie alle kommen gut klar mit der Monotonie der Landschaft und nehmen sich, was sie brauchen. Opportunisten eben.

Ich muss an den weltweiten Siegeszug des Konsumkapitalismus denken, während Thomas Fartmann von den opportunistischen Tierarten erzählt. Auch unsere Lebensform hat sich auf der ganzen Welt ausgebreitet und andere – nachhaltigere, sozialere – verdrängt.

Es ist Mittag geworden, als wir aus der Huppenheide zurückkehren und wieder am Schild mit der Warnung vor den Blindgängern vorbeilaufen. Drei Stunden noch wird Thomas Fartmann weitererzählen vom großen Verschwinden der Arten in der Agrarlandschaft. Er spricht nüchtern wie ein Wissenschaftler, und trotzdem spüre ich, wie sehr er das bedauert, was er zu erzählen hat. Und ich muss an Sylvia Earles traurige Augen denken. An die sanfte Trauer all jener, die wissen, was passiert, und die fürchten, dass sie es nicht ändern werden. Obwohl sie unermüdlich warnen und aufklären.

Kapitel 2

Weckruf vom Niederhein

Wie der Entomologische Verein Krefeld die Welt wachrüttelt

Krefeld war früher eine reiche Stadt, Textilfabriken haben sie geprägt, deshalb wurde sie *Samt- und Seidenstadt* genannt. Den Wohlstand vergangener Zeiten sieht man den schmucken Bürgerhäusern in der Marktstraße heute noch an, auch wenn der Stadt am Niederrhein vom alten Reichtum, von Samt, Seide und Brokat nur wenig geblieben ist. In der Marktstraße stehen jetzt ein Kiosk, ein Sonnenstudio, ein Änderungsatelier mit einer fleißigen Schneiderin, die an diesem dunklen Freitagabend im Februar noch an der Nähmaschine sitzt. Und ein altes Schulgebäude, dessen Fenster im Erdgeschoss von innen verblendet sind. Ein unauffälliges Türschild ist der einzige Hinweis darauf, dass das Haus nicht leer steht. Nichts deutet darauf hin, dass in diesem Haus ein Schatz versteckt ist – oder eine Bombe, je nach Sichtweise.

Die ehemalige Schule mit den zugeklebten Fenstern ist der Sitz des *Entomologischen Vereins Krefeld e. V. 1905* mit seinen berühmten Insektensammlungen. Seit über hundert Jahren beobachten, sammeln, präparieren, studieren und beschreiben die ehrenamtlichen Vereinsmitglieder Käfer, Bienen, Mücken, Fliegen, Schmetterlinge und andere Insekten. So haben die Entomologen ein Jahrhundert lang wertvolle Arbeit für die Forschung geleistet und mehr als zweitausend entomologische Studien veröffentlicht. Für ihre seltsame Beschäftigung wurden sie von den Krefelder Mitbürgern geschätzt, vielleicht auch ein bisschen belächelt. Inzwischen hat die Stadt Krefeld ihre Sammlungen zum beweglichen Denkmal ernannt, wegen ihrer »Einzigartigkeit für nationale und internationale Wissenschaftler«.[18]

Unter diesen Insektenforschern waren Lehrer, Biologen, Chemiker, Verleger, Kaufleute, ein Museumsdirektor und sogar ein Angestellter der Bayer AG. Es handelte sich um Siegfried Cymorek, der nach dem Krieg Hilfsarbeiter im Chemiewerk war und es später als Koleopterologe, als Käferforscher, ohne Studium bis zur Ehrendoktorwürde der renommierten Schweizer Hochschule ETH Zürich gebracht hat. Er war nicht der einzige dieser Krefelder Forscher, der mit Titeln und Preisen geehrt wurde.

Jahrzehntelang waren es vor allem andere Wissenschaftler, Entomologen-Kollegen, die sich für diese Forschung interessierten, bis die Krefelder im Oktober 2017 einen Aufsatz im Online-Wissenschaftsmagazin PLOS ONE veröffentlichten. *More than 75 % decline over 27 years in total flying insect biomass in protected areas*, lautete der Titel, etwas steif und alles andere als reißerisch. *Mehr als 75 Prozent Rückgang von Biomasse von Fluginsekten während der letzten 27 Jahre.*[19] Sechs Krefelder Entomologen haben diese Studie zusammen mit drei Professoren der Universität Nijmegen und anderen Forschern aus den Niederlanden und England verfasst, es ist das Ergebnis von fast dreißig Jahren Feldforschung. Von 1989 bis 2016 hatten die Krefelder an über sechzig verschiedenen Standorten in westdeutschen Naturschutzgebieten kleine weiße Zelte aufgestellt, sogenannte Malaise-Fallen. Die fangen alle Insekten, die an dieser Stelle nicht zu hoch über dem Boden entlangfliegen. Alle Bienen, Hummeln, Falter und Fliegen, die das Pech hatten, an dieser Stelle vorbeizukommen, verhedderten sich in den Netzen und landeten auf der Suche nach Entkommen in einem Fanggefäß. Durchschnittlich alle elf Tage leerten die Krefelder diese Gefäße und konservierten die Funde in Gläsern mit Alkohol.

In der alten Schule in der Marktstraße stehen viele Stapel Archivkartons mit Tausenden von Gläsern, jedes mit einem Etikett versehen, auf dem der Standort der Falle und der Zeitpunkt der Leerung aufgeführt sind. 16 908 Messtage. 53 Kilogramm Biomasse sind allein Gegenstand der letzten Veröffentlichung. Millionen toter Insekten – die geopfert wurden, um zu beweisen, was viele Biologen schon seit Langem ahnen: Die Insekten sterben. Es werden immer weniger. Nicht nur die seltenen Arten, gefährdete Schmetterlinge mit besonders hohen Ansprüchen, sondern auch viele, die bisher als ungefährdet galten. Von Jahr zu Jahr fanden die Krefelder weniger Tiere in ihren Fallen, jedes Jahr durchschnittlich sechs Prozent weniger.

Die Krefelder Entomologen dokumentierten bis ins letzte Detail, wie sie vorgegangen waren und was sie wo unter welchen Bedingungen gefunden hatten. Sogar, wie groß die Löcher im Sieb sind, auf dem sie die toten Insekten aus der Alkohollösung abtropfen ließen, notierten sie. Dann stellten sie Tabellen mit ihren Messergebnissen zusammen und kombinierten sie mit den Wetterdaten zum Zeitpunkt des Fundes, der Landnutzung um die einzelnen Fallen herum und mit weiteren Angaben zur Artenvielfalt im Umkreis der Fallen. Denn alle diese Faktoren beeinflussen die Menge der Insekten. Deshalb entwickelten die Forscher komplizierte Formeln, um zu errechnen, ob außergewöhnlich schlechtes Wetter oder andere lokale Einflüsse den Rückgang der Biomasse verursacht haben könnten. Der Anhang der Studie ist voller Formeln, Programmiercodes, Grafiken, Tabellen und Kreisdiagramme.

Als alles dokumentiert und überprüft war, sendeten die Forscher ihre Studie an PLOS ONE. Im September 2017 erfuhren sie, dass ihr Aufsatz angenommen wurde, und am 18. Oktober wurde er ins Netz gestellt.

Dieser 18. Oktober war der letzte Tag, an dem die Krefelder Entomologen in beschaulicher Ruhe ihrer Arbeit nachgehen konnten. Noch am gleichen Abend berichtete *Zeit online* über die Studie und titelte: »Ein ökologisches Armageddon«[20]. Hunderte anderer Medien folgten, das Telefon klingelte ununterbrochen. Reporter aus der ganzen Welt wollten mit den Krefeldern sprechen, sogar einer vom *Honolulu Star*.

»Zwei, drei Tage lang haben wir die Berichterstattung über unsere Studie gesammelt, dann wurde es zu viel«, erzählt Heinz Schwan, der Ehrenvorsitzende des Vereins, halb stolz, halb amüsiert. Ein halbes Jahr nach der Veröffentlichung ist es noch immer schwer, einen Interviewtermin in Krefeld zu bekommen, so groß ist das Interesse. Aber weil die Öffentlichkeitsarbeit zu den satzungsgemäßen Aufgaben des Vereins gehört, haben sich Schwan und sein Kollege aus dem Vorstand, der promovierte Naturwissenschaftler Martin Sorg, auch an diesem Freitagabend Zeit für ein Interview genommen. Ob sie das große Interesse freue, frage ich die beiden. »Es bindet Arbeitskraft«, sagt Schwan nüchtern, und ich glaube ihm anzusehen, dass er lieber seine Schmetterlinge betrachten würde, als immer wieder von Neuem Journalisten genau das zu erklären, was ohnehin in der Studie aufgeschrieben steht.

Heinz Schwan, ein älterer Herr mit weißem Bart, höflich und zurückhaltend, hatte in seinem Hauptberuf mit chemischer Analytik zu tun. Auf die Frage, wie lange er schon dabei sei, antwortet er mit einem Schulterzucken. »Irgendwann in den Siebzigern«, sagt er schließlich, und sein Ton verrät, dass er sich keine unwichtigere Frage vorstellen kann. Es geht hier nicht um ihn, es geht um etwas Größeres, Wichtigeres. Dass er es war, der schon Mitte der achtziger Jahre das Verschwinden der Tagfalter am Niederrhein dokumentiert hat, hält er nicht für erwähnenswert.[21] Die Sammlung und ihr Wert für die Wissenschaft – das ist ihm wichtig.

»Wir haben hier die Originalbelege von den Arten, die mal da waren.« Die Beweise. Keiner kann sagen, den Hellen Wiesenknopf-Ameisenbläuling, den Braunen Feuerfalter oder die Erdbauhummel hätte es hier nie gegeben, die Artenvielfalt sei früher gar nicht so viel größer gewesen, das alles sei nur eine romantische Verklärung der Vergangenheit. Das Haus der denkmalgeschützten Insekten in der Krefelder Marktstraße sichert mehr als eine Million Präparate allein in der Trockensammlung, also konserviert und aufgespießt. Und noch sehr viel mehr in Tausenden Gefäßen mit Alkohol, gestapelt in Archivkartons, die viele Zimmer der ehemaligen Schule füllen. Die Gläser mit den schwimmenden Insektenleichen sind der sichtbare Beweis, für das, was war und nicht mehr ist. Heinz Schwan und Martin Sorg öffnen Kartons mit den Funden der einzelnen Standorte und zeigen fast volle Gläser, halbleere und beinahe leere. Das ist die Zeitreihe: Mehr als 75 Prozent Verluste in weniger als 30 Jahren. Für jeden zu sehen, ganz offensichtlich.

Martin Sorg trägt einen schafswollenen Strickpullover, eine Brille mit runden Gläsern, sein langes silbergraues Haar fällt offen über die Schultern. Für einen klischeehaften Film über Ökos und Naturschützer wäre er die Idealbesetzung. Doch er ist keiner, der vor Journalisten von der Schönheit der Natur schwärmen würde. Dazu ist er viel zu sehr Wissenschaftler und Analytiker. Er ist gelernter Chemielaborant, hat Biologie, Geologie-Paläontologie und Chemie studiert und seine Doktorarbeit über Plattwespen geschrieben. Heute arbeitet er als Naturwissenschaftler, als Berater und Gutachter zu ökologischen Themen, wenn er nicht zusammen mit den Krefelder Entomologen Insekten erforscht oder an Veröffentlichungen arbeitet. Für mich holt er eines der Gläser mit Insekten in Alkohol aus einem Karton und zeigt auf die winzigen schwarzen Pünktchen darin. Was für eine Arbeit muss es gewesen sein, diese riesigen Mengen von winzigen Tierchen genau zu bestimmen, staune ich. Doch Martin Sorg und seine Krefelder Kollegen nutzen längst die neuen Möglichkeiten der Analytik. »Bisher musste ein Entomologe, der sich in der jeweiligen Insektenfamilie auskennt, zeitraubend die Artbestimmung am Mikroskop durchführen«, erklärt Martin Sorg. »Aber seit einigen Jahren eröffnen sich neue Perspektiven: Heute können Arten auch durch DNA-Analysen bestimmt werden.« Barcoding wird das neue

Verfahren genannt. Die Krefelder Entomologen kooperieren dazu mit dem Zoologischen Forschungsmuseum Alexander Koenig in Bonn.

Einen Monat nach dem Erscheinen der Krefelder Studie berichtet die *Rheinische Post* voller Stolz: »Washington Post, CNN, Guardian, China Post: Die Arbeit der Krefelder Entomologen über Insektenschwund in Deutschland hat weltweit für Aufsehen gesorgt.« Nach einem halben Jahr verzeichnet PLOS ONE mehr als 460 000 Views für die Krefelder Studie. Die britische *Royal Society of Biology* zählt die Studie zu den zehn wichtigsten Forschungsarbeiten des Jahres, zum *big biology breakthrough of 2017*. Der Bericht, schreibt die königliche Gesellschaft, habe die Aufmerksamkeit der Welt auf das erschütternde Ausmaß des Kollapses der Insektenpopulationen gerichtet. Im Ranking der weltweiten Wahrnehmung von Millionen wissenschaftlicher Publikationen fanden sich die Krefelder unter den ersten fünfzig Plätzen wieder. Sogar auf dem Weltwirtschaftsforum in Davos wurde die Studie diskutiert. Der *Global Risks Report 2018* des Forums erwähnt die Krefelder Studie im Zusammenhang mit Monokulturen, Klimawandel und dem Verlust von Biodiversität, der »das Ausmaß eines Massenaussterbens angenommen habe«.[22]

Welch ein beeindruckender Erfolg für die Krefelder Entomologen! Und was für ein erschreckender Befund: Damit die Welt über das Sterben der Insekten diskutiert, braucht es offenbar erst die Weitsicht und das besondere Engagement von ehrenamtlichen Forschern eines naturwissenschaftlichen Vereins. Keine Exzellenz-Universität, keine Bundesforschungsanstalt, kein Leuchtturmprojekt hat diese Fakten zusammengetragen. Martin Sorg, der promovierte Biologe, wiegelt ab, wenn man ihn auf diesen Erfolg anspricht: »Viele Entomologen wussten schon, dass die Mengenbezüge nicht mehr stimmen, ohne dass man dafür präziser gemessene Daten hatte. Auch andere Veröffentlichungen zeigen den Rückgang, gerade bei den Insekten. Unsere Studie bestätigt dies durch Untersuchungen mit standardisierten Insektenfallen. Unsere Arbeiten sind auch Teil der Forschungsförderung, zuletzt mit Mitteln des Bundesumweltministeriums über das Bundesamt für Naturschutz.«

Viele Forscher haben sich lange Zeit auf das Verschwinden der gefährdeten Arten konzentriert, auf solche, die besondere Pflanzengemeinschaften zum Überleben brauchen – und eben nicht auf die Masse der Insekten, die Abundanz. Die vielen Fliegen und Mücken, die im Sommer durch die Luft sausen und auf den Windschutzscheiben kleben, warum hätte man die erforschen sollen?

»Dass viele Universitäten solche Untersuchungen nicht in dieser Art gemacht haben«, erklärt Martin Sorg, »liegt auch an der Forschungslandschaft. Man schreibt einen Antrag für ein bestimmtes Projekt und bekommt, wenn es bewilligt wird, für einige Jahre eine Förderung. Aber nicht über dreißig Jahre.« Neben dem Bundesamt für Naturschutz haben auch verschiedene Landesämter, Kreise und Universitäten die Forschungen der Krefelder Entomologen gefördert. Die wiederum haben diese einzelnen Projekte so angelegt, dass die verschiedenen Messungen der gleichen Methode folgten und so miteinander vergleichbar sind.

»Die Universitäten kooperieren auch deshalb gerne mit uns, weil es dort gar nicht mehr so viele Taxonomen gibt«, sagt

Martin Sorg. Taxonomen sind Biologen, die darauf spezialisiert sind, Insekten oder andere Tiere oder Pflanzen zu identifizieren und einzuordnen. Solche Grundlagenforschung ist in den letzten Jahren immer seltener geworden, seit die Universitäten für ihre Forschung Drittmittel von externen Geldgebern anwerben müssen, zum Beispiel von Wirtschaftsunternehmen. Und die fördern natürlich lieber Forschungen, deren Ergebnisse sie selbst verwerten können.

Auch der Heuschreckenforscher Thomas Fartmann hatte bei unserer Wanderung durch die Huppenheide die Veränderungen an den Universitäten beklagt: »Es werden immer weniger Ökologen ausgebildet, obwohl der Bedarf riesengroß ist«, hatte er geklagt. Überall würden Ökologen gesucht. In Naturschutzbehörden, in Biologischen Stationen und in den Planungsbüros, die Umweltverträglichkeitsprüfungen machen. Fast könne man den Eindruck gewinnen, dieser Mangel sei so gewollt. »Es gibt ein starkes ökonomisches Interesse daran, dass es nicht so viele Naturschutzrestriktionen gibt. Und je weniger Leute man hat, die die ökologischen Folgen von Eingriffen beurteilen können, umso einfacher ist es.«

An diesen Satz musste ich in Krefeld denken. Wenn niemand ausgebildet und beauftragt wird, die Veränderungen unserer Ökosysteme zu erforschen, dann merkt auch keiner, wenn die Insekten sterben. Und dann gibt es auch keinen Grund, etwas an den Ursachen zu ändern.

Nur dass die Krefelder Entomologen nicht mitgespielt haben. Dass sie stoisch über Jahrzehnte hinweg Beweise gesammelt haben. Fallen geleert, Funde gewogen, Etiketten beschriftet, Kartons gestapelt, Statistiken ergänzt haben. Dass sie das alles, was sie vorfanden, in ihrer nüchternen Wissenschaftssprache aufgeschrieben und veröffentlicht haben. »Das Besondere an unseren Untersuchungen ist die angewandte Methode, die einen sehr großen Anteil der Arten der Fluginsekten erfasst, die Standardisierung dieser Methodik und deren Anwendung sowie die langen Zeitspannen im Freilandeinsatz über so viele Standorte«, präzisiert Martin Sorg. »Das hat eine Dimension, die zu einer robusten Bewertung des Rückgangstrends führt.«

Die Hamburger Illustratorin Stefanie Clemen hat das Insektensterben in ihren Bildern und Collagen künstlerisch verarbeitet und damit vielleicht die Emotionen zum Ausdruck gebracht, die sich die nüchternen Krefelder Entomologen niemals entlocken ließen. »Sagen wir es doch, wie es ist: 75 % der Insekten fehlen mir!«, schreibt sie in ihrem *Käfermanifest.* »Mein entomologisches Herz setzt aus: Auf der Erde gibt es ab jetzt kaum noch Lebewesen. Insekten machen beinahe eine Million aller Tierarten aus: 60 % der Tiere sind Insekten! Das Ursummen fehlt. Wir hören eine neue Art des Nichts.«[23] Stefanie Clemen spürt diese Leere, deshalb zeichnet sie neue Arten. »Liebe Insekten, ich vermisse euch so sehr, dass es mich erdrückt!« Damit bringt sie das große Unbehagen zu Papier, das viele Menschen spüren, seit die Insekten verschwinden.

Doch das unheimliche Verstummen des Ursummens löst auch andere Reaktionen aus: Ablehnung, Widerspruch und irrationale Kritik. So tauchte in der Berichterstattung immer wieder der Begriff »Hobbyforscher« auf, um die Krefelder Entomologen zu beschreiben. Selbst die *Frankfurter Allgemeine Zeitung* und der Moderator Frank Plasberg haben diesen Ausdruck verwendet, obwohl sie die Forschungsergebnisse der Krefelder ernst genommen und ausführlich darüber berichtet haben.[24] Aber was ist das für eine Diskreditierung eines Teams von Naturwissenschaftlern, das gerade eine der wichtigsten wissenschaftlichen Arbeiten des Jahres verfasst hat? »Das ist etwa so, als würde man Mitarbeiter von Ärzte ohne Grenzen als Hobbymediziner bezeichnen, nur weil sie neben ihrem eigentlichen Beruf noch ehrenamtlich in Katastrophengebieten im Einsatz sind«, sagt Martin Sorg.

Auch die landwirtschaftliche Fachpresse äußerte sich skeptisch – und zwar schon bevor die Veröffentlichung in PLOS ONE das große Medienecho ausgelöst hatte. Im Mai 2017 hatte das Wissenschaftsmagazin *Science* unter dem traurigen Titel *Where have all the insects gone?* eine Reportage über die Krefelder Forscher gebracht.[25] *Top Agrar online*, eines der führenden Fachportale, berichtete darüber unter der Überschrift: »Meldungen zum Insektensterben sind mit Vorsicht zu genießen«, obwohl im Text darunter das Gegenteil stand, nämlich dass andere Insektenforscher die Krefelder Ergebnisse für realistisch halten.

Als die Krefelder Studie dann in PLOS ONE veröffentlicht worden war, berichtete *Top Agrar online* erneut: »Insektensterben: Nur 22 % Rückgang, lückenhafte Daten, keine eindeutigen Ursachen!« Das »kritische Wissenschaftsblog Science Files« habe die Krefelder Studie überprüft und »zerpflückt«, der Rückgang sei wesentlich geringer, eben nur 22 %.[26] Auf der Suche nach der Quelle für diese Zahlen stoße ich auf den Blog eines wütenden Männerrechtlers und Anti-Feministen, der sich dem Kampf gegen den »Gender Trash« an deutschen Universitäten verschrieben hat – ein seltsamer Zeuge für den auflagenstarken und gut vernetzten Landwirtschaftsverlag.

Noch etwas Merkwürdiges passierte: Das Essener Leibniz-Institut für Wirtschaftsforschung, nach seinem alten Namen auch als RWI bekannt, ernannte die Krefelder Forschungsergebnisse gleich zwei Mal zur »Unstatistik des Monats«. Drei Monate vor der Veröffentlichung in PLOS ONE hatten die Krefelder schon Messungen aus einem einzelnen Naturschutzgebiet, dem Orbroicher Bruch, veröffentlicht. Und diese Studie hatten die RWI-Forscher als »Unstatistik« bezeichnet. Ihre Begründung: Man dürfe aus einer lokalen Stichprobe keine Schlüsse auf ganz Deutschland ziehen – was die vorsichtigen Krefelder Entomologen aber gar nicht getan hatten. An der großen Veröffentlichung in PLOS ONE bemängelte das Wirtschaftsinstitut, dass keine der Fallen über den gesamten Zeitraum an einem Ort aufgestellt gewesen sei. Weiter kritisierten die Ökonomen, dass die Entomologen 1989 als Anfangsjahr gewählt hatten. Es sei »ein allgemeines Prinzip des kritischen Denkens: Jede berichtete Abnahme zwischen zwei Zeitpunkten hängt davon ab, welchen Anfangszeitpunkt man wählt.« Dies gelte besonders bei drastisch schwankenden Werten. Hätte man ein anderes Jahr als Anfangspunkt gewählt, dann wären die Verluste entschieden geringer gewesen.[27]

Eine sehr fragwürdige Kritik: Denn natürlich haben die Krefelder keine Falle über den gesamten Zeitraum am selben Ort aufgestellt – weil sie damit nämlich die Ergebnisse verfälscht hätten. Jahr für Jahr an der gleichen Stelle eine Falle aufzustellen hätte ja bedeutet, Jahr für Jahr an der gleichen Stelle immer wieder Insekten wegzufangen, die sich daraufhin nicht mehr vermehren könnten. Damit hätten sie das Messergebnis durch ihre eigenen Messungen beeinflusst. So haben die Krefelder Entomologen es auch in ihrer Studie erklärt.

Noch absurder ist die Kritik am angeblich falsch gewählten Ausgangsjahr. Die Krefelder Forscher, die einzigen überhaupt in Mitteleuropa, die über einen so langen Zeitraum kontinuierlich die Biomasse von Insekten gemessen haben, sollen einen Teil ihrer Forschung verwerfen und nicht veröffentlichen – weil die Ergebnisse sonst zu drastisch wären? Warum sollten sie das tun: Daten weglassen, die sie mit viel Aufwand und Sorgfalt erhoben haben? Und die Krefelder Entomologen haben ja gerade kein Jahr als Bezugsjahr gewählt, eben um nicht die Daten eines Jahr überzubewerten. Wie kann das dem Statistikprofessor nicht aufgefallen sein?

Trotzdem haben die Krefelder nachgerechnet und ihre statistischen Modelle noch einmal überprüft und festgestellt: Selbst wenn man die ersten Jahrgänge rauslässt, ändert sich nichts an dem hohen Rückgang von 76 Prozent. Eben weil sie nicht nur die Masse der Insekten gewogen, sondern auch Einflüsse wie Wetter und Art der Landnutzung berücksichtigt haben.

Ich muss an die *shifting baselines* denken und an die Huppenheide zur Zeit des Wiedehopfes. Und mir fällt ein Vogelkundler ein, der mir vor Jahren auf einer Konferenz eindringlich erklärt hatte, wie falsch unsere Bezüge beim Messen der Verluste seien. Wenn wir den Schwund einzelner Vogelarten etwa ab den siebziger Jahren dokumentierten und den Wert des Jahres 1970 als hundert Prozent setzen, sei das schon eine Verzerrung, so hatte er gewarnt. Weil es ja Jahrzehnte zuvor noch wesentlich mehr Vögel gegeben habe. Wie schade ist es, dass es keine Malaise-Fallen-Auswertungen von 1889 an gibt! Und was für eine Verlustrate dabei wohl herausgekommen wäre? Für die Schmetterlinge gibt es eine Zahl von Heinz Schwan, die immerhin ein paar Jahrzehnte zurückliegt: Vor 1960 haben die Krefelder Entomologen regelmäßig 63 Arten Tagfalter nachgewiesen, 1986 nur noch 28.[28] Es spricht vieles dafür, dass die Krefelder nur das letzte Ende einer langen Talfahrt gemessen haben. Dass die Verlustraten, hätte man früher zu messen begonnen, also noch viel höher wären.

Das Leibniz-Institut für Wirtschaftsforschung dagegen findet, die Krefelder Studie sei ein Anlass, »darüber nachzudenken, warum man immer wieder versucht, uns mit möglichst erschreckenden Zahlen Panik zu machen«. Dabei ist so offensichtlich das Gegenteil der Fall. Der Verlust der Biodiversität wurde jahrelang missachtet.

Man kann die Meldung des Leibniz-Instituts als Lehrstück lesen, wie *fake news* fabriziert werden. Und wie leicht diese *fake arguments* für glaubwürdig gehalten werden, wenn man nicht die Krefelder Originalstudie oder die Erläuterungen des Dresdner Zoologieprofessors Klaus Reinhardt gelesen hat. Er hat den Vorwurf »Unstatistik« Punkt für Punkt widerlegt, in einem Offenen Brief an die Bürgerinnen und Bürger des Landes Sachsen und in seiner Lehrveranstaltung: als Beispiel wissenschaftlicher und publizistischer Unredlichkeit.[29]

Aber aus welchem Interesse hacken die Professoren des Leibniz-Instituts so sehr auf den Krefelder Forschungsergebnissen herum und riskieren dabei die Reputation ihres Hauses? Ist es eine Abneigung gegen Kassandrarufer? Gegen Leute, die vor beunruhigenden Entwicklungen warnen? Die uns darauf aufmerksam machen, dass das Ursummen fehlt, und sagen, dass das nicht gut ist? Dass wir uns ändern müssen?

Auch das Onlineportal *Meedia*, das zur Handelsblatt Media Group gehört, berichtet in diesem Ton: »Angeblicher Insektenschwund: Wie die Medien in die rot-grüne Wahlkampffalle tappten.«[30] Auf diesem Portal erscheint wenig später auch ein Interview mit dem Dortmunder Statistikprofessor Walter Krämer, der Mitglied der Jury des Leibniz-Instituts für die Auswahl der Unstatistik ist.[31] Darin ereifern sich Professor und Redakteur gemeinsam über die »rot-grüne Panikmacherszene« und Medien, die den Eindruck vermittelten, der Untergang der Welt stehe unmittelbar bevor. Ob man den Medien deswegen einen Vorwurf machen könne, wo doch ein renommiertes Magazin die Studie veröffentlich habe, will der Journalist vom Professor wissen. »Was heißt hier renommiert?«, kontert Krämer. »Renommiert sind *Science*, *Nature* und die *Proceedings of the National Academy of Sciences*. In ein solches Topjournal hätte es diese Studie wegen zahlreicher methodischer Mängel nie geschafft.«

Nanu, offenbar hat sich Walter Krämer seit fünf Monaten die Webseite des renommierten *Science*-Magazins nicht mehr angeschaut, sonst hätte er dort doch den langen Bericht der *Science*-Autorin Gretchen Vogel voller Lob und Anerkennung über den Entomologischen Verein in Krefeld und seine Forschung entdecken müssen. *Where have all the insects gone?*

Sei's drum. Wer *Science* nicht liest, nur das Onlineportal Meedia, muss den Eindruck gewinnen, die Berichterstattung über die Krefelder Studie sei ein abgekartetes Wahlkampfspiel von Medien und Parteien. Panikmache eben. »Das aktuelle

Insektensterben erinnert mich fatal an das Waldsterben der Neunziger. Wie die Junkies stürzen sich die Medien auf jeden Schrott, wenn er nur ihrer Sucht nach Bestätigung eines vorgefassten Weltbildes entgegenkommt«, so wettert der Statistik-Professor im Interview mit Meedia.

Man könnte seine Schimpftiraden als skurrile Einzelmeinung abtun – gäbe es nicht einen US-Präsidenten, der den Klimawandel als *fake news* abtut und der gegen alle Medien hetzt, die nicht seine Version der Wirklichkeit teilen. Auch in Deutschland ereifern sich Pegida- und AfD-Anhänger über eine angeblich von der Politik ferngesteuerte Lügenpresse. In diesem rechtspopulistischen Umfeld wird Krämers Theorie von den zu Wahlkampfzwecken manipulierten Insektenzahlen vermutlich weitere Verschwörungstheorien anfachen.

»Wenn Sie einen Wunsch an die Medien hätten, welcher wäre das?«, will der Redakteur am Ende des Interviews von Krämer wissen. Und Krämer antwortet frech: »Weniger predigen, mehr berichten. Einfach mal ohne Vorurteile nur die Fakten sprechen lassen.« Das ist tricky, denn welcher Online-Leser lädt sich schon die englischsprachige Studie herunter und liest nach, dass die Krefelder genau das getan haben: Sie haben Fakten sprechen lassen, Zahlen vorgetragen und transparent gemacht, auf welche Art und Weise diese Zahlen zustande gekommen sind. Nichts anderes. Zu den Ursachen des Insektensterbens haben sie keine Aussagen getroffen.

Woher aber kommt die Wut der Leugner des Insektensterbens? Das Misstrauen und die reflexhafte Abwehrhaltung mancher Landwirte sind nachvollziehbar: Die Intensivlandwirtschaft ist in den letzten Jahren stark in die öffentliche Kritik geraten. Glyphosat im Urin, Antibiotikaeinsatz in der Intensivtierhaltung, Nitrat im Grundwasser und heimlich gedrehte Stallvideos, die skandalöse Zustände bei prominenten Landwirten zeigten – das alles hat Schlagzeilen gemacht und unter vielen Landwirten ein Gefühl der Verzweiflung ausgelöst. Sie fühlen sich zu Unrecht für alle Missstände verantwortlich gemacht, zu Unrecht zum Sündenbock der Nation ausgewählt, obwohl sie unter schwierigen wirtschaftlichen Bedingungen bei katastrophal schlechten Erzeugerpreisen das produzieren, was die Lebensmittelhersteller und -händler von ihnen wollten und was die Verbraucher kaufen. Jetzt sterben die Insekten, und auch daran sollen wieder alleine die Landwirte schuld sein?

Doch der Verdacht liegt auf der Hand, dass das, was den Landwirten als Pflanzen*schutz*mittel verkauft wird, eine wichtige Rolle spielt. Nach dem dramatischen Bienensterben am Oberrhein 2008 ist die Beweislage erdrückend: Ackerchemikalien aus der Gruppe der Neonikotinoide gefährden die Bienen, deshalb sind einige von ihnen im Frühsommer 2018 EU-weit verboten worden. Und noch mehr Studien zeigen, dass der systematische Einsatz dieser Mittel die Biodiversität gefährdet – und das setzt all diejenigen Landwirte natürlich unter Druck, die sich auf Ackerbau mit regelmäßigem und systematischem Pestizideinsatz eingelassen haben. Ihre Wirtschaftsweise würde ohne chemische Pflanzenbehandlung nicht funktionieren – zu eng die Fruchtfolge, zu groß die Felder, zu mächtig der Druck der Schädlinge, weil Nützlinge in diesem System keinen Platz haben. Für die intensiv wirtschaftenden Ackerbauern steht also viel auf dem Spiel bei der Diskussion über das Insektensterben. Es geht um ihr wirtschaftliches Überleben, um den

Hof, der häufig seit mehreren Generationen im Besitz der Familie ist, um ihr Selbstbild als moderne Agrarunternehmer, ihre Überzeugung, auf dem richtigen Weg zu sein (anders als die Ökos in ihrer Nische, die angeblich die Welt nicht ernähren können). So ist es verständlich, dass die Nerven in der Landwirtschaft blank liegen.

Doch woher kommt die vehemente Ablehnung der anderen? Eine Gruppe von Psychologen hat erforscht, was die Leugner des Klimawandels antreibt, die in ihren Blogs die Ergebnisse der wissenschaftlichen Klimaforschung infrage stellen.[32] Obwohl es längst wissenschaftlich bestätigt ist, dass Treibhausgase das Klima verändern, zweifeln viele Leute an der wissenschaftlichen Evidenz. Die Psychologen haben herausgefunden, dass Leugner des Klimawandels oft Anhänger von freien Märkten und Gegner jeder Art von Regulierung sind. Viele von ihnen stritten auch den Zusammenhang von HIV und Aids ab und seien anfällig für andere Verschwörungstheorien. Ihrem Aufsatz haben die Psychologen einen spöttischen Titel verpasst: »Die NATO hat die Mondlandung gefakt, deshalb ist der Klimawandel eine Ente«.

Martin Sorg und Heinz Schwan haben einen Weg gefunden, mit unsachlicher Kritik umzugehen. »Agitation« von Medien, die sich nicht die Mühe machen nachzufragen, ignorieren sie einfach. »Wenn Kritik keine Maßstäbe hat, ist es Agitation«, so bringt es Martin Sorg auf den Punkt.

Wer aber in Krefeld nachfragt, bekommt Antworten. Für den werden die Papierrollen mit den Statistiken ausgebreitet und die Kartons mit den Gläsern geöffnet. Ob es die Redakteurin des *Science*-Magazin ist, der Lokalreporter, eine neugierige Schulklasse oder eine Buchautorin. Auch der Bauernverband war schon da und hat sich alles erklären lassen, ebenso Mitarbeiter von Chemieunternehmen.

Denn die interessiert natürlich noch etwas anderes: Nicht nur, um wie viel Prozent die Insekten zurückgegangen sind, sondern auch, warum. Als ich Martin Sorg und Heinz Schwan danach frage, schauen sie mich an, als hätte ich gerade etwas sehr Unverschämtes gefragt. »Der Entomologische Verein ist durch die Satzung der Institution gebunden an die wissenschaftlich orientierte Entomologie,« sagt Martin Sorg streng. Also veröffentlicht der Verein nur, was er erforscht hat und was er belegen kann. Und was manche Ursachen angeht, können sie nichts belegen. Also auch nichts sagen.

Martin Sorg lehnt sich zurück und wartet einen Moment. Dann fügt er hinzu: »Was wir aber sagen können, ist, wo geforscht werden müsste.« Durch die Vergleiche der Insektenzahlen mit den Vegetations- und Wetterdaten können die Krefelder Forscher ausschließen, dass die Insekten nur dort weniger werden, wo sich die Vegetation geändert hat. Auch an Standorten, wo der Bewuchs für Insekten günstig war, landeten weniger in den Fallen. Das Gleiche gilt für den Einfluss des Klimas: Die Krefelder haben die Wetterdaten verglichen und keinen maßgeblichen Einfluss des Klimawandels auf die Rückgänge bei den Insektenzahlen festgestellt.

Es bleibt also die Frage: Wie wurde das Land rund um die Untersuchungsstandorte genutzt, welche Pflanzen wurden dort angebaut, und womit wurden sie behandelt? Der Verdacht fällt auf Stoffe, die man kaum benennen kann, ohne Position zu beziehen. Pflanzen*schutz*mittel, sagen die Hersteller: Mittel, die Kulturpflanzen schützen, vor Pilzen, gefräßigen Käfern, Raupen und anderem Getier und vor wilden Pflanzen, Unkräuter genannt. Aus Marketingsicht ist der Begriff Pflanzen*schutz* eine schlaue Wahl, denn er legt den Fokus auf die Nutzpflanze, die ja tatsächlich geschützt werden soll, und nicht auf die anderen Organismen, die damit vernichtet werden. Doch nach der gleichen Logik könnte man auch Waffen als Lebensschutzmittel bezeichnen, weil sie ja in manchen Situationen tatsächlich Leben schützen können. Von Pflanzenschutzmitteln sprechen auch die meisten Landwirte, die sich selbst als konventionell bezeichnen, was ebenso irreführend ist, weil *konventionell* ja nicht »nur den Konventionen entsprechend«, sondern auch »herkömmlich« bedeutet. Die herkömmliche Landwirtschaft aber hat Jahrhunderte lang ohne den Einsatz von Chemie auf dem Acker gearbeitet hat. Umwelt- und Naturschützer wiederum nennen diese Mittel Pestizide, weil sie *pests*, also Schädlinge töten, oder Ackergifte, weil die Mittel eben giftig sind. Und natürlich sprechen sie auch nicht von Unkräutern – was für ein Unwort! – sondern von Ackerbegleitkräutern.

Egal, wie man die Stoffe nennt, es ist offensichtlich, dass es einen Zusammenhang zwischen ihrem systematischen Einsatz und dem Rückgang der Insekten gibt. Allein ihre Wirkungsweise begründet die Vermutung: Insektizide töten Insekten. Herbizide töten *herbs*, also Kräuter, auf denen Blattläuse leben und mit deren Samen Vögel ihre Jungen füttern. Denn dazu wurden sie entwickelt, deshalb werden sie gekauft und aufs Feld gespritzt oder auf das Saatgut gebeizt. Es wäre nicht sehr kompliziert, zu untersuchen, ob bestimmte Pestizide für

Insekten besonders gefährlich sind, denn jeder Landwirt muss ohnehin dokumentieren, welches Mittel er wann und wo eingesetzt hat.

Auch die Krefelder Entomologen hätten diesen Zusammenhang gern analysiert. Die vielen Malaise-Fallen, die sie über 25 Jahre hinweg an verschiedenen Standorten in Naturschutzgebieten aufgestellt haben, wären eine wunderbare Gelegenheit gewesen, den Einfluss von Ackerchemikalien auf die Insektenzahl zu untersuchen. Denn so erstaunlich es klingen mag: Auch in den meisten Naturschutzgebieten dürfen Ackerchemikalien eingesetzt werden. Die Informationen, die dazu nötig wären, sind erhoben worden, sie liegen auf den Schreibtischen der Landwirte. Nur haben die Forscher keinen Zugriff darauf. Und auch niemand wertet das aus. Die Piraten-Fraktion im nordrhein-westfälischen Landtag hat 2016 eine Anfrage zum Pestizideinsatz in Schutzgebieten an die Landesregierung gestellt. »Über den Umfang der Anwendung von Pflanzenschutzmitteln in Naturschutzgebieten und Natura 2000-Gebieten liegen der Landesregierung keine Informationen vor«, lautete die lapidare Antwort. »Angaben zur Zahl der Kontrollen sind nicht möglich.« Dafür sind die Landwirtschaftskammern zuständig, und deren Statistik erfasse das nicht. Ob es Verstöße gab, wollten die Piraten noch wissen. »Eine landesweite Statistik, welche der 3190 Naturschutzgebiete (Stand März 2016) welche Verbote enthalten und gegen welche Verbote verstoßen wurde, existiert nicht.«[33]

Martin Sorg und Heinz Schwan berichten, dass sie nicht herausfinden konnten, welche Pestizide rund um ihre untersuchten Gebiete eingesetzt worden sind, und ich verstehe nicht, wie sie dabei so ruhig bleiben können. Denn dass die Insektizide eine wichtige Rolle beim Insektensterben spielen, ist weit mehr als ein Anfangsverdacht. 2008 waren am Oberrhein mehr als elftausend Bienenvölker gestorben, Millionen von Bienen. Das Landwirtschaftliche Technologiezentrum des Landes Baden-Württemberg (LTZ) hatte das Massensterben untersucht und bald erkannt, dass das Neonicotinoid Clothianidin die Bienen getötet hatte. Dieses Insektengift war als Beize gegen einen neuen Schädling, den Maiswurzelbohrer, auf das Saatgut aufgetragen worden, aber bei der Maisaussaat abgerieben und verweht worden. Für die Beweisführung hat das LTZ »beim Saatguthandel auf Landkreisebene« abgefragt, wie viele gebeizte Maiskörner wann gekauft worden waren.[34] Ohne diese Daten wäre der Beweis nur ein Verdacht geblieben, und auch hier wäre es vermutlich leichter gewesen, wenn das LTZ schneller Zugriff auf die Daten der Landwirte bekommen hätten, um zu ermitteln, auf welchen Feldern wann genau und bei welchen Windverhältnissen gesät worden war.

Warum also haben die Krefelder Entomologen keinen Zugriff auf diese Daten bekommen – wo ihre einzigartigen Insektenfunde eine hervorragende Grundlage für eine solche Auswertung gewesen wären? Die Landwirte müssen ohnehin genau dokumentieren, was sie wo einsetzen. Wozu der Aufwand, wenn diese Daten in Verdachtsfällen nicht zur Aufklärung genutzt werden können? Warum nur wird nicht alles getan, um besser zu erforschen, wie die Pestizide sich auf die wild lebenden Tiere und Pflanzen auswirken?

So bleibt den Krefeldern die Rolle der Chronisten. Sie werden weiterhin das Verschwinden ihrer Forschungsobjekte dokumentieren, der Insekten, deren Vielfalt, Eigenarten und Schönheit sie bewundern und schätzen. Seit Jahrzehnten sehen sie ihnen beim Verschwinden zu. Sie erleben, wie ihre Kollegen an den Universitäten und Forschungseinrichtungen ihre Forschung bestätigten: Auch in England verschwinden die Tiere. Auch in den Niederlanden. Sie hören, wie das Bundesamt für Naturschutz ihnen Recht gibt. Und sie sehen, dass viel zu wenig dagegen unternommen wird. Das Sterben geht einfach weiter.

»Wir sehen es als höchste Priorität, die noch relativ hohe Diversität in den Schutzgebieten zu schützen«, sagt Martin Sorg. »Man sollte die Empfehlungen des Umweltbundesamtes ernst nehmen und Pestizide in Schutzgebieten ausreichend reglementieren. Und man müsste über wirksame Pufferzonen um die Schutzgebiete nachdenken, weil fliegende Insekten einen Aktionsradius von mehreren Hundert Metern haben. Hinzu kommen Biotopverbund-Korridore, die dabei helfen, dass überhaupt noch ein Austausch zwischen den isolierten Schutzgebieten stattfindet.«

Falls die Entomologen eine Vision einer bunten, vielfältigen Welt in ihren Herzen tragen, in der all die Schmetterlinge, Käfer, Vögel wieder lebendig wären, die in den letzten Jahrzehnten verschwunden sind, dann verraten sie es nicht. Es ist so lange so wenig passiert, dass sie große Forderungen für unrealistisch halten. Dieses ist keine Zeit für Träumer und Visionäre, dieses ist eine Zeit für Feuerwehrleute.

»Wenn man den Biodiversitätsschutz ernst nimmt und die Prioritäten bewertet, dann muss man das regionale Aussterben von Arten verhindern – und die hochgefährdeten Insektenarten haben ihre letzten Populationen in Schutzgebieten. Solches Aussterben wäre in absehbaren Zeiträumen oder für immer ein irreversibler Schaden, der gar nicht kompensiert werden kann.«

In den achtziger Jahren, als Heinz Schwan das Verschwinden der Schmetterlinge im Krefelder Raum dokumentierte, war ich oft draußen unterwegs. Ich erinnere mich, dass ich meiner Mutter erzählt habe, ich hätte ein Tagpfauenauge gesehen, und sie fragte, wirklich? Oder war es nur ein Kleiner Fuchs? Das wäre nicht so interessant, den gab es schließlich an jeder Ecke im Garten. Also schlugen wir die Bücher auf und staunten über die großen Augen auf den Flügeln des Tagpfauenauges und fanden, dass der Kleine Fuchs mit seinen winzigen hellblauen Äuglein an den Flügelrändern auch ganz hübsch war. Was hätte ich damals wohl gesagt, wenn mir jemand prophezeit hätte, dass meine Kinder vierzig Jahre später im Garten weder den einen noch den anderen sehen werden? Dass sich ihr Bild von Schmetterlingen auf den Kohlweißling reduziert hat? Und den Schmetterlingsgarten in Aumühle mit seinen tropischen Schönheiten aus fernen Ländern? Schmetterlinge als Zootiere?

Heinz Schwan hat das 1986 vorhergesagt. Schon damals schrieb er: »Schmetterlinge, Käfer, Hummeln, Schwebfliegen, Libellen und viele andere Insekten, die früher einmal das Bild unserer Natur belebten, sind selten geworden.« Er formulierte den traurigen Satz: »In lauen Sommernächten lauscht man vergeblich auf den Gesang der Grillen.« In seinem Aufsatz nannte Schwan vier Gründe für den Rückgang der Insekten, die allesamt heute noch relevant sind: die Zerstörung der Lebensräume, die pauschale Anwendung von Insektiziden, das anhaltende Desinteresse der Bevölkerung und den Mangel an wirksamen Schutzbestimmungen. Und er hatte damals schon klar vor Augen, wie es weitergehen wird: »Durch die ständige, oft sinnlose und häufig auch fragwürdige Kultivierung und ›Bereinigung‹ unserer Landschaft werden die Bestände vieler Wildpflanzen dezimiert oder ganz vernichtet. Dies bedeutet die Ausrottung aller an sie gebundenen Insektenarten. Die Vernichtung von Biotopen löst eine Kettenreaktion aus, welche die totale biologische Verarmung unserer Natur zur Folge hat.« Vermutlich waren seine deutlichen Worte damals als Warnung gedacht. Leider sieht es so aus, als werde er Recht behalten.

»Auf Feldern, über großflächigen Waldgebieten, aber auch in unseren Privatgärten wird tonnenweise Gift versprüht, wodurch nicht nur Schädlinge, sondern auch sämtliche Nutz- und sonstige harmlose Insekten rigoros vernichtet werden«, schrieb er weiter. »Während die Vergiftung unserer Flüsse durch Chemikalien inzwischen öffentliche Besorgnis erregt, scheint man sich aus der ebenso gründlichen Vergiftung weiter Landstriche bisher nichts zu machen. Auf dem Felde treiben eben keine toten Fische, und tote Marienkäfer interessieren anscheinend niemanden. Zwar werden wir uns in einigen Jahren auch darauf besinnen, doch für unsere Insekten ist es dann zu spät.«[35] Zu dieser Zeit stellen Heinz Schwan und seine Mitstreiter die ersten Malaise-Fallen auf und beginnen mit der systematischen Auswertung. Die Funde werden sie nicht überrascht haben.

Knapp zwei Jahre nach dem Erscheinen der Krefelder Studie in PLOS ONE macht erneut eine Studie zum Insektensterben weltweit Schlagzeilen: Der spanische Ökologe Francisco Sánchez-Bayo von der Universität von Sydney hat zusammen mit seinem belgischen Kollegen Kris Wyckhuys, der in Hanoi, Brisbane und China lehrt, Studien zum Rückgang der Insekten aus der ganzen Welt zusammengetragen. Sie haben einen dicken Stapel von 73 Berichten durchgearbeitet und nach den Ursachen für den Rückgang geforscht – und ihre Ergebnisse klingen noch besorgniserregender als die der Krefelder: Sie diagnostizieren »dramatische Rückgangsraten« überall auf der Welt und befürchten, dass 40 Prozent der Insektenarten in den nächsten Jahrzehnten aussterben könnten.[36] *In den nächsten Jahrzehnten:* In der Zeitspanne, in der Kinder erwachsen werden, könnte beinahe jede zweite Insektenart verschwinden. »Kurz vor Kollaps«, schreibt die Tageszeitung *taz*.[37] Solche Rückgangsraten habe es noch nie gegeben, klagen die beiden Forscher, und das Ganze sei *a major global issue*, eine große Herausforderung von globaler Bedeutung.[38] Besonders bedroht seien die Lepidoptera, Hymenoptera und Coleoptera. Das sind Schmetterlinge, Hautflügler (zu denen Wespen und Bienen gehören) und Käfer, vor allem die Mistkäfer. Von den Insekten, die am Wasser leben, sind Libellen, Steinfliegen, Köcherfliegen und Eintagsfliegen am meisten gefährdet.

Was die Krefelder Entomologen in den westdeutschen Naturschutzgebieten beobachtet haben, bestätigen Sánchez-Bayo und Wyckhuys für viele andere Orte auf der Welt: Es verschwinden nicht nur Spezialisten, die eine ökologische Nische besiedeln, sondern auch viele Allerweltsarten. Gleichzeitig gibt es eine kleine Zahl von Insektenarten, deren Abundanz, deren Häufigkeit, steigt. Das sind besonders anpassungsfähige Generalisten, die Lücken füllen, die die vielen anderen Arten hinterlassen. Die Überlebenskünstler, die überall durchkommen. Beim Verschwinden der Arten hätten alle viel zu lange auf die charismatischen Wirbeltiere geschaut, auf Säugetiere und Vögel. Die Insekten seien in der Forschung sehr lange unterrepräsentiert gewesen, schreiben Sánchez-Bayo und Wyckhuys, dabei seien ihre Aussterberaten noch viel höher als die der Wirbeltiere. Insekten aber sind die Nahrungsgrundlage für viele Wirbeltiere: für Spitzmäuse, Maulwürfe, Igel, Ameisenbären, Echsen, Amphibien, für die meisten Fledermäuse und viele Vögel und Fische. Wegen ihrer großen Bedeutung für die Ökosysteme könne man ihr Verschwinden nicht länger ignorieren, fordern Sánchez-Bayo und Wyckhuys mit klaren Worten. Um einen katastrophalen Kollaps der Ökosysteme abzuwenden, muss gehandelt werden, sofort und entschieden.

Kapitel 3

Todeszonen in der Ostsee und Zeckenplagen im Wald

Wir erleben ein Massenaussterben von weltgeschichtlichem Ausmaß und merken reichlich spät, dass wir die Vielfalt zum Überleben bräuchten

Ein gigantischer roter Feuerball nähert sich der Erde. Erschrocken blickt eine Herde von Triceratopsen zum Himmel, der über ihren gewaltigen Hornschädeln unheilvoll glüht. Die jungen drängen sich zwischen die Beine der großen und blicken angstvoll nach oben.

Wir Nachgeborenen wissen, wie die Geschichte ausgeht: Die Tricis werden nicht überleben. Sie waren so groß wie Lastwagen und trugen eindrucksvoll gezackte Nackenschilde auf ihren wulstigen Köpfen. Das hat sie Millionen von Jahren vor hungrigen Tyrannosauriern geschützt, aber nicht vor dem, was jetzt aus dem Himmel auf sie niederschlägt.

In beinahe jedem Kinderbuch über Dinosaurier findet sich diese Szene vom Meteoriteneinschlag, der vor 66 Millionen Jahren das Leben der Urzeitechsen auslöschte. Während die Eltern vorlesen, kuscheln sich die kleinen Paläontologen unter die Bettdecke und gruseln sich genüsslich vor dem großen Einschlag aus dem All und der jahrelangen Dunkelheit, die danach auf der Erde herrschte. Unter Wissenschaftlern ist umstritten, ob es wirklich der große Meteorit war, der die Ära der Dinosaurier beendete, oder Vulkanausbrüche in Indien oder beides zusammen. Vermutlich hat ihr Niedergang schon vor dem Einschlag begonnen.[39] Klar ist nur: Am Ende waren sie weg – ausgestorben nach 170 Millionen Jahren. Das große Dino-Sterben gilt als fünftes großes Massenaussterben in der Geschichte der Welt. Bei diesen Ereignissen starben jeweils mehr als drei Viertel der bis dahin lebenden Arten aus. Die Forscher sind sich nicht ganz einig, wie lange es gedauert hat, bis die Welt wieder lebendig und vielfältig wurde, vielleicht eine halbe Million Jahre oder noch länger.

Immer wenn ich meinem kleinen Sohn vom Einschlag des Meteoriten vorlese, überlege ich, ob ich ihm sagen soll: Weißt du eigentlich, dass wir heute etwas Ähnliches erleben? Ein Massenaussterben von erdgeschichtlicher Bedeutung? Nur dass es diesmal kein Meteorit ist, der das Leben auslöscht? Sondern wir selbst, wir Menschen? Oder richtiger: alle Menschen, die so leben wie wir, die viel kaufen, konsumieren, viel reisen und viel wegschmeißen?

Ich lasse es, weil ich finde, mit dem Klimawandel aufzuwachsen ist schon genug Bedrohung für einen Sechsjährigen. Aber genau so ist: Wir befinden uns mitten im sechsten großen Artensterben der Erdgeschichte. Das erste liegt etwa 500 Millionen Jahre zurück: Damals brachen so viele Vulkane aus, dass sich die Zusammensetzung der Meere und der Atmosphäre stark veränderte und in der Folge viele Arten ausstarben. Vor

443 Millionen Jahren driftete der Urkontinent Gondwana nach Süden, und die Erde kühlte sich ab. Dieses Mal starben vermutlich mehr als 85 Prozent aller Meeresbewohner. Als größtes Massenaussterben aller Zeiten aber gilt der Übergang vom Erdaltertum zum Erdmittelalter etwa zweihundert Millionen Jahre später, bei dem nach gigantischen Vulkanausbrüchen in Sibirien beinahe alles Leben weltweit vernichtet wurde. Das große Sterben zog sich damals mindestens über Tausende von Jahren hin. Erdgeschichtlich gesehen war das ein recht schnelles Aussterben in kurzer Zeit, aber im Vergleich zu dem, was heute passiert, war es *slow motion*.

Die amerikanische Journalistin Elizabeth Kolbert hat 2014 ein Buch über das aktuelle Massenaussterben geschrieben, *The Sixth Extinction*, das mit dem Pulitzerpreis ausgezeichnet wurde. Sie ist dafür an die Hotspots des Artensterbens auf der ganzen Welt gereist. Sie hat tote Frösche in den Wäldern von Panama gesehen, dahingerafft von einem Chytridpilz, den die Menschen versehentlich dorthin gebracht haben. Sie hat Berge von skelettierten Fledermäusen im Nordosten der USA inspiziert, auch sie Opfer einer vom Menschen unbemerkt eingeschleppten Pilzkrankheit. Sie ist zu den ausgeblichenen Korallen in der Südsee getaucht und hat beschrieben, wie sich der Klimawandel schon jetzt auf die Ökosysteme der Meere auswirkt. Sie hat auch Schauplätze von historischem Artensterben besucht, Inseln im Nordatlantik, auf denen früher Tausende von Riesenalken brüteten – bis Seefahrer sie in Massen abschlachteten und im frühen 19. Jahrhundert schließlich ganz ausrotteten. Und sie hat in der Geschichte der Wissenschaft recherchiert: Bis vor etwa zweihundert Jahren wussten die

Naturforscher nicht, dass Arten aussterben können. Sie konnten es sich nicht vorstellen, weil es die Idee des Aussterbens einfach nicht gab. In der Zeit vor Darwin hatte jedes Lebewesen seinen Platz in einer immerwährenden göttlichen Ordnung – obwohl damals längst Knochen von ausgestorbenen Tieren entdeckt worden waren. Je mehr merkwürdige Knochen die Forscher aus der Erde buddelten, berichtet Kolbert, desto mehr strengten sie sich an, diese Funde irgendwie in ihr vertrautes Schema zu bringen. Erst der Naturforscher Georges Cuvier hatte – bei der Betrachtung des Backenzahns eines Mastodons – einen Aha-Moment, der ihn zu der Erkenntnis brachte, dass es früher Tierarten gegeben haben musste, die es jetzt offenbar nicht mehr gab. Dass diese Arten also ausgestorben sein mussten. Er entdeckte, schreibt Kolbert, dass das Leben selbst eine Geschichte hat.[40]

Das war ein Gedanke, der bis dahin undenkbar gewesen war. Was wir uns heute wiederum kaum mehr vorstellen können, weil es für uns so offensichtlich ist. Keiner, der im Berliner Naturkundemuseum unter dem riesigen Brachiosaurierskelett entlangspaziert ist, könnte noch bezweifeln, dass Arten aussterben können. Doch früher war das eine disruptive Information, und viele Wissenschaftler verweigerten sich dem neuen Paradigma.

Vielleicht werden sich die Menschen in zweihundert Jahren nicht vorstellen können, dass wir Menschen des frühen 21. Jahrhundert so blind vor der globalen Bedrohung standen wie einst Cuviers Zeitgenossen vor den Mammutknochen?

Heute wissen wir, dass das Aussterben von Arten etwas völlig Normales ist, Evolution eben. Die Wissenschaftler bezeichnen das gewöhnliche Entstehen und Vergehen von Arten in Zeiten ohne kosmische oder geologische Katastrophen als Hintergrundrate. Bei Säugetieren nimmt man an, dass etwa zwei von zehntausend Arten pro Jahrhundert aussterben. Der mexikanische Biologe Gerardo Ceballos und seine Kollegen haben diese Rate mit den in den letzten Jahrhunderten ausgestorbenen Säugetierarten verglichen (ohne die vielen gefährdeten und vom Aussterben bedrohten mitzurechnen), und sie sind zu dem beunruhigenden Schluss gekommen, dass die aktuelle Aussterberate bis zu hundert Mal höher als die Hintergrundrate liegt. Andere Forscher gehen vom Tausendfachen aus. In Zukunft könnte die Aussterberate sogar zehntausend Mal so hoch sein.[41] Doch selbst Ceballos' vorsichtige Schätzungen lassen nur einen Schluss zu: nämlich dass wir uns tatsächlich mitten im sechsten Massenaussterben der Erdgeschichte befinden.[42]

Das ist eine ungeheure Erkenntnis, die jahrelang ungeheuer gelassen aufgenommen wurde. Wir leben wie die Dinosaurier während des Meteoriteneinschlags, aber anders als die Triceratopse in den Kinderbüchern waren wir nicht wirklich beunruhigt. Außer ein paar Wissenschaftlern und Naturschützern hat diese Tatsache die Medien und die Menschen viel zu lange kaum interessiert. Jedenfalls nicht mehr als das Ende der Dinosaurier. Erst als der Weltbiodiversitätsrat IPBES im Mai 2019 die erschreckende Zahl von einer Million bedrohter Arten verkündete, machte das Massensterben Schlagzeilen auf den Titelseiten. Es war, als sei die Öffentlichkeit aus einem wohligen Schlummer erwacht, um erstaunt auf den herannahenden Meteoriten zu zeigen.

Dabei schreien die Forscher ihre Erkenntnisse schon sehr lang sehr laut in die Welt hinaus. 1992 veröffentlichte der Physik-Nobelpreisträger Henry Kendall eine Warnung an die Menschheit, der sich 1700 Wissenschaftler, darunter viele Nobelpreisträger, anschlossen: Die Menschheit befinde sich auf Kollisionskurs mit der Natur. Von den vielen Zerstörungen natürlicher Ressourcen sei der irreversible Verlust der Arten besonders ernst zu nehmen, schrieben Kendall und seine Kollegen vor einem Vierteljahrhundert. Kendall war Mitbegründer der *Union of Concerned Scientists,* der Vereinigung besorgter Wissenschaftler, die sich nicht damit begnügen, Entscheidungsträgern Forschungsergebnisse auf den Tisch zu legen. Sie fordern vielmehr *science-based action*, also politisches Handeln, das aus der Arbeit der Wissenschaftler die richtigen Schlüsse zieht – zur Rettung der Menschheit. Kendall ist 1999 gestorben, er hat nicht erleben müssen, dass die US-Amerikaner 2016 einen Präsidenten gewählt haben, der alle wissenschaftliche Evidenz ignoriert und selbst ausgedachte »alternative Fakten« an ihre Stelle setzt.

2017 wiederholten Kendalls Nachfolger seine Warnung, und dieses Mal unterschrieben mehr als 15 000 Wissenschaftler aus der ganzen Welt. In *Warning to humanity, a second notice* bringen sie die Entwicklung seit 1992 auf den Punkt: Mit Ausnahme des Lochs in der Ozonschicht ist kein Problem gelöst worden, im Gegenteil. *Humanity has failed*, schreibt das Autorenteam um den Ökologen William J. Ripple. Die Menschheit hat versagt. Sie hat nicht genug unternommen, um den möglicherweise katastrophalen Klimawandel zu bremsen. Und darüber hinaus hat sie ein *mass extinction event* entfesselt, ein

Massenaussterben – das sechste in grob 540 Milliarden Jahren –, das bis zum Ende dieses Jahrhunderts viele der gegenwärtigen Lebensformen auslöschen könnte.[43]

Die Medien in Deutschland berichteten über diese Warnung nicht auf den Titelseiten, wo die Nachricht hingehörte, sondern irgendwo hinten, unter ferner liefen und was sonst noch so passiert auf der Welt. Als hätten wir uns an das Sterben der anderen gewöhnt. Als hätte dies alles nichts mit uns zu tun.

Mir ging das kaum anders, obwohl ich seit vielen Jahren als Journalistin über Umweltthemen schreibe und viele Veranstaltungen zu Nachhaltigkeit moderiert habe. Dabei hätte ich eigentlich viel aufmerksamer sein müssen, denn ich hatte von dem Phänomen der Massenblindheit im Massensterben schon vor vielen Jahren gelesen: Der Philosoph Günther Anders, der Exmann von Hannah Arendt, hat über die Haltung vieler Menschen in den Jahren nach dem Zweiten Weltkrieg gegenüber der atomaren Bedrohung geschrieben und sie als Apokalypse-Blindheit bezeichnet. Mit der Erfindung von Atombomben hat sich die Menschheit als Ganzes in die Lage gebracht, sich mit ihren eigenen Waffen selbst auslöschen zu können. Und die ganze Welt, wie wir sie kennen, gleich mit. Eine entsetzliche Erkenntnis, offenbar zu entsetzlich, um sich damit auseinanderzusetzen. Was bliebe übrig, wenn die Bombe eingesetzt würde? »Ein Trümmerfeld, unter dem alles, was Geschichte einmal gewesen, begraben läge. Und wenn der Mensch doch überlebte, dann nicht als geschichtliches Wesen, sondern als ein erbärmlicher Überrest: als verseuchte Natur in verseuchter Natur.« So habe Albert Einstein die Lage beurteilt, schreibt Günther Anders, und er ergänzt:

»Und wir lesen es in den Zeitungen.

Und wie reagieren wir darauf?

Eben so, wie wir auf Zeitungsnachrichten reagieren: gar nicht.«[44]

Warum? Günther Anders glaubte, dass die Gefahr zu groß sei für unser Vorstellungsvermögen. Dass wir unseren eigenen Produkten und deren Folgen phantasie- und gefühlsmäßig nicht gewachsen seien. Anfang der fünfziger Jahre hat der Philosoph das geschrieben, zu einer Zeit, in der das Wort *atomic* in den USA ein Modewort für alles war, was als modern, schick und fortschrittlich galt, und als es auch in Europa noch keine Anti-AKW-Bewegung gab, sondern großes Vertrauen in die vielversprechende neue atomare Technik zur Gewinnung von billigem und sauberem Strom. Ein Vierteljahrhundert später, 1979, ergänzte Anders: »Die drei Hauptthesen: daß wir der Perfektion unserer Produkte nicht gewachsen sind; daß wir mehr herstellen als vorstellen und verantworten können: und daß wir glauben, das, was wir können, auch zu dürfen, nein: zu sollen, nein: zu müssen – diese drei Grundthesen sind angesichts der im letzten Vierteljahrhundert offenbar gewordenen Umweltgefahren leider aktueller und brisanter als damals.«[45]

Bis heute geht die Apokalypse-Blindheit weiter. Die chillige Ruhe, mit der wir bis vor Kurzem die länger werdenden Roten Listen ignoriert haben, gibt Günther Anders ein Vierteljahrhundert nach seinem Tod noch einmal recht. Die Gelbbauchunke verschwindet? Der Feldhamster? Der Schierlingswasserfenchel? Schade, aber auch nicht sooo schlimm, also für uns nicht, wir Menschen sterben ja nicht aus, wir werden ja immer mehr, und es geht uns immer besser. Diese Alltagserfahrung hat uns lange Zeit apokalypse-blind gemacht. Dass das stille Verschwinden der possierlichen kleinen Tierchen um uns herum Teil eines globalen Massenaussterbens sein könnte, das auch das Leben der Menschen bedrohen wird, haben wir lange Zeit einfach nicht verstanden. Das übersteigt, hätte Günther Anders gesagt, unser Vorstellungsvermögen, dazu waren wir zu apokalypse-blind, nein: dazu wurden wir zu lange apokalypse-blind gemacht.

Doch das ändert sich, seit die Krefelder Studie über das große Insektensterben ein weltweites Medienecho ausgelöst hat. Mir ist nicht ganz klar, warum die Erkenntnis, dass in einem niederrheinischen Naturschutzgebiet Insekten verschwinden, beunruhigender gewirkt hat als die wiederkehrenden Warnungen der Wissenschaftler, dass die Menschen überall auf der Welt Arten und ihre Lebensräume in erdgeschichtlichem Ausmaß vernichten. Warum auch immer: Die Krefelder Entomologen haben einen Nerv getroffen. Sie haben uns, vielleicht gerade durch ihre nüchterne Art, aus einem Schlaf gerissen und aufgeweckt.

Im Februar 2019 standen Millionen Bayern bei Regen und Kälte vor den Rathäusern Schlange, um das Volksbegehren Artenvielfalt zu unterzeichnen. Und die Warnung des Weltbiodiversitätsrates, des IPBES, – eine Million Arten vom Aussterben bedroht! – hat es in die Nachrichten und auf die Titelseiten der großen Zeitungen gebracht. Dass gehandelt werden muss, steht jetzt im Raum. Immerhin.

Doch gleichzeitig ist die Diskussion auf merkwürdige Weise auf Insekten und vor allem auf Bienen beschränkt geblieben.

In vielen Artikeln und Diskussionen zum Insektensterben wurde Albert Einstein bemüht, der gesagt haben soll, dass mit den Bienen auch die Menschen stürben. Auch die Initiatoren des bayerischen Volksbegehrens haben mit der Schlagzeile »Rettet die Bienen« für ihr Anliegen der Rettung der Artenvielfalt geworben. Das ist verständlich, weil die meisten Menschen Bienen mögen oder zumindest ihren Honig. So liegt es nahe, die Honigbiene zur Frontfrau der Insekten zu machen. Doch dieser enge Fokus könnte auch zu falschen Entwarnungen verleiten, fürchtet der Entomologe Udo Heimbach, weil wir über die Gefährdung vieler anderer Arten so viel weniger wissen, über die Blattläuse zum Beispiel, die Heimbach besonders am Herzen liegen.[46] Allein in Deutschland gibt es mehr als siebenhundert Arten von Blattläusen, schwärmt er, und es könnten noch viele mehr sein. Das ist unbekannt, weil die meisten dieser Arten nur wenig erforscht sind. »Wir wissen, dass 95 Prozent der Blattlausarten monophag sind, das heißt, sie leben nur an einer oder sehr wenigen Wirtspflanzen«, sagt Heimbach. Wenn also eine dieser Pflanzenarten ausstirbt oder sehr selten wird, würde dies das Ende der jeweiligen Blattlausart bedeuten – und das wiederum hätte Folgen für viele andere Insekten und den ganzen Rest des Ökosystems. »Sehr viele Tierarten leben ganz oder zu einem wichtigen Teil von Blattläusen: viele Marienkäfer, Schwebfliegen, Florfliegen und Hautflügler wie die Ameisen. Die Ausscheidungen der Läuse, der Honigtau, ist für viele Insektengruppen eine wichtige und leicht zugängliche Energiequelle.« Für die Ernährung von Honigbienen zum Beispiel sind Blattläuse wichtig: Bienenvölker, deren Stöcke in der Nähe von Wäldern stehen, produzieren den größten Teil ihres

Honigs aus dem sogenannten Honigtau, das ist ein sehr poetischer Begriff für Blattlaus-Pipi. Für seine Doktorarbeit hat Heimbach ausgerechnet, dass auf einer einzigen Linde bis zu zehn Millionen Blattläuse leben können, die gemeinsam pro Jahr fünfzig Kilogramm Zucker ausscheiden. Auf einem fünf Hektar großen Weizenfeld könnten – bei starkem Befall – sogar mehr als eine Milliarde Blattläuse leben. Ohne die großen Mengen frei verfügbaren Zuckers, den diese unzähligen Blattläuse ausscheiden, glaubt Heimbach, gäbe es unsere Ökosysteme in dieser Form gar nicht. »Man könnte also genauso gut sagen: Stirbt die Blattlaus, stirbt der Mensch«, folgert Heimbach, »oder auch: Ohne Collembolen stirbt der Mensch.« Das sind die winzigen Springschwänze, die im Boden leben und dort abgefallene Pflanzenreste, die sogenannte Streu, zersetzen und damit wieder als Nahrung für andere Mikroorganismen und für Pflanzen zur Verfügung stellen.

Es zeigt sich immer wieder: Es nicht möglich, ein Fädchen aus dem Netz des Lebens zu reißen, ohne dass Laufmaschen entstehen, die das Netz als Ganzes gefährden. Aber wie sich die Vielfalt oder Abundanz der Blattläuse und Springschwänze in den letzten Jahrzehnten verändert hat, das weiß niemand genau. Udo Heimbach war bis 2018 stellvertretender Leiter im Julius-Kühn-Institut für Pflanzenschutz in Ackerbau und Grünland Braunschweig, das ist die Forschungseinrichtung des Bundes für Kulturpflanzenforschung. Doch auch dort, sagt Heimbach, stand nur sehr wenig Geld für die Erforschung der ganzen Vielfalt der Insektenwelt zur Verfügung. Der kurze Blick auf Blattläuse und Springschwänze hat mir gezeigt, dass es viel zu wenig ist, nur Bienen zu betrachten, um das ganze

Ausmaß der Gefährdung der Biodiversität wahrzunehmen. Das Gleiche gilt für die möglichen Rettungsmaßnahmen.

Seit 2017 wird sehr viel über Blühstreifen als Beitrag zum Insektenschutz geredet, als könnte man mit einer schmalen bunten Blumenzierde um Äcker und Betonwüsten unsere Leben vernichtende Landnutzung umkehren. Ökologen wie Thomas Fartmann halten nicht viel von solchen Blühstreifen, vor allem nicht im konventionellen Ackerbau, weil sie die verbliebenen Insekten an die Ränder von Feldern mit gefährlicher Ackerchemie locken: Ökologische Falle nennt man das.

Viele Landwirte haben solche Streifen angelegt, weil sie beunruhigt waren über die Funde der Entomologen und selbst etwas gegen das Verschwinden der Insekten tun wollen. Die Kritik der Ökologen hat sie deshalb getroffen. Denn natürlich sind blühende Ackerränder besser als gar keine Ränder. Und die Blühstreifen haben noch einen großen Wert, den Ökologen vielleicht nicht erkennen: In der landwirtschaftlichen Ausbildung spielt Biodiversität so gut wie keine Rolle. Für viele Landwirte sind die Blüten am Ackerrand ein erster Schritt zu Naturschutz auf den eigenen Flächen, für manche war es sogar der Einstieg in mehrjährige Naturschutzprogramme, die über eine kurze Sommerblüte hinausgehen.[47] Ich habe viele konventionelle Landwirte von ihren Blühstreifen schwärmen hören, von den Insekten und Schmetterlingen, die sie dort gesehen haben, und von der Freude der Nachbarn an den blühenden Wiesen.

So kann man die einjährigen Blühstreifen entlang der Agrar- oder Betonwüsten als Versuch interpretieren, das *business as usual* weiterzuführen wie bisher, nur eben mit kleinen Korrekturen, etwas verziert sozusagen, als Zeichen für die trügerische Hoffnung, dass ein paar Sommerblüten am Feldrand reichen werden, um die Insekten in ihrer ganzen Vielfalt wieder aufzupäppeln. Aber man kann sie auch als Zeichen deuten, dass viele Landwirte bereit sind für eine andere, vielfältigere Landwirtschaft. Blühstreifen sind nicht genug, aber sie sind die Symbole eines Aufbruchs auf dem Land.

Wenn man sich durch die Veröffentlichungen der Wissenschaftler und Umweltverbände arbeitet, versteht man nach wenigen Seiten, dass es ohne eine andere Wirtschaftsweise in der Landwirtschaft nicht gehen wird und dass es dazu höhere Lebensmittelpreise braucht und andere Ernährungsstile. Das Verschwinden der Insekten ist kein isoliertes Einzelproblem, das irgendwie aus den dicht verwobenen Nahrungsnetzen der Ökosysteme herauszutrennen wäre. Es ist Teil des großen Massenaussterbens. Man muss es als Indikator für einen drohenden ökologischen Zusammenbruch sehen. Je mehr Insekten sterben, desto größer wird diese Gefahr. Wenn die Masse der Insekten, ihre Abundanz, weiter abnimmt, werden weitere Insekten fressende Vögel verhungern. So wie damals mit den Heuschrecken in der Huppenheide auch die Wiedehopfe verschwunden sind. Ganz gleich, ob dabei einzelne Arten aussterben oder in geringer Zahl überleben, das Ergebnis werden zerrissene Nahrungsnetze in leeren Landschaften sein. Defaunation nennen das die Wissenschaftler.

Auf einer Recherchereise nach Sumatra habe ich gesehen, was das bedeutet. Tagelang sind wir mit dem indonesischen Regenwaldschützer Feri Irawan über die tropische Insel gefahren – vorbei an Millionen grüner Palmen. Feri ist im Regenwald aufgewachsen, er ist (wie ich auch) Kind einer Lehrerin und eines Bauern. Sein Vater hat ihm gezeigt, wie man kleine Felder mitten im Wald anlegt, ohne ihn zu zerstören, welche wild wachsenden Früchte man essen kann und wie man Fische fängt. Der Wald muss geschützt werden, sonst haben wir nichts zu essen, das hat Feri von seinem Vater gelernt. Nur wenn es dunkel wurde, mussten alle reinkommen, hat uns Feri erzählt, denn dann kam der Tiger. Der aber galt nicht als Feind, im Gegenteil, es war ein gutes Zeichen, eine Art Segen, wenn nachts ein Tiger unter einem der Holzhäuser im Wald schlief.

Feris Wald, das Paradies seiner Kindheit, existiert nur noch in seiner Erinnerung. Feuer, Bagger und Forstmaschinen haben es zerstört, für Palmölplantagen. Feri hat erlebt, wie aus dem prächtigen reichen Regenwald eine vergiftete Ödnis wurde, noch immer palmengrün, aber ohne Vielfalt und ohne Leben. Der Tiger verschwand, die Orang-Utans, die Elefanten und die vielen anderen Tiere des Waldes. Dafür kamen Totalherbizide, die zwischen den Palmen auf den Boden gespritzt werden, um alles andere Leben zu töten. Diese Erfahrung hat Feri zu einem der bekanntesten Regenwaldschützer Indonesiens gemacht. Er hat sein Leben in den Dienst dieses Kampfes gestellt, mit einer Entschlossenheit, die ich selten bei Menschen gespürt habe. Es ist, als gäbe der verschwundene Wald ihm die Kraft dazu.

Immer wieder zeigt er Journalisten, was die Palmölplantagen mit dem Land machen. Auf den ersten Blick können wir Mitteleuropäer gar nicht sehen, *was nicht mehr da ist*. Für die meisten von uns – wenn wir nicht gerade in der Nähe des polnischen Białowieża-Nationalparks oder eines der wenigen anderen Urwaldreste aufgewachsen sind – ist ein Forst ja schon ein Wald. Die indonesischen Palmölplantagen sahen für mich wie Palmwälder aus, so wie viele Kiefern für mich ein Kiefernwald sind. Feri aber weiß, was war und nicht mehr ist, wenn er an den endlosen Palmenreihen vorbeifährt. Der Wald war für ihn ein komplexes Ökosystem, in dem Pflanzen, Tiere und Menschen ihren Platz hatten, ein Ökosystem, das Feri und seine Familie respektvoll nutzten und erhielten. Das klingt kitschig, aber so war es. Der Palmölforst hat diese Biodiversität vernichtet und alle ihre Ökosystemleistungen gleich mit. Für Feri ist der Palmölwald ein Friedhof.

Um Platz für neue Plantagen zu schaffen, werden immer wieder Feuer in den verbliebenen Wäldern gelegt, die leicht außer Kontrolle geraten. Dann zieht dichter Smog durch die Wälder und lässt die Menschen in den Städten husten. Manchmal treibt der Rauch sogar übers Meer bis nach Singapur, wo – Ironie der Geschichte – die großen Palmölkonzerne ihren Sitz haben.[48]

Solchen Raubbau hat es auch in Deutschland gegeben. Als die norddeutschen Moore vor etwa zweihundert Jahren besiedelt wurden, brannten die bettelarmen Kolonisten ganze Stücke im Moore ab, um auf dem mit Asche gedüngten Boden Buchweizen anzubauen – bis der Boden nach wenigen Jahren erschöpft war. Dann ließen sie ihn brachliegen und brannten ein neues Stück ab. Auch dabei entstanden große Feuer, deren Rauch und Dunst »im Frühling über Norddeutschland hingen und je nach Windrichtung bis St. Petersburg oder Lissabon getragen wurden«, wie der Historiker David Blackbourn schreibt.[49] Damals wusste niemand, wie gefährlich dieser Rauch war und welche Mengen Kohlendioxid dabei in die Luft gewirbelt wurden und dass dieses Kohlendioxid das Klima auf der ganzen Welt ändern würde. Heute ist das alles bekannt, doch Moore und Wälder brennen noch immer.[50] Nicht mehr in Ostfriesland, dafür auf Sumatra.

Aus der Luft erkennen wir Fremden sofort, was hier passiert ist. Fliegt man von der Hauptstadt Jakarta in die Provinz Jambi mitten auf Sumatra, sieht man ein Schachbrettmuster aus Ölpalmen, von der Küste Sumatras bis nach Jambi. Es gibt fast keinen Urwald mehr auf Sumatra, nur noch im Bergland und in den Sümpfen. Wir haben auf unserer Reise Vertriebene kennengelernt, die im Regenwald lebten, bevor an seiner Stelle Palmölplantagen angelegt wurden, wir haben auch ein zerstörtes Dorf gesehen und Menschen, die unter Zeltplanen hockten und ihrem Wald nachtrauerten. Aber zu den traurigsten Momenten unserer Reise gehörte der Besuch einer Plantage für »nachhaltig« angebaute Ölpalmen. Die Manager dort empfingen uns sehr freundlich und sehr stolz und zeigten uns, was ihre Nachhaltigkeit ausmachte. Sie hatten den Einsatz von Glyphosat unter den Palmen reduziert und kleine Kästen zwischen den Bäumen aufgestellt. Darin sollten Eulen nisten. Aber es gab keine mehr.

Damals kannte ich das Wort Defaunation noch nicht, aber als ich es zum ersten Mal hörte, hatte ich sofort dieses Bild vor Augen: wie uns der junge motivierte Plantagen-Manager von Eulenkasten zu Eulenkasten fährt und die Hoffnung nicht aufgibt, doch noch Spuren von Vögeln zu finden.

Was die Umwandlung des Regenwalds in Palmölplantagen wirklich bedeutet, welche unendlich große und unendlich fein aufeinander abgestimmte Vielfalt des Lebens dort vernichtet wird, wenn die Motorsägen ausgepackt werden, habe ich erst

Jahre nach meiner Reise verstanden, als ich all die Forschung über das Netz des Lebens gelesen habe. Einen Urwald abholzen und eine Plantage anpflanzen ist, als würde man ein Orchester gegen einen Presslufthammer ersetzen.

Ressourcenforscher und Ökologen warnen vor dieser Zerstörung und einer weltweiten Defaunation – nicht, weil ausgeräumte leblose Landschaften deprimierend auf uns wirken, sondern weil sie gefährlich werden können, lebensgefährlich, und zwar auch für uns. Biodiversität ist eine Überlebensfrage für die Menschheit – so hat es auch der schwedische Ressourcenforscher Johan Rockström auf den Punkt gebracht. Im Jahr 2009 hat er mit Kollegen die beunruhigende Studie *A safe operating space for humanity* in *Nature* veröffentlicht, die so etwas wie der Bericht des *Club of Rome* für die Nullerjahre geworden ist. Rockström, der seit 2018 das renommierte Potsdam-Institut für Klimafolgenforschung leitet, ist heute einer der meistzitierten Wissenschaftler der Welt.[51] Zusammen mit seinen Kollegen hat er das Konzept der *planetary boundaries* entwickelt, der planetaren Grenzen, die eingehalten werden müssen, wenn die Erde ein sicherer Ort für die Menschheit bleiben soll. Eben ein *safe operating space for humanity*, wie im Titel seines berühmten Aufsatzes. Rockström warnt: Werden diese Grenzen überschritten, müssen wir mit unkalkulierbaren Veränderungen und desaströsen Folgen rechnen. Drei dieser Grenzen aber seien schon überschritten, schrieben Rockström und Kollegen 2009, und zwar beim Klima, beim Stickstoffkreislauf – und beim Verlust der Biodiversität.

Warum aber ist es für uns Menschen so wichtig, ob in einer Landschaft nun viele oder wenige Arten leben? In den meisten

Fällen bemerken wir es gar nicht, wenn eine Art nicht mehr da ist. Als die Turteltauben in der Gegend von Lichtenau verhungert sind, wird das den meisten Menschen dort gar nicht aufgefallen sein, vielleicht der einen oder anderen aufmerksamen Spaziergängerin. Und als die letzten Heuschrecken auf dem intensiv genutzten Grünland der Huppenheide jenseits des Truppenübungsplatzes vom Mähwerk geschreddert wurden, konnte das der Schlepperfahrer in seiner abgeschlossenen Kabine weder sehen noch hören.

Auch dass der berühmte Schierlings-Wasserfenchel aus dem Mühlenberger Loch bei Hamburg verschwunden ist, hat sich auf das Leben der Hamburger nicht ausgewirkt. Die seltene Pflanze wächst ausschließlich in der Tideelbe, also dort, wo die Gezeiten der Nordsee das Elbwasser kurz vor der Mündung steigen und fallen lassen, also ausgerechnet im Gebiet des Hamburger Hafens. Obwohl der seltene Wasserfenchel als prioritäre Art von gemeinschaftlichem Interesse eingestuft war, eben weil sie endemisch ist, also ausschließlich dort vorkommt und nirgends sonst auf der Welt, wurde das umstrittene Fabrikgelände des Flugzeugkonzerns Airbus in eines seiner letzten Verbreitungsgebiete gebaut. An dieser Stelle ist der Schierlings-Wasserfenchel verschwunden – aber für die Menschen hat sich danach scheinbar nichts geändert.

Vermutlich wird deshalb auch so oft über Artenschutz gespottet, etwa wenn ein Feldhamster eine Autobahnbaustelle blockiert oder ein paar schrumpelige Wechselkröten einer Tunnelbohrung im Wege stehen.[52] Weil sich die Bedeutung der seltenen Tiere für die Ökosysteme den meisten Menschen eben nicht erschließt. Wie auch, wenn selbst die Wissenschaftler sagen, dass sie im komplexen Zusammenwirken der Arten eines Ökosystems nicht genau vorhersagen können, was passieren wird, wenn an der einen oder anderen Stelle ein Loch in das Nahrungsnetz gerissen wird. Viele Arten, vor allem Insekten und anderes kleines Getier, könnten aussterben, bevor wir genau verstanden haben, was sie eigentlich geleistet haben.

Warum also zählt Johan Rockström das Schwinden der Biodiversität zu den Entwicklungen, die das Überleben der Menschheit gefährden? Dem Ökologen geht es – mit dem Blick auf die planetaren Grenzen – nicht um einzelne Pflanzen oder Tiere und ihren Eigenwert, sondern um ihre Funktionen für die jeweiligen Ökosysteme und damit für uns Menschen. *Ecosystem services* oder Ökosystemleistungen, so heißt das Zauberwort, mit dem die Wissenschaftler vermitteln, dass im Zusammenspiel der Lebewesen eines Ökosystems Stoffe produziert werden, ohne die wir Menschen nicht überleben können: Springschwänze zersetzen abgefallene Pflanzenteile, Mistkäfer zersetzen Kothaufen und machen sie gemeinsam mit vielen anderen Organismen wieder zu Nahrung für Pflanzen, Insekten bestäuben Blüten, die nur so zu Früchten werden, Blattläuse produzieren Nahrung für andere Insekten, die Singvögeln als Nahrung dienen, der lebendige, von Milliarden Mikroorganismen belebte Boden filtert schmutziges Wasser, aus dem wir Trinkwasser gewinnen, und so weiter. Hinter all diesen Dienstleistungen stehen Tausende und Abertausende von Arten, die wir zum Teil gar nicht kennen wie etwa die vielen winzigen Bodenlebewesen, ohne die wir weder sauberes Wasser noch nährstoffreichen Humus hätten und auch keinen Boden mit Schwammstruktur, der Regengüsse aufsaugt und uns vor Überschwemmungen und Erosion schützt. Diese Leistungen der Ökosysteme scheinen uns so selbstverständlich, so *natürlich* eben, dass wir uns gar nicht klarmachen, dass ein ganzes Netz von unterschiedlichen Lebewesen daran beteiligt ist und dass wir gut daran tun, dieses Netz nicht aus Unkenntnis zu zerreißen.

David Blackbourn hat diese Leichtfertigkeit am Beispiel der Vergiftung des Rheins in der frühen Bundesrepublik beschrieben: »Jahrelang hatte man selbstzufrieden angenommen, der Fluss werde schon in der Lage sein, das landwirtschaftliche Sickerwasser, das Abwasser, das von den an seinen Ufern liegenden Industrieanlagen oder aus seinen ebenfalls verschmutzten Nebenflüssen (...) in ihn eingeleitet wurde, ausreichend zu verdünnen«, schreibt er in *Die Eroberung der Natur*. »Diese kühne Hoffnung ließ sich nicht länger aufrechterhalten. Über weite Strecken hinweg stand der Rhein kurz davor, in ein biologisch totes Gewässer umzukippen.«[53] Erst in diesem Moment, kurz vor dem Kollaps, lernten die Menschen am Rhein, dass man einen Fluss nicht als Abwasserkanal missbrauchen darf, wenn man eine Ökosystemleistung, nämlich sauberes Wasser, von ihm erwartet.

Die große Bedeutung der Biodiversität aber für die Ökosysteme kam erst später ins Bewusstsein. Heute wissen wir: Hinter jeder Ökosystemleistung stehen Gruppen von Arten – sozusagen unsere Dienstleister aus der Natur. Wenn die eine Art aus dieser Gruppe verschwindet, können oft andere ihre Arbeit mit übernehmen. Aber bestimmte Arten können auch so wichtig sein, dass ohne sie eine bestimmte Ökosystemleistung nicht mehr erbracht werden kann. Gäbe es zum Beispiel keine bestäubenden Insekten mehr, so gäbe es weder Äpfel noch Kirschen, noch sonst irgendwelche Früchte von zoophilen

Pflanze. Zoophil nennen die Biologen Blüten, die von Insekten (und nicht durch den Wind oder das Wasser) bestäubt werden. Würden die Honigbienen aussterben, könnten die Wildbienen und viele andere Fluginsekten die Bestäubung dieser Blüten übernehmen. Gegenwärtig aber verschwinden sehr viele Insekten aller Arten – und das heißt, es könnte langfristig eng werden mit der Bestäubung. Und mit den Äpfeln und Kirschen und Sonnenblumen und so weiter.[54] Die Biobauern haben ein gutes Bild gefunden, mit dem sie die Bedeutung der scheinbar unwichtigen Arten erklären: »Stellen Sie sich vor, Sie zerlegen eine Landmaschine in ihre Einzelteile! Auf welches Teil können Sie verzichten, wenn Sie sie wieder zusammenbauen wollen?«

Wenn wir Biodiversität weiter zerstören, wird das auch gesundheitliche Folgen für uns haben. Seit einigen Jahren untersuchen Biologen und Mediziner den Zusammenhang von Krankheiten und Biodiversität, und es deutet einiges darauf hin, dass Menschen in Gegenden mit hoher Biodiversität besser vor Krankheiten geschützt sind. Der amerikanische Biologe David Civitello hat zusammen mit Kollegen über zweihundert Untersuchungen analysiert, und er gelangt zu dem Schluss: Es gibt eine überwältigende Evidenz dafür, dass höhere Biodiversität ein geringeres Infektionsrisiko bedeutet und uns vor Krankheiten schützt, die von Parasiten übertragen werden.[55] *Dilution effect* wird das genannt, Verdünnungs- oder Verwässerungseffekt, weil die hohe Diversität das Übertragungsrisiko gleichsam verdünnt. Der Ökologe Richard Ostfeld hat diese Zusammenhänge über 19 Jahre lang im Bundesstaat New York am Beispiel von Zecken untersucht, den Überträgern der gefährlichen Lyme-Borreliose. Seine Forschung zeigt: In Gegenden mit fragmentierten Wäldern, wo es wenig kleine Beutetiere und sehr viele Mäuse gibt, ist das Risiko, von einer infizierten Zecke gestochen zu werden, sehr hoch. In Wäldern, in denen viele kleine Beutetiere wie Waschbären, Füchse und Opossums leben, die sich von diesen Mäusen ernähren, ist es niedriger. Die vielen Prädatoren verringern das Risiko, dass sich die Zecken im Nymphenstadium auf Mäusen niederlassen, die die jungen Zecken mit Borrelien infizieren. Einmal, weil die Prädatoren Mäuse fressen und deren Zahl verringern, und zum anderen, weil die Prädatoren selbst Wirte von Zecken sein können und diese Zecken dann nicht mit Borrelien infiziert würden. Das klingt ziemlich logisch: Wenn die Zeckennymphen eine große Auswahl an möglichen Wirtstieren für ihre Blutmahlzeiten haben, ist das Risiko gering, dass sie sich ausgerechnet auf einer mit Borrelien infizierten Maus niederlassen. Gibt es in einem Waldstück aber wenig Vielfalt und dazu noch sehr viele Mäuse – etwa weil es im Jahr zuvor extrem viele Eicheln gab –, dann landen beinahe alle Zeckennymphen auf diesen Mäusen und infizieren sich als Nymphen mit Borrelien. Wenn diese infizierten Zecken sich für eine neue Blutmahlzeit auf einen ahnungslosen Wanderer fallen lassen, ist die Gefahr groß, dass er sich auch mit Borrelien infiziert und krank wird.[56] Die Lyme-Borreliose aber ist für Menschen alles andere als eine harmlose Krankheit, sie ist schwer nachweisbar und zu Beginn leicht zu übersehen. Antibiotika wirken oft nur im frühen Stadium der Krankheit, aber ausgerechnet dann haben viele Infizierte gar keine Symptome. Und wenn sie den typischen roten Ring um die Einstichstelle der Zecke, die sogenannte Wanderröte, übersehen, werden sie sich vielleicht gar nicht an den Zeckenstich erinnern, wenn sie Monate später unerklärliche Gelenkschmerzen bekommen.[57]

Auch eine Landschaftsökologin der TU Braunschweig hat erforscht, wie sich die Diversität der Wirtstiere auf Zecken und Borrelien auswirkt. Dania Richter vom Institut für Geoökologie hat Zecken in einem norddeutschen Naturschutzgebiet untersucht, einmal als das Gebiet noch nicht beweidet wurde und dann Jahre später, als eine Rinderherde darauf graste. Sie hat festgestellt, dass die Zecken, seit sie bei Rindern Blut saugen, keine Borrelien mehr übertragen.[58]

Parasitologen und Ökologen debattieren noch darüber, wann und unter welchen Bedingungen dieser *dilution effect*, der Risikoverwässerungseffekt, auftritt und wie verallgemeinerbar die Schlussfolgerung ist, dass hohe Biodiversität vor Infektionen schützt.[59] Doch unbestritten ist ein ganz einfacher Zusammenhang: Überall dort, wo die Vielfalt schwindet, können sich einzelne Arten so gut ausbreiten, dass sie zur Plage werden, etwa Quallen in überfischten Meeresgewässern, Buchdrucker oder andere Borkenkäfer im Kiefernforst oder die kleinen Maiszünsler auf großen Maisfeldern. Und noch etwas ist unter Wissenschaftlern völlig unstrittig, und das ist die enorme Bedeutung von hoher Biodiversität für die Ernährung der Menschen. Die Welternährungsorganisation FAO hat deswegen eine deutliche Warnung ausgesprochen: Wenn wir die Biodiversität weiter reduzieren, gefährden wir damit unsere Ernährung.[60] Eine hohe Biodiversität ist unerlässlich für die Welternährung, so argumentiert die FAO in ihrem Bericht zur genetischen Vielfalt aus dem Jahr 2019, aber diese Biodiversität ist gefährdet: Die Länder berichten, dass viele Arten, die zu lebenswichtigen Ökosystemleistungen beitragen, etwa Bestäuber, natürliche Feinde von Schädlingen, Bodenorganismen und wilde essbare Pflanzen, im Niedergang sind – als Folge von Zerstörung oder Degradierung ihrer Lebensräume, Übernutzung oder Umweltverschmutzung. Das Bevölkerungswachstum, der Verlust von traditionellen Lebensstilen, die Urbanisierung, die Industrialisierung von Landwirtschaft und Lebensmittelverarbeitung – all das trage dazu bei, dass traditionelles Wissen über Biodiversität und ihren Nutzen für die Ernährung verloren gehe, schreibt die FAO. Das ist exakt, was Feri für sein Dorf auf Sumatra beschrieben hat, mitten im Regenwald, den es jetzt nicht mehr gibt. Aber es trifft auch auf die Dörfer in Mitteleuropa zu. Meine Großeltern sammelten wilde Pilze, Kamille und Lindenblüten für Tees und Schlehen, um daraus Schnaps zu machen, und ihre Art der Landwirtschaft vertrug sich gut mit den Bedürfnissen von Heuschrecken, Turteltauben und Lerchen. Die Biodiversität auf ihren Feldern und Weiden war beeindruckend groß: Dort wuchsen Frühäpfel und Spätäpfel, Birnen, Zwetschgen, Eierpflaumen, Sauerkirschen, Mirabellen, Haselnüsse, Walnüsse, Holunderbeeren, rote Johannisbeeren, schwarze Johannisbeeren, Stachelbeeren, viele unterschiedliche Gemüsesorten im Garten und auf den Feldern: Hafer, Roggen, Gerste, Weizen, Ackerbohnen, Leinsaat und Zuckerrüben. Das hat sich in kurzer Zeit fundamental geändert. Die meisten Gemüsegärten sind verschwunden, viele Streuobstwiesen auch, und auf den Feldern wächst vor allem Winterweizen, Mais und Raps. Die Welt hat in den letzten Jahrzehnten einen unfassbaren Schwund der Vielfalt der Kulturpflanzen erlebt: In Mexiko sind seit 1900 80 Prozent der Maissorten verloren gegangen, in Indien 90 Prozent der Reissorten. Im gleichen Zeitraum sind in den USA 90 Prozent der alten Gemüse- und Fruchtsorten verschwunden.[61] Wir produzieren mehr Masse aus immer weniger Sorten – und vernichten dabei Biodiversität und die Grundlagen für unser Überleben.

Denn die Befürchtungen der Ökologen gehen noch weiter. Bei schwindender Biodiversität sehen sie nicht nur einzelne Ökosystemleistungen gefährdet, sondern die Ökosysteme als Ganzes. Rockström erklärt das so: »Wir verstehen immer besser, welche große Bedeutung funktionale Biodiversität hat, um zu verhindern, dass Ökosysteme bei Störungen in unerwünschte Zustände kippen.«[62] *Unerwünschte Zustände* klingt etwas harmlos, finde ich, denn gemeint sind ökologische Desaster wie umgekippte Seen oder Todeszonen in den Meeren. Rockström argumentiert: Je größer die funktionale Biodiversität in einem Ökosystem ist, also je mehr Tier- oder Pflanzenarten in einem Ökosystem leben und darin bestimmte Aufgaben übernehmen, desto widerstandsfähiger, resilienter, sind die Systeme. Und umgekehrt: Je geringer diese funktionale Biodiversität, desto größer ist die Gefahr, dass Ökosysteme bei Störungen quasi kollabieren. Einen solchen Kollaps oder etwas freundlicher ausgedrückt: ein plötzliches Umkippen vom erwünschten in den unerwünschten Zustand bezeichnen die Forscher als *regime shift*.

»In der Ostsee ist das schon passiert«, sagt der Meeresbiologie und Ostseeforscher Christian Möllmann. Der Professor leitet die Abteilung Marine Ökosystemdynamik an der Universität Hamburg, und er hat viel über die komplexen Zusammenhänge der *regime shifts* in der Ostsee geforscht. Seit 2019 ist er einer der Leitautoren des Weltklimaberichts IPCC.[63] »Durch die Flüsse gelangen große Menge Dünger in die Ostsee, vor allem Stickstoff und Phosphat aus der Landwirtschaft«, berichtet Christian Möllmann. Dieser Dünger wirkt im Wasser wie an Land: Er lässt die Pflanzen wachsen, Raps, Mais und Weizen auf den Feldern und Algen im Meer. In der Ostsee sind das Kiesel- und Grünalgen und auch die gefürchteten giftigen Cyanobakterien, die Blaualgen. Alles zusammen nennen die Meeresforscher Phytoplankton. »Wenn das Phytoplankton abstirbt und nach unten sinkt, wird es von Mikroorganismen zersetzt. Dabei wird sehr viel Sauerstoff verbraucht, sodass extrem sauerstoffarme Zonen entstehen, in denen keine Fische mehr leben können.« Deshalb ist die Eutrophierung, die Anreicherung mit großen Nährstoffmengen, so gefährlich. Zu viel Dünger schadet einem Gewässer – etwa so, wie dauerhaft zu viel Zucker einen Menschen krank macht. Christian Möllmann erklärt, warum die Ostsee besonders gefährdet ist: »Die Ostsee hat tiefe Becken, in denen das Tiefenwasser keinen Austausch mit dem sauerstoffreicheren Wasser der Oberfläche hat. Früher strömte frisches sauerstoffreiches Wasser aus der Nordsee in die Ostsee, doch dieser Austausch hat seit den achtziger Jahren abgenommen – bedingt durch den Klimawandel.«[64]

In dieser Situation kommt die Bedeutung der Biodiversität ins Spiel: »Durch die Überfischung des Kabeljaus ist das oberste Raubtier im Nahrungsnetz der Ostsee, der *top predator*, auf ein sehr niedriges Niveau reduziert«, sagt der Meeresbiologe. »Die Sprotten haben also kaum noch Fressfeinde, und deshalb vermehren sie sich sehr stark. Sie ernähren sich vom sogenannten Zooplankton – das sind die vielen kleinen Krebschen, die in der Ostsee leben. Je größer die Sprottenbestände werden, desto mehr kleine Krebstierchen vertilgen sie. Also sinken die Bestände des Zooplanktons. Das aber ernährt sich von Phytoplankton, von dem es durch die Eutrophierung viel zu viel in der Ostsee gibt.« Es gibt also zu wenig Zooplankton für zu viel Phytoplankton in der Ostsee. »Die Überfischung des Kabeljaus in der Ostsee hat eine trophische Kaskade ausgelöst«, erläutert Christian Möllmann, »diese Kaskade verstärkt die Folgen der Eutrophierung in den tiefen Becken der Ostsee.«

Trophische Kaskaden sind die Folgen und die Folgen der Folgen und deren Folgen, die auftreten, wenn ein Loch in das Nahrungsnetz gerissen wird, wenn zum Beispiel das oberste Beutetier verschwunden ist. Und eine solche Ursachenverkettung hat in der Ostsee die Entstehung von sauerstoffarmen lebensfeindlichen Zonen begünstigt. Oder andersherum: Gäbe es in der Ostsee mehr Kabeljau, wäre sie resilienter gegen die Entstehung von Todeszonen.

So also geht *regime shift*: Oben fehlt der Kabeljau, und unten stirbt das Meer. Wird der Kabeljau weggefischt, vermehren sich die Sprotten, dadurch vermindert sich das Zooplankton, dadurch vermehrt sich das ohnehin schon aufgeblähte Phytoplankton bis zur Algenblüte – und das Meer erstickt am Sauerstoffmangel. Natürlich ist es nicht ganz so simpel, denn bei *regime shifts* geht es immer um ein sehr komplexes Zusammenspiel von sehr verschiedenen natürlichen, menschlichen und klimatischen Einflüssen. »Das alles ist schwer auseinanderzuhalten«, sagt Christian Möllmann. »Die trophische Kaskade ist durch die Überfischung des Kabeljaus ausgelöst, doch der leidet – wie die meisten Fischbestände auch – am Klimawandel.«

Deshalb haben die hohen Fangquoten den Beständen so zugesetzt, dass von den einstigen riesigen Schwärmen nur noch einzelne Fische übrig geblieben sind. »Klimawandel und Übernutzung wirken negativ zusammen«, so bringt es der Meeresbiologe auf den Punkt. Die funktionale Biodiversität ist bei diesen Veränderungen ein wichtiges Puzzlestück in einem größeren Bild. Und dieses Bild zeigt ein Fünftel der Ostsee in einem *unerwünschten Zustand* – nach einem *regime shift* vom sauerstoff- und fischreichen Gewässer, das die Menschen ernährt, zu einer toten Zone.

2012 haben sich die Todeszonen auf einer Fläche von 60 000 Quadratkilometern in der Ostsee ausgebreitet, die größte erstreckt sich von Fehmarn bis Sankt Petersburg.[65] Für die Urlauber am Ostseestrand sieht das Meer immer noch schön blau aus, doch darunter ist das Leben über weite Flächen erstorben. Nur wenn massenhaft tote Fische an den Strand gespült werden, wie im September 2017 in Eckernförde, sehen die Menschen, dass etwas nicht stimmt im Meer.[66] Auch an den vielen Quallen, die von diesen Veränderungen profitieren, bemerken sie es natürlich.[67] Und die Fischer registrieren es, denn viele Bestände kollabieren geradezu, unter anderem weil die Fischeier in den toten Zonen am Meeresgrund nicht reifen können. Man muss sich das Ausmaß dieser Zonen an Land vorstellen, um zu verstehen, was dieser *unerwünschte Zustand* bedeutet: Es ist, als würde man von Fehmarn die ganze Ostseeküste entlang bis zur polnischen Grenze und noch weiter reisen und dabei nichts Grünes, Lebendiges entdecken. Tagelang sähe man eine lebensfeindliche Umgebung, eine einzige Einöde. Eine Unterwasser-Defaunation, sehr *unerwünscht*.

Der schwedische Ökologe Carl Folke hat zusammen mit Wissenschaftlern aus drei Kontinenten untersucht, unter welchen Umständen Ökosysteme von einem guten in einen schlechten Zustand kippen.[68] Es sei evident, schreibt er, dass das Risiko für *regime shifts* steige, wenn Menschen in die Diversität von Ökosystemen eingreifen und ganze funktionale Gruppen daraus entnehmen und gleichzeitig die Ökosysteme durch Abfall, Schadstoffe und den Klimawandel noch weiter unter Druck setzen. All diese Effekte – miteinander kombiniert und sich oft gegenseitig verstärkend – machen Ökosysteme anfälliger für Veränderungen, die im früheren Zustand leichter aufgefangen worden wären.

Wir müssen uns die Ökosysteme als komplexe anpassungsfähige Systeme vorstellen, die sich nichtlinear entwickeln und vor allem nur begrenzt vorhersehbar sind, so erklärt es Folke. Früher hätten die Menschen eine stabile resiliente Umwelt einfach als selbstverständlich vorausgesetzt, als eine Art *global steady-state.* So ist die Welt, so war sie ja schon immer. Äpfel wachsen an den Bäumen, und im Meer schwimmen Fische, so ist das in der Natur, so war das ja immer. Ähnliches hat auch die Meeresforscherin Sylvia Earle beklagt: Noch vor wenigen Jahrzehnten hätten die Leute ihren Müll völlig sorglos ins Meer geworfen, es ist ja so groß, darin würde der Müll schon irgendwie verschwinden. Und Fische konnte man auch unbekümmert daraus fischen, es kamen ja immer welche nach.

Folke fordert nun einen Paradigmenwechsel für das Verständnis von unserer Umwelt und der Rolle der Menschen darin: Wir müssen weg vom alten Paradigma von *command-and-control,* das eine stabile »optimale« Produktion für möglich hält, also weg von der Vorstellung, dass wir Menschen am Steuer sitzen und das Optimum aus der Umwelt herausholen können. Wir müssen uns klarmachen, dass wir die Fähigkeit der Ökosysteme zur Selbst-Reparatur nicht einfach als selbstverständlich voraussetzen dürfen. Stattdessen müssen wir endlich verstehen, dass Resilienz, die Widerstandskraft gegen Störungen, in Ökosystemen schwinden kann. Deshalb schlägt Folke ein neues Paradigma vor: Wir sollten uns künftig als Manager der Resilienz unter unsicheren Umweltbedingungen verstehen.

Der WWF, eine der größten internationalen Umweltorganisationen, kommt in seinem Report *Living Planet 2018* zum selben Schluss: »Eine zukünftige menschliche Entwicklung ist ohne ökologisch vielfältige, funktionsfähige und damit nachhaltig nutzbare Ökosysteme kaum möglich.«[69] Um den ökologischen Zustand der Erde zu messen, hat der WWF einen Gradmesser mitentwickelt, den *Living Planet Index*, der zeigt, wie sich die Bestände von Wirbeltieren weltweit entwickeln, also von Säugetieren, Vögeln, Fischen, Reptilien und Amphibien. Untersuchungen über mehr als 16000 Populationen und 400 Arten sind in diesen Index eingeflossen, und das Ergebnis ist ähnlich niederschmetternd wie die Krefelder Studie: überall Niedergang. Für die Zeit von 1970 bis 2014 hat der WWF einen Rückgang um 60 Prozent errechnet. Über vierzig Jahre lang sind die Bestände zurückgegangen, am stärksten in den achtziger und neunziger Jahren. Wer mag, kann sich am Ende des Tunnels wähnen, denn mit der Jahrtausendwende scheint der Absturz etwas gebremst.

Doch für Optimismus gibt es keinen Grund, denn neben die leicht sinkende Sterberate der Wildtiere hat der WWF eine lange Reihe von Grafiken gestellt, die allesamt in die andere Richtung weisen: steil nach oben. Sie zeigen, was die Forscher der schwedischen Forschungseinrichtung *Stockholm Resilience Center* als *Die Große Beschleunigung* bezeichnen, nämlich ein exponentielles Wachstum von so gut wie allem, was die Menschen weltweit tun: Dünger- und Wasserverbrauch, Energienutzung, Verkehr, große Staudämme, internationaler Tourismus und so weiter.[70] Alle diese Graphen folgen der gleichen Form. Bis etwa in die fünfziger Jahre steigen sie leicht an und ziehen dann steil nach oben. Nur zwei der vielen Kurven zeigen seit einigen Jahren wieder abwärts: einmal die für den Ozonverlust in der Stratosphäre (denn bei der Bekämpfung des Ozonlochs hat wissenschaftliche Erkenntnis wunderbarerweise zu wirkungsvollem politischem Handeln geführt) und zweitens die Entwicklung des Meeresfischfanges. Aber das liegt nicht etwa an gelungener *marine stewardship*, also an einem verantwortungsvollen koordinierten Vorgehen der Fischerei, schreibt Will Steffen vom *Stockholm Resilience Center*, sondern schlicht und einfach an der Erschöpfung der weltweiten Fischbestände. Mit immer mehr Aufwand wird immer weniger aus dem Wasser gezogen, einfach weil nichts mehr da ist.[71] Der Graph direkt daneben ragt wieder fast senkrecht in die Höhe: Er zeigt – als Antwort auf die leer gefischten Meere – den Anstieg der Garnelen aus Aquakulturen in Millionen Tonnen.

Der WWF hat noch mehr von diesen Steilkurven zusammengestellt: Konzentration von Kohlendioxid, Stickoxid und Methan in der Atmosphäre, Versauerung der Meere, Stickstoffeintrag in Küstengewässer, Schädigung der Biosphäre. Die Muster zeigen: Wir kommen da nicht raus. Das menschliche

Handeln findet unmittelbaren und messbaren Niederschlag in den natürlichen Stoffkreisläufen. Willkommen im Anthropozän!

Was passiert, wenn wir in diesem Stil wirtschaften, hat der deutsche Biologe Walter Jetz zusammen mit dem Datenwissenschaftler Ryan P. Powers errechnet: Sie haben untersucht, wie sich die weltweite Landnutzung in Zukunft verändern könnte, ausgehend von verschiedenen sozioökonomischen Szenarien, und wie viel Lebensraum für Amphibien, Vögel und Säugetiere dabei jeweils verloren ginge. Nach ihren Berechnungen sind allein durch die prognostizierten Landnutzungsänderungen 1700 Arten von Wirbeltieren gefährdet. Vor allem Länder in Südamerika, Südostasien und Afrika müssten dringend ihre Biodiversität schützen, fordern Jetz und Powers.[72] Das nimmt uns Mitteleuropäer nicht aus der Verantwortung, denn ein großer Teil der Landnutzungsänderungen dort findet statt, um auf ehemaligen Naturflächen Konsumgüter für die globalen Märkte zu produzieren, Holz, Palmöl, Soja und Fleisch.

Der WWF wiederum hat zusammen mit Wissenschaftlern vom Tyndall Centre for Climate Change an der University of East Anglia analysiert, wie sich der Klimawandel auf die ohnehin schon gefährdete Biodiversität auswirken wird, und die Lektüre zeigt, dass beide Entwicklungen zusammengedacht werden müssen. Die Umweltschützer haben dazu 35 Schüsselregionen ausgewählt, in denen die Biodiversität besonders hoch ist. Manche Regionen werden stärker, andere weniger betroffen sein. Doch insgesamt sind die Aussichten trübe: »Bei einer Erwärmung um 4,5 °C sind fast 50 % aller derzeit in den Schlüsselregionen beheimateten Arten vom lokalen Aussterben bedroht«, schreiben die Forscher. »Selbst wenn wir den Anstieg der weltweiten Durchschnittstemperatur auf 2 °C begrenzen können, verlieren nach den Vorhersagen viele Schlüsselregionen einen bedeutenden Anteil ihrer Arten, für die sich das Klima nicht mehr eignet. Selbst beim Zwei-Grad-Szenario sind fast 25 % der Arten in den Schlüsselregionen vom lokalen Aussterben bedroht.«[73] Vor allem Pflanzen werden Schwierigkeiten haben, sich schnell genug an die gestiegenen Temperaturen anzupassen. Eine natürliche Ausbreitung in passende Klimaregionen könnte den gefährdeten Arten helfen, aber dafür brauchen die Pflanzen Korridore, auf denen sie sich ausbreiten können. Dabei geht es nicht darum, ob ein seltenes Pflänzchen irgendwo blüht oder nicht, sondern um tiefgreifende Veränderungen von Ökosystemen. Die Klimaforscher des *Tyndall Centres* und ihre Kollegen vom WWF kommen zum gleichen Schluss wie Rockström und Kendall und Ripple und zwei Generationen von besorgten Wissenschaftlern: Es geht ums Ganze. Wir müssen was tun. Und zwar jetzt.

»Die Biodiversität überall auf der Erde wird im Laufe dieses Jahrhunderts fürchterlichen Schaden nehmen, wenn die Menschheit nicht alle Möglichkeiten ausschöpft, um dem Klimawandel entgegenzutreten«, warnt der WWF.[74]

Drei Jahre nach dem Erscheinen von Rockströms Warnung vor dem Überschreiten der planetaren Grenzen haben die Vereinten Nationen den Weltbiodiversitätsrat ins Leben gerufen, die *Intergovernmental Platform on Biodiversity and Ecosystem Services*, abgekürzt IPBES. Der Rat bündelt die weltweite

Forschung zur gefährdeten Biodiversität und vermittelt seine Bewertungen an Politiker und Entscheidungsträger auf allen Ebenen. Er ist etwa das Pendant zum Weltklimarat, dem berühmten IPCC, doch er war kaum bekannt, bis es seine globale Bestandsaufnahme im Mai 2019 in die Abendnachrichten und auf die Titelseiten brachte. 131 UN-Mitgliedsstaaten sind dabei, Hunderte von Wissenschaftlerinnen und anderen Experten wirken in einzelnen Arbeitsgruppen, auch NGOs, Universitäten und andere Institutionen sind als Beobachter dabei. Im März 2018 hat das IPBES zum ersten Mal einzelne Berichte zum Zustand der weltweiten Biodiversität veröffentlicht. Unter der Überschrift *human well-being at risk* veröffentlicht der Rat einen ebenso dringlichen Appell wie die besorgten Autoren der zweiten *warning to humanity* im Jahr zuvor: Das Wohlergeben der Menschheit ist gefährdet. Überall auf der Welt sinkt die Biodiversität. Wir müssen jetzt handeln, um unsere Lebensgrundlagen zu erhalten.[75] 2018 wurde diese Warnung in den deutschen Medien kaum zur Kenntnis genommen, und so gut wie niemand außerhalb der Fachkreise kannte das Kürzel IPBES. Ein Jahr später war das plötzlich völlig anders: Ende April 2019 kam der Rat zur Vollversammlung in Paris zusammen und verabschiedete ein wichtiges Dokument, die Zusammenfassung seines globalen Zustandsberichts mit Empfehlungen für Entscheidungsträger. Darin fand sich die Zahl, die rund um die Welt Schlagzeilen machte: Eine Million. So viele Arten sind schon heute vom Aussterben bedroht, einige von ihnen innerhalb der nächsten Jahrzehnte, wenn wir nicht sofort etwas dagegen unternehmen. Und wenn wir das nicht tun, wird sich das Aussterben noch weiter beschleunigen.

Regierungsvertreter aus über hundert Mitgliedsländern des IPBES waren nach Paris gekommen, um das Dokument mit den Wissenschaftlern zu diskutieren, die die Fakten dafür in den letzten drei Jahren zusammengetragen hatten. »Es wurde um jede Aussage gerungen«, hat mir Inka Gnittke vom Bundesumweltministerium erzählt, »die Stimmung war gut und konstruktiv. Jeder Mitgliedsstaat wollte ein gutes Produkt verabschieden, das die Welt wachrüttelt.« Das ist das Besondere an diesem Bericht: Hinter dem langen Titel *Summary for policymakers of the global assessment report for biodiversity and ecosystem services* verbirgt sich ein Bericht, der von allen Regierungen des IPBES angenommen wurde – als weltweit anerkannter Sachstand zur Biodiversität. Aus Deutschland waren Vertreterinnen aus gleich drei Bundesministerien dabei – Umwelt, Landwirtschaft und Forschung. Einen solchen Bericht in dieser Größenordnung und mit globaler Akzeptanz hat es noch nie gegeben. Das bedeutet: Niemand kann sagen, ach, eine Million vom Aussterben bedrohten Arten, das ist doch völlig übertrieben! Da hat sich jemand verrechnet! Auch in Paris hat niemand aus den über hundert Delegationen den wissenschaftlichen Sachstand angezweifelt. »Es ist gut, dass das Thema Biodiversität aus der Nische des Naturschutzes herausgekommen ist«, sagt Inka Gnittke. »Es muss darum gehen, die Rettung der biologischen Vielfalt in allen Politikbereichen zu verankern. Der IPBES-Bericht macht ja sehr deutlich, welche Relevanz das hat.«

Das ist also der offiziell anerkannte Stand der Forschung: Wenn wir weitermachen wie bisher, werden wir einen großen Teil der biologischen Vielfalt der Welt verlieren. Und das bedeutet: Wir müssen uns an die Vorstellung gewöhnen, dass alles um uns herum ganz anders werden kann. Und das sogar ziemlich plötzlich und ohne Vorwarnung. Die Welt, wie wir sie kennen, gibt es dann nicht mehr. Was uns dabei helfen kann, das zu verhindern, ist die Erkenntnis der Wissenschaftler: Biodiversität stärkt die Resilienz. Vielfalt sichert Widerstandskraft. Vielleicht hilft dieser Gedanke, um mit den kommenden Veränderungen umgehen zu lernen. Wir müssen die biologische Vielfalt als unsere Lebensversicherung verstehen. Und wir dürfen auf keinen Fall zurückfallen auf das bequeme Sofa der Apokalypse-Blindheit.

Kapitel 4

Der Kampf um die Deutungshoheit

Das Insektensterben ist dramatisch, aber doch nicht so schlimm: Warum eine widersprüchliche Berichterstattung verhindert, dass wir verstehen, dass es ums Ganze geht

Am Ende einer langen Woche, in der ich mich durch Studien und Aufsätze zur großen Beschleunigung der menschlichen Einflüsse auf die Ökosysteme gearbeitet hatte, nahm ich mir einen Stapel Zeitungen vor, die während der traurigen Lektüre liegen geblieben waren. In der *Zeit* entdeckte ich ein Bild, das mir wie ein Symbol für all das erschien, was ich erfahren hatte. Es zeigte »Sudan«, den letzten männlichen Überlebenden der Nördlichen Breitmaulnashörner, und es zeigte ihn kurz vor seinem Tod.

Der mächtige 45 Jahre alte Bulle liegt auf der Seite, faltig, friedlich und schicksalsergeben, während sich einer seiner Tierpfleger liebevoll, ja andächtig über ihn beugt. Er hockt so nah neben dem sterbenden Bullen, dass seine Stirn den mächtigen Schädel des Nashorns berührt. Die Hand des Pflegers streicht sanft über die flache Stirn des Tieres. Die beiden müssen sich sehr nah gewesen sein, das sieht man. Es ist, als tauschten sie letzte Gedanken aus, Kopf an Kopf, und es ist bei aller Traurigkeit ein friedliches Bild.

1975 wurde Sudan als junges Nashorn in einem afrikanischen Nationalpark gefangen und in einen tschechischen Zoo gebracht. Während er in Gefangenschaft überlebte und sogar zwei Töchter zeugte, wurden seine letzten Artgenossen in Afrika von Wilderern niedergemetzelt. Doch auch in den Zoos starben immer mehr nördliche Breitmaulnashörner ohne Nachwuchs. Daher wurden die letzten vier ihrer Art, darunter auch Sudan, 2009 in einem Reservat in Kenia freigelassen – in der Hoffnung, dass sie sich dort, in ihrem natürlichen Lebensraum, fortpflanzen würden und ihre Art überleben könnte. Tag und Nacht wurden die vier Nashörner von vierzig bewaffneten Rangern beschützt – fast zehn Jahre lang. Im März 2018 war Sudan zu alt und zu schwach, um aufzustehen, und die Tierärzte beschlossen, ihn einzuschläfern. Und diesen Moment des Sterbens, das gleichzeitig auch ein Aussterben einer ganzen Art ist, hat der Fotograf festgehalten. Sein Bild wirkt wie eine moderne Pietà. Der Pfleger beugt sich über den sterbenden Bullen wie die schmerzensreiche Muttergottes über ihren am Kreuz gestorbenen Sohn Jesus. Als wolle er um Verzeihung bitten. Für alles, was seine Spezies, der *Homo sapiens,* Sudans Spezies angetan hat. »Wenige Momente später hört das Herz seines Schützlings auf zu schlagen«, steht in der *Zeit. Ceratotherium simum* ist ausgestorben. Nur tiefgekühltes Sperma gibt es noch von ihm.[76]

Das Ende von Sudan ist trotz der Intimität zwischen dem Tier und seinem Pfleger, die das Foto vermittelt, ein sehr öffentliches Sterben. Das Ende des letzten männlichen Nördlichen

Breitmaulnashorns wird weltweit in den Medien verbreitet, und das suggeriert uns Lesern weit weg von Afrika, es gäbe eine wirkliche Aufmerksamkeit für die gefährdeten Arten, und es werde sich schon jemand kümmern. Doch die meisten Arten verschwinden leise, ohne wissenschaftliches Monitoring und, vor allem, ohne rechtzeitiges Handeln, um sie zu retten.

In der gleichen Ausgabe der *Zeit*, ausgerechnet auf der Seite neben dem Bild des sterbenden Nashornbullen, hat die Redaktion Zahlen zusammengetragen, die im Jahr 2018 »Karriere machten, die dringend korrigiert werden sollten«, weil es – nach Meinung der Redaktion – falsche Angaben waren. »Infomüll-Abfuhr« steht über dem Artikel, und es geht um Trinkwasserpreise, Antibiotika-Tote, Gewalt gegen Ärzte, dreckige Kreuzfahrtschiffe und – Insekten. »Das Ausmaß des Insektensterbens – die überinterpretierte Zahl«, steht da zu lesen. Wow! Das ausgerechnet in der gleichen Wochenzeitung, die das Insektensterben 2017, nach dem Erscheinen der Krefelder Studie, zum großen Thema im Politikteil gemacht und die entscheidende Frage gestellt hatte: Warum versagt die Politik vor dem Phänomen des verstummenden Frühlings?[77] Ein Jahr später verkündet das Blatt, die Zahl aus Krefeld – 75 Prozent Verlust der Biomasse – sei überinterpretiert? »Oft heißt es, sie zeige die Abnahme der Artenvielfalt bei Insekten. Oft wird sie auf ganz Deutschland angewendet. Beides stimmt nicht.« Ermittelt habe der Verein nur das Gewicht der fliegenden Insekten, die in bestimmte Fallen geflogen seien.[78]

Ach. Nur. Nur die fliegenden. Nur die, die in Fallen geflogen sind. Nur die Biomasse. Überhaupt nicht die Artenvielfalt. Und dann so eine Aufregung! Sogar im Bundestag! Legt euch zurück, Leute, alles halb so wild. Feiert entspannt Silvester, es gibt schließlich kluge Redakteure, die falsche Zahlen für euch gewissenhaft zur Infomüll-Abfuhr tragen.

Was will der Journalist damit erreichen? Renommierte Entomologen belegen, dass an vielen Orten gleichzeitig über Jahre hinweg Insekten verschwinden, in nie zuvor erlebtem Ausmaß. Unersetzlich wichtige Mitglieder der Ökosysteme sterben vor unseren Augen einfach weg, Aber das ist kein Thema für den Jahresrückblick. Das Thema ist: Medien und Politiker haben eine Zahl falsch interpretiert.

Wenn sie daraus die falschen Schlüsse gezogen hätten, wäre das tatsächlich ein Fall für diese Müllabfuhr. Und ein Grund zur Aufregung. Und zur Richtigstellung. Tatsächlich aber legen die Ergebnisse aus der Krefelder Studie ja gerade diese Vermutung nahe: dass das rätselhafte Insektensterben nicht nur dort stattfindet, wo die Fallen aufgestellt waren. Sondern überall. In der Krefelder Studie findet sich kein Hinweis darauf, dass es lokale Ursachen für das rätselhafte Insektensterben geben könnte, die nur am Niederrhein aufgetreten sind. Im Gegenteil: Die Fallen waren an verschiedenen Stellen in verschiedenen Naturschutzgebieten aufgestellt. Wie hoch müssen dann erst die Biomasseverluste der Fluginsekten in Gegenden mit intensivem Ackerbau auf großen Schlägen ohne Büsche und Bäume sein?

Merkwürdigerweise gibt der *Zeit*-Redakteur am Ende seiner Zahlenverwirrung zu, dass tatsächlich andere Quellen darauf hindeuteten, dass nicht nur die Biomasse der Insekten, sondern tatsächlich auch die Anzahl der Arten zurückgehe. Auch die Krefelder Forscher hätten erste Ergebnisse zum Artenmix in ihren Fallen vorgelegt. Und er schließt: »Erst jetzt zeigen die Daten: Die Vielfalt scheint wirklich zu schwinden.« Das Wort »scheint« in diesem Satz würde ich gern auf die Infomüll-Abfuhr fahren, aber geschenkt. Nur was soll dieses Herumreiten auf dem Unterschied zwischen Artenverlusten und Biomasseverlusten? Besorgniserregend ist beides: wenn Arten verschwinden, aber auch wenn die Abundanz abnimmt. Beides gehört zur Biodiversität. Beides ist gefährdet.

Warum ich so lange und etwas kleinlich auf dieser Zahl herumreite? Obwohl ich genau weiß, dass es richtig ist, dass Journalisten einen sorgfältigen Umgang mit Zahlen anmahnen? Weil mir immer klarer wird, dass solche Geplänkel Teil eines heftigen Kampfes um die Deutungshoheit sind. Je länger ich zu Umweltthemen recherchiere, desto deutlicher wird mir das. Seit Jahrzehnten wächst die wissenschaftliche Evidenz für die Notwendigkeit einer umfassenden globalen Transformation unserer Lebens- und Wirtschaftsweise, beim Klimawandel genauso wie beim Artensterben und bei der globalen Verschmutzung von Luft und Wasser, Böden und Ozeanen. Und je größer deren Druck wird, desto lauter tönen die Stimmen deren, die diese Einsicht negieren. Ihre Wucht minimieren wollen. Oder von einem Handlungsfeld auf das andere ablenken. Als wollten sie um jeden Preis die Illusion aufrechterhalten, dass *business as usual* noch immer eine Option sei. Dieses Ringen führt zu einer sehr merkwürdigen Berichterstattung, auch in den seriösen Medien, die uns Leserinnen völlig verunsichert. Wir hören nämlich einerseits, dass alles wie immer ist, und andererseits, dass die Welt untergeht.

Weil das alles unbestritten komplex ist, wird auf so vielen Feldern um die Deutungshoheit gestritten. Und deshalb fällt auch die Vernebelung wissenschaftlicher Erkenntnis so leicht. So wurde zum Beispiel in der Debatte um die Zukunft der Landwirtschaft heftig über die Rolle der Kuh als Klimakiller gestritten. Immer wieder taucht die Methan pupsende Kuh als Treiber des Klimawandels in den Medien auf. 2011 hatte Mercedes Benz damit für seinen neuen SUV geworben: »Mehr als 200 Pferde und weniger Emissionen als eine Kuh.« Klingt schick, ist aber perfide. Damals protestierte der Deutsche Bauernverband, und Mercedes zog seine Anzeige nach zwei Monaten zurück – nachdem auf allen Kanälen ausgiebig über das neue Modell und die bösen Kühe diskutiert worden war.[79] Der Bauernverband stellte klar, dass der Vergleich ein Fehlgriff war, doch das Bild von der Kuh als Klimakiller ist im öffentlichen Bewusstsein hängen geblieben. Wie auch nicht: Es sind Treibhausgase, die den Klimawandel verursachen, Methan ist eines von ihnen – um ein Vielfaches schädlicher als Kohlendioxid –, und Kühe stoßen Methan aus. Alles richtig. Ende 2017 schrieb ein Wissenschaftler der Universität Cambridge auf der zweiten Seite der *Süddeutschen Zeitung*: »Klimakiller Kuh«. Wer die Erderwärmung bremsen möchte, sollte auf Fleisch verzichten – auch auf solches vom Biobauern. Sein Argument: Die wissenschaftliche Literatur zeige, dass im Durchschnitt die Treibhausgasemissionen, die durch die Produktion von Biofleisch entstehen, höher seien als in konventioneller Haltung. Das liege zum einen daran, dass Tiere von Biohöfen tendenziell länger leben und somit schlichtweg mehr Zeit haben, Gase auszustoßen. Zum anderen ist der Futteranteil von Gras deutlich höher als in konventioneller Haltung. Getreide und Soja enthielten weniger Fasern, führten zu weniger Blähungen und folglich zu reduzierten Treibhausgasemissionen.[80]

Die Tierärztin und Agrarexpertin Anita Idel hat sich über Studien dieser Art so geärgert, dass sie ein ganzes Buch darüber geschrieben hat – mit einer klaren Ansage im Titel: *Die Kuh ist kein Klimakiller*[81]. Die Autoren dieser Studien hätten richtig gerechnet, sagt sie, aber: »Es sind richtige Antworten auf falsche Fragen.« Das Design dieser Forschung bilde nicht die wirkliche Klimarelevanz ab, sondern nur einen kleinen Ausschnitt. Vergleicht man den Methanausstoß einer Hochleistungskuh mit einer ökologisch gehaltenen Weidekuh, so ist der Methanausstoß der Biokuh tatsächlich höher – bezogen auf ihre längere Lebensdauer. Doch für eine seriöse Umweltbilanz der beiden Haltungssysteme müssen natürlich nicht nur die Kühe selbst, sondern auch ihr Futter verglichen werden. Und dabei schneidet Soja katastrophal ab: Es wird noch immer zu großen Teilen aus Südamerika importiert, wo es unter intensivem Einsatz von künstlichem Mineraldünger und Ackerchemikalien angebaut wird, oft auf Äckern, für die Regenwald gerodet wurde, fast immer unter Einsatz von gentechnisch verändertem Saatgut. Rechnet man den Verlust des Regenwalds als gigantischen CO_2-Speicher in die Bilanz und auch die humusfördernde Beweidung durch die Biokühe, dann kippt die Rechnung. Das Beispiel der Kuh zeigt, wie wenig Sinn es macht, Klimafragen getrennt von Biodiversität zu betrachten. Intensiv bewirtschaftete Sojafelder sind Vernichter von Lebensräumen, während extensiv genutzte Weiden in Mitteleuropa vielen gefährdeten Arten Lebensraum bieten.

Das zeigt: Eng gefasste Systemgrenzen eignen sich bestens, um die klima- und biodiversitätsfördernde ökologische Landwirtschaft schlechtzurechnen. Das dürfte den Profiteuren einer agrarindustriellen Landwirtschaft gelegen kommen. Und auch dem Automobilkonzern, der das falsche Argument von der Kuh als Klimakiller genutzt hat, um vom Irrsinn unseres ressourcenfressenden Individualverkehrs abzulenken.

Die entscheidende Frage aber ist ja nicht, wer schuldiger ist, das Auto oder die Kuh, sondern: Wie kommen wir zur dringend benötigten Verkehrswende, und wie genau müssen Kühe gehalten werden, damit ihre Weiden möglichst viel Humus aufbauen können, also CO_2 speichern, und gleichzeitig Raum für möglichst hohe Biodiversität ermöglichen? Und das kann man nur beantworten, wenn man einen ganzheitlichen Blick auf die Ökosysteme wirft.

Noch ein Beispiel aus dem liegen gebliebenen Zeitungsstapel, dessen Lektüre mir die Widersprüchlichkeit der Berichterstattung so klar vor Augen geführt hat: Ende 2018 hat die *Frankfurter Allgemeine Sonntagszeitung* Slavoj Žižek gefragt, was er zu Weihnachten verschenke. Keine Geschenke, antwortet der slowenische Philosoph und Weltendeuter. »Was sollen normale Leute wie wir schenken, wenn die Explosion globaler Verrücktheit sich abzeichnet? Neue wissenschaftliche Berichte stellen fest, dass unser globales Ernährungssystem zerbrochen ist«, erklärt Žižek. »Unsere Lebensmittelproduktion treibt den Planeten in die Klimakatastrophe. Eine umweltfreundliche Ernährungsweise für alle erfordert eine radikale Transformation des Systems.« Bang! Welch ein Geschenkvorschlag für die bildungsbürgerlich konservativen Leser der *Frankfurter Allge-*

meinen. Žižek legt noch nach: »Aber nicht nur das globale Ernährungssystem ist außer Kontrolle. Wie wir aus den letzten Umweltberichten zur Genüge lernen konnten, ist die wissenschaftliche Diagnose unseres Dilemmas klar und einfach: Wenn wir die Treibhausgasemissionen in den nächsten zwölf Jahren nicht um 45 Prozent reduzieren, dann werden Küstenstädte überschwemmt und Lebensmittel knapp werden. Auch hier ist eine schnelle, radikale Transformation notwendig, die alle Sphären unseres Lebens betrifft.« Žižek würde gerne Frieden und ökologische Rettung schenken, aber das liegt jenseits seiner Fähigkeiten, gesteht er ein. So müssten es dann ein paar alberne Pralinen und Blumen tun.[82] Das also steht im Feuilleton, während im Politikteil weiter vorn die tagesaktuellen Regierungsgeschäfte im üblichen Ton erörtert werden. Auch in den anderen Ressorts der Sonntagszeitung ist der Weltuntergang noch nicht angekommen, ganz im Gegenteil. »Super Yacht« ist der Aufmacher der Rubrik Technik & Motor der gleichen Ausgabe der Sonntagszeitung: »Es boomt in der Welt der ganz großen Yachten. Nichts ist unmöglich. Unternehmen wir einen Streifzug durch die Glitzerwelt.« Vorgestellt werden Luxusyachten, unter anderem ein »SUV zur See« und ein »Objekt von schmerzhaft schöner Andersartigkeit«.[83]

Wie geht das zusammen mit Žižeks globaler Gewinnwarnung? Gar nicht natürlich. Eine überregionale Sonntagszeitung lässt einen weltweit anerkannten Denker im Feuilleton die Notwendigkeit der sofortigen großen Transformation angesichts bevorstehender ökologischer Katastrophen postulieren – und im Rest des Blattes ist davon nichts zu spüren, im Gegenteil große Bilder propagieren das übliche Größer-Höher-Weiter, den Schmierstoff des unreflektierten Konsumkapitalismus. Was macht das mit den Leserinnen? Denken die: Der Žižek übertreibt. Wenn das wirklich so schlimm wäre, würde das ja vorn auf der Titelseite stehen? Oder: Wie schön, dass in meiner Zeitung so viele verschiedene Stimmen zu Wort kommen, auch die von dem bunten Vogel aus der abgedrehten Kulturtheorie? Oder denken sie, resigniert oder zynisch: Ja, eigentlich hat er ja recht, aber was soll man machen?

Diese Dezemberausgabe der *Frankfurter Allgemeinen Sonntagszeitung* aus dem Jahr 2018 scheint mir exemplarisch zu sein: Die meisten deutschsprachigen Medien berichten immer wieder über die globale Bedrohung, manche Kommentatoren tun die Warnungen von Wissenschaftlern und Verbänden als Alarmismus ab, andere bekräftigen die Dringlichkeit des Handelns. Doch keine Zeitung und kein Sender verschweigen das. Alle berichten – und ignorieren die Notwendigkeit zur globalen Transformation im Rest des Blattes. Der Klassiker ist: ein Kommentar auf der Meinungsseite, der endlich konsequenten Klimaschutz einfordert, und ein unreflektierter Lobgesang auf Gewinn und Wachstum nichtnachhaltiger Branchen im Wirtschaftsteil. Das Ergebnis ist eine inkohärente Berichterstattung, an die wir uns längst gewöhnt haben.

Das liegt vermutlich auch daran, dass wir von unseren Medien ja kein einheitliches Weltbild erwarten, im Gegenteil. Meinungsvielfalt ist zu Recht ein hohes Gut, und wir wollen uns bei der Zeitungslektüre oder beim Radiohören ja gerade durch das Abwägen verschiedener Argumente eine Meinung bilden. Doch auf welcher Basis? Was ist gesetzt und worüber wird gestritten?

Diese innere Widersprüchlichkeit ist natürlich keine Besonderheit der medialen Berichterstattung. Auch das komplexe Gesamtwerk aus Gesetzen, Verordnungen, Koalitionsverträgen, Parteiprogrammen in der Sphäre der Politik ist in sich nicht kohärent; Handelspolitik verfolgt andere Prioritäten als die Entwicklungspolitik, Wirtschaftsminister haben andere Ziele als Umweltministerinnen. Wenn man möchte, kann man die Umweltbehörden aller Ebenen als Reparaturbetriebe betrachten, die den Schaden beheben sollen, den die anderen Akteure anrichten – und zwar ohne dabei gegen Gesetze zu verstoßen. Auch das ist eine Nebenwirkung der Inkohärenz. Und genau das wird es so schwer machen, das Insektensterben zu stoppen und die biologische Vielfalt zu bewahren.

Lange Zeit war Wirtschaftswachstum ein völlig selbstverständlicher Wert unserer Demokratie. Das magische Viereck aus hoher Beschäftigung, außenwirtschaftlichem Gleichgewicht, stabilem Preisniveau und angemessenem Wirtschaftswachstum ist sogar im Grundgesetz verankert.[84] Nun ergibt sich aber aus der wissenschaftlichen Forschung der letzten Jahrzehnte die – wenig überraschende – Erkenntnis, dass unendliches Wachstum in einer endlichen Welt nicht möglich ist. Auch hier erkennt man eine *great acceleration*, eine große Beschleunigung: Die ökologischen Schäden werden immer schneller immer größer (in der Summe, trotz einzelner Verbesserungen), sie weiten sich aus, und mit ihnen wachsen die wissenschaftliche Evidenz über ihr Ausmaß und der Handlungsdruck. Die globale Dimension ökologischer Probleme steht heute außer Frage. Und auch ihre Dringlichkeit. Diese Erkenntnis müsste eigentlich die Basis für alle Berichterstattung sein.[85] Aber das ist sie eben nur manchmal. Da hilft uns die zur Gewohnheit gewordene Apokalypse-Blindheit beim Aushalten der Widersprüche.

Der Historiker David Blackbourn hat beschrieben, wie die Deutschen ihre Landschaft im Verlauf der letzten beiden Jahrhunderte komplett umgestaltet haben, um die unbändige Wildheit der Natur dem Gestaltungswillen der Menschen zu unterwerfen. Er hat aber auch an die warnenden Stimmen erinnert, von Theodor Fontane bis zum Worpsweder Maler Otto Modersohn, von den nationalsozialistischen Blut-und-Boden-und-Raum-im-Osten-Ideologen zu den konservativen (teilweise noch rechtsradikalen) Naturschützern der frühen Bundesrepublik. Sie alle warnten vor der Zerstörung von Natur, Landschaft und Umwelt. Über die fünfziger Jahre schreibt Blackbourn: »Im Rückblick erscheint es merkwürdig, dass ein solch entschiedenes Eintreten für ökologisches Denken eine so geringe öffentliche und politische Wirkung zeigt.«[86] Er vermutet, dass die soziale Basis der Anhänger des Umweltbewusstseins damals einfach zu schmal gewesen sei, um politische Erfolge zu haben. Auch das Interesse der Presse sei damals noch sporadisch geblieben. »Die warnenden Stimmen liefen allzu sehr einer noch immer vorherrschenden Überzeugung zuwider, ein anhaltendes wirtschaftliches Wachstum sei ohne Einschränkung und ohne langfristige Kosten möglich.«[87] Doch damals begann ein Ringen um die Deutungshoheit, das unerschütterliche Fundament der Fortschritts- und Unterwerfungsanhänger bekam erste Risse. Um 1970 hat sich die Einstellung geändert, so Blackbourn, ziemlich plötzlich und auf allen Ebenen:

in der Politik, unter den Intellektuellen und in der Öffentlichkeit. Die *Grenzen des Wachstums* erschienen, das Umweltbundesamt wurde gegründet, und eine neue Partei entstand, die Grünen. »Mehr vielleicht als in jedem anderen großen wirtschaftlich entwickelten Land wurden Natur und Ökologie die emotional aufgeladenen Parolen, um die sich andere Belange und Bedrohungen – Krieg, Macht der Konzerne, Unterdrückung der Frauen – kristallisierten.« Seitdem sind Umwelt- und Naturschutz als wichtige Themen etabliert. Für Politiker auf allen Ebenen ist es unmöglich geworden, diese Themen zu ignorieren, es gibt tatsächlich Erfolge. Doch der alte gedankliche Treiber der Naturzerstörung, die »Überzeugung, ein anhaltendes wirtschaftliches Wachstum sei ohne Einschränkung und ohne langfristige Kosten möglich«, wie Blackbourn es formuliert hat, ist damit nicht überwunden. Ich glaube, er steht einfach neben dem Bewusstsein, Natur und Umwelt schützen zu müssen, ohne dass sich der Widerspruch aufgelöst hätte oder wenigstens konsequent thematisiert würde. Das wäre eine Erklärung für die inkohärente Berichterstattung in den Medien und die Widersprüchlichkeit der Politik.

Auch auf der individuellen Ebene begegnet uns diese Inkohärenz. Der Widerspruch zwischen unserem Anspruch, die Natur eigentlich schützen zu wollen, und unserem Handeln, mit dem wir Tag für Tag wider besseres Wissen und Wollen ökologischen Schaden anrichten, dieser Widerspruch begleitet unseren Alltag. Kaum jemandem in den westlichen Industriegesellschaften gelingt es, ökologische Einsicht und Konsumverhalten in Einklang zu bringen. Die berühmte *mind-behaviour-gap*, die Lücke zwischen Wissen und Handeln, macht uns andauernd ein schlechtes Gewissen. Wir fühlen uns unter Rechtfertigungsdruck vor unseren eigenen Ansprüchen und suchen nach Auswegen. Oder nach Ausflüchten. Wir wissen, dass Fliegen dem Klima schadet, eigentlich dürfte man das also nicht machen, aber andererseits, reisen bildet ja auch. Und die anderen fliegen noch öfter und so weiter.

Vor diesem Hintergrund ständig präsenter Widersprüchlichkeiten auf allen Ebenen müssen wir als Einzelne und als Gesellschaft einordnen, was es bedeutet, dass wir die Verursacher des sechsten großen Massenaussterbens in der Geschichte unseres Planeten sind, wir, die wir auch für den ersten anthropogenen Klimawandel der Erdgeschichte verantwortlich sind. Und dass wir damit leider die Verantwortung für die Lebensbedingungen aller zukünftigen Generationen tragen.

Wohlstand für immer und alle und immerwährendes Wirtschaftswachstum, jetzt nur viel effizienter und grüner als früher und deshalb also nachhaltig, und das Ganze gepriesen als Weg zur Weltmarktführerschaft. Dieses Narrativ treibt noch immer große Teile der Politik, der Wirtschaft und der Gesellschaft, obwohl niemand imstande wäre, den Widerspruch zwischen ständiger Expansion und der Akzeptanz ökosystemarer Grenzen aufzulösen. Dieser unaufgelöste Widerspruch macht es denjenigen, die seit jeher mit der Ausbeutung der Natur ihre Geschäfte machen, sehr leicht, einfach so weiterzumachen wie bisher, nur eben alles jetzt ein bisschen grüner und noch effizienter. Und weil wir die Widersprüche nicht auflösen können, haben wir uns offensichtlich darauf verständigt, so zu tun, als ob es sie nicht gäbe. Heraus kommt ein fröhliches

Nebeneinander von Jubel über Yachten und Warnung vor dem Weltuntergang, von Klimaschutz und Startbahnbau, von Blühstreifen und Insektizidzulassungen. Heraus kommen eine inkohärente Berichterstattung und eine inkohärente Politik.

Nichts illustriert das alles besser als eine Bundesregierung, die gleichzeitig ein Aktionsprogramm Insektenschutz erarbeitet und neue Insektizide zulässt, die sich gleichzeitig für Klimaschutz einsetzt und dagegen. Eine Umweltministerin, die auf die Erfüllung des Pariser Klimaabkommens pocht, regiert neben oder besser: gegen einen Verkehrsminister, der das Klimaschutzgesetz als Öko-Planwirtschaft abkanzelt, ein Tempolimit für Gängelung hält und von Lufttaxis schwärmt.[88]

Das sind nicht einfach zwei unterschiedliche politische Positionen, sondern dahinter steckt ein Kampf um die Deutungshoheit: Gibt es Grenzen, oder gibt es keine? Müssen wir uns als Teil der Ökosysteme sehen und danach handeln, oder sind wir frei in unserer Selbstentfaltung? Brauchen wir die Erde zum Überleben, oder wird ein Hightech-Excellenzcluster rechtzeitig die Probleme fixen? Wenn es überhaupt welche gibt. Denn in einer Welt ohne Grenzen gibt es natürlich auch kein grenzenloses Insektensterben. Alles maßlos übertrieben von Panikmachern.

Solange dieser Kampf um die Frage, welche Sicht auf die Welt unsere politischen Handlungen leiten soll, nicht entschieden ist, richten wir uns ein im Ungewissen: Eigentlich wissen wir, dass wir anders leben und handeln müssten, aber wir machen erst einmal so weiter wie immer.

Während meiner zweijährigen Recherche habe ich mich immer wieder gefragt, warum das globale Massenaussterben kein größeres Thema in den Medien ist und bis zum Erscheinen des IPBES-Berichts im Mai 2019 so gut wie gar nicht vorkam. Wenige Tage später war es ausgerechnet ein junger Webvideoproduzent mit blauen Haaren, der bis dahin mit lustigen Musik- und Comedyfilmchen unter Teenagern bekannt geworden war, der innerhalb weniger Tage Millionen Menschen vor dem großen Massensterben warnte – in einem YouTube-Video über die widersprüchliche Politik der CDU.[89] »Ich mag Leben voll gerne«, sagt der YouTuber Rezo, »und zum Leben brauche ich ganz vieles, aber vor allen Dingen – und das ist das Wichtigste – eine funktionierende Erde. Ich hab vor ein paar Wochen noch gedacht, so: Ja, Erderwärmung, ist vielleicht nicht so ganz gut, wie es läuft, aber so ganz kacke wird es schon nicht laufen. Aber dann habe ich recherchiert, und was ich dabei rausgefunden habe, war *fucking* heftig.« Rezo trägt einen orangefarbenen Hoodie und eine Cap, im Hintergrund stehen Gitarren und ein Keyboard, doch während seiner 55 Minuten langen Anklage lässt er alle wissenschaftlichen Quellen, auf die er sich bezieht, über den Bildschirm laufen und verweist auf einen Link zum Herunterladen sämtlicher Dokumente.[90] Es ist eine sehr eindringliche Mischung von Jugendsprache und Wissenschaft, die Apokalypse-Warnung aus dem Gitarrenstudio. Rezo berichtet in atemberaubendem Tempo: »Außerdem sterben hundert Mal schneller Tierarten aus als vorher. Wir verlieren komplette Lebensräume wie Korallenriffe, und Biologen sagen sogar, dass ein neues Massenaussterben wahrscheinlich passieren wird, wie es das das letzte Mal vor 66 Millionen Jahren gab. Damals ist das übrigens passiert, weil ein Asteroid, so groß wie 'ne Großstadt, auf die Erde geballert ist, heute schaffen wir das ganz allein.«[91] Er ist schockiert, das spürt man, über die Klarheit der wissenschaftlichen Analyse und auch darüber, dass er noch vor ein paar Wochen keine Ahnung davon hatte.

Aber wie kann das sein? Wir haben gut ausgebildete Journalistinnen und Journalisten, einen gut ausgestatteten öffentlich-rechtlichen Rundfunk, um den uns viele Länder der Welt beneiden, wir haben Wissenschaftler, die immerzu Warnungen publizieren und auch in Talkshows eingeladen werden, und überall liegen Zeitungen herum – und trotzdem ist die Dringlichkeit der Entwicklung offenbar nicht angekommen? Trotzdem wundert sich ein politisch interessierter YouTube-Star, dass er alle diese Warnungen erst so richtig begriffen hat, nachdem er selbst bei den Forschungsinstituten angerufen hat? In Rezos Sprache: Wie kann das *fucking* möglich sein?

Kapitel 5

Die Eulen sind tot, es leben die Eulen

Wie ich lerne, die Geschichte meiner Landschaft zu lesen und wie ich verstehe, dass wir alle Verantwortung übernehmen müssen, hier und jetzt

Der Naturschützer Ulrich Eichelmann balanciert auf einem sehr staubigen und sehr wackligen Brett im Dachgebälk unserer alten Scheune. Zum Eulenkasten im Dachgiebel sind es noch ein paar Schritte, und die dünnen alten Latten geben bedenklich nach. Gerade habe ich ihm noch erzählt, dass es zu den Mutproben unserer Kindheit gehörte, über diese Bretter zu balancieren und von dort in die Getreidehaufen zu springen. Die Bunker aber sind leer, seit mein Vater vor Jahrzehnten die Landwirtschaft aufgegeben hat, nur der nackte Beton wartet unten. Eichelmann ist schlank, groß und definitiv schwerer, als ich es mit zehn oder elf Jahren gewesen bin. Und seitdem dürfte hier niemand mehr geklettert sein. Es wäre mir sehr unangenehm, denke ich, wenn der Gründer von *RiverWatch* in meiner Scheune verunglückt und deswegen irgendwelche Dämme auf dem Balkan gebaut werden, die er vielleicht hätte verhindern können. Dann wäre es meine Schuld, dass einer der letzten naturnahen und artenreichen Flüsse Europas verloren ginge. Aber davon will der Umweltaktivist nichts hören, er will zum Eulenkasten und nachsehen, ob er bewohnt ist. Man muss nicht reinschauen, klopfen reicht. Ein Zimmermann aus dem Dorf hatte den Kasten in den Achtzigern gebaut, aufgehängt, und ein Naturschützer aus dem Nachbardorf hatte ihn mit Eulenverstand ein bisschen umgebaut, und danach waren Eulen eingezogen. Und wir dachten, sie wären geblieben.

Ulrich Eichelmann klopft an den Kasten und lauscht. Er schüttelt den Kopf.

Keine Eulen. Wären sie da, hätte man Federrascheln und Trapsen gehört. Aber da war nur Stille.

Auf dem Brett unter dem Eulenkasten klaubt er Gewölle zusammen, das sind die hochgewürgten Nahrungsreste der Eulen, und steigt damit die Leiter hinunter. Mein Sohn ist fasziniert, als in dem grauen Klumpen ein Mäusekopf mit spitzen gelben Nagezähnen zum Vorschein kommt. Aber ich bin enttäuscht, dass die Eulen fort sind. Und offenbar schon lange. Ich muss an den Palmölplantagenmanager auf Sumatra und seine leeren Eulenkästen denken. Die Eulenbestände in Mitteleuropa nehmen ab, sagt Eichelmann. Auch weil die Strukturen in der Landschaft verloren gehen. Eulen ernähren sich hauptsächlich von Mäusen, die in Hecken und unter Büschen und Sträuchern leben. Wenn es viele Mäuse gibt, legen die Eulen viele Eier und ziehen viele Jungen groß. Aber in einer ausgeräumten Landschaft können Mäuse nicht überleben und also auch keine Eulen.

Ulrich Eichelmann lebt eigentlich in Wien, wo seine Organisation *RiverWatch* ihren Sitz hat. Doch gerade ist er in Ostwestfalen, weil er mit den Naturschützern aus seinem Heimatdorf Atteln bei Lichtenau ein neues Naturschutzprojekt auf den Weg bringen will. Atteln liegt auf der Südseite der Egge, von meinem Dorf aus gesehen gleich hinter der Bergkette am Horizont, jenseits der Rhein-Weser-Wasserscheide. Seit Jahren kommt Eichelmann mehrmals im Jahr hierher, jedes Mal mit einer neuen Mission für den Naturschutz. Zuerst hat er dafür gekämpft, dass die Staumauer der Altenau abgerissen wird, danach hat er sich mit seinen Mitstreitern dafür eingesetzt, dass ein Teil des kleinen Flusses den alten Flusslauf zurückbekommt und wieder wie früher in langen Schlingen und Kurven durch das Tal fließt.[92] Jetzt, im Februar 2019, kurz nach dem Erfolg des Volksbegehrens Artenvielfalt in Bayern, lädt der Heimatverein Atteln zu einer öffentlichen Veranstaltung zum Zustand der Natur in der Gemeinde Lichtenau. Dort soll dann diskutiert werden, was die Leute für die Natur tun können, es soll um Bienen und Büsche, um Hecken und Feldraine gehen.

Ich habe ihn um einen Ausflug auf die andere Seite der Egge gebeten, weil ich ihm die Felder, die umgepflügten Wiesen und die Bäche meiner Kindheit zeigen will. Ich will wissen, was dort für den Naturschutz zu tun wäre. Und wie man das anstellen könnte, dort mehr Lebensraum für Insekten, Vögel und überhaupt mehr biologische Vielfalt zu schaffen. Die Tour wird für mich zu einer Lehrstunde in Naturerkundung.

Das Erste, was ich lernen muss, ist, dass die Eulen fort sind. Als wir uns nach der Kletterei im Dachgebälk der Scheune auf den Weg zum Holmbach machen, sehe ich erst, wie kahl und schmal die Feldraine geworden sind, die Überlebenswege der Mäuse, die Rückzugsräume der biologischen Vielfalt. Ein einziger Baum ist stehen geblieben, eine Linde hinter einem Feldkreuz, die so geköpft wurde, dass sie ganz verstümmelt aussieht. »Im Kreuz ist Heil«, steht auf dem steinernen Kreuz davor. Arme Feldmäuse. Arme Eulen.

Eichelmann fotografiert den verkümmerten Baum vor den kahlen Feldern und prophezeit seinen baldigen Tod, und ich schicke das Bild seinem ehemaligen Professor, Bernd Gerken, dem Begründer des Hutewalds im Solling. »Sieht aus, als bilde sie menschliches Leid ab, zurechtgestutzte Bürger«, schreibt Gerken zurück und macht gleich einen Vorschlag, wie der Baum zu retten sei. Man könnte ihn ganz weit unten absägen, dann würde er neu austreiben, und aus den vielen Trieben sollte man die drei stärksten auswählen. Aus denen würden neue Linden wachsen.

Aus dramaturgischen Gründen hätte es gut gepasst, wenn wir in diesem Moment innegehalten hätten, um *nichts* zu hören, dann hätten wir den *stummen Frühling* beklagen können. Doch genau in diesem Moment steigt eine Feldlerche jubilierend in den Himmel über der ausgeräumten Agrarlandschaft auf. Es gibt Hoffnung, singt sie. Und ich wünsche ihr, dass sie einen sicheren Brutplatz findet.

Das Holmbachtal war für mich der schönste Ort meiner Kindheit. Das kleine Tal, kaum zwei Kilometer lang, liegt zwischen dem prächtigen Weserrenaissance-Schloss Thienhausen und der Emmermündung, wo der Holmbach auch schon wieder verschwindet. Das Tal ist so klein und von Büschen und Bäumen eingerahmt, dass man es leicht übersehen kann, und von außen ist es nirgends einsehbar. Als Kinder haben wir dort so gerne gespielt, weil es sich wie unberührte Natur anfühlte und wir ganz allein waren, ohne Aufsicht und Kontrolle. Und unberührt war es. Der Baron von Haxthausen hat hier seine wunderbaren arabischen Pferde weiden lassen, ohne zu mähen und zu düngen und zu schneiden, und später, nach seinem Tod, lag es jahrelang einfach brach. Als wir dort ankommen, höre ich von Westen her das selbstzufriedene Dröhnen leistungsstarker Motoren. Es sind die Freizeitrennfahrer vom Bilster Berg, einer Formel-1-tauglichen Autostrecke, die vor einigen Jahren mitten in ein Landschaftsschutzgebiet gebaut wurde, gegen den Widerstand von Anwohnern und Naturschützern. Gerade noch habe ich mich auf den Bach meiner Kindheit gefreut, aber das Erste, was ich höre, sind Rennautos.

Hörst du das?, frage ich Ulrich Eichelmann.

Ja, sagt er, das war eine Goldammer.

Ich bin verblüfft. Ich höre Autos und er Vogelgesang?

Selektive Wahrnehmung, sagt er und grinst. Ich ärgere mich, dass ich vor lauter Gram über die Motoren den Gesang der Goldammer verpasst habe.

In rascher Folge entdecken wir einen Graureiher am Himmel und seine Fußabdrücke im Bach, eine Gebirgsstelze im Holmbach, kleine aufgewühlte Erdhaufen und Fußabdrücke von Wildschweinen am Ufer, ein Loch an einer ausgespülten Steilwand an der Emmer, das der Eingang zur Nisthöhle eines Eisvogels sein könnte, einen verlassenen Fuchsbau, eine Dachshöhle in Arbeit und jede Menge Tatzenabdrücke am Ufer, die wie kleine Hände aussehen, Spuren der Waschbären. Mein kleiner Sohn entdeckt etwas, was er für winzige Kartoffeln hält: Es sind die Wurzelknöllchen des Scharbockskrautes, das bei Frühjahrsmüdigkeit und gegen Warzen helfen soll.

Kurz bevor die Beber in die Emmer mündet, geht eine Brücke über den kleinen Bach, und bevor ich mich umdrehen kann, ist Ulrich Eichelmann ins Wasser gesprungen. Er findet, was er gesucht hat, einen Nistkasten für Wasseramseln, an der Unterseite feucht, vom Moos für das Nest. Der Nistkasten ist also bewohnt.

Tausendmal bin ich über diese Brücke gelaufen, und nie habe ich bemerkt, dass darunter die wunderlichsten Vögel Mitteleuropas brüten, Vögel, die wie Amseln mit weißem Latz und kurzem Schwanz aussehen, aber schwimmen und tauchen können wie Fische. Wie blind muss ich gewesen sein. Vielleicht sollte ich weniger auf das starren, was verschwunden ist. Und mehr auf das achten, was noch da ist.

Vermutlich hätte ich die Hälfte der Entdeckungen heute verpasst, wenn ich nicht einen Naturdolmetscher dabeigehabt hätte. Während wir über Weidezäune klettern und trockene Wege durch die sumpfigen Weiden suchen, liest Ulrich Eichelmann aus der Geschichte der Beber, die, eingefasst von Erlen und Weiden, in sanften Bögen zur Emmer gleitet, ganz natürlich, wie es mir immer schien. Aber das stimmt gar nicht. »Auch die Beber ist begradigt worden«, erinnert Eichelmann. »Es gibt nur noch ganz wenige Flüsse in Deutschland, die ihrem natürlichen Verlauf folgen.« Kein Biom, also kein Lebensraumtyp, sei weltweit so stark beschränkt worden wie die Flüsse und ihre Auen. Von den 242 längsten Flüssen der Welt wurden etwa zwei Drittel gestaut, begradigt oder eingeschnürt, nur noch in abgelegenen Gegenden wie dem Kongobecker, in Amazonien oder Sibirien gibt es Flüsse, die frei fließen, wie eine Studie 2019 ans Licht gebracht hat.[93]

Auch der Rhein und die Oder waren einmal breite wilde Flüsse, die sich in engen Kurven durch die Landschaft schlängelten und dabei jedes Jahr neue Sandbänke und Inseln schufen. Allein auf den hundertzehn Kilometern zwischen Basel und Straßburg gab es im frühen 19. Jahrhundert 1600 Inseln.[94] Ein Gemälde aus dieser Zeit, Peter Birmanns *Blick vom Isteiner Klotz rheinaufwärts gegen Basel*, zeigt diese verschwundene Landschaft, ein kilometerbreites Ineinander von Wasser und Land, das nichts mehr zu tun hat mit dem geraden Strom, den wir heute Rhein nennen. Es scheint ein anderes Land zu sein, ein anderer Kontinent. Natürlich mussten die Schiffe damals den Schlingen und Schlaufen folgen und Inseln und Untiefen ausweichen, das dauerte lang und war gefährlich. Und manche Dörfer, die nah am Wasser gebaut worden waren, wurden überspült, wenn die Flüsse ihr Bett verlegten, sodass die Bewohner umziehen mussten. Deshalb wurden die großen Flüsse damals begradigt, wo es nur ging, und das veränderte alles im Leben der Flüsse und ihrer Auen. Die Begradigung der Oder war der »Verlust eines Lebensraums, der die überreichen Mengen und Spezies an Fischen und Krebsen ernährte, die vor Jahrhunderten im Oderbruch zu finden waren, was diese Gebiete wiederum zur Heimat von Kranichen, Störchen, Kiebitzen, Gänsen und Wildenten machte«, schreibt der Historiker Blackbourn. Durch die Begradigungen der Flüsse wurden Wasserstraßen geschaffen, aber es ging nicht nur um schnellere Verkehrsmittel, sondern auch um den Willen, die Natur zu bezähmen. Es ging ums Messen, Ordnen und Kartieren, um Fortschritt und Beschleunigung. Und um Raumgewinnung, erst in den Mooren und Auen, und später, unter den Nationalsozialisten, im geraubten Land im Osten.[95]

Diese Eroberungshaltung hat unsere Landschaft über Jahrhunderte geprägt. Nach dem Zweiten Weltkrieg war dieser Feldzug noch lange nicht vorbei, im Gegenteil. »Niemals in der neuzeitlichen Geschichte hatte es so hohe Wachstumsraten in der Wirtschaft gegeben, nie zuvor hatten sich deutsche Flüsse und Feuchtgebiete so stark oder so schnell verändert«, schreibt der Historiker. »Ein seit zwei Jahrhunderten anhaltender Prozess beschleunigte sich rasant unter dem Druck des Wiederaufbaus und dem Streben nach Wohlstand.«[96] Vor allem für die Flüchtlinge aus den ehemaligen Ostgebieten wurde neues Land gebraucht – dazu wurden die letzten Moore trockengelegt.

Blackbourn sieht in der Zeit unmittelbar nach dem Ende des Krieges die Ursache für die gewaltigen Naturzerstörungskräfte der deutschen Gesellschaft und gleichzeitig für ihre Naturliebe. »Die Landschaft aus Trümmern und einer zerbombten Infrastruktur blieb allen im Gedächtnis, die sie erlebt hatten. Die Erinnerungen daran, hilflos den Naturgewalten ausgesetzt zu sein, waren eine Triebkraft für den Wiederaufbau nach dem Krieg und können zu einer Erklärung für die Bedeutung beitragen, die der Befriedigung materieller Bedürfnisse beigemessen wurde, ohne jede Rücksicht auf die natürliche Welt.«[97] Aber weil die Menschen in den Trümmern nach dem Krieg so verzweifelt waren, suchten sie Trost und fanden ihn auch in der Natur, in ihrer Heimat, vermutet der Historiker. Damit läge beides sehr nahe zusammen, die zerstörerische Ausbeutung der Natur und der Gedanke, sie schützen zu müssen.

Was der britische Historiker beschreibt, deckt sich mit meiner Naturerfahrung: In dieser Landschaft, mit diesem *mindset*, bin ich groß geworden. *Guck mal, ein Rotkehlchen! Sieh, wie schön der Weißdorn blüht!* Die Singvögel, die Blüten, die Kulturlandschaft insgesamt galten selbstverständlich als schön und bewundernswert, aber ebenso selbstverständlich durfte ausgerissen und begradigt werden, was bei der effizienten ökonomischen Nutzung der Ressourcen störte, also etwa die Hecken, Weißdorn inklusive, oder eben der raumgreifende Fluss. Ich bin in eine Natur hineingewachsen, die gleichzeitig geliebt und missachtet wurde, ich erfuhr gleichzeitig Naturverbundenheit und das Ignorieren der Lebenszusammenhänge in ebendieser Natur.

Und noch ein dritter Blick auf die Natur hat diese Landschaft geprägt, einer, den ich nur aus Erzählungen kenne, der aber für die Generationen vor mir existenziell war, und das ist die Erfahrung von Hunger und Mangel. Als ich meinem Vater nach der Flusserkundung mit Ulrich Eichelmann vorschwärmte, wie viel Raum sich Emmer, Beber und Holmbach früher einmal genommen hätten und wie wunderschön diese Auen gewesen sein müssten, sagte er nur: »Hunger, leck moi an de Meese.« Hunger, leck mich am Arsch. Das hätten die Ösker früher nach dem Schlachten gesagt, wenn sie sahen, dass sie für den Rest des Jahres genug zu essen haben würden. Ösker wurden die Kleinbauern in unserem Dorf genannt. Sie hatten nur ein, zwei Kühe, ein paar Schweine und Hühner und wenig Land, zehn bis zwanzig Morgen, wie man damals sagte. Das waren zweieinhalb bis vier Hektar. Ich kannte das Wort Ösker gar nicht, irgendwann in meiner Kindheit wurde es durch den Begriff Nebenerwerbslandwirt verdrängt. Doch das Gefühl der Ösker, mit dem Schlachten eines Tieres einer existenziellen Not entkommen zu sein, die Freude, über den drohenden Hunger zu triumphieren, das hat sich der Generation der Kriegskinder eingeprägt. Alle später Geborenen haben diese Notwendigkeit nicht mehr erfahren: dass wir der Natur unser Essen abringen müssen und dass wir sonst hungern könnten. Deshalb blicken mein Vater und ich ganz unterschiedlich auf das Drainagerohr, das das Wasser aus seinem Feld in die Beber entwässert und aus dem jetzt, im Frühjahr, viel Wasser fließt, mehr als ein voll aufgedrehter Wasserhahn. Ich sehe in diesem Rohr den Verlust einer Feuchtwiese, auf der es eine wunderschöne Vielfalt von Amphibien, Insekten und verschwundenen Pflanzen gegeben haben muss, die ich nicht mehr erleben durfte, und er sieht einen fruchtbaren Acker, auf dem Korn für Tausende und Abertausende von Broten gewachsen ist, das Tausende von Menschen satt gemacht hat. Ohne Drainagerohre wäre es viel weniger gewesen. Daher sind auch die meisten der kleinen Flüsse und Bäche begradigt worden, doch diese Veränderung der Landschaft ist im kollektiven Gedächtnis verloren gegangen. Nie hat mir jemand erzählt, dass die von Erlen und Weiden gesäumten Bäche meiner Kindheit mit ihren sanften Windungen früher anders flossen. Mein Bild von einem begradigten Fluss war die Emscher im Ruhrgebiet vor ihrer Renaturierung, ein stinkender Abwasserkanal mit steilen gemauerten Wänden, in dem man ertrinken konnte. Deshalb wäre ich gar nicht auf die Idee gekommen, dass sich meine Vorfahren die Mühe gemacht haben, einen anderen Flusslauf zu graben.

Nicht nur bei den großen Strömen, sondern auch bei den meisten kleinen Flüssen und Bächen sind artenreiche und dynamische Überschwemmungsgebiete verloren gegangen, und selbst dort, wo es noch Auen gibt, sind sie vom Fluss entkoppelt –

mit großen Folgen für die biologische Vielfalt. »Die Eindeichung der Flüsse hat die ursprünglichen Fließgewässerinsekten verdrängt«, hat mir Wolfram Graf, Professor an der Boku, der Universität für Bodenkultur in Wien, erklärt. »Die Auen sind also nicht mehr in Bewegung, sondern ähneln eher Badewannen. Die Artenvielfalt ist dort noch immer hoch, aber das Spektrum hat sich verschoben. Die eigentlichen Auenbewohner, die Arten der dynamischen Nebengewässer wurden verdrängt.« Heute hätten die Auen eher eine »Gartenteichfauna«, spottet Graf. Der Hydrobiologe hat 2016 mit Kollegen für das österreichische Bundesumweltministerium untersucht, wie die Qualität von Auen bewertet werden könnte. Die Europäische Wasserrahmenrichtlinie aus dem Jahr 2000 verpflichtet die Mitgliedsstaaten, alle Gewässer »in einen guten Zustand« zu versetzen, eigentlich bis 2015. Aber die meisten Länder haben dieses Ziel verfehlt. Graf kritisiert, dass die Qualität der Auen bei der Bewertung bislang kaum eine Rolle gespielt habe. Dabei gehören Auen und Flüsse natürlich untrennbar zusammen. »Die Aue ist ein inhärenter Teil des Systems«, sagt Graf. »Doch das ist bei der Umsetzung der Wasserrahmenrichtlinie kaum berücksichtigt worden.« Vor allem dort, wo Landwirtschaft direkt an den Fluss grenzte, sind die Auen und ihre Bewohner gefährdet. Sie liegen tiefer als das umgebende Agrarland, sodass immer wieder Pestizide und Dünger in die Auen abschwemmen.

Woran aber erkennt Ulrich Eichelmann, dass die Beber begradigt wurde? Ich blicke noch immer skeptisch auf die Erlen und Weiden, unter denen der Bach plätschert. »Man kann das an der Tiefe des Flussbetts erkennen, ein begradigter Fluss schneidet sich tief die Landschaft ein«, sagt Ulrich Eichelmann. »Ein natürlicher Fluss verläuft etwa auf der Höhe des Bodens und verändert seinen Lauf immerzu, dort wird etwas weggespült und dort wieder angespült, dabei entstehen und vergehen ständig neue Lebensräume.« Ulrich Eichelmann zeigt mir an unauffälligen Vertiefungen rechts und links des Bachlaufs, wo Holmbach und Beber früher geflossen sein könnten. Hier ist ein wassergefüllter Graben, das könnte der alte Flusslauf gewesen sein, dort wachsen Binsen im Gras, die einen feuchten Boden anzeigen. Der Fluss-Schützer hat die alten Landkarten der Preußen studiert und herausgefunden, dass die Altenau, der kleine Bach in seinem Heimatdorf, an der weitesten Stelle früher 120 Meter breit war. Also breiter, als ein Fußballplatz lang ist, ungefähr so breit wie der Rhein an der Loreley. Natürlich war das aus Sicht der Menschen damals sinnvoll gewesen, diese raumgreifenden Bäche zu begrenzen, um mehr Platz für Weiden und Äcker zu gewinnen. Es muss ein anderer Fluss gewesen sein als die Altenau von heute – vor ihrer Renaturierung.

Flüsse – die nicht begradigten und korrigierten – muss man sich als »Architekten der Landschaft« vorstellen, sagt Ulrich Eichelmann, der Flussbefreier. Als Gestalter einer dynamischen Landschaft, die sich verändert, wie es ihr passt. Fällt ein Baum in den Fluss, staut sich das Wasser und gräbt sich einen anderen Weg. Dabei bleiben Mulden, Senken und Tümpel zurück, Lebensraum für Frösche und Lurche. Die Flüsse wären viel länger, wenn sie fließen dürften, wie sie wollen, es gäbe mehr Auen, mehr Lebensraum, mehr Insekten, mehr Vögel. »Heute wird das Land um den Fluss platt gewalzt«, sagt

Eichelmann. »Die Landwirte fahren mit Walzen über das Grünland, deshalb ist alles eingeebnet. Aber das ist eine unnatürliche Landschaft.« Wir haben uns so sehr daran gewöhnt, dass uns das gar nicht mehr auffällt.

Deshalb wissen wir auch nicht mehr, dass heute nur noch ein kläglicher Rest der Insekten übrig ist, die früher an den Flüssen gelebt haben, als die noch frei fließen konnten. Auf dem Balkan kann man sich anschauen, wie es früher einmal bei uns gewesen sein muss. Am Fluss Theiß, der durch Ungarn und Serbien fließt, kann man heute noch Schwärme von schmetterlingsartigen Eintagsfliegen beim Hochzeitsflug beobachten. Drei Jahre leben die Theißblumen als Larven in Wohnröhren im Schlamm, unten im Fluss, dann steigen sie endlich auf an die Luft, alle gemeinsam in riesigen Schwärmen, für einen einzigen Tag im Juni, zur Paarung und zur Eiablage, um gleich darauf zu sterben. Der Journalist Zoran Ikonic hat eine Reportage für die ARD über dieses Naturschauspiel gemacht, das Theißblüte genannt wird. Es sei für ihn ein absoluter Glücksfall gewesen, schreibt er, dabei gewesen zu sein, »als die Luft sich um mich herum graublau und die Wasseroberfläche gelbgrün färbte«.[98]

Den Ausdruck Eintagsfliege kennt jeder, die Art ist uns wie die Turteltaube als Wort erhalten geblieben. Aber wer weiß noch, was für seltsame Insekten sie sind und was für ein seltsames Leben sie führen und dass sie viel länger als einen Tag leben, nur eben nicht als Fliegen, sondern als Larven im Wasser, und dass sie Sex und Tod so dramatisch miteinander vereinen? Ich war sehr erstaunt, als Ulrich Eichelmann erzählte, dass es ähnlich große Eintagsfliegen wie die Theißblume bis ins

19. Jahrhundert auch an einem Fluss ganz in der Nähe, an der Lippe, gegeben habe.[99] Eine vier Zentimeter große Fliege, die aussieht wie ein Schmetterling mit zwei nach hinten ausgeworfenen Angelruten und die in so großen Schwärmen auftrat, dass sie den Himmel verdunkelte und das Flusswasser zum Brausen brachte? *Shifting baseline*: Davon hatte ich nie gehört. So hatte ich auch keine Gelegenheit zu bedauern, dass ich dieses Wahnsinnsschauspiel in meiner Nähe nie erlebt habe. Eintagsfliegen, von denen es in Deutschland über hundert Arten gibt, waren früher so zahlreich, dass sie nach ihrem Tod in dicken Schichten auf dem Wasser der Flüsse lagen. Anderswo wurden sie mit Fackeln angelockt und als Vogelfutter gesammelt.[100]

Heute sind sie selten, weil ihr Lebensraum verschwunden ist. Nach der Studie zum globalen Insektensterben von Francisco Sánchez-Bayo und Kris Wyckhuys sind aquatische Insekten genauso vom großen Sterben betroffen wie terrestrische, vor allem Eintags-, Köcher- und Steinfliegen – Insekten, die an fließenden Gewässern leben oder gelebt haben, bis die Flüsse begradigt wurden und die Auen verschwanden.

Während Eichelmann von der Dynamik der freien Flüsse spricht und wie sie die Landschaft geprägt und immerzu verändert haben, blicke ich vom Ufer aus auf den scharfen Feldrand und die gerade Linien, die die Felder voneinander trennen, und die Straßen, die das Land durchziehen. Und ich sehe, dass wir unsere Flüsse eingesperrt haben, in ein tiefes Bett, aus dem sie nicht mehr herauskommen. Dabei wären sie eigentlich etwas ganz anderes als diese eingeengten Wasserläufe, die wir immer noch so nennen wie früher. Eigentlich aber sind Flüsse frei und dynamisch und wandeln sich immerzu. Je länger ich mir diese freien Flüsse vorstellen, desto besser verstehe ich, warum die Menschen früher an Flussgeister geglaubt haben, an Undinen, Najaden und Nixen wie die Loreley. Vor meinem Auge entsteht eine Flusslandschaft, wie sie früher mal war und vielleicht wieder sein könnte.

Aber wie müsste solch eine Landschaft aussehen, in der die Flüsse ihren Platz zurückgewinnen als Lebensraum für Tiere und Pflanzen, und die trotzdem die Menschen ernährt, die in ihr leben? Wie sehr müssen wir Menschen uns einschränken? Wie viel würden wir dabei gewinnen? An Natur, an Schönheit, an Mücken- und Eintagsfliegenschwärmen, an Lebendigkeit? An Resilienz?

Gibt es Hoffnung, dass sich eine andere Haltung der Natur gegenüber durchsetzen wird? Eine, die die Dynamik der Natur zulässt, ihr Raum gewährt, statt sie zu bezwingen, zu begrenzen und zu beherrschen? Es wäre ein ganz anderes, neues Denken als das, was unsere Landschaft in den letzten Jahrhunderten geprägt hat. »Global gesehen ist das alles eine Katastrophe«, hat Ulrich Eichelmann gesagt, der sein ganzes Leben damit verbracht hat, Flüsse zu befreien und Dämme zu verhindern. »Der Trend geht zum Terraforming. Weltweit sind 75 Megaprojekte geplant, bei denen Wasser in trockene Gebiete umgeleitet werden soll. Das wird zum Austrocknen von Flüssen führen und zum weiteren Aussterben von Arten.« Auf dem Balkan, wo die letzten natürlichen Flüsse Europas fließen, sind besonders viele Staudämme geplant, beinahe 3 000. »Wir haben erhoben, dass durch den Bau dieser Staudämme fünfzig Fischarten aussterben würden. Das sind zehn Prozent aller Flussfischarten Europas.«[101] Doch der lokale Widerstand gegen diese Zerstörung macht ihm Mut. Globales Problembewusstsein mit lokalem Widerstand zu verbinden könnte eine wirkungsvolle Strategie für die Zukunft sein – das ist seine Bilanz aus vier Jahrzehnten Umweltaktivismus.

Vielleicht sollte ich das nicht als eine theoretische Fragestellung sehen, hier, an diesem Bach, an dem meine Vorfahren geackert haben, sondern als Imperativ. Folgt nicht aus den Erkenntnissen über das Insektensterben und die globale *mass extinction,* dass ich hier und jetzt etwas dagegen unternehmen muss auf den Feldern am Fluss? Muss nicht jeder auf seiner Fläche sofort damit anfangen? Jeder, der Land besitzt oder der jemanden kennt, der Land besitzt?

Am frühen Abend, als der Umweltaktivist über die Egge zurückgefahren ist, um in seiner Heimatgemeinde für Insektenschutz zu werben, besteht mein Sohn darauf, dass wir noch einmal zum Bach fahren. Er will mir zeigen, was er am Nachmittag auf dem umgestürzten Baum gefunden hat, während wir Erwachsenen am Ufer entlangliefen. Die alte Weide liegt so schräg, dass man ihren Stamm besteigen kann wie einen Berg. Bei der ersten Astgabelung halte ich an, aber mein Sohn klettert furchtlos weiter und hält erst in furchterregender Höhe.

Hier ist es! Schau!

Wäre er nicht oben, würde ich umkehren. Der Stamm wird schmaler, ich finde Halt in den tiefen Furchen in der Rinde und steige höher, bis ich sehe, was er entdeckt hat: einen Haufen Kot in einer Astgabel. Wo der Stamm sich verzweigt und die Rinde vermoost ist, müssen die Waschbären gesessen haben. Ziemlich oft sogar.

Keine Ahnung, wie wir hier je wieder hinunterkommen. Aber von oben hat man einen guten Ausblick auf den Bach und das ganze Tal. Jetzt erkenne ich erst, wie schmal der Bach ist und wie tief er sich ins Erdreich eingeschnitten hat. Rechts versinkt die Sonne hinter geköpften Weiden. Wenn man ihre knubbeligen Köpfe mit den dünnen Trieben eine Weile im Dämmerlicht beobachtet, sehen sie aus wie Kobolde, denen die Haare zu Berge stehen. Dahinter ragen die Silhouetten großer kahler Bäume in den blassen Himmel, scherenschnittklar. Über der Erde liegt ein schmaler Streifen Gold. Der erste Frühlingstag des Jahres geht zu Ende, und es gibt viel zu tun in diesem Jahr.

So sitzen wir eine ganze Weile da oben auf dem umgefallenen Baum, mein Sohn und ich und ein Haufen Waschbärenscheiße.

Kapitel 6

Die Vernebelung der Ursachen

Immer wieder wird behauptet, wir wüssten nicht, warum die Insekten sterben. Aber es hängt keine Wolke des Unwissens am Himmel

Nach dem Erscheinen der ersten Krefelder Studie im Frühjahr 2017, als die öffentliche Diskussion zum Insektensterben begann, gab es einen handfesten Streit über die Ursachen oder genauer: über die Frage, ob die Ursachen bekannt sind. Die einen sagten: Die Landwirtschaft ist schuld! Und die anderen: Was für ein unfairer vorschneller Vorwurf, die Ursachen sind doch noch gar nicht bekannt! Wir müssen sie erst einmal erforschen! So argumentierte auch der Deutsche Bauernverband: In der *hart aber fair*-Diskussion zum Bienensterben sagte der Generalsekretär Bernhard Krüsken, er könne nicht sagen, welchen Anteil die Landwirtschaft am Insektensterben habe. Denn was die Ursachen angehe, schwebten wir in einer »Wolke des Unwissens«. Das habe selbst ein prominenter Entomologe gesagt, erklärte Krüsken, und er meinte Martin Sorg vom Entomologischen Verein Krefeld.[102] Schon im Sommer 2017 hatte der einflussreiche Bauernverband klargestellt: Wenn die

Bundesumweltministerin – damals Barbara Hendricks – die Landwirtschaft für das Insektensterben verantwortlich mache, müsse man ihr widersprechen. Denn es gebe keine belastbaren Studien für die Schuld der Landwirtschaft. Das müsse erst einmal erforscht werden. »Den großen Klärungsbedarf, den die Wissenschaftler sehen, können wir in vollem Umfang bescheinigen.« Und im Übrigen werde zu wenig gegen den Flächenverbrauch unternommen, denn Lebensraum von Insekten und anderen Tieren gehe auch dort verloren, wo Felder und Wiesen, Weiden und Wälder unter Asphalt und Beton verschwinden.[103]

Das stimmt, und es stimmt nicht. Unstrittig ist, dass viel zu viele Flächen asphaltiert und zubetoniert werden. Und dass auf Parkplätzen und Autobahnen keine Insekten leben können, ist auch klar. Unstrittig ist auch, dass zu vielen Detailfragen abschließende Antworten fehlen, zum Beispiel auf die Frage, wie groß der Einfluss von Windrädern auf das Insektensterben ist oder welche Rolle Entwurmungsmittel spielen, die vielen Weidetieren regelmäßig verabreicht werden.[104]

Aber ebenso unstrittig ist, dass wir eben nicht völlig benebelt in einer Wolke der Unwissenheit tappen und deswegen gar nicht sagen können, warum plötzlich die Insekten wegsterben. Im Gegenteil: Es gibt schon seit vielen Jahren ziemlich viele Belege dafür, dass die intensive chemiebasierte Landwirtschaft eine entscheidende Ursache für das Insektensterben ist – neben der Versiegelung von Flächen, der Fragmentierung der Habitate und der Strukturverarmung in weiten Teilen der Landschaft. Und vor allem die Insektizide aus der neuen Gruppe der Neonicotinoide, die wie Nervengifte wirken und die für

Honigbienen tausendfach so giftig sind wie das seit langem verbotene Umweltgift DDT.[105]

Nun wäre es heuchlerisch, den Landwirtinnen und Landwirten die Schuld für das große Sterben zuzuschieben. Denn noch immer wächst die Verkehrs- und Siedlungsfläche in Deutschland Tag für Tag durchschnittlich um mehr als fünfzig Hektar, und knapp die Hälfte davon wird versiegelt, also asphaltiert oder gepflastert.[106] Also fünfundzwanzig Hektar, das sind fünfunddreißig Fußballfelder – jeden Tag! Dieser anhaltende Flächenverbrauch ist die Folge unserer gefräßigen und zerstörerischen Lebens- und Wirtschaftsweise, unserer gestiegenen Flächenansprüche beim Wohnen, unserer Ansprüche an unbeschränkte Mobilität, eine Folge unseres konsumorientierten Lebensstils, der Produktionsflächen fordert und Müllhalden produziert. Mit dieser Lebensweise gefährden wir unsere eigenen Lebensgrundlagen und rauben damit auch Pflanzen und Tieren den Platz zum Leben. Und den Insekten. Das zu ändern ist eine große Aufgabe für uns alle, und die Verlockung ist groß, die Schuld auf einzelne Akteure abzuwälzen, um sich dieser großen Verantwortung zu entziehen. Allein den Landwirten zuzurufen, ändert das mal mit dem Insektensterben, ist deshalb zu einfach. So aber haben es viele Landwirte im Januar 2019 empfunden, als das Volksbegehren Artenvielfalt in Bayern lief, das vor allem Änderungen für die landwirtschaftliche Praxis forderte, aber keine Auflagen für private Gärten.

Wir müssen uns immer wieder klarmachen: So wie Ökologen von Nahrungsnetzen sprechen, in denen alle Tiere eines Ökosystems miteinander verwoben sind, so müssen wir auch von Verantwortungsnetzen sprechen, an denen alle beteiligt sind, die auf irgendeine Weise Flächen beanspruchen und beeinflussen, wie sie genutzt werden – Produzenten genauso wie Konsumenten und natürlich alle, die Einfluss auf die Rahmenbedingungen nehmen, die politisch Verantwortlichen genauso wie Verbände und Lobbyisten. Das Gleiche gilt für die landwirtschaftliche Nutzfläche: Die Art und Weise, wie auf unseren Flächen Landwirtschaft betrieben wird, ob insektenfreundlich oder eben nicht, liegt nicht allein in der Verantwortung der Landwirtinnen und Landwirte. Dafür sind ebenso die Lebensmittelhersteller verantwortlich, der Handel, die Konsumenten und natürlich alle Verantwortlichen aus der Politik, und zwar nicht nur die Agrarpolitiker, sondern alle, die sich um Verkehr, Wirtschaft, Bildung und Gesundheit kümmern. Damit dürfte klar sein: So wie es keine einfachen Ursachen für das Verschwinden der Insekten gibt, so gibt es auch keine einzelnen Schuldigen. Sondern eine gemeinsame Verantwortung – und einen großen Druck endlich zu handeln.

Deshalb ist es wichtig, genau nach den Ursachen zu forschen, zu fragen, welche Erkenntnisse gesichert sind und welche nicht. Und deshalb ist es auch wichtig, eindeutige Erkenntnisse nicht länger zu leugnen. Selbst dann nicht, wenn sie einschneidende Folgen haben werden, die die Anhänger des Status quo verhindern wollen.

Warum also verschwinden die Insekten? Es gibt zwei Dimensionen des großen Sterbens: einmal das allmähliche Verschwinden vieler spezialisierter Arten, die sich an ganz bestimmte Lebensräume angepasst haben, und zum anderen die erschreckenden Mengenverluste der Insekten insgesamt, die sich in den letzten Jahren verstärkt haben. Viele Ursachen, vor allem für das Sterben der Spezialisten, sind seit Langem bekannt und belegt: Der kontinuierliche Verlust von Lebensräumen führt dazu, dass Arten, die auf diese Lebensräume angewiesen sind, seltener werden oder ganz aussterben. Das betrifft natürlich nicht nur Insekten, sondern alle Arten von Tieren und Pflanzen, die sich an die jeweiligen Lebensräume angepasst haben. So sind etwa viele Heuschrecken und Wiedehopfe aus der Huppenheide verschwunden, weil ihr Lebensraum, die offene Heidelandschaft, bis auf winzige Reste verschwunden ist. Dort, wo aus der ehemaligen Heide dichter Forst und intensiv bewirtschaftetes Ackerland geworden ist, sind die Heuschrecken verschwunden. Im militärischen Schutzgebiet, wo die alte Struktur erhalten geblieben ist, gibt es noch viele Heuschrecken. Aber keine Wiedehopfe mehr, weil die Fläche zu klein wäre, um ihnen genügend große Insekten als Nahrung zu bieten. Ausgestorben oder stark zurückgegangen sind auch viele Arten, die in Feuchtgebieten, Auen oder auf nährstoffarmen Flächen gelebt haben.

Während der Zeit der Flussbegradigungen, als die insektenreichen Auen verschwanden, wurden im Rahmen der Flurbereinigung auch die Felder und Wiesen neu sortiert. Die Tierärztin Anita Idel, Autorin des Buches *Die Kuh ist kein Klima-Killer*, hat das Mitte der sechziger Jahre im Rheinland erlebt und später in Schleswig-Holstein, wo sie Landwirtschaft studiert hat. »Dort wurde alles an Technik mobilisiert, um die naturnahe Kulturlandschaft in eine agrarische Gunstlage zu verwandeln – die Arbeitswirtschaftlichkeit war das einzige Kriterium«, berichtet Anita Idel. »Hecken – die dort typischen Knicks – und kleine Bauminseln wurden entfernt, kleine

Teiche und Vertiefungen zugeschüttet und vergessene Wege überpflügt, um Äcker zusammenzulegen.« Ein neuer Typ von Landschaft entstand, die ausgeräumte Agrarlandschaft. »Damals wurde noch nicht mal die Frage gestellt, ist das wichtig oder kann das weg«, sagt Anita Idel, über diese Haltung sei sie noch heute entsetzt. Lebensraum von Insekten und Vögeln wurde dabei einfach weggeräumt – und auch der Entspannungsraum der Menschen.

Dass bei diesen Flurbereinigungen Lebensräume für wilde Tiere und Pflanzen vernichtet wurden, kann jeder auf den ersten Blick sehen. Doch in den letzten Jahren ist ein weiterer Rückzugsraum für Insekten verloren gegangen, und zwar das Grünland. Das mag erstaunlich klingen, denn von der Autobahn oder vom Zug aus sieht man zwar eine ausgeräumte, aber doch grüne Landschaft. Als Grünland bezeichnen Agrarwissenschaftler Wiesen und Weiden (Felder mit Wintergetreide sehen bis zum Frühjahr ganz ähnlich aus, aber sie gehören nicht dazu). Das Bundesamt für Naturschutz hat dokumentiert, wie sehr die für den Naturschutz so wichtigen Grünlandflächen in den letzten Jahren dezimiert wurden: alleine von 1990 bis 2009 um 875 000 Hektar. Bis 2013 sei Grünland auf einer Fläche verloren gegangen, die »in etwa der Hälfte der Gesamtfläche des Bundeslands Thüringen entspricht«, schreibt das Bundesamt.[107] Das ist vor allem eine unbeabsichtigte Folge des Erneuerbare-Energien-Gesetzes. Das EEG macht es für Landwirte sehr lukrativ, Mais für Biogasanlagen anzubauen. »Es war absehbar, dass sich dieser starke finanzielle Anreiz für die Ackernutzung auf Kosten des Grünlandes auswirken würde. Es wurde umgepflügt, und die Weidetiere haben das Nachsehen«, kritisiert Anita Idel.

Sogar eine Regelung, die das Grünland eigentlich schützen sollte, hat zu weiteren Verlusten geführt: Wenn ein Landwirt eine Wiese oder Weide fünf Jahre nicht als Acker genutzt hat, gilt sie als Dauergrünland und verliert deshalb den Status als Ackerland. Der Begriff ist ein Euphemismus, denn die Dauer dieses Dauergrünlands ist nicht in jedem Fall gesichert. Wenn ein Landwirt an anderer Stelle eine Neuansaat nachweisen kann, dürfte er die Fläche trotzdem umbrechen. Doch das macht es komplizierter, und deshalb bedeutet der Verlust des Ackerstatus einen unumkehrbaren Wertverlust. Mit Ackerland kann der Landwirt mehr Geld verdienen, und ein Landbesitzer kann dafür also auch mehr Pacht erzielen. Um das zu vermeiden, pflügen viele Landwirte ihre Grünflächen vor Ablauf der fünf Jahre um. »Eine völlig irrwitzige Regelung«, sagt Anita Idel. »Spätestens wenn man merkt, dass diese Regelung ihr Ziel verfehlt, muss man sie doch ändern!« Auch im Umland von Städten ist das für Insekten so wichtige Grünland gefährdet, weil es für Industriegebiete und Siedlungen gebraucht wird – und als Ausgleichsfläche für solche Bauprojekte. Wer nämlich Flächen versiegelt, muss für einen Ausgleich für die Natur sorgen – das verlangt das Naturschutzgesetz. »Diese sinnvolle Vorgabe wird in der Praxis doppelt konterkariert«, so Anita Idel. »Erstens ist es kein Gewinn, wenn als sogenannte Ausgleichsmaßnahme Bäume auf Kosten von Grasland angepflanzt werden – und somit ein Ökosystem ein anderes verdrängt. Und zweitens sehen diese Ausgleichsmaßnahmen häufig nur das Pflanzen von Bäumen vor, nicht aber deren dauerhafte Pflege, sodass ein großer Teil der Bäume vertrocknet ist und die Flächen verbuschen.« Auch damit geht Lebensraum für Insektenschutz verloren.

Doch auch die verbliebenen Wiesen und Weiden sind oft Todesfallen für Insekten. Die Grasmischungen für intensives Grünland enthalten meist nur wenige schnell wachsende Gräser und die verdrängen die alte Vielfalt. »Viele Insekten brauchen aber für ihre Eiablage ganz spezifische Gräser, und je monotoner das Grünland ist, desto weniger Insektenvielfalt kann es dort geben.« Ebenso gefährlich wie der Verlust der Vielfalt auf den Wiesen und Weiden ist die frühe und häufige Mahd, die verhindert, dass dort Pflanzen zum Blühen kommen. Die Biologin Michaela Hofmann hat untersucht, welche Wildbienen in Deutschland besonders gefährdet sind, und sie hat herausgefunden, dass es Arten mit einer späten Flugzeit am Ende des Sommers sind, zu einer Zeit, in der auf dem Land kaum noch etwas blüht. Bessere Überlebenschancen dagegen haben Wildbienen, die sich an urbane Lebensräume angepasst haben und solche, die im Frühjahr fliegen. »Dann helfen Obstbäume, Sträucher und Weiden, ein ganz gutes Nahrungsangebot zu schaffen«, sagt Michaela Hofmann. »Für manche Arten stellt auch Raps kurzzeitig eine Nahrungsquelle dar, aber der blüht natürlich auch nur in einem kurzen Zeitfenster. Man könnte es vielleicht so sagen: Im Frühling ist das Nahrungsangebot auf dem Land zwar nicht gut, aber im Sommer noch viel schlechter.« Was für ein Befund: Auf dem Land verhungern die Bienen.[108] Die Studie bestätigt Anita Idels langjährige Beobachtungen: Die Intensivierung der Grünlandbewirtschaftung verstärkt das Insektensterben.

In vielen Ländern der Welt hat Anita Idel Weideland untersucht und die Artenvielfalt auf diesen Grünflächen beobachtet, in den Prärien Nordamerikas, den Pampas Südamerikas, der ungarischen Puszta oder den Alpenländern. Zuletzt ist sie mit einem kleinen Team von Entomologen Kuhhirten in Rumänien gefolgt. »Ob Braunkehlchen, Wiedehopf, Gelbbauchunke oder Hirschhornkäfer – wir waren immer wieder begeistert von den Potenzialen nachhaltiger Beweidung.«

Manche Vorgaben des Vertragsnaturschutzes schaden den Insekten sogar, sagt Anita Idel. »Um Bodenbrüter zu schützen, werden späte Termine für die erste Mahd festgelegt. Das hilft den Vögeln erst einmal. Aber wenn wie üblich am ersten erlaubten Tag auf einen Schlag alles weggemäht wird, geht mit dem Lebensraum auch die Nahrung für die Insekten verloren – und die fehlen dann auch wieder den Vögeln, Reptilien und Amphibien. Notwendig ist räumlich und zeitlich versetztes Mähen, aber das ist viel aufwendiger und müsste natürlich ebenfalls gefördert werden.« Das zeigt, was für eine komplexe Aufgabe es selbst für den Naturschutz ist, die verloren gegangene Vielfalt wiederherzustellen. Für Landwirte, die ihre Produkte zu Weltmarktpreisen zu Markte tragen müssen, scheint es schlicht unmöglich.

»Bei diesen Milchpreisen brauchen wir Milchbauern möglichst niedrige Kosten pro Kilogramm Milch«, erläutert Kirsten Wosnitza. Zusammen mit ihrem Mann Gerd Albertsen bewirtschaftet sie einen konventionellen Hof im Norden von Schleswig-Holstein mit 120 Kühen, 31 Hektar Ackerland und 55 Hektar Dauergrünland, beide haben in Kiel Agrarwissenschaften studiert.

Die beiden Landwirte haben eine Herde mit Hochleistungskühen, die durchschnittlich knapp 10 000 Liter Milch pro Jahr geben. Dennoch schaffen sie es jedes Jahr in die Spitze der

Betriebe mit den ältesten Kühen in Schleswig-Holstein. »Wir verstehen uns als professionelle Milcherzeuger, nicht als Naturschützer«, sagt Kirsten Wosnitza. »Aber wir machen uns seit Jahren Sorgen über die Auswirkungen, die eine immer intensivere Landwirtschaft auf die Natur hat – in unserem Umfeld, aber auch insgesamt. Eine intensive Landwirtschaft, wie sie seit Jahrzehnten von der Politik und der Beratung und der Industrie vorangetrieben wurde.« Auch deshalb engagiert sie sich im Bund deutscher Milchviehhalter für bessere Erzeugerpreise – sie will den Druck auf die Landwirte, ihre Tiere und die Natur senken. Oft wird Kirsten Wosnitza auf Konferenzen und zu Diskussionen eingeladen, weil sie die Zielkonflikte zwischen Wirtschaftlichkeit und Tier- und Naturschutz so gut erklären kann. »Die Pachtpreise sind in den letzten Jahren enorm gestiegen, deshalb ist für die meisten Milchbauern auch das Grünland knapp und teuer geworden. Wir müssen also versuchen, auf den verbliebenen Flächen möglichst viel gutes Futter zu erzeugen.« Gutes Futter für Hochleistungskühe ist aber etwas anderes als guter Lebensraum für Insekten.

Doch Landwirte haben in den letzten Jahren wenig mehr als 30 Cent netto für einen Liter Milch bekommen, zu manchen Zeiten sogar noch weniger. Dazu müssen sie »immer wieder an die Grenzen der Belastbarkeit gehen – von Menschen, Tieren und Natur«, so empfindet das Kirsten Wosnitza. Und das geht eben nur mit dem perfekten Futter für die Kuh – vom (für die Insekten) nicht perfekten Grünland. »Kühe mit hoher Milchleistung brauchen zwar auch die Rohfaser aus dem Gras, aber vor allem viel Energie und Rohprotein aus dem Grundfutter«, erklärt die Landwirtin. »Auf einer kaum gedüngten Wiese mit vielen Kräutern könnten wir diese Energie- und Eiweißmenge nicht produzieren. Hinzu kommt, dass es einen optimalen Erntezeitpunkt gibt, an dem die höchste Konzentration und beste Verdaulichkeit des Grases gegeben ist. Und der liegt immer vor der Blüte der Gräser, gleichgültig ob gemäht oder geweidet wird.« Deshalb blüht so wenig auf dem Grünland der Milchviehbetriebe, deshalb hungern dort die wilden Bienen.

Als Grundfutter bezeichnen die Landwirte konserviertes Gras, das sie getrocknet (als Heu) oder vergoren (als Silage) füttern. Auch gehäckselte und silierte Maispflanzen gehören dazu. Entscheidend ist, dass dieses Grundfutter ganze Pflanzen enthält und damit Rohfasern, ohne die Kühe als Wiederkäuer nicht auskommen. Zusätzlich erhalten die Kühe Kraftfutter, also Getreide, und zugekaufte Mineralstoffe und Vitamine. »Doch der betriebswirtschaftliche Erfolg hängt für uns ganz gravierend davon ab, wie viel hochwertiges Grundfutter wir in die Kuh bekommen. Das konservierte Gras muss dabei Rohfaser, Energie und Eiweiß in einem ganz bestimmten Verhältnis enthalten, dann ist es aus Sicht der Ökonomie und der Tiergesundheit optimal.«

Um dieses Wundergras zu ernten, ist viel Arbeit nötig: Im Frühjahr wird das Grünland zunächst mit Mist und Gülle gedüngt, danach mit einer Art Metallbürste gestriegelt, um das verfilzte alte Gras herauszubürsten, im gleichen Arbeitsgang wird an lichten Stellen nachgesät, »so früh wie möglich, um nicht über die Nester der Wiesenvögel zu fahren, was in nassen Jahren schwierig ist«, dann wird gewalzt, um Maulwurfshügel einzuebnen (»die Erdhügel könnten ins Futter gelangen und würden die Kühe krank machen«) und um hochgefrorene

Grasnarben auf moorigen Standorten wieder an den Boden zu pressen, später wird bei Bedarf noch einmal mit Mineraldünger gedüngt. Auf chemischen Pflanzenschutz können die Wosnitzas in den meisten Jahren auf dem Grünland verzichten. »Doch wenn bestimmte Schadschwellen überschritten werden, wenn zum Beispiel mehr Löwenzahn auf der Weide wächst als Gras, dann spritzen wir diese Teilbereiche.« Kirsten Wosnitza und Gerd Albertsen sind große Anhänger der Weidehaltung, obwohl diese nicht leicht mit dem modernen System der Hochleistungskuh vereinbar ist. Sobald Boden und Wetter es zulassen, kommen ihre Kühe Tag und Nacht auf die Weiden am Stall. Die weiter entfernt liegenden Flächen werden zunächst für das Winterfutter gemäht, Mitte Mai das erste Mal (»und das heißt, wir schneiden vor der richtigen Blüte, das Einzige, was zum Blühen kommt, ist Löwenzahn«). Manche Flächen mähen die Wosnitzas drei Mal im Jahr, die meisten nur ein oder zwei Mal, im Spätsommer fressen dann auf fast allen Flächen die Kühe und Jungrinder. Weiter im Süden, im Allgäu zum Beispiel, sind sogar fünf Schnitte pro Jahr möglich.

»Weidehaltung ist für uns ein Weg, unser Wirtschaften nachhaltiger zu machen«, sagen die beiden Milchbauern, »darauf führen wir auch die gute Gesundheit und das hohe Alter unserer Kühe zurück.« Ihr Dauergrünland wird nicht umgepflügt – so wird der Boden geschützt und viel Kohlenstoff gebunden, das ist gut für den Klimaschutz. »Die vielen Graswurzeln bringen Struktur in den Boden und bieten vielen Bodenlebewesen den nötigen Raum, deshalb haben wir so viele Maulwurfshaufen auf unseren Weiden«, erzählt Kirsten Wosnitza. »Das Gras auf den Weiden ernten wir nicht mit großen Maschinen, sondern mit unseren vierbeinigen Vollerntern, die mit ihren sensiblen Mäulern und langen Zungen geschickt um Insekten herummanövrieren. Aber eines schaffen wir nicht – im Gegensatz zu den Bauern der Vergangenheit: die Grasernte bis zur Blüte hinauszuschieben. Das würde enormen Verlust in der Qualität des Grases als Rinderfutter bedeuten.« Im Norden Deutschlands gibt es noch viele Landwirte, die wie Kirsten Wosnitza und Gerd Albertsen ihre Kühe auf die Weiden lassen. Doch es werden immer mehr neue Ställe gebaut, in denen die Kühe zwar frei herumlaufen können, aber nie auf die Weide gehen. Dort ist die Grünlandbearbeitung durch die vielen Schnitte also noch intensiver.

Die Summe der Arbeitsgänge auf den Wiesen und Weiden macht klar: Auf diesem Grünland können Insekten nur schwer überleben. Und umgekehrt: Würden die Milchbauern ihr gesamtes Grünland anders bewirtschaften, insektenfreundlicher, kämen sie selbst nicht über die Runden. Zumindest nicht ohne viel viel bessere Milchpreise. Und das bedeutet auch: Jeder Liter Milch, der im Supermarkt für weniger als zwei Euro gekauft wird, macht Insekten und Landwirten das Leben schwer. Damit macht sich jeder, der günstige Milch im Supermarkt kauft, mitverantwortlich für das Insektensterben. Dabei wäre es anders möglich: Natürlich kann man auf artenreichem Grünland Milch erzeugen und dabei Insekten, Bodenbrüter und die biologische Vielfalt fördern. Auch die Kühe hätten etwas davon, nämlich weniger Leistungsdruck und eine bessere Gesundheit. Es muss nur bezahlt werden, denn die Erträge wären sehr viel niedriger. »Nicht sehr realistisch in einem Wirtschaftssystem, in dem es überall nur ums Maximum geht«, meint Kirsten Wosnitza. »Aber was allen Betrieben helfen würde, wäre etwas mehr Handlungsspielraum. Weg vom absoluten Diktat der Kostensenkung und hin zu einer fairen Bezahlung. Dann könnten wir eine feuchte Fläche auch mal extensiver bewirtschaften.« Dafür gibt es schon heute verschiedene Förderungsprogramme der Bundesländer. »Nur ist es oft nicht einfach, das in unsere komplett durchorganisierten Hochleistungssysteme zu integrieren. Und seit die Pachtpreise so gestiegen sind, müssen wir Landwirte uns das gut überlegen, ob wir es uns leisten können, auf einer Fläche dem Naturschutz den Vortritt zu lassen.«

Kirsten Wosnitza hat das alles im Blick, die Gesundheit ihrer eigenen Kühe, die Wiesenvögel, die Rehe (»Einen Arbeitsgang habe ich noch vergessen: Unsere Jäger suchen mit uns unsere Flächen vor dem Mähen mit einer Drohne nach Kitzen ab.«) und auch die Insekten. Sie sucht nach Lösungen, wie Wirtschaftlichkeit vereinbar sein könnte mit Tier-, Natur- und Ressourcenschutz, doch ihr ist klar: Alleine kommt da keiner raus, es bräuchte eine andere Agrarpolitik, weniger Überschussproduktion, bessere Förderung und eine andere Vermarktung.

Viele Ursachen für das Insektensterben liegen also auf der Hand: Heiden und Hecken, Moore und magere Standorte, Blühwiesen, artenreiche Weiden sind in den letzten Jahrzehnten brutal dezimiert worden. Grünland wurde umgepflügt, und wo es erhalten blieb, wurde es oft zu einem insektenfeindlichen Ort. Es ist eine ganz logische Entwicklung: Lebensräume verschwinden und mit ihnen die Tiere und Pflanzen. Viele Ökologen klagen deshalb, dass es nichts bringt, einzelne Pflanzen-

und Tierarten unter Naturschutz zu stellen, nicht aber ihren Lebensraum. Das alles ist lange bekannt. Trotzdem hat die starke Abnahme der Insektenmasse insgesamt – also das, wofür die Krefelder Entomologen die harten Beweise geliefert haben – selbst die Fachleute erschreckt. »Den Insektenkundlern stand das Entsetzen ins Gesicht geschrieben, als sie Anfang der 2010er-Jahre merkten, die Gläser aus den Malaise-Fallen werden nicht mehr voll,« erzählt Josef Tumbrinck, bis Anfang 2019 Landesvorsitzender des Naturschutzbundes NABU in Nordrhein-Westfalen, heute Leiter der Unterabteilung Naturschutz im Bundesumweltministerium. Er hat in Münster Geografie studiert, am Institut für Landschaftsökologie gearbeitet und Preise für seine engagierte Jugendarbeit bekommen, bevor er hauptberuflich zum NABU wechselte. In seiner Freizeit forscht er weiter, er arbeitet an einer Doktorarbeit über Heuschrecken auf der südostasiatischen Insel Neuguinea. Tumbrinck ist passives Mitglied im Entomologischen Verein Krefeld, und er hat die Forschungen von Martin Sorg, Heinz Schwan und ihren Kollegen von Anfang an begleitet. »Keiner konnte glauben, dass es so dramatisch war«, erzählt Tumbrinck. »Wir wanderten von einem Schutzgebiet zum anderen und überprüften die Fallen. Und wir konnten nicht glauben, was wir sahen.« Doch das Ergebnis war überall gleich: Die Gläser in den Malaisefallen blieben leer. Nicht nur die seltenen Arten waren noch seltener geworden, sondern alle anderen ebenso. Der Bestand war eingebrochen.

Im Herbst 2015 berichtete Tumbrinck seinen Kollegen vom NABU beim Bundesverband und den anderen Landesverbänden von den erschreckenden Funden. »Mehrere sagten: Das kann nicht sein, es muss ein Messfehler vorliegen!«, erinnert sich Tumbrinck. Und alle fragten sich: Wenn es stimmt, woher kommt das? Der Rückgang der Insekten insgesamt ist durch die bekannten Faktoren nicht zu erklären. »Der Lebensraumverlust, die Verinselung der einzelnen Habitate und auch der Klimawandel – das alles sind Riesenprobleme für die Insekten, aber sie erklären nicht den Rückgang der Insekten in den Malaise-Fallen. Auch Wetterkapriolen beeinflussen die Insekten, aber auch damit kann man den Rückgang der Funde nicht erklären«, sagt Tumbrinck. »Das alles hatte die PLOS ONE-Studie ja schon ausgeschlossen.« Es muss also noch etwas dazugekommen sein. Aber was?

Es muss etwas sein, das auch in Naturschutzgebieten wirkt, denn dort haben die Krefelder Entomologen ja ihre Fallen aufgestellt und die erschreckenden Verluste gemessen. »Es ist wie ein Puzzlespiel«, sagt Tumbrinck, »und man muss jedem Hinweis nachgehen.« Zum Beispiel der Verkehr: Der hat in den letzten Jahrzehnten deutlich zugenommen, und die Windschutzscheiben fahrender Autos oder Lkw sind Todesfallen für Insekten. Könnte es also sein, dass der gestiegene Verkehr das Insektensterben verursacht? Eher nicht, meint Josef Tumbrinck. Denn die Malaise-Fallen der Krefelder waren ja in Schutzgebieten mit ganz wenig Verkehr oder ganz ohne Straßen aufgestellt. Natürlich könnten Arten, die über weite Strecken fliegen, durch den Verkehr dezimiert worden sein, der Admiral etwa oder der Distelfalter. Doch die meisten Insekten aus den Krefelder Fallen seien Arten, die sich nicht weiter als einige Dutzende Meter fortbewegten. Zwar ist es völlig unbestritten, dass unzählige Insekten an den Windschutzscheiben unserer

Autos und Lkw sterben. Doch im Vergleich zu den großen Mengen, die von Vögeln gefressen werden, sind das wenige. Das heißt: Ohne Autos gäbe es sicherlich mehr Insekten, aber sie können nicht der Grund für den Rückgang in den Fallen sein.

Dennoch wünscht sich Josef Tumbrinck mehr Forschung zu dieser Frage: Welchen Einfluss hat der Verkehr auf den Straßen auf die Insekten? Denn gerade die Straßenränder sind in vielen Gegenden mit intensiver Landwirtschaft die blütenreichsten Flächen. Sie ziehen also Insekten an und locken sie so in die Nähe der rasenden Autos und LKWs. Blühende Straßenstreifen sind also etwa so, als würde man Spielplätze an Autobahnen bauen. Oder kann man diese Verluste in Kauf nehmen, weil die Insekten insgesamt doch mehr von den blühenden Streifen profitieren würden?

Noch etwas wird oft als Ursache vermutet: die Lichtverschmutzung, die nächtliche Dauerbeleuchtung von Straßenlaternen, Außenleuchten und Schaufenstern, die nachtaktive Insekten in die Irre führt. Aber auch das erkläre nicht den Rückgang der Insekten in den Naturschutzgebieten, in denen keine Straßenlampen stehen. Denn auch Wildbienenarten, die nur tagsüber aktiv sind, sind zurückgegangen, sagt Tumbrink. Lichtverschmutzung schadet, aber die Krefelder Funde erklärt sie nicht.

Was bleibt? In letzter Zeit würden noch eine Reihe weiterer möglicher Ursachen in die Diskussion getragen, berichtet Josef Tumbrinck: Setzt Feinstaub dic Tracheen der Insekten zu, die fein verästelten Gefäße, die Luft in das Gewebe bringen? Schadet der Mobilfunk den Insekten? Was ist mit Infraschall? All diesen Fragen müsse man nachgehen, auch wenn die eine oder andere auf den ersten Blick neu oder unwahrscheinlich klingen mag. Doch am dringendsten sei es – das stellt der NABU-Vorsitzende klar –, die Auswirkungen derjenigen Stoffe zu untersuchen, die eigens dafür entwickelt wurden, Insekten zu töten. Und die in weiten Teilen Deutschlands zum Einsatz kommen. Und das sind die Insektizide.

Im Januar 2016, als die Auswertungen der Malaise-Fallen der Krefelder Entomologen noch nicht veröffentlicht waren, aber unter Naturschützern und Umweltpolitikerinnen für Unruhe sorgten, lud der Umweltausschuss des Deutschen Bundestages vier Sachverständige zu einem öffentlichen Fachgespräch über die Lage der Insekten in Deutschland.[109] Josef Tumbrinck war einer von ihnen, und er stellte den Abgeordneten vor, was die Krefelder herausgefunden hatten und was die Ursachen für das Verschwinden der Insekten sein könnten. »Ein Faktorenmix wäre denkbar, ist aber über so viele verschiedene Standorte eher unwahrscheinlich«, sagte Tumbrinck im Bundestag. »Es muss sich in Nordrhein-Westfalen um Ursachen handeln, die verstärkt seit Mitte der neunziger Jahre wirken.« Bis 2004 haben die Messungen einen moderaten Rückgang festgestellt, das Übliche, woran sich Naturschützer längst gewöhnt haben. Doch in den letzten zehn bis fünfzehn Jahren hat dieser Rückgang stark zugenommen. Der NABU-Landesvorsitzende stellte Zahlen aus dem Wahnbachtal in Bonn vor: Von 1989 bis 2014 sind 27 Prozent der Schwebfliegenarten verschwunden und 85 Prozent der Individuen. »Da fliegt nichts mehr«, rief Tumbrinck in den Bundestag, »im Naturschutzgebiet, im Trinkwasserschutzgebiet, oberhalb der Trinkwassertalsperre!« Dort, wo sich das Trinkwasser für die Bewohner von Bonn und Siegburg sammelt, muss also irgendetwas sein, das die Insekten sterben lässt. Und es muss etwas sein, das zusätzlich zu den bekannten Faktoren (Zerstörung von Lebensräumen, Fragmentierung) wirkt. Tumbrinck zeigte eine Tabelle mit vier ansteigenden Kurven: Verkauf und Einsatz einer bestimmten Gruppe von Insektiziden, der Neonicotinoide, die als Nervengift wirken, ab Mitte der neunziger Jahre in verschiedenen Ländern. In den Jahren also, in denen die Insektenbestände zurückgegangen sind. »Genau in diesem Zeitraum setzt diese Stoffklasse ein«, so Josef Tumbrinck im Bundestag.

Er hat keine Beweise. Er weist nur auf eine Koinzidenz hin: Die Neonicotinoide kommen, die Insekten gehen. »Wir können nicht sagen, dass es die Neonicotinoide sind«, sagte Tumbrinck dem Umweltausschuss. Aber er hat Forderungen: »Da muss geforscht werden, und da muss eine Neubewertung auf ökosystemarer Ebene gemacht werden.« Außerdem brauche es Pufferzonen zu Naturschutzgebieten, in denen keine Pestizide ausgebracht werden dürfen. Und ein Monitoring der Insekten.

Josef Settele, Professor am renommierten UFZ, dem Helmholtz-Zentrum für Umweltforschung in Halle an der Saale, fasste im Bundestag in knappen drei Minuten die ganze Misere zusammen: Landnutzung, Siedlungsdruck, Verlust von Strukturen, intensive Landwirtschaft – das sind die langfristigen Gründe für den Rückgang der Insekten. Settele beziffert den Wert, den Bestäuberinsekten weltweit für die Menschen erwirtschaften, auf fünfzig Milliarden Euro. »So viel sparen wir an Geld, weil die Bestäuber für uns arbeiten.« Er zeigte das Bild eines Obst- und Gemüsestandes aus Frankreich, aus dem alles Obst herausgeräumt wurde, was Bestäuber braucht, und der Obststand sieht ziemlich leer aus. Das Bild macht klar: Wenn wir den Insekten schaden, schaden wir uns selbst. Denn Insekten helfen uns auch als Regulatoren für Schädlinge. »In Reis-Ökosystemen in Asien sehen wir eindeutig, dass der Einsatz von Insektiziden eigentlich völlig unnötig ist und sogar dazu führt, dass die Erträge zum Teil geringer werden. Dass zumindest das Verhältnis von Ertrag und Input in der Summe für den Farmer negativ ist.« Dabei dürfe Deutschland seine internationale Verantwortung nicht vergessen, mahnte Settele: Viele der Neonicotinoide, die in Asien sehr stark eingesetzt werden, kommen aus Europa. »Auch ein Punkt, wo wir nachdenken müssen«, sagte Settele ziemlich nüchtern. »Wir sind ja auch jemand, der dafür sorgt, dass die Dinge, die in Deutschland verboten sind, dann plötzlich woanders auf dem Markt auftauchen.« Eine freundliche Formulierung für einen erschreckenden Tatbestand: Insektizide, die bei uns verboten werden, weil wir sie für zu gefährlich halten, verkaufen wir woanders. In Ländern, in denen die Bäuerinnen und Bauern keinen Sachkundenachweis erbringen müssen wie in Deutschland, bevor sie mit den gefährlichen Stoffen hantieren. In denen es immer wieder zu tödlichen Pestizid-Vergiftungen kommt. Settele ließ es bei der Aufforderung zum Nachdenken bewenden, aber jeder verstand, was er dem Umweltausschuss des Bundestages sagen wollte: Einem Einsatzverbot von gefährlichen Stoffen auf europäischer Ebene müsse auch ein Exportverbot folgen. Oder besser: ein Herstellungsverbot.

Settele ist Mitautor der Bestäuber-Studie des Weltbiodiversitätsrates IPBES, und er hat mit den anderen Ratsmitgliedern die Studien über die Wirkungen der Neonicotinoide ausgewertet. Er schließt: Für das Insektensterben spielen Neonicotinoide eine zentrale Rolle. Alle Details und Beweise könne man in der Zusammenfassung des IPBES-Berichts nachlesen.[110]

Teja Tscharntke, Professor für Agrarökologie an der Universität Göttingen, hatte Untersuchungen aus ganz verschiedenen Gegenden Europa ausgewertet, er warnte vor den Folgen der Überdüngung für die Artenvielfalt: »Es gibt ja Berechnungen im neuen Stickstoffreport auf EU-Ebene, dass die Kosten für die Schädigung durch Stickstoffverluste bei 70 bis 320 Milliarden Euro liegen – das ist mehr als der ökonomische Nutzen von Stickstoffdüngung«, sagte Tscharntke. Und er ist sich mit den anderen Sachverständigen einig: »Der Pestizideinsatz ist einheitlich ein zentraler Faktor für den Artenrückgang, Neonicotinoide, aber auch generell Fungizide und Herbizide sind dafür verantwortlich.«[111]

Vier Sachverständige, eine Warnung: Neonicotinoide gefährden Insekten. Und Pestizide generell. Das war im Januar 2016, also noch lange bevor das Insektensterben zum großen Thema in den Medien wurde, zu einer Zeit, als sich kaum ein Entomologe vorstellen konnte, dass 2018 der Schutz der Bienen in den Koalitionsvertrag der Bundesregierung aufgenommen werden würde und dass sogar die Kanzlerin Angela Merkel über Bienen und ihre Bedeutung sprechen würde.

Damals, Anfang 2016, war das Rennen noch offen. Kaum ein Naturschützer hätte darauf gewettet, dass Neonicotinoide verboten würden. Ihre Erfahrung ist: Solange es keine handfesten Beweise für die Gefährlichkeit bestimmter Stoffe gibt, bleiben sie erlaubt. Und solange keiner beauftragt wird, das genau zu erforschen, gibt es auch keine Beweise. Und selbst wenn geforscht wurde und Studien vorliegen, wird – ganz ähnlich wie bei Glyphosat – um die Bedeutung der Ergebnisse gerungen.

Bei einigen Neonicotinoiden war die Beweislast der Studien am Ende einfach zu groß: Im April 2018 verbot die Europäische Union nach langem Ringen schließlich drei Wirkstoffe aus der Gruppe der Neonicotionide – Clothianidin, Thiamethoxam und Imidacloprid –, wenn auch nur für den Einsatz im Freiland. Zehn Jahre lange hatten Imker, Naturschützer und Wissenschaftler für dieses Verbot gekämpft, seit 2008 nach dem großen Bienensterben am Oberrhein bewiesen wurde, dass Neonicotinoide Bienen töten können.[112] In den folgenden Jahren erschienen viele Studien, die die Gefährlichkeit der Neonicotinoide bestätigten. »Die Beweise waren am Ende so erdrückend, dass die Europäische Behörde für Lebensmittelsicherheit, die EFSA, am Ende keine andere Wahl hatte, als das Mittel aus dem Verkehr zu ziehen«, sagt Martin Häusling, der agrarpolitische Sprecher der Grünen im Europaparlament. Die EFSA empfahl der EU-Kommission, die gefährlichsten Neonicotinoide zu verbieten, und die Kommission folgte dieser Empfehlung und ließ den Rat, also die Agrarminister der EU-Länder, darüber entscheiden. Die stimmten mit knapper Mehrheit für ein Verbot. »Nach der Diskussion um Glyphosat war 2018 so viel Druck im Kessel, dass es sich Deutschland nicht erlauben konnte, noch einmal für ein umstrittenes Pestizid zu stimmen«, meint Martin Häusling. »Natürlich hat es auch mit politischem Druck zu tun, ob ein Mittel verboten wird oder nicht.« Dazu war die Empörung über den Landwirtschaftsminister Christian Schmidt zu groß, der 2017 am Ende seiner Amtszeit gegen die Absprachen der Bundesregierung und gegen die öffentliche Meinung für die Verlängerung der Glyphosat-Zulassung gestimmt hatte. Seine Nachfolgerin Julia Klöckner entschied sich anders und stimmte wenige Monate später für das Verbot der Neonicotinoide. »Heute ist ein guter Tag für den Schutz der Bienen in Deutschland und Europa«, sagte sie nach der Abstimmung.[113]

Es war auch guter Tag für die Politik: Ein Problem wurde erkannt, benannt und gebannt. Die Studien der Wissenschaftler haben Wirkung gezeigt. Die gefährlichsten Insektizide sind verboten, die Entomologen können aufatmen. Ein bisschen, aber immerhin, bis die nächsten Wirkstoffe zugelassen werden, deren Gefährlichkeit sich erst in den Feldern zeigen wird.

Und doch bleiben entscheidende Fragen offen: Im Januar 2016 haben Wissenschaftler mit internationalem Renommee die Studien auf den Tisch gelegt, mitten im Deutschen Bundestag, in denen nachzulesen ist, wie Neonicotinoide Insekten gefährden. Warum also widerspricht der Generalsekretär des Deutschen Bauernverbands der Bundesumweltministerin, wenn sie ein Jahr später den Stand der Wissenschaft wiedergibt und die Landwirtschaft mit verantwortlich macht für das Insektensterben? Warum behauptet der Bauernverband, es gebe keine belastbaren Studien für die Schuld der Landwirtschaft, wenn der Weltbiodiversitätsrat genau solche Studien schon lange vorgelegt hat? Auch wenn es zu wenig Monitoring gibt, also Beobachtungen, was genau in den Ökosystemen passiert, wenn Pestizide eingesetzt werden, auch wenn die Wechselwirkungen der verschiedenen Wirkstoffe und ihrer Abbauprodukte auf die unterschiedlichen Insektenarten nicht im Detail erforscht sind, ändert das nichts an der grundsätzlichen Erkenntnis, dass Neonicotinoide Insekten gefährden.

Schon im August 2014 hat das Fachmagazin *Environmental Science and Pollution Research* eine Bewertung der weltweiten Auswirkungen von Neonicotinoiden auf Insekten veröffentlicht, aus der das klar hervorgeht: Trotz aller ungeklärter Detailfragen »gibt es genug Erkenntnisse, um daraus schließen zu können, dass Neonicotinoide und das Insektizid Fipronil weitgehende negative biologische und ökologische Auswirkungen auf eine breite Gruppe von Invertebraten«, also wirbellosen Tieren, zu denen die Insekten zählen, an Land und im Wasser haben.[114] Josef Settele aus Halle war unter den Autoren, und es erscheint mir unwahrscheinlich, dass die Studie im Bauernverband nicht zur Kenntnis genommen wurde. Auch die Forschungsergebnisse des Niederländers Caspar Hallmann aus dem gleichen Jahr werden sie nicht übersehen haben: Der hatte 2014 die Auswirkungen eines der Neonicotinoide auf Singvögel untersucht und festgestellt: In Gegenden mit höherer Konzentration von Imidacloprid sanken die Bestände von Singvögeln.[115]

Inzwischen ist die Beweislast noch erdrückender: In der Studie zum globalen Insektensterben vom Februar 2019 sprechen Francisco Sánchez-Bayo und Kris Wyckhuys von *compelling evidence*, von zwingenden Beweisen dafür, dass die landwirtschaftliche Intensivierung Haupttreiber der Rückgänge von Vögeln, insektenfressenden Säugetieren und Insekten ist.[116]

Deshalb ist es so ein gefährlicher Unsinn zu sagen, wir schwebten in einer Wolke des Unwissens. Martin Sorg, der

Krefelder Entomologe, kann nicht beweisen, woran die Insekten in seinen Untersuchungsgebieten gestorben sind. Er konnte seinen Vermutungen nicht nachgehen, weil er keinen Zugriff auf die Pflanzenschutzmittel-Aufzeichnungen der Landwirte erhalten hat. Also sagt er dazu nichts. Aber umgekehrt wissen wir ganz genau, dass Insekten zum Leben ihren Lebensraum brauchen und dass dieser Lebensraum schwindet, und wir wissen, dass Insektizide Insekten schaden und dass die immer noch eingesetzt werden, auch in Naturschutzgebieten. Wir wissen also genug, um zu handeln. Das ist etwa so, als käme ein vom Regen durchnässtes Kind, das über Hals-, Kopf- und Gliederschmerzen klagt, abends vom Spielen nach Hause und die Eltern sagten, wir wissen nicht genau, womit du dich infiziert hast und von wem und mit welchem Virus, da haben wir noch Forschungsbedarf. Das müssen wir erst einmal mit dem Kinderarzt besprechen. Geh ruhig noch mal raus und spiel weiter, bis die Ergebnisse vorliegen!

Das alles macht die offenen Fragen nur noch drängender: Warum durften diese Gifte überhaupt in Naturschutzgebieten eingesetzt werden? Warum brauchte es so lange, bis wenigstens die gefährlichsten der Neonicotinoide endlich verboten wurden? Und warum wurden solche gefährlichen Stoffe überhaupt zugelassen? Warum greift das Vorsorgeprinzip hier nicht, das seit dem ersten Umweltgipfel der Vereinten Nationen 1992 in Rio de Janeiro als Leitlinie der Umweltpolitik gilt – oder eher: gelten sollte? Und warum brauchen wir überhaupt so viele so riskante Substanzen auf unseren Feldern und Wiesen?

Viele werden diese Fragen für naiv halten. Denn Naturschützerinnen haben in den letzten Jahrzehnten immer wieder erfahren, dass wirtschaftlichen Interessen Vorrang gewährt wird vor Umwelt- und Naturschutzbelangen. Selbst eine erdrückende Faktenlage und anhaltender öffentlicher Druck haben Ende 2017 die Wiederzulassung des Totalherbizids Glyphosat nicht verhindert. Worüber soll man sich da noch wundern. Trotzdem sollte man diese Fragen stellen und Antworten einfordern. Vielleicht kann die Suche nach Gründen zu verstehen helfen, warum wir überhaupt in diese Misere kommen konnten. Welches Denken dazu geführt hat, dass wir in einer insektenfeindlichen Umwelt leben. Und wie es dazu kommen konnte, dass wir uns über Jahrzehnte daran gewöhnt haben, dass die Vielfalt um uns herum immer weiter schwindet.

Kapitel 7

Schutzgebiete, die nicht schützen

Warum dürfen Pestizide in Naturschutzgebieten eingesetzt werden?

Naturschutzgebiete sind rechtsverbindlich festgesetzte Gebiete, in denen ein besonderer Schutz von Natur und Landschaft erforderlich ist. Zur Erhaltung von Lebensgemeinschaften. Aus naturhistorischen oder landeskundlichen Gründen. Wegen ihrer Seltenheit. Oder wegen ihrer besonderen Schönheit. Alles, was sie zerstören oder ihnen schaden könnte, ist verboten. So steht es im Bundesnaturschutzgesetz.[117]

Dann gibt es noch Paragraf 4 der Pflanzenschutz-Anwendungsverordnung, mit einem Schutz verheißenden Titel: Verbot der Anwendung in Naturschutzgebieten und Nationalparks.[118]

Als juristischer Laie könnte man daraus schließen, dass Ackerchemikalien in Naturschutzgebieten grundsätzlich verboten sind. Die Hersteller nennen diese Mittel zwar Pflanzen*schutz*mittel, doch sie schützen die Kulturpflanze ja nur, indem sie andere Lebewesen – Pflanzen oder Insekten oder Pilze – töten. Was nach Paragraf 23 des Bundesnaturschutzgesetzes in einem Naturschutzgebiet nicht erlaubt ist. Doch in diesem Gesetz steht noch ein kleiner Zusatz, nämlich »nach Maßgabe näherer Bestimmungen«. Also, grundsätzlich ist alles verboten, was der Natur in Naturschutzgebieten schadet, aber es gibt da noch Bestimmungen, die anderes bestimmen.

Ähnlich ist es mit der Verordnung über die Anwendung von Pflanzenschutzmitteln mit dem beeindruckenden Kürzel PflSchAnwV: Eigentlich sind sie in Schutzgebieten verboten, zumindest diejenigen, die in bestimmten Anhängen aufgelistet sind, »es sei denn, daß eine Anwendung in der Schutzregelung ausdrücklich gestattet ist oder die Naturschutzbehörde die Anwendung ausdrücklich gestattet«.[119] Was genau heißt das für Pestizide in Naturschutzgebieten? Sind sie also verboten? Übersetzt aus dem Juristendeutsch lautet die Antwort: Ja, aber. Eigentlich ja. Aber meistens doch nicht.

Der Krefelder Entomologe Heinz Schwan, einer der Ko-Autoren der berühmten PLOS ONE-Studie zum Insektensterben, hatte schon in seinem Aufsatz über das Verschwinden der Schmetterlinge aus dem Jahr 1986 die Widersprüchlichkeiten der vielen Schutzbestimmungen beklagt: Gefährdete Tiere, auch Insekten, seien streng geschützt, nicht aber ihr Lebensraum. »Wehe, wenn du einen Schmetterling fängst! Wer dies jedoch mit der Giftspritze tut oder den Lebensraum der Art mit fremdartigen Monokulturen bepflanzt, wodurch freilich nicht nur ein Individuum, sondern ein ganzer Bestand vernichtet wird, der handelt im Sinne der geltenden Bestimmung.«

Komische Bestimmungen sind das, in der Tat: Das Artenschutzrecht schützt wild lebende Tiere und Pflanzen und stellt gefährdete Arten unter besonderen Schutz, sodass Naturfreunde diese nicht anrühren oder stören dürfen. Aber wenn – sagen wir – ein geschützter Kleiner Heidegrashüpfer in ein Naturschutzgebiet hüpft, dann schützt ihn dieser Schutz nicht davor, mit Neonicotinoiden oder Glyphosat besprüht zu werden.

Auch der bekannte Biologe und Bestsellerautor Josef Reichholf kritisiert solche Widersprüche seit Jahren. In seinem Buch *Die Zukunft der Arten* geht er hart mit dem Naturschutz ins Gericht und analysiert die Wirkungslosigkeit vieler Maßnahmen und die naive romantisierende Vorstellung von einer heilen und statischen Naturwelt, die vom Menschen möglichst nicht berührt werden dürfe – als hätte nicht das Wirken des Menschen die Artenvielfalt unserer Kulturlandschaft erst erschaffen.

Auch er spricht sich gegen Sammelverbote in den Schutzgebieten aus, die Pflanzen oder Insekten oder andere Kleintieren vor den Menschen schützen sollen. »Kinder und Jugendliche dürfen keine Insekten mehr sammeln, weil alle Arten, die schön und interessant aussehen, unter Schutz stehen«, schreibt Reichholf. »Einen größeren Fehler hätte der Naturschutz kaum machen können. Auf diese Weise verliert er seine besten Verbündeten. Sie wurden systematisch der Natur entfremdet.«[120]

Dieses Argument habe ich auch beim Nationalen Forum für biologische Vielfalt im Herbst 2018 gehört. Die Bundesumweltministerin Svenja Schulze hatte Naturschützer aus ganz Deutschland zu dieser Konferenz eingeladen, um Vorschläge für ein wirkungsvolles Aktionsprogramm zum Insektenschutz zu diskutieren, und viele Entomologen haben dort genau das gefordert: Erlaubt endlich Lehrern und Naturschützerinnen wieder, Schmetterlinge oder Käfer zu sammeln! Ich habe die

Konferenz moderiert und erinnere mich, wie ich an dieser Stelle zusammenzuckte. Denn es klingt ja erst einmal komisch: Um Insekten zu schützen, soll man sie wieder töten dürfen? Man kann sie doch wunderbar mit der Fotokamera einfangen, warum sollte ich einen Schmetterling aufspießen wollen? Aber viele der Entomologen beim Nationalen Forum erzählten davon, wie sehr es sie als Kinder fasziniert habe, seltene Schmetterlinge zu jagen und in ihre Sammlung aufzunehmen. Es geht dabei auch um das grundsätzliche Verhältnis zur Natur: Wenn Kindern das Gefühl vermitteln wird, Natur sei gefährdet und zerbrechlich und müsse vor den Menschen immerzu geschützt werden, dann werden immer weniger Kinder Natur mit Freude erleben. Und wenn sie sich die Natur nicht aneignen können, lernen sie auch nicht mehr als die üblichen Arten kennen, und dann werden sie nicht merken, wenn Insekten, Vögel oder Pflanzen seltener werden oder ganz verschwinden. Und wenn sie das nicht bemerken, werden sie sich auch nicht für ihren Schutz einsetzen.

Der Schmetterlingsforscher Robert Trusch vom Karlsruher Naturkundemuseum fordert sogar eine Begabtenförderung für junge Naturforscher. »Virtuose Musiker werden an Musikschulen und Konservatorien gefördert, und genauso müsste man es auch mit begabten und interessierten Kindern in der Naturkunde halten. Denn wie bei Musikern liegt die Begabung auch hier im Promillebereich.«

Es ist in der Tat eine ungünstige rechtliche Konstellation. Natur anzufassen ist in Naturschutzgebieten verboten – etwas überspitzt ausgedrückt, aber Pestizide auszubringen ist es nicht. Warum ist das so? Und wie ist es dazu gekommen? »In der Tat erschließt sich der von Ihnen angesprochene Umstand nicht automatisch«, antwortet mir Georg Verbücheln. Er leitet die Abteilung Naturschutz beim nordrhein-westfälischen LANUV, dem Landesamt für Natur, Umwelt und Verbraucherschutz. »Allerdings ist die Ausübung der ordnungsgemäßen Landwirtschaft in Naturschutzgebieten nicht per se verboten, und Teil der landwirtschaftlichen Nutzung ist oft auch der Einsatz von Pflanzenschutzmitteln.« Es gibt keine einheitliche bundesweite Bestimmung über das, was genau in Naturschutzgebieten erlaubt oder verboten ist. Das regeln die höheren Naturschutzbehörden der Bundesländer, etwa die Bezirksregierungen. In Nordrhein-Westfalen können auch Kreise eigene Regeln aufstellen. Grundsätzlich aber gilt: Ordnungsgemäße Landwirtschaft mit ordnungsgemäßem Pflanzenschutz ist erlaubt. Was ordnungsgemäß ist, das kann ja nicht schaden – so verstehe ich den Gedanken hinter dieser Argumentation. Und in der Tat: Pflanzenschutzmittel dürfen ja nur eingesetzt werden, wenn sie offiziell zugelassen wurden, und zugelassen werden sie nur, wenn sie geprüft und für ungefährlich befunden wurden. Darauf verlassen sich die Landwirte.

Hubert Weiger ist einer der großen alten Herren des Naturschutzes in Deutschland. Ende der sechziger Jahre hat er Forstwissenschaften studiert, später eine Doktorarbeit über Stickstoffeinträge in Waldökosysteme geschrieben und als Honorarprofessor an verschiedenen Universitäten unterrichtet. 1975 hat er – zusammen mit dem berühmten Tierfilmer Bernhard Grzimek, dem Umweltschützer Hubert Weinzierl, dem Schriftsteller Horst Stern und anderen (nur eine Frau war darunter) – den Bund für Umwelt und Naturschutz Deutschland gegründet. Seit 2008 ist er Bundesvorsitzender des BUND, für sein Engagement wurde er mit Preisen, Staatsmedaillen und dem Bundesverdienstkreuz ausgezeichnet. Wenn jemand erklären kann, warum es in all diesen Jahrzehnten nicht gelungen ist, die Natur in den Naturschutzgebieten besser zu schützen, dann er. Und in der Tat, auf meine kurze Frage nach den Pestiziden in den Naturschutzgebieten antwortet er mit einer langen Antwort, einem druckreifen Ad-hoc-Vortrag über die Geschichte des Naturschutzes im Wechselspiel mit der sich intensivierenden Landwirtschaft nach dem Zweiten Weltkrieg in Deutschland. »Die klassischen Naturschutzgebiete sind in einer Zeit ausgewiesen worden, als die landwirtschaftliche Nutzung der Natur nicht geschadet hat, im Gegenteil«, so beginnt Hubert Weiger. »In Bayern waren das die ehemaligen Niedermoore und Streuwiesen, die nur einmal im Jahr gemäht wurden, um daraus Einstreu für Viehställe zu gewinnen«, erzählt Weiger. Deshalb brauchte es damals, zu Beginn der fünfziger Jahre, auch keine expliziten Dünge- oder Pestizidverbote, weil auf den traditionell genutzten Wiesen und Weiden ohnehin wenig gedüngt und gar nicht gespritzt wurde.

Doch zu dieser Zeit wurden Milliarden an Forschungsgeldern, Investitionen und Subventionen in den Aufbau einer intensiven Landwirtschaft gesteckt, die möglichst viele Lebensmittel möglichst günstig produzieren sollte. Und das gelingt am leichtesten mit intensiver Landwirtschaft auf möglichst großen Feldern. Deshalb wurden Moore entwässert, Flüsse begradigt und Fluren bereinigt. »Was man in der DDR mit der Zwangskollektivierung gemacht hat, das ging im Westen über die agrarökonomischen Rahmensetzungen«, spottet Weiger. Anfänglich, in den Jahren des Mangels nach dem Zweiten Weltkrieg, stand dabei die sichere Nahrungsmittelversorgung im Vordergrund. »Doch dann setzte sich der Grundgedanke durch, dass Lebensmittel billig sein müssen«, erklärt Hubert Weiger, »weil die Menschen sich nur dann andere Güter leisten können, wenn sie weniger für Lebensmittel ausgeben müssen.« Die volkswirtschaftliche Rechnung ist plausibel: Günstige Lebensmittel erhöhen die Kaufkraft für alles andere, was die zerrüttete Wirtschaft stärken könnte. Wenn man so will, war die Intensivierung der Landwirtschaft also eine Voraussetzung erst für das Wirtschaftswunder, später für unsere ressourcenfressende Konsum- und Wegwerfgesellschaft. Damals wurde die Grundlage für die günstigen Lebensmittel geschaffen, große Felder ohne störende Strukturen, auf denen sich bestens wirtschaften lässt, die aber »zum Verlust der Vielfalt in der Landschaft« geführt haben. Melioration wurde das genannt, das heißt übersetzt: Verbesserung, ausgerechnet.

Quasi als Gegengewicht wurden damals die Restgebiete, auf denen sich diese Meliorationen nicht lohnten, zu Naturschutzgebieten erklärt. »Die extensive Landnutzung war dabei die Grundlage der Schutzwürdigkeit«, so formuliert es der BUND-Vorsitzende. Wo intensiver Ackerbau nicht möglich war, wirtschafteten die Bauern zunächst weiter wie früher – und erhielten durch ihre scheinbar rückständige Wirtschaftsweise Pfeifengraswiesen mit Kümmelblättrigen Silgen und Großem Wasserknopf und vielen anderen Pflanzen. Damit fütterten sie Schwalbenschwanz-Raupen und Moor-Bläulinge und luden Braunkehlen, Kiebitze und Große Brachvögel zum Nisten ein.

»Das hat sich in den letzten Jahrzehnten dramatisch verändert, weil die Intensität der Landnutzung zugenommen hat«, sagt Hubert Weiger, und er stellt gleich klar, wen er dafür verantwortlich macht und wen nicht. »Nicht weil die Bauern das so wollten, sondern weil die gesamten agrarökonomischen Bedingungen so gemacht worden sind, dass die bäuerlichen Betriebe nur durch intensivere Nutzung überleben konnten.« Deshalb waren Betriebe mit Flächen in Naturschutzgebieten ökonomisch benachteiligt. »Das Grundproblem war: Immer wenn es dem Naturschutz gelungen war, in einem Gebiet schärfere Auflagen durchzusetzen, etwa das Verbot, Pestizide einzusetzen, klagten die Landwirte in diesen Gebieten über die Einschränkungen, und damit ging die Akzeptanz von Naturschutzgebieten verloren.« Immer wieder stießen die Forderungen der Naturschutzverbände auf »massiven Widerstand der betroffenen Bauern«, erinnert sich Hubert Weiger. Sie wollten keine »Sonderopfer« bringen, sie wollten wirtschaften wie ihre Kollegen auf den nicht geschützten Flächen. »Das hat dann dazu geführt, dass die ordnungsgemäße Landwirtschaft und Bodennutzung in den Naturschutzgebieten von den Einschränkungen ausgenommen wurde.« Zugespitzt: Das hat dazu geführt, dass Naturschutz in den Naturschutzgebieten nur für Naturschützer, nicht aber für Landwirte gilt. Und dass die Landwirte in den meisten Naturschutzgebieten chemische Pflanzenschutzmittel ausbringen dürfen – als Teil ihrer ordnungsgemäßen landwirtschaftlichen Nutzung.

Das Problem ist nur, dass sich die sogenannte ordnungsgemäße Landwirtschaft in der Zwischenzeit völlig verändert hat. Die Art und Weise, wie in den fünfziger Jahren Landwirtschaft betrieben wurde, schützte die Vielfalt in diesem Gebiet. Durch seltenes Mähen, Beweiden mit wenigen Tieren, ohne Gift und ohne Gülle. Aber die neue ordnungsgemäße Landwirtschaft machte etwas völlig anderes mit der Landschaft. Die neue Art der Bewirtschaftung trug noch den gleichen Namen – Landwirtschaft –, aber für die wilden Pflanzen und Tiere war es etwas völlig Neues, Zerstörerisches. Auch in den Naturschutzgebieten.

Die Umweltverbände suchten dringend nach Lösungen, wie dieser Dauerkonflikt mit der Landwirtschaft entschärft werden könnte. »Das war die Geburtsstunde der Vertragsnaturschutzprogramme«, erinnert sich Hubert Weiger. »Damit hatten die Naturschutzbehörden die Möglichkeit, mit Landwirten freiwillige Vereinbarungen zur Bewirtschaftung zu treffen und sie für besondere ökologische Leistungen zu entschädigen.« Der Vertragsnaturschutz gilt als erfolgreiches Modell, er ist freiwillig und kooperativ, wenn auch oft bürokratisch und finanziell nicht lukrativ, aber vor allem ist er wirkungsvoll, denn er schützt die biologische Vielfalt tatsächlich.

Man könnte ihn als Kompensation für den mangelnden Schutz in den Naturschutzgebieten sehen. Vermutlich ist es die beste Lösung in einem falschen System, in dem Begriffe mehr versprechen, als sie halten, und in dem die Widersprüche zwischen Ökonomie und Ökologie auf die einzelnen Betriebe abgewälzt werden, weil es keine politischen Lösungen dafür gibt, wie man sie auflösen könnte.

Ein System, das Naturschutzgebiete hervorbringt, in denen noch immer schädliche Pestizide ausgebracht werden dürfen und die Insektenbestände einbrechen, ohne dass jemand etwas dagegen unternehmen könnte.

Bei den Trinkwasserschutzgebieten ist die Lage ähnlich vertrackt. Auch hier gilt kein generelles Verbot für Pestizide. Diese Schutzgebiete werden ausgewiesen, um Wasservorkommen, die für die öffentliche Versorgung genutzt werden, vor verschiedensten Einträgen – also fremden Stoffen, die ins Wasser gelangen – zu schützen, und sie sind in drei Zonen eingeteilt. Die erste enge Zone direkt um den Brunnen oder Stausee herum wird Fassungsbereich genannt. Er ist je nach Lage und Bodenbeschaffenheit etwa zehn bis dreißig Meter breit und »so sensibel, dass dort nichts passieren darf. Nur die Wasserversorger dürfen dort arbeiten«, erklärt Ulrich Peterwitz von der Gelsenwasser AG, einem der größten Trinkwasserversorger in Deutschland. »Daraus ergibt sich, dass in diesem Bereich Pflanzenschutzmittel grundsätzlich verboten sind.« Seit dem Jahr 2000 leitet Peterwitz die Abteilung Wasserwirtschaft von Gelsenwasser, er ist mitverantwortlich dafür, dass zwei Millionen Menschen im Ruhrgebiet sauberes Wasser zu trinken bekommen. »Die Schutzzone II soll das Wasser vor Keimen schützen, die Menschen krank machen könnten. Deshalb darf hier nichts stattfinden, was Keime ins Wasser bringen könnte, die schädlich für die menschliche Gesundheit sind«, erklärt der Geologe. »Intensive Beweidung ist hier nicht zugelassen, auch nicht die Düngung mit Gülle, und ebenso wenig eine intensive Bebauung, denn auch undichte Abwasserrohre könnten eine Gefahr bringen.« Diese zweite Zone ist so groß, dass ein Wassertropfen von der äußeren Grenze dieser Schutzzone etwa fünfzig Tage lang im Grundwasser fließen muss, bevor er den Brunnen erreicht. Um sie herum liegt die sogenannte Schutzzone III – das ist der gesamte Bereich, aus dem Wasser einem oder auch mehreren Brunnen zufließt. Hier sollen grobe Verunreinigungen des Wassers verhindert werden. Deshalb dürfen keine Start- und Landbahnen von Flugzeugen gebaut werden, Tankstellen und Lager für Wasser gefährdende Stoffe wie Heizöltanks müssen besonders gesichert sein. »Auch für die Landwirtschaft können sich Einschränkungen ergeben«, erläutert Peterwitz, »vor allem für die Düngung.«[121]

Und was bedeutet das nun für den Einsatz von Pflanzenschutzmitteln? »Ausgehend von dieser Abgrenzung legt man in den entsprechenden Wasserschutzgebieten unterschiedliche Genehmigungs- und Verbotstatbestände fest, die sich auf den Schutzbedarf der einzelnen Schutzzonen beziehen«, so erklärt es der Wasserwirtschaftler in seiner Fachsprache. Und das bedeutet, dass der Einsatz von Pflanzenschutzmitteln nur in Ausnahmefällen verboten wird, nicht grundsätzlich. Weil Pflanzenschutzmittel nämlich laut Zulassungsverfahren dem Wasser nicht schaden sollten.

Der Industrieverband Agrar, die Interessenvertretung von Bayer, BASF und gut fünfzig weiteren Unternehmen aus der agrochemischen Industrie, beschreibt das so: »Die Anwendung von Pflanzenschutzmitteln wird durch das Pflanzenschutzgesetz geregelt. Es verlangt, dass Grundwasser vor dem Eintrag von Pflanzenschutzmitteln zu schützen ist, und zwar überall. Pflanzenschutzmittel, die zur Versickerung neigen, erhalten deshalb keine behördliche Zulassung. Das bedeutet umgekehrt: Die Mittel, die zugelassen sind, dürfen fast alle auch in Wasserschutzgebieten angewendet werden.«[122]

Das wäre eine prima Regelung, wenn sich die Pflanzenschutzmittel an diese Regel hielten. Doch seit die Analysetechnik in der Lage ist, Pestizide im Wasser zu nachzuweisen – seit Mitte der achtziger Jahre –, stoßen die Labore immer wieder auf Rückstände im Wasser. Davon steht nichts auf der Webseite des Industrieverbands Agrar zum Wasserschutz. Wie kann das sein?

»Es kann zu Befunden in Gewässern kommen, weil die tatsächlichen Gegebenheiten in der Natur von den angesetzten Standardbedingungen im Zulassungsverfahren abweichen«, erläutert Ulrich Peterwitz. »In derartigen Fällen ziehen die Befunde heute ein Fundaufklärungsverfahren nach sich bis hin zu einem möglichen Entzug der Wirkstoffzulassung.« Auch die Gelsenwasser AG hat Ende der achtziger Jahre Pestizide im Wasser entdeckt, etwa in der Talsperre der Stadt Haltern am See nördlich des Ruhrgebietes. Damals wurde klar, dass es für das Pestizide-im-Wasser-Problem eine politische Regelung braucht. Doch der damalige Minister für Umwelt und Landwirtschaft in Nordrhein-Westfalen, der SPD-Politiker Klaus Matthiesen, hielt nichts davon, auf grundsätzliche Verbote setzen. Stattdessen führte er Kooperationen zwischen Wasserwerken und Landwirten in den Wasserschutzgebieten ein. Peterwitz, der sich immer wieder kritisch über die Nitrat- und Pestizidrückstände im Wasser äußert, findet diese Regelung richtig. »Es gibt schließlich Pflanzenschutzmittel, die machen uns Wasserversorgern keine Probleme, warum sollten wir da mit der generellen Keule drangehen?« Er schätzt, dass die Landwirte vielfach nicht ganz ohne auskommen können, vor allem nicht bei den engen Fruchtfolgen im Münsterland. »Wenn Mais nach Mais angebaut wird, zieht das einen erhöhten Unkrautdruck nach sich«, sagt Peterwitz. »Dann geht es nicht ohne chemischen Pflanzenschutz.« Das Ziel müsse natürlich sein, so wenig Chemie wie möglich einzusetzen. »Es ist gut, dass wir das gemeinsam und kooperativ mit den Landwirten zu lösen versuchen«, sagt der Wasserwirtschaftler. »Das ist meine Erfahrung aus mehr als 25 Jahren Zusammenarbeit, daran möchten wir auch festhalten.«

Tatsächlich hat sich die Wasserqualität bei Gelsenwasser seitdem verbessert. »In Haltern am See lagen die Befunde an Maisherbiziden wie Atrazin Anfang der neunziger Jahre bei bis zu 11 Mikrogramm pro Liter.« Atrazin ist der Stoff, der männliche Frösche dazu bringt, ihr Geschlecht zu wechseln und Eier zu legen.[123] »Damals haben wir unsere eigene Analytik aufgebaut und in Haltern schnell in die Aufbereitung des Wassers mit Pulveraktivkohle investiert.« In manchen Jahren hat das mehr als eine Million Euro pro Jahr gekostet. Atrazin wurde noch in den neunziger Jahren in Europa verboten – doch damit war die Gefahr nicht ganz gebannt. »Wir haben es in den ersten Jahren nach dem Verbot vereinzelt und in geringen Konzentrationen auch noch gefunden«, berichtet Ulrich Peterwitz. »Offenbar wurde das Mittel illegal eingesetzt, aber den Verursacher zu finden ist in einem 900 Quadratkilometer großen Einzugsgebiet einer Talsperre schier aussichtslos.«

Doch jenseits dieser Funde ist die Zusammenarbeit mit den Landwirten für Gelsenwasser ein Erfolgsmodell. »Die Kooperationen haben so gut geklappt, dass die Kosten über Jahre niedrig gehalten werden konnten und wir in manchen Jahren überhaupt keine Aktivkohle mehr einsetzen mussten«, sagt Peterwitz. Gelsenwasser finanziert Berater, die gemeinsam mit den Landwirten wasserfreundliche Lösungen für den Ackerbau entwickeln. »Wir setzen dabei auf Wirkstoffrotation, auf moderne Technik wie Spritzenreinigung und abdriftarme Spritzendüsen, auf Gewässerschutzstreifen, in denen nichts angebaut wird. Wir fördern seit Neuestem auch den Ökolandbau, und wenn wir sehen, dass ein bestimmter Wirkstoff zu wassergängig ist, dann sollten Landwirte auf diesen Wirkstoff im Wasserschutzgebiet möglichst verzichten.« Das Herbizid Nicosulfuron ist ein solcher Stoff. »Es ist höchst effektiv beim Maisanbau, deshalb wird der Landwirt von uns für den Verzicht entschädigt.« Die Kosten für all das tragen zunächst die Wasserversorger. In Nordrhein-Westfalen können sie diese Ausgaben aber vom Wasserentnahmeentgelt abziehen, das sie für die Nutzung der öffentlichen Gewässer entrichten müssen. Damit entgehen dem Land Einnahmen.[124] Die Kosten der Entschädigungen für die Landwirte tragen wir alle.

Aus Sicht der betroffenen Landwirte ist das nur fair: Wer das Pech hat, dass sein Land ausgerechnet im Wasserschutzgebiet liegt, darf ein bestimmtes superwirksames Mittel nicht nehmen, der Nachbar auf der anderen Seite des Berges aber schon? Der hat dann bessere Erträge, und das wäre ungerecht. Aber aus Sicht der Wasserkunden? Ist es fair, dass alle, die Wasser trinken, dafür zahlen müssen, dass jemand einen gefährlichen Stoff *nicht* verwendet? Nur weil andere das tun dürfen? Sollte ich vielleicht auch meinen Wasserversorger um einen Kooperationsvertrag für unseren Garten bitten? Eine kleine Entschädigung dafür, dass ich unseren Garten hinterm Haus *nicht* mit Glyphosat behandele? Einen Kooperationsvertrag für den Verzicht auf lärmende Laubsauger fände ich auch eine gute Idee. Nach derselben Logik könnten Nichtraucher auch Geld dafür verlangen, dass sie *nicht* rauchen.

Aber es gibt keinen Grund zum Spott. Denn Hubert Weiger, Ulrich Peterwitz und die vielen anderen Befürworter haben sehr gute Argumente für Vertragsnaturschutz und Kooperationen mit Wasserversorgern. Unter den aktuellen politischen und wirtschaftlichen Rahmenbedingungen sind diese Verträge vermutlich der beste Weg, biologische Vielfalt und natürliche Ressourcen zu schützen.

Doch die schwindenden Insektenzahlen in den Naturschutzgebieten und die immer wiederkehrenden Pestizidrückstände im Wasser zeigen, dass diese Vereinbarungen nicht ausreichen. Dass die Rahmenbedingungen grundsätzlich geändert werden müssen. Warum müssen wir überhaupt dulden, dass Stoffe auf Felder gesprüht werden dürfen, die unser Trinkwasser gefährden können? Oder Mittel, die das Überleben von Insekten aufs Spiel setzen? Solche Substanzen müssen verboten werden. Ohne Nicosulfuron oder andere Herbizide müssten die Landwirte ihre Anbaupraxis ändern – aber das wäre ja gerade wünschenswert. Bei einem Verbot der Maisherbizide müssten die Landwirte versuchen, Unkräuter durch eine breitere Fruchtfolge, also durch mehr Vielfalt auf dem Acker, zu minimieren. Das wäre ein Gewinn für die Biodiversität. Und auch für unsere Ernährung. Natürlich geht das nicht einfach so, dazu bräuchte es andere Rahmenbedingungen und bessere Erzeugerpreise. Doch darf das keine Ausrede sein, die viel zu geringe Schutzwirkung der Schutzgebiete hinzunehmen. Und die Auswirkungen der Pflanzenschutzmittel auf die Ökosysteme einfach nicht weiter zu erforschen.

Drei Meldungen aus der Wissenschaft haben mich während dieser Recherche aufhorchen lassen, die kurz gefasst so lauteten: Weltweite Naturschutzgebiete schützen nicht. Natura-2000-Schutzgebiete schützen nicht. Und Meeresschutzgebiete schützen auch nicht. »Kaum Schutz in Schutzgebieten«, schrieb das Onlineportal des Magazins *Bild der Wissenschaft* im Mai 2018.[125] Die amerikanische *Wildlife Conservation Society* hatte ein Team von Wissenschaftlern beauftragt zu untersuchen, wie gut die Natur in den unterschiedlichen Schutzgebieten weltweit wirklich geschützt ist. In 50 000 Gebieten haben die Forscher dazu die Spuren der Menschen ausgewertet: wie viele Menschen dort wohnen, wie viele Gebäude, Straßen, Schienen und Schiffe es gibt, wie viel Lichtverschmutzung und welche landwirtschaftliche Nutzung. Ihr Fazit: Fast alle – neunzig Prozent – zeigen »Anzeichen für zerstörerische menschliche Aktivitäten«, und ein Drittel der Gebiete ist sogar schwer belastet.[126]

Die nächste traurige Meldung folgte im Dezember 2018: »Tagfalterschwund auch in EU-Schutzgebieten«.[127] Josef Settele und Martin Musche vom Helmholtz-Zentrum für Umweltforschung haben zusammen mit Kollegen Daten aus einem groß angelegten Bürgerforschungsprojekt zu Schmetterlingen in den Natura-2000-Schutzgebieten ausgewertet. Natura 2000 ist der EU-weite Verbund von besonders geschützten Gebieten, konzipiert als »Rettungsnetz für die Artenvielfalt«, wie es die Wissenschaftsjournalistin Nadja Podbregar nennt, doch Setteles und Musches Auswertung zeigt: Das Rettungsnetz rettet nicht wie erhofft. Zwischen 2005 und 2015 ist in den Natura-2000-Gebieten jede zehnte Schmetterlingsart verschwunden.[128] Das ist besonders bedenklich, weil Schmetterlinge als gute Indikatoren für intakte Ökosysteme gelten. Dass die Schmetterlinge auch in den Natura-2000-Gebieten weniger werden, betonen die Autoren, spricht nicht gegen die Schutzgebiete, sondern, ganz im Gegenteil: Ihre Auswertung hat gezeigt, dass es in den Natura-2000-Gebieten mehr Schmetterlinge gibt als außerhalb. Nur müsse das Management dieser Gebiete, vor allem beim Grünland, dringend verbessert werden, damit diese größere Vielfalt auch erhalten bleibt.

»Europas Meeresschutzgebiete sind keine Refugien«, las ich ein paar Tage später in der Onlineausgabe von *Natur*. »In mehr als der Hälfte der europäischen Meeresschutzgebiete findet kommerzielle Schleppnetzfischerei statt. Diese Gebiete werden teilweise sogar intensiver befischt als die nicht geschützten Meeresbereiche.«[129] Das klingt so unglaublich, dass ich es beinahe nicht glauben will. Doch die Forscher – darunter auch der renommierte Kieler Biologe Rainer Froese vom Geomar Helmholtz-Zentrum für Ozeanforschung – hatten gute Daten zur Verfügung: Jeder größere Trawler muss sich tracken lassen, alle Fangtouren werden in einer Datenbank gespeichert. So konnten die Forscher zwei Karten übereinanderlegen, um genau zu sehen, wie oft die Fischer ihre zerstörerischen Netze in den Meeresschutzgebieten ausgeworfen hatten. Die Forscher haben die Auswirkungen dieser Ausbeutung auf die marine Biodiversität gleich mit gemessen: In den stark befischten Gebieten waren die Bestände von Haien und Rochen um mehr als zwei Drittel niedriger.[130]

Was bedeutet das alles nun? Meeresschutzgebiete werden leer gefischt, in den Schutzgebieten an Land schwinden die Insekten. Und in Trinkwasser- und Naturschutzgebieten ist

Pflanzenschutz durch Pestizide erlaubt. Wir haben Schutzgebiete, die nicht schützen. Oder nur ein bisschen. Jedenfalls nicht genug.

So weit, so unbefriedigend. Natürlich ist es kompliziert, das alles grundsätzlich zu ändern. Doch seit die Krefelder Studie und auch das große Bienensterben der Jahre davor und vor allem der Bericht des Weltbiodiversitätsrats IPBES die Öffentlichkeit aufgeschreckt haben, ist es nicht länger möglich, das große Sterben sogar in den Schutzgebieten zu ignorieren. Die schwarz-rote Bundesregierung hat in ihrem Koalitionsvertrag vom März 2018 festgehalten, dass die Regierung dem Insektensterben entgegenwirken will.[131] Wird sie die Pflanzen und Tiere in den Naturschutzgebieten vor Pestiziden schützen? Und wird sie den Wissenschaftlern endlich Zugriff gewähren auf die Informationen, wann wo welche Pestizide eingesetzt wurden? Damit sie die Auswirkungen der Pflanzenschutzmittel auf die Ökosysteme systematisch erforschen können?

Im Juni 2018 legte die Bundesregierung erste Eckpunkte für ihr »Aktionsprogramm Insektenschutz« vor, die viele sinnvolle Vorschläge enthalten: Pestizide mindern, Einträge reduzieren und Forschung vertiefen.[132] In diesem Eckpunktepapier steht klipp und klar, dass der aktuelle Schutz der Schutzgebiete nicht ausreicht: »Auch in Schutzgebieten gibt es einen deutlichen Insektenrückgang. Einflüsse von innerhalb und außerhalb der Gebiete tragen dazu bei, dass Naturschutzziele bisher vielfach nicht erreicht wurden. Deshalb soll das Aktionsprogramm dazu beitragen, den Insektenschutz in Schutzgebieten zu verbessern.« Doch der glasklaren Analyse folgten keine klaren

Handlungsanweisungen. »Der neue ›Aktionsplan Schutzgebiete‹, der zurzeit gemeinsam mit den Ländern erarbeitet wird, soll hier sensibilisieren und unterstützen.« Und weiter unten steht: »Das Aktionsprogramm Insektenschutz soll auch die Anwendung von Pflanzenschutzmitteln in ökologisch besonders schutzbedürftigen Bereichen aufgreifen.« *Sensibilisieren* und *aufgreifen*, das klingt sehr vage, so als ahnten die Autoren des Papieres, dass mit Gegenwind zu rechnen sei. Immerhin, aus den Eckpunkten über die Verbesserung der Insektenforschung kann man herauslesen, dass die Wissenschaftler Zugang zu den Daten über die Pestizideinsätze erhalten werden – aber konkrete Angaben dazu fehlen.

Dabei schien die Kanzlerin zu spüren, dass die Naturschützer und die besorgten Bürger ungeduldig werden und schnelles Handeln erwarten. Bei der Jahreskonferenz des Rates für Nachhaltige Entwicklung im Juni 2018 sagte Angela Merkel: »Ich bin sehr froh, dass wir uns entschieden haben, jetzt ein Aktionsprogramm Insektenschutz aufzulegen. Auch da könnte man wieder sagen: Das ist nicht schnell genug. Wie viele Bienen und Insekten müssen eigentlich erst nicht mehr da sein, bevor wir handeln? Manch einer findet, dass wir da sehr langsam sind. Aber wir haben uns vorgenommen, hier etwas zu tun.«

Ich hätte gern von der Bundeskanzlerin gehört, warum es so lange mit dem Handeln dauert, denn wer, wenn nicht sie, könnte diese Frage beantworten? Viele Naturschützer werteten ihre Rede als gutes Zeichen: Eine Kanzlerin, die über Bienen spricht, das gab es noch nie. So viel Aufmerksamkeit waren vor allem die Entomologen bislang nicht gewohnt.

Währenddessen arbeitete das Bundesumweltministerium zusammen mit dem Bundesamt für Naturschutz an der Präzisierung der Eckpunkte. Im Oktober 2018 stellte das Ministerium seine »Diskussionsvorschläge für Maßnahmen« vor und lud Naturschützer und Wissenschaftlerinnen ein, diese Vorschläge zu diskutieren und zu ergänzen, zuerst beim »Nationalen Forum für biologische Vielfalt«, der großen Konferenz, zu der Hunderte von Naturschützern, Landschaftspflegern und Wissenschaftlern nach Berlin gekommen waren, und anschließend über einen Online-Dialog.[133] Der brachte 27 000 Bewertungen, tausend Kommentare und über dreihundert Vorschläge für weitere Maßnahmen – eine »Rekordbeteiligung«, schreibt das Ministerium.[134] Das zeigt, wie wichtig vielen Menschen das Thema Insektenschutz ist und auch, wie wichtig ihnen die Beteiligung an den politischen Prozessen ist.

Das Bundesumweltministerium hat den Vorschlag aus dem Eckpunktepapier, die Schutzgebiete besser zu schützen, präzisiert. In den »Diskussionsvorschlägen« steht endlich Klartext: Zum Schutz der Schutzgebiete gehöre »ein grundsätzliches Verbot der Anwendung von Pflanzenschutzmitteln in ökologisch besonders schutzbedürftigen Bereichen«, das solle sowohl für Naturschutzgebiete als auch für Trinkwasserschutzgebiete gelten. Wow! Das wäre ein wirklicher Aufbruch von Schutzgebieten, die nur schützen dürfen, wenn es andere nicht zu sehr einschränkt, zu schützenden Schutzgebieten, in denen das Vorsorgeprinzip waltet. Doch über dem Papier steht ja erst »Diskussionsvorschläge«. Und auf dem Weg vom Vorschlag eines Ministeriums zum Gesetz einer Regierung werden alle einzelnen Vorschläge mit allen beteiligten Ministerien abgesprochen, Ressortabstimmung heißt das im Politikerdeutsch, dabei werden die wirksamen Vorschläge oft noch abgeschwächt.

Doch im Diskussionspapier des Umweltministeriums findet sich kein Wort über die Dokumentation der Pflanzenschutzmitteleinsätze und den Zugang der Forscher.

Dabei hatte das Bundesamt für Naturschutz einen solchen Zugang ausdrücklich gefordert. Andreas Krug leitet dort die Abteilung »integrativer Naturschutz und nachhaltige Nutzung«, der Naturschutz in der Landwirtschaft ist also sein Thema. »Eine zentrale Erfassung und ein Aufbau eines Pflanzenschutzmittel-Katasters, das die schlagspezifische Anwendung von Pflanzenschutzmitteln dokumentiert und auch für Monitoringzwecke genutzt werden kann, würden vom BfN begrüßt werden«, schreibt er mir. Doch diese Forderung ist aus dem Aktionsprogramm Insektenschutz verschwunden. Aber warum?

»Zu Ihrer Frage kann ich Ihnen mitteilen«, antwortet eine Sprecherin aus dem Bundesumweltministerium, dass »die Erfassung der schlagspezifischen Anwendung von Pflanzenschutzmitteln aus naturschutzfachlicher Sicht grundsätzlich durchaus sinnvoll erscheint, insbesondere auch für Monitoringzwecke.« Dass sie sich nicht »als eigene Maßnahme beim Handlungsbereich 4 niederschlägt, ist nicht Ergebnis einer Streichung, sondern einer Priorisierung«.[135]

Das verstehe ich nicht: Das Bundesumweltministerium schlägt vor, das Zulassungsverfahren für Pflanzenschutzmittel zu verbessern, und benennt die Lücken des aktuellen Zulassungsverfahrens deutlich, die erklären, warum Wissenschaftler immer wieder aufgedeckt haben, dass zugelassene Wirkstoffe Insekten oder Vögeln oder Fledermäusen geschadet haben. Deshalb fordert das Umweltministerium, auch die Forschung über »die Ursachen von Bestandsveränderungen zu fördern«. Es soll ein bundesweites Insektenmonitoring geben und ein wissenschaftliches Monitoringzentrum zur biologischen Vielfalt. Das alles ruft doch geradezu nach dieser Erfassung der Pestizideinsätze. Wie sollen die Forscher denn die Ursachen genauer erforschen, wenn sie nicht wissen dürfen, was wo eingesetzt wurde?

Den Krefelder Forschern wurde ja vorgeworfen, dass sie zu den Ursachen des Insektensterbens nichts sagen können, eben weil sie zwar Wetter- und Vegetationsdaten hatten, aber nicht erfahren durften, welche Pflanzenschutzmittel die Landwirte rund um ihre Malaise-Fallen eingesetzt hatten.

Kapitel 8

Naturschutz verboten

Warum ich keinen Hutewald schaffen darf, obwohl das der biologischen Vielfalt nützen würde

Ein paar Monate bevor ich mit Thomas Fartmann durch die Huppenheide gelaufen war, hatte mir Josef Parensen, ein ökologisch denkender Landwirt aus meinem Heimatdorf, von einer wunderbaren Idee erzählt: Was hältst du davon, fragte er, wenn wir oben am Wald eine Ganzjahresweide machen? Ich war sofort begeistert, denn dieser Wald war das Paradies meiner Kindheit gewesen. Auf der Weide unter dem schmalen bewaldeten Höhenzug grasten im Sommer unsere Kühe, während wir Kinder mit Schaufeln in das Brombeerdickicht des verwilderten Waldes streiften, um nach der versunkenen Ritterburg zu graben (ohne Erfolg). Wenn die Kühe durstig waren, zogen sie auf die untere Weide am Bach, und dazu mussten sie einen kleinen gemauerten Tunnel durchqueren, der unter dem Feldweg herführte. Der Bach ist die Beberbach, aber für uns Kinder war es der Mississippi, und wir waren mit Tom Sawyer und Huckleberry Finn ausgerissen (bis wir abends nach Hause gingen).

Nachdem mein Vater Ende der siebziger Jahre unsere Kühe verkauft hatte, waren die Weiden umgepflügt worden. Und nicht nur unsere. Nach und nach verschwanden beinahe alle Weiden zwischen Wald und Bach und mit ihnen das Wiesenschaumkraut und die vielen anderen wilden Gräser und Kräuter. Artenreiches Dauergrünland nennen das die Ökologen, es war der Rückzugsort für viele Tiere und Pflanzen. Auch die Hecken an den Wegrändern, in denen Haselnüsse, Holunder und Schlehen wuchsen, wurden nach und nach gerodet und untergepflügt. Denn wo keine Kühe weiden, braucht es auch keine schattenspendenden Hecken. Für den Ackerbau sind hohe Hecken nicht gut. In ihrem Schatten wächst das Getreide schlechter. Fast vierzig Jahre lang wurden die ehemaligen Kuhweiden meiner Kindheit als Acker genutzt. Weizen, Raps und Mais hat der Pächter dort angebaut, konventionell, also mit Ackerchemie und Kunstdünger.

Deshalb gefiel mir die Idee so gut. Wie schön wäre es, wenn dort zwischen Ritterwald und Tom-Sawyer-Insel wieder Rinder grasen würden! Was hältst du davon, wenn wir die Rinder das ganze Jahr über draußen lassen?, fragte der Landwirt. Sie hätten euren Wald als Schutz vor Wind und Wetter. Natürlich war ich begeistert. Denn ein kleines Stückchen des Waldes gehörte uns, mein Vater hatte es nach dem Verkauf seiner Kühe mit Fichten aufgeforstet. Dieses kleine Wäldchen sollte nun der größte Offenstall ganz Ostwestfalens werden, und die Rinder könnten ihr ganzes Leben draußen verbringen und müssten im Winter nicht in dunklen Ställen stehen.

Erst als mir Thomas Fartmann in der zugewachsenen Huppenheide die große Bedeutung von lichten Waldweiden für den

Artenschutz erklärte, verstand ich, dass unser Plan von der Weide am Wald nicht nur Kindertraum und Tierschutz wäre, sondern die Chance bot, dort etwas für die biologische Vielfalt zu tun. Es ging nicht nur um die Freiheit einer kleinen Rinderherde, sondern um die Wiedererschaffung eines artenreichen Grünlands, um die verlorene Heimat von Kleinen Heidegrashüpfern, Baumpiepern, Wiesenschaumkraut und wilden Orchideen wie dem Frauenschuh.

Für solche Arten könnten wir einen neuen Lebensraum schaffen. Der unauffällige Baumpieper, ein Verwandter der Spatzen und Bachstelzen, braucht einzelne Bäume als Aussichtspunkte, kurzen Rasen zum Insektenjagen und hohe Gräser und Kräuter, um darin sein Nest zu verstecken – also genau das, was unsere Weide am Waldrand bieten würde. Auch der Kleine Heidegrashüpfer könnte gut dort leben, denn unsere Weide würde ja nicht gedüngt und gemäht werden. Und vielleicht würde oben am Waldrand sogar der Frauenschuh wachsen, dessen Blüten aussehen wie dicke runde Pantoffeln.

In meiner Vorstellung zogen zottelige Rinder über blühende Wiesen, während ihre Kälber im Schatten der Eichen und Buchen ruhten, die wir pflanzen würden. Vom Wald aus würde man über eine herzzerreißend schöne Landschaft aus mächtigen Solitärbäumen, kleinen Baumgruppen, Büschen und Hecken blicken, eine Mischung aus englischem Park und der nacheiszeitlichen Urlandschaft, in der unsere Ahnen wilde Pferde gejagt hatten. Ich wusste, dass meine Träume ein bisschen zu groß waren für die mickrigen vier Hektar am Waldrand, die uns gehörten. Und ich wusste auch, dass es kein Plan zum Geldverdienen war. Aber ich wusste nicht, dass wir auf rechtliche

Hindernisse stoßen würden. Dass es schlicht verboten war, aus einem winzigen Stückchen Fichtenforst einen Hutewald zu machen – auch wenn sich alle Ökologen und Biologen einig sind, dass es genau das bräuchte, um bedrohte Arten zu retten. Der Versuch, unseren Plan zu realisieren, wurde zum Lehrstück, warum unsere Gesetze Biodiversität zwar theoretisch schützen – aber praktisch eben nicht.

Ich fragte den Pächter, ob er die vier Hektar Ackerland unterhalb des Walds entbehren könne, und erklärte ihm meine Absichten. »Du willst also Ackerland in Weide umwandeln?«, fragte er, erstaunt und etwas ratlos. Es klang wie: Du willst hundert Euroscheine in Spielgeld umtauschen? Warum nur? Ökonomisch gesehen hat er Recht: Mit Ackerbau auf gutem Boden lässt sich Geld verdienen, mit Weidehaltung viel weniger. Ich erklärte, dass ich natürlich seine Bedenken verstehen könne. Doch wir wollten ja mit unserem Grünlandprojekt kein Geld verdienen, sondern, na ja, wir fänden das halt schön mit den Tieren auf der Weide.

Noch während ich sprach, ärgerte ich mich über mein Bemühen, mich zu rechtfertigen. Wenn sich jemand in unserem Dorf einen Sportwagen mit starkem Motor kaufte, staunten die Leute und sagten voller Bewunderung: Wow, hast du den Schlitten gesehen? Und sie spotteten nicht etwa über den klimaschädlichen Luxus und die Geldverschwendung. Doch wenn ein ökologisch denkender Landwirt einen lukrativen Acker in eine weniger ertragreiche Weide umwandeln will, dann gilt das als seltsam. Aber wir hatten Glück, der Pächter überließ uns die Fläche.

Dabei hätten wir unsere Pläne sogar zu Geld machen können – mit einer Art Ablasshandel: In den letzten Jahrzehnten ist so viel wertvolles Weideland verloren gegangen, also zu Acker gemacht worden, dass die Europäische Union beschlossen hat, Grünland besser zu schützen. Ein Landbewirtschafter kann die Flächenprämien der EU nur in Anspruch nehmen, wenn er die seit 2013 geltenden *Greening*-Auflagen einhält und dazu gehört auch das Verbot, sogenanntes Dauergrünland umzupflügen, also Weiden und Wiesen, auf denen schon seit fünf Jahren nichts anderes angebaut wurde. Allerdings gibt es eine Reihe von Ausnahmen, und eine davon ist der Handel mit Ersatzflächen. Will ein Landwirt sein geschütztes Grünland trotz des Umbruchverbots in Acker umwandeln, kann er eine Ersatzfläche suchen, auf der das Gegenteil geschehen soll, auf der aus einem Acker eine Weide gemacht wird. Diese Ersatzfläche muss nicht einmal dem Landwirt selbst gehören, sie muss nur in derselben Gegend liegen. Auf ebay-Kleinanzeigen werden diese Umbruchsrechte versteigert, es gibt sogar eine Internetbörse für solche Deals.[136] Zwei- bis dreitausend Euro pro Hektar könnte ich auf diese Weise erzielen, erfahre ich dort. Ich fand, das war ein merkwürdiges Angebot, verlockend, aber unmoralisch: Biete Grünland aus Ackerland – dafür, dass jemand anderes Acker aus Grünland machen darf. Unsere Idee war ja nicht, Naturschutz auf Kosten anderer Flächen zu betreiben. Ökologisch wäre das ein Nullsummenspiel. Andererseits wären ein paar Tausend Euro ein gutes Startkapital, um aus unserem Feld eine naturnahe Weide zu machen. Zäune ziehen, Hecken neu anlegen, Bäume pflanzen und Klee, Gras und Kräuter aussäen, das alles würde locker ein paar Tausend Euro verschlingen. Wir überlegten kurz und verzichteten dann auf den Handel.

Nach der letzten Ernte des Pächters säte Josef Parensen Kleegras als Futter für seine Rinder und zwei Blühstreifen mit wilden Kräutern. Ein großer Teil des Saatguts, das Landwirte auf ihren Feldern ausbringen, stammt von wenigen großen Konzernen, die global agieren und ihre im Labor entwickelten Hochleistungssorten meist im Doppelpack mit den passenden Ackerchemikalien verkaufen. Aber es gibt auch kleine Unternehmen, die das Gegenteil tun. Die nicht züchten, sondern Samen von Kräutern und Gräsern in Naturschutzgebieten sammeln und vermehren und je nach Region und Standort die passenden Mischungen verkaufen. Voller Vorfreude auf die bunte Vielfalt hatte ich bei diesem Unternehmen Regiosaatgut für unsere Blühstreifen bestellt, fünfunddreißig verschiedene wilde Kräuter mit lustigen Namen wie Ferkelkraut und Witwenblume – und bekam nach dem letzten Klick der Bestellung einen Schreck. Ich habe gerade 200 Euro für Unkraut ausgegeben, dachte ich in diesem Moment, was für ein Wahnsinn! Jahrelang hatten erst mein Vater und dann der Pächter viel Geld ausgegeben, um ebendiese Unkräuter zu beseitigen, und jetzt, wo sie verschwunden waren, gab ich Geld aus, um sie unter anderem Namen wieder zurückzuholen. Als Ackerbegleitflora.

Doch der gefürchtete Spott blieb aus. Im Juli leuchteten Kornblumen, Klatschmohn und lauter bunte Blüten von Pflanzen, die ich gar nicht kannte, auf unserer Wiese, und darüber summten und surrten die Insekten wild durcheinander. Und die Spaziergänger fragten, ob sie sich einen Strauß pflücken dürften. Erst hier, an diesem bunten Streifen, fiel mir auf, wie einfarbig der Rest der Landschaft war. Immer nur maisgrün oder stoppelfeldgelb.

Der erste Schritt zu mehr Vielfalt auf unserer Weide war gelungen. Jetzt fehlte nur noch die Hecke, die wir im Herbst pflanzen wollten. Und der Zugang zum Wald. Wenn die ersten Herbststürme kämen, sollten die Rinder in unserem kleinen Waldstück Schutz suchen.

Ich hatte einem Mitarbeiter der Biologischen Station des Kreises Höxter, dem Geografen Frank Grawe, von unseren Plänen erzählt. »Eine tolle Sache« sei das, sagte er. Das Lob tat gut, weil ich spürte, dass die konventionellen Landwirte unser Vorhaben eher belächelten. Aber der Naturschutzberater warnte uns vor: Die Rinder in den Wald zu lassen sei zwar gut, aber dazu brauche es erst eine Genehmigung. Solange der Wald juristisch ein Wald sei, sei das nicht möglich, weil das Forst- und Jagdgesetz die Waldweide verbiete.

Also wandte ich mich an die zuständige Forstbehörde, berichtete von dem kleinen Stückchen Fichtenwald, das in den siebziger Jahren aufgeforstet worden war, etwa so groß wie ein Fußballfeld. Mein Vater hatte damals von einem Eichenwald geträumt, doch der Förster hatte ihm zu Fichten geraten, damit er noch zu Lebzeiten finanziell etwas davon habe, meinte der Förster. Aber die wirtschaftliche Erwartung hatte sich nicht erfüllt. »Beim letzten Sturm Friederike im Januar 2018 ist ein großer Teil der Bäume umgestürzt«, mailte ich der Forstbehörde. »Nun ist unsere Frage, ob wir den restlichen Fichtenbestand abholzen dürfen, um auf der Fläche Laubbäume zu pflanzen und dic idealerweise auch als eine Art Hutewald in unsere Ganzjahresweide zu integrieren.«

Selbstverständlich dürfe ich ihn anrufen, schrieb der Förster zurück, die Wiederaufforstung mit Laubbäumen könne zuwendungsfähig sein. Zur Kenntnis hänge er ein Gerichtsurteil an. Gespannt öffnete ich den Anhang und las – bass erstaunt – von einer »Ordnungsverfügung wegen illegaler Nutzung von Waldflächen als Auslauffläche für Legehennen (Biohaltung)«.

Dem strengen Juristendeutsch entnahm ich, dass der Landesbetrieb Wald und Holz Nordrhein-Westfalen, also die zuständige Waldbehörde, einen Biohennenhalter bestraft hatte. Der hatte seinen Hühnern einen Auslauf im Wald gebaut – was den Vögeln sicherlich gefallen hatte, denn ihre wilden Vorfahren lebten in Wäldern und an Waldrändern, vom Blätterdach geschützt vor Beutegreifern. Der Landesbetrieb aber entschied: Der Landwirt muss die Tiere unverzüglich aus dem Wald entfernen und den Zaun, den er dort errichtet hatte, abreißen. Das Oberverwaltungsgericht Nordrhein-Westfalen bestätigte die Rechtmäßigkeit dieser Entscheidung. Widerspruch sei zwecklos, ohne Waldumwandlungsgenehmigung seien Hühner im Wald illegal.[137] Von Tier- und Naturschutz war in dem Urteil nicht die Rede, vielmehr von Erholungssuchenden, die durch die Zäune behindert würden.[138] Dass die Nutzung der Auslauffläche die Waldeigenschaft unberührt lasse, sei irrelevant, schrieben die Richter.

Mit anderen Worten: Es war völlig egal, ob die Hühner dem Wald schadeten oder nicht oder ob sich die Spaziergänger daran störten oder vielleicht sogar über die Hühner freuten: Wald ist Wald, und Stallhühner, die im Wald scharren wollen, zählen nicht zu den waldgesetzlich geschützten Erholungssuchenden, sondern sie gelten als Illegale ohne Aufenthaltsgenehmigung. Der Landwirt trägt die Kosten des Verfahrens, 5 000 Euro.

Ich verstand die Mail als eine Warnung: Wag es bloß nicht, die Rinder in deinen Wald zu lassen, dann bist du dran!

Nein, wehrte der Förster am Telefon ab, er habe mich nicht abschrecken wollen. Ich hätte nur in meiner Mail so zuversichtlich geklungen, dass er sich verpflichtet gefühlt habe, mich über die Rechtslage zu informieren. Und die Rechtslage sei: Es ist nicht erlaubt, in Nordrhein-Westfalen Tiere im Wald weiden zu lassen. Er stimme mir zwar zu, dass der Fichtenwald an diesem Hang keinen großen ökologischen Wert habe. Und dass ein Laubwald an dieser Stelle besser sei. Es sei auch kein Zufall, dass der Sturm viele der Nadelbäume umgerissen habe, denn auf nährstoffreichen Böden würden Fichten oft viel zu schnell wachsen und faul werden. Dennoch stelle ein Vieheintrieb eine Waldumwandlung dar, und die dürfe nur mit einer Waldumwandlungsgenehmigung erfolgen, die wiederum sei teuer und außerdem nur zu erhalten, wenn ich an anderer Stelle neuen Wald aufforsten würde. Den wiederum die Rinder auch nicht betreten dürften.

Aber, wandte ich ein, ich will den Wald ja gar nicht abholzen, ich will ja nur die Tiere darin weiden lassen und Laubbäume pflanzen, also Flächen schaffen, die der Natur und der Biodiversität nutzen. In Absprache mit der Biologischen Station des Kreises, die das Projekt gutheißt. Halb offene Weidelandschaft, traditionelle Nutzung, Kulturlandschaft erhalten … Sie wissen doch, die Allmendeweide und die Artenvielfalt … Und der Wald bleibe doch erhalten, er werde sogar wertvoller …

»Ja«, sagt der Förster, »aber es geht gar nicht um ökologische Wertigkeit, sondern um das Landesforstgesetz.« Was soll er auch sagen, er ist Beamter und Vertreter einer Behörde und muss sich an die Gesetze halten. Als wolle er meinen Unmut besänftigen, fügt er hinzu: »Das ist vielleicht nicht für jeden nachvollziehbar.«

In der Tat. Juristisch ist also ein Wald kein Wald mehr, sobald eine Kuh darin frisst. Selbst wenn sie die Bäume gar nicht anrührt, sondern nur in ihrem Schatten steht.

Der jüngste Artenschutz-Report des Bundesamtes für Naturschutzes aus dem Jahr 2015 warnt eindrücklich: »Der Zustand der Artenvielfalt ist alarmierend. Ein Drittel der bei uns vorkommenden Arten steht auf der Roten Liste. Es besteht daher dringend Handlungsbedarf.«[139] Wenn ich als zukünftige Kleinwald-Besitzerin diesem Handlungsaufruf folge und auf den Flächen, auf die ich Einfluss nehmen kann, dem Naturschutz helfen möchte – dann wird das verboten? Obwohl Experten des öffentlichen Dienstes des Landes das Projekt gutheißen?

Etwas ratlos suche ich nach Hutewäldern, nicht historischen, sondern heutigen, und werde ganz in der Nähe meines kleinen sturmgeplagten Fichtenwäldchens fündig: Gleich hinter der Weser, wo Nordrhein-Westfalen endet und Niedersachsen beginnt, leben Heckrinder und Exmoorponies mitten in den Wäldern des Solling, also im Wald, und tun dort, was anderswo verboten ist: Sie weiden im Wald.[140]

Der Naturschützer Bernd Gerken ist einer der Initiatoren des Projekts. Er hat Chemie studiert und eine Doktorarbeit im Fach Forstzoologie geschrieben – über die Hormone der Borkenkäfer – und viele Jahre lang als Professor für Allgemeine Biologie und angewandte Tierökologie an der Universität Paderborn, Abteilung Höxter, gelehrt und geforscht. Höxter liegt ganz in der Nähe meines kleinen Waldstücks, das kein Hutewald sein darf. Und in der Nähe des Sollings, des bewaldeten Mittelgebirges jenseits der Weser.

Gerken hat den Begriff »Hutewald-Paradoxon« geprägt. So bezeichnet er den Umstand, dass die Naturlandschaft Mitteleuropas deshalb so artenreich ist, weil Menschen, Tiere und Pflanzen darin zusammengewirkt und schon seit vielen Jahrtausenden halb offene Weidelandschaften geschaffen haben. Für viele Naturschützer und Förster scheint das ein Widerspruch zu sein, ein Paradoxon. »Weil die Hutewälder lange als ein vom Menschen kultivierter, also künstlicher Lebensraum galten«, erklärt Bernd Gerken, »gleichsam als das Gegenstück des Naturwaldes.« Dabei hat es diesen dichten, undurchdringlichen Natur-Urwald, den erst die Menschen zu etwas Künstlichem umgeformt haben, vermutlich gar nicht gegeben. Denn schon immer haben die großen Weidetiere und auch die frühen Menschen lichte und offene Stellungen in den Wäldern geschaffen, quasi die Ur-Hutewälder.

Für Bernd Gerken ist es deshalb wichtig, dass Naturschutz die Menschen nicht ausgrenzt, als seien sie etwas Böses, Zerstörerisches, das von der guten Natur ferngehalten werden müsse, sondern er will sie einbeziehen. Also Naturschutz nicht auf abgesperrten Arealen, sondern mit den Bauern und Waldbesitzern gemeinsam. Zum Beispiel in Hutewäldern.

In den Hutewäldern setzen die Menschen das Werk der Elefanten und Nashörner fort, sagt Bernd Gerken. Das zeigt die Forschung von Paläo-Ökologen und Paläo-Botanikern. Die Wissenschaftler haben fossile Pollenreste analysiert und daraus

Rückschlüsse auf die Vegetation vor vielen Jahrtausenden gezogen. Ihre Pollenanalysen zeigen, dass Mitteleuropa vor der letzten Eiszeit nicht komplett von dichten Wäldern bedeckt war, sondern dass es Lichtungen und halb offene Weidelandschaften gab. Riesige Weidetiere, Megaherbivoren genannt, zogen damals durch Mitteleuropa, Europäische Waldelefanten, Nashörner, Riesenhirsche, Wildrinder und Wildpferde. Sie schälten Baumrinden, fraßen junge Bäume, grasten auf offenen Stellen und schufen auf diese Weise die Vorläufer der Hutewälder, also lichte Wälder und halb offene Weidelandschaften. »Vermutlich haben die Vormenschen von dieser Öffnung der Landschaft durch große Weidetiere profitiert«, sagt Bernd Gerken, »denn sie waren aus baumarmen Savannen Afrikas eingewandert und suchten auch in Europa die ihnen vertraute Landschaftsstruktur, eine Sicherheit und Überblick gewährende Baumsavanne.« Die urzeitlichen Weidetiere verschwanden in der letzten Eiszeit, vielleicht wurden sie von den Steinzeitmenschen ausgerottet. Als es vor etwa 12000 Jahren wieder wärmer wurde, waren nur noch Wisente, Auerochsen, Elche, Wildesel und Wildpferde übrig geblieben. »Sobald sich die Gletscher zurückzogen, drang Homo sapiens in die frei werdende Landschaft vor, und es ist anzunehmen, dass sie diese mit ihren einfachen Werkzeugen offen halten konnten, um dort alsbald auch Ackerbau zu treiben.« Die Menschen der Jungsteinzeit domestizierten Rinder, Ziegen, Schafe und Schweine und ließen sie auch dort weiden, wo sich außerhalb ihrer Siedlungsgebiete der Wald zu schließen begann. Damit setzten sie die Landschaftsgestaltung der Nashörner und Elefanten, der Auerochsen und Wisente fort. So kann man die Kulturlandschaft der

Menschen in Mitteleuropa als Fortführung der Naturlandschaft der großen voreiszeitlichen Weidetiere betrachten – oder die Urlandschaft dieser Weidetiere als eine von Tieren geschaffene Weidekulturlandschaft. Das Entscheidende ist, dass das tierische und menschliche Gestalten die Biodiversität erhöht hat. Je stärker die Menschen den Wald nutzten und je offener die Flächen wurden, desto größer wurde die Artenvielfalt. Deshalb, fordert Bernd Gerken, sollten auch heute wieder Weidetiere im Wald leben und die Wälder offen und licht halten – wie ihre Vorfahren aus der Urzeit.

Ich sehe mächtige Auerochsen über die Hügel des frühsteinzeitlichen Weserberglands ziehen, verfolgt von barfüßigen, in Felle gewickelten Menschen mit Speeren, während Bernd Gerken das erzählt, und denke dabei an das Landesforstgesetz. In der Jungsteinzeit lag das Land offen wie das Meer vor den Menschen, ein wogender Wechsel von Wäldern und Lichtungen, von offenen und zugewachsenen Flächen. Erst seit dem 19. Jahrhundert, als die Allmende beendet wurde, stellen sich die Mitteleuropäer den Wald als etwas Geschlossenes, Abgegrenztes vor. Und diese Trennung ist etwas völlig Neues in der Naturgeschichte.

Heute ist alles Land kartiert und parzelliert, in Besitz genommen, eingezäunt und abgegrenzt. Über dem Land liegen Raumordnungsverfahren, Flächennutzungspläne, Liegenschaftskataster und land- und fortwirtschaftliche Bestimmungen in großer Füllc. Doch die Natur leidet darunter, das Zusammenwirken von Boden, Luft und Wasser, von Pflanzen, Tieren und Pilzen, lässt sich nicht parzellieren. Der Natur schaden diese Grenzen.

Bernd Gerken erzählt, dass er einmal auf einer Tagung erklärt habe, wie unsere Kulturlandschaft entstanden sei und warum die offenen Wälder so eine große Rolle für die Artenvielfalt spielten. Da sei der damalige Leiter des Naturparks Solling-Vogler aufgestanden und habe vorgeschlagen: *Dann lassen Sie uns so etwas machen!* So sei die Idee des Hutewald-Projekts im Solling entstanden. Doch auch da habe es im zuständigen Landesministerium zuerst eine vehemente Ablehnung gegeben. »Ein glattes Nein«, erzählt Gerken. Aber er ließ sich nicht entmutigen, fuhr selbst in die Landeshauptstadt Hannover und stellte dem zuständigen Ministerialdirektor seine Idee eines »Erprobungs- und Entwicklungsprojektes« vor: eine Waldweide, auf der Wisente den Wald so offen halten, wie es die Waldweidetiere über Jahrtausende getan hatten, sodass all die gefährdeten Arten, die lichte, warme Flächen brauchen, dorthin zurückkehren könnten. »Nein, nicht mit Wisenten«, war die erste Reaktion des Ministerialdirektors, erinnert sich Gerken. »Dieses Nein wurde gar nicht näher erläutert, doch vermutlich stand die Sorge um den Wald dahinter: Wisente schälen die Rinde von großen alten Bäumen – und das wollten die Behörden um jeden Preis verhindern.«

Bernd Gerken hätte das gerne zugelassen – selbst wenn einzelne Bäume umgestürzt wären –, nicht um damit den Wald zu zerstören, sondern im Gegenteil, um ihn zu gestalten und vielfältiger werden zu lassen. Ökologen haben herausgefunden, dass natürliche Störungen – zum Beispiel eine Herde von Wisenten, die einen Baum umlegen – die Biodiversität sogar befördern. Nach den Erkenntnissen der Störungsökologie führt eben nicht die unberührte Natur zurück zur hohen Artenvielfalt, sondern die bewohnte und von Tieren und auch Menschen gestaltete (die Störungen dürfen freilich nicht zu groß sein). Außerdem, sagt Gerken, sei es ganz offensichtlich, dass Wisente und Auerochen die Wälder damals nicht zerstört hätten. »Bis ins 16. Jahrhundert lebten Auerochsen in Mitteleuropa, und der letzte Wisent wurde 1917 geschossen«, erklärt er, »trotzdem gab es damals genug Eichenholz für die prächtigen Schlösser der Weserrenaissance.« Dennoch konnte Gerken den Ministerialdirektor nicht überzeugen. Die Wisente im Solling? Das blieb verboten, aller historischen Eichenbalken zum Trotz. »Dann machen wir doch ein wissenschaftlich genau dokumentiertes Hutewald-Projekt mit Heckrindern und Exmoorponies«, schlug Gerken schnell vor – und erhielt dafür eine Genehmigung.

Heute, knapp zwanzig Jahre später, gilt der Hutewald im Solling als großer Erfolg. »Überregional bedeutend« und »Highlight im Naturpark« steht auf der Webseite, neben beeindruckenden Bildern von wuscheligen Ponies und schwarz glänzenden Heckrindbullen mit mächtigen Hörnern, von Rindern, die mit ihren Kälbern durch glitzernde Bäche ziehen. Es sieht so schön und wild aus, als könnte man hier auch Astrid Lindgrens *Ronja Räubertochter* verfilmen.

Als wir den Wald besuchen, entdecken wir gleich auf den ersten Metern ein blau metallisch schimmerndes Kleinod, krabbelnd in einem kleinen Kothaufen[141]. Einen Mistkäfer, der nach Sánchez-Bayo und Wyckhuys, den Autoren der globalen Insektenstudie, zu der Gruppe der ganz besonders gefährdeten Arten gehört. Eines der Insekten, die in den Siebzigern im Weserbergland so häufig waren, dass mir ihre Schönheit als Kind gar nicht besonders aufgefallen ist. Jetzt, beim Wandern durch den Hutewald im Solling, sind wir ganz verzückt von dem edlen Blau und vor allem von dem Eifer, mit dem der Metallicglanzkäfer die schwarze Kotmasse durchwühlt. Das ist sehr gut, denn an diesem Tag haben sich die Heckrinder tiefer in den Hutewald zurückgezogen, als ein Fünfjähriger laufen kann, auch wenn der Wald noch so schön ist. Doch die glänzenden Käfer, braune Tagfalter, die Schornsteinfeger heißen, und ein Wespennest unter eine Brücke entschädigten ihn für die verpassten Ponys und Rinder.

Von dieser Schönheit und von dem ökologischen Erfolg wird doch auch meine Forstbehörde schon einmal gehört haben, auch wenn das eine in Niedersachsen und das andere in Nordrhein-Westfalen liegt, dachte ich und fragte noch einmal nach.

»Ich habe in der Zwischenzeit einiges über Hutewälder gelesen und gesehen, dass es im Solling und in einigen anderen Bundesländern ja schon einige Projekte dazu gibt und dass Hutewälder überall als sehr förderlich für Artenvielfalt und Naturschutz gesehen werden. Rechtlich scheint es da ja einigen Spielraum zu geben. Deshalb wäre meine Frage: Wie und wo müsste ich denn einen Antrag auf Sondergenehmigung oder Erlaubnis für einen solchen Hutewald stellen?«

»Sehr geehrte Frau Dr. Busse,
wie bereits ausführlich telefonisch erläutert, werde ich Ihnen eine Beweidung der Waldfläche nicht genehmigen, da ich im vorliegenden Fall davon ausgehe, dass die Beweidung zu einem Verlust von Waldfunktionen/der Waldeigenschaft

führt. Die Zulassung von Vieheintrieb in Waldbeständen im Rahmen von Naturschutzgroßprojekten setzt u.a. umfangreiches Monitoring voraus, welches prüft, ob in der Gesamtbilanz Waldfläche und Waldfunktionen ausgeglichen sind, und vertraglich sicherstellt, dass im Fall von Flächen- und Funktionsverlusten eine Kompensation erfolgt. Die Voraussetzungen sind im vorliegenden Fall nicht gegeben.«

Darauf hin schrieb ich folgende Zeilen:

»Natürlich kann ich verstehen, dass Waldeigenschaften nicht gefährdet werden sollen. Aber wir reden ja in unserem Fall über einen Viertelhektar fauler zum großen Teil umgestürzter Fichten. Worin besteht die Waldeigenschaft in diesem Fall? Denn es ginge uns ja bei unserem Projekt um eine von Experten begleitete Aufwertung des Waldes und seiner Wirkungen für den Naturschutz. Das sollte ja in der Gesamtbilanz eine positive Auswirkung auf Wald, Natur, Artenvielfalt und Tierschutz haben – deshalb wollen wir das ja überhaupt nur machen. Wir wollen die Fläche ja nicht versiegeln. Deshalb frage ich noch einmal nach.«

Keine Antwort.

Warum nur ist der Widerstand gegen Hutewälder und Waldweiden so groß, wenn doch der Nutzen so offensichtlich ist? »Aus historischen Gründen war das verständlich«, sagt Bernd Gerken, »zur Zeit der Allmendeweide waren die Flächen übernutzt, und das hat die Wälder gefährdet.« Vor Hunderten von Jahren, vor allem in der chaotischen Zeit nach dem Dreißigjährigen Krieg, war es durchaus sinnvoll, die Waldweide einzugrenzen. Denn damals ließen so viele Menschen ihre Tiere zum Fressen in die Wälder, dass viele Wälder regelrecht zerstört wurden. »Im achtzehnten Jahrhundert war Holz überall in Europa knapp und teuer, weil es kaum noch Wald gab«, ergänzt Gerkens Kollege Rainer Luick, Professor für Natur- und Umweltschutz an der Hochschule für Forstwirtschaft Rottenburg in Baden-Württemberg. Er hat historische Dokumente zur Waldweide durchforstet und in einem Protokoll aus dem Jahr 1739 entdeckt, dass im Reinhardswald bei Kassel auf 21 000 Hektar mehr als 14 000 Rinder, Schweine und Pferde weideten, dazu gut 19 000 Schafe und noch ein paar Hundert Ziegen.[142] Das wäre selbst für eine gut gedüngte fette Weide viel, wo ja viel mehr Gräser wachsen als unter Bäumen und Büschen. Das Holz aus dem Wald wurde für alles gebraucht: als Brennholz, als Bauholz, für Karren und Kutschen, als Grubenholz und für die Papierherstellung. Auch die Köhler brauchten Holz, um daraus Holzkohle zu machen, und selbst die Zeidler, die Waldimker des Mittelalters, fällten Bäume und schufen Lichtungen, um sonnige Plätze zu schaffen, auf denen das Heidekraut blühte.[143] Deshalb war es damals natürlich sinnvoll, die Wälder vor den vielen Weidetieren zu schützen. Aber heute?

»Auch heute ist die Waldweide für viele Forstleute etwas Archaisches, nicht mehr Zeitgemäßes«, sagt Rainer Luick. Wie Bernd Gerken ist der Biologe ein großer Verfechter von Hutewäldern, und er hat Erfahrung mit dem Widerstand gegen solche Projekte. Trotzdem spricht er nicht zornig, sondern eher nüchtern wie ein Psychologe. »Forstwirtschaft und Landwirtschaft sind seit zweihundert Jahren völlig getrennte Welten mit je eigenen Verwaltungen und Gesetzgebungen. Die Hutewälder sind Grenzgänger, die nirgends richtig dazugehören.« Für die Forstleute ist ein Hutewald kein richtiger Wald, und die Landwirte stören sich an den Bäumen. Die Förster sehen in den Lichtungen nur Lücken, die man mit Bäumen füllen könnte – ein ungenutztes Potenzial zur Holzgewinnung. Und umgekehrt können die Landwirte nicht säen und ernten, wo Hecken und Bäume wachsen.

»Jahrtausendelang haben sich die Tiere das ganze Jahr über ihr Futter selbst gesucht, und dann haben wir beschlossen: Wir sperren die Tiere in den Stall, da haben wir sie unter Kontrolle«, so bringt es Luick auf den Punkt. Jahrtausendelang waren die Hutewälder und Waldweiden *das* dominierende Landnutzungssystem Mitteleuropas, ein Hotspot der Artenvielfalt, der innerhalb der letzten zweihundert Jahre einfach abgeschafft, wegverwaltet und verboten wurde. Und mit den Waldweiden verschwanden auch die meisten Tiere und Pflanzen, die an diesen Lebensraum, die halb offenen Weidelandschaften, angepasst waren. In einigen Bundesländern ist die Waldweide heute schlichtweg untersagt, in anderen kann sie unter bestimmten Umständen genehmigt werden (sogar in Nordrhein-Westfalen, aber diese Genehmigung zu erhalten ist – wie gesehen – nicht so leicht). Über allen Landesgesetzen aber steht das Bundeswaldgesetz, das den Wald grundsätzlich vor Umwandlung schützt – was grundsätzlich ja auch richtig ist. In all diesen Gesetzen jedenfalls ist die Waldweide wenn überhaupt nur als Ausnahme vorgesehen. Nur wenige Überbleibsel der alten Allmendeflächen und Waldweiden gibt es noch in Europa, im Südschwarzwald, in Bayern, in schwedischen Småland, der Heimat von Astrid Lindgrens *Michel aus Lönneberga*. Große Allmendeflächen gibt es nur noch auf dem Balkan.

Und selbst dort sind sie gefährdet, zumindest in den Ländern, die zur Europäischen Union gehören. Mit Entsetzen hat Rainer Luick gesehen, wie in Rumänien fünfhundert Jahre alte Eichen gefällt wurden, weil sie »nicht in die Förderarchitektur der EU passten.« Bisher sieht die Gemeinsame Agrarpolitik halb offene Weidelandschaften ebenso wenig vor wie das nordrhein-westfälische Forstgesetz.

Die EU zahlt Landwirten eine pauschale Flächenprämie für bewirtschaftete Flächen. Bäume, Büsche und Hecken zählen nicht dazu, weil sie nicht produktiv sind, also keine vermarktbaren Produkte erzeugen. Deshalb müssen diese sogenannten Landschaftselemente aufwendig und satellitenbildgenau aus der förderfähigen landwirtschaftlichen Nutzfläche herausgerechnet werden. In bestimmten Fällen können sie jedoch als sogenannte Landschaftselemente gefördert werden. Wenn nicht, mindern sie die Flächenprämien, die ein landwirtschaftlicher Betrieb von der EU bekommt. Deshalb ist es für Landwirte oft einfacher, die Bäume zu fällen und die Hecken zu vernichten.

In seinen Vorträgen über Biodiversität zeigt Rainer Luick ein Bild von zwei Landmaschinen bei der Grasernte, einen riesigen selbstfahrenden Häcksler, der das gemähte Gras vom Boden aufnimmt und über ein Rohr auf die Anhänger des Traktors wirft, der im gleichen Tempo neben ihm herfährt. Zurück bleibt ein geschorenes Feld. Grünland, das der GAP, der Gemeinsamen Agrarpolitik der Europäischen Union gefällt, hat

Luick darüber geschrieben: eine homogene Vegetation auf platt gewalztem Boden, die mehrmals im Jahr gedüngt und vier bis sechs Mal im Jahr geerntet wird. Eine Monokultur aus Hochleistungsgras, in der Heuschrecken und Wiedehopfe nicht überleben können. Eine Todesfläche für die Biodiversität, die viel Ertrag bringt um den Preis der Vielfalt.

Für einen Laien mag eine solche Fläche gar nicht schrecklich aussehen, sondern schön grün, etwa so wie der Rasen in seinem eigenen Garten. Wer nicht weiß, was auf diesen Flächen fehlt und wie vielfältig und bunt dieses Grünland sein könnte, der wird es nicht vermissen. Vielleicht ist Grünland ein falscher Begriff, der in die Irre führt? Vielleicht sollten wir eher von Buntland sprechen, damit schon die Bezeichnung unsere Aufmerksamkeit auf das lenkt, worauf es ankommt. Auf die bunte Vielfalt, nicht allein auf die grüne Farbe.

Zusammen mit Kollegen hat Rainer Luick die Förderrichtlinien der Gemeinsamen Agrarpolitik der EU für die Jahre 2014 bis 2020 auf ihre Wirkungen für das bunte artenreiche Grünland analysiert. Sie wollten wissen, wie sich die Milliarden an Fördergeldern aus der Europäischen Union auf die Weiden und Wiesen auswirken, die nicht intensiv bewirtschaftet werden und auf denen vielleicht noch Reste der alten Hutelandschaften zu finden sind, Bäume, Büsche und Hecken. Das Ergebnis ist sehr frustrierend zu lesen: »Extensives Grünland und damit auch viele Weiden erlitten in den vergangenen Jahrzehnten dramatische quantitative und qualitative Verluste, obwohl sehr oft gesetzliche Erhaltungsverpflichtungen bestehen«, schreiben Luick und seine Kollegen.[144] Die Förderinstrumente seien schlichtweg nicht darauf ausgerichtet, »produktionsschwache

Agrarsysteme zu unterstützen, die aus naturschutzfachlicher Sicht erhalten werden müssen.« Außerdem habe die Gemeinsame Agrarpolitik, die GAP, einen »bürokratischen Komplexitätsgrad erreicht, der von den zuständigen Behörden kaum mehr administrierbar und kontrollierbar ist und aufgrund der Praxisuntauglichkeit in vielen Bereichen den Landwirten auch nicht mehr vermittelt werden kann.«

Damit haben Luick und seine Co-Autoren auf den Punkt gebracht, was viele Landwirte rasend macht: Um von Prämien für den Naturschutz zu profitieren, müssen sie einen großen dokumentarischen Aufwand treiben und riskieren trotzdem die Streichung der Subventionen, weil manche Definitionen unklar sind und es bei Kontrollen deshalb Schwierigkeiten geben kann.

Eine merkwürdige Situation: *Eigentlich* hat sich die Bundesrepublik Deutschland dazu bekannt, die Biodiversität erhalten zu wollen und sogar eine Strategie entwickelt, wie das geschehen soll, und konkrete Ziele formuliert. *Eigentlich* soll deshalb auch das extensiv genutzte artenreiche Grünland erhalten werden. *Eigentlich* könnte es also ganz einfach sein: Wir Menschen des frühen 21. Jahrhunderts sind Zeugen eines gigantischen Artensterbens, aber wir wissen, was den schwindenden Insekten, Vögeln, Kräutern und so weiter fehlt: nämlich ihr Lebensraum. Wie Silvia Earle es gesagt hatte: *Wir wissen mehr als jemals zuvor in der Geschichte der Menschheit. Und deshalb können wir etwas dagegen tun!* Würden wir Mitteleuropa mit einem Netz aus Weideflächen und Hutewäldern überziehen, könnten wir die Biodiversität dieser Weltengegend retten. Was wir dazu brauchen, sind große zusammenhängende und miteinander vernetzte Flächen von artenreichem Dauergrünland, Waldweiden und Auenlandschaften. Und auf diesen Flächen müssten Tiere weiden. Das Schöne daran ist: Es wäre eine Win-win-win-Situation, *triple win* sozusagen. Denn eine solche Landnutzung würde nicht nur den Heuschrecken und Wiedehopfen und all den anderen gefährdeten Arten helfen, sondern sie würde auch eine wunderschöne Landschaft erschaffen, die uns Menschen so sehr ans Herz geht, weil sie uns an unsere Urheimat in der Savanne erinnert. Es entstünden Naherholungsräume mit höchstem ästhetischem Wert. Und das Ganze wäre auch ein großer Gewinn für den Tierschutz. Denn natürlich könnten nicht nur wilde Tiere in den neuen Hutewäldern leben, sondern auch Rinder, Schafe und Schweine. Auf diesen Flächen könnte man ganz in der alten Tradition Landwirtschaft und Naturschutz verbinden. Rein mengenmäßig wäre eine solche Landwirtschaft natürlich weniger produktiv als die intensive Tierhaltung, doch legt man alles auf die Waage, was zählt – Biodiversität, Tierschutz, den Erhalt der natürlichen Ressourcen, die Ästhetik der Landschaft –, wäre das ein großer Gewinn.

Trotzdem musste ich die Pläne für unseren Hutewald fürs Erste auf Eis legen. Doch kurz nach der Absage des Forstbeamten bekam ich unerwartete Hilfe. Der Dürresommer 2018 ließ den Boden in unserem Wald so tief austrocknen, wie es keiner im Dorf jemals erlebt hatte, und die Borkenkäfer attackierten die verdurstenden Fichten. Eine junge Revierförsterin zeigte mir den Schaden. Um zu verhindern, dass sich die Borkenkäfer weiter ausbreiten und andere Fichtenwälder befallen, erklärte sie mir, sei es sinnvoll, die kranken Bäume bald zu fällen. Die Jahrhunderttrockenheit des Jahres 2018 hatte so viele Wälder geschädigt, dass Fichtenholz so gut wie wertlos war. Der Erlös aus dem Verkauf des Holzes würde gerade eben die Kosten für das Fällen und den Abtransport der Bäume decken. Doch danach könnte ich einen Laubwald pflanzen, mit Traubeneichen, Winterlinden und Elsbeeren. Und das sogar mit öffentlicher Förderung. Auch wenn darin keine Rinder weiden würden und schon gar keine Wisente, fand ich das eine wunderbare Vorstellung. Die Fichten waren Forstholz gewesen, Gebrauchsholz, mit dem mein Vater hätte Geld verdienen sollen, wenn der Klimawandel ihm keinen Strich durch diese Rechnung gemacht hätte. Die Laubbäume, die wir pflanzen würden, passten gut auf diesen Standort und würden Sturm und Hitze besser trotzen können.

Gleichzeitig teilte mir die Kreisverwaltung mit, dass es neue Fördermöglichkeiten für die Anlage von Hecken gebe. Und keine zwei Woche später wurde unser Antrag bewilligt: Haselnuss, Weißdorn, Holunder, Heckenrose, Schneeball und Hartriegel, 350 Meter an unserer Weide entlang, die noch vor einem Jahr ein intensiv bewirtschafteter Acker gewesen war. Wie schön würde diese Fläche werden! Ich stellte mir vor, wie die Rinder des Biobauern auf dieser Weide losstürmen würden und wie lange sie im Schutz der Hecken im Winter draußen bleiben könnten.

Trotzdem bleibt es eine merkwürdige Situation: Ich bekomme öffentliche Fördergelder, die helfen, Ökosysteme wiederherzustellen, die zuvor indirekt durch die öffentliche Förderpraxis zerstört worden waren. Mein Vater hatte die alte Hecke, die unsere Weidekühe damals vor Wind und Sonne schützte, mit viel Mühe abgesägt, als er Ende der siebziger Jahre die Milchproduktion aufgegeben hatte. Auch das wurde öffentlich gefördert, mit einer Zahlung, die *Nichtvermarktungsprämie* genannt wurde und die gegen Milchseen und Butterberge wirken sollte. Aus agrarökonomischer Sicht ist es sehr unklug, dass seine Tochter vierzig Jahre später darauf besteht, erneut eine Hecke durch den ehemaligen Acker zu schlagen. Denn natürlich sind die großen Agrarbetriebe immerzu auf der Suche nach neuen guten Ackerflächen, die sie von verschiedenen Besitzern pachten und dann zu großen Schlägen zusammenführen, die sich sehr effizient bewirtschaften lassen. Eine Hecke würde solche Pläne für immer durchkreuzen.

Der alte Konflikt bleibt ungelöst, und das sorgt für Zwist in allen Betrieben, die hin- und hergerissen sind zwischen der Notwendigkeit, Geld zu verdienen, und der noch dringlichen Notwendigkeit, in die Zukunft zu investieren. Immerhin, mein Vater freute sich über den zukünftigen Eichenwald und schwieg zur Hecke. Doch das politische System, das uns dahin gebracht hatte, habe ich nicht verstanden.

An einem stürmischen Frühlingstag wandere ich mit meinem kleinen Sohn über die Weide hoch zum Wald, der jetzt in Trümmern liegt. Ein Teil der Fichten ist schon gefällt, andere sind umgefallen, nur wenige Bäume ragen noch in den Himmel. »Hier«, sage ich ihm, »pflanzen wir bald unseren Eichenwald, und guck mal, dieses Land wirst du nie wieder so nackt sehen! Hier wächst bald eine Hecke, im Frühjahr wird sie weiß blühen, und ganz viele Vögel sollen hier ihre Nester bauen.« Es ist ein windiger Tag, und über uns türmen sich gewaltige Wolkenberge auf. Im Tal liegt der dunkle Saum aus Erlen, unter denen die Beber zur Emmer fließt auf ihrem langen Weg in die Nordsee, und den Horizont säumt ein dunkler Streifen, das Egge-Gebirge, das im Norden in den Teutoburger Wald übergeht. Und hier, auf meiner kleinen Fläche Ex-Weide-Ex-Acker-bald-Weide, wird es künftig viel schöner und bunter werden, hier werden, wenn alles gut geht, Dorngrasmücken nisten und Mönchsgrasmücken und Heckenbraunelle und Goldammern und Nachtigallen und Zaunkönige. Mein Sohn ist von diesem pathetischen Moment weniger beeindruckt, denn er hat gerade den Rotmilan entdeckt, der seine Runden über dem Wald zieht. Auch der wird sich über die neuen Vogelnester freuen, denke ich.

Kapitel 9

Im Europa der gebrochenen Versprechen

Warum die Europäische Agrarpolitik der biologischen Vielfalt schadet

»Morgen Feldkontrolle.« Was auch immer Edith und Klaus Lange für den nächsten Tag geplant haben, mit diesem Anruf der Landwirtschaftskammer hat es sich erledigt. Die Langes sind Landwirte, und »als Landwirt hat man Zeit zu haben, wenn die Kontrolleure kommen«, das ist Klaus Langes Erfahrung. Grundsätzlich, sagt er, hat er nichts dagegen. Wer öffentliches Geld erhält, muss kontrollieren lassen, ob er alle Auflagen erfüllt. Die Langes beackern 160 Hektar Land, halten 460 Sauen zur Ferkelerzeugung und mästen fünfhundert Schweine. Tierschützer bezeichnen solche Betriebe als Massentierhaltung, und Klaus Lange sagt, er weiß nicht genau, ab wann Masse beginnt, aber wenn Greenpeace-Aktivisten, Tierschützer oder Journalistinnen kommen, zeigt er seine Ställe und was er fürs Tierwohl tut. Seine Ferkel kastriert er nicht, sondern er verkauft sie an einen anderen Betrieb, der sie als Eber mästet.

Klaus Lange ist begeisterter Mitstreiter des Modell- und Demonstrationsvorhabens Tierschutz, mit dem das Bundeslandwirtschaftsministerium innovative Landwirte fördert und in verschiedenen Netzwerken zusammenbringt. Er trifft sich regelmäßig mit Sauenhaltern aus ganz Deutschland, um Erfahrungen auszutauschen, wie tragende Sauen artgerechter gehalten werden könnten. Gerade haben Langes eine Förderung für einen Stallumbau bekommen, bald werden ihre Sauen an die frische Luft kommen und sich im Schlamm suhlen. Bei den Anträgen für die EU-Agrarförderung lassen sich Edith und Klaus Lange von einem Berater der Landwirtschaftskammer helfen. Alle Landwirte in der EU haben einen Anspruch auf eine Flächenprämie für die Äcker und Wiesen, die sie bewirtschaften, in Deutschland sind das rund 300 Euro pro Hektar. Direktzahlungen werden diese Prämien auch genannt, weil sie direkt an den Landwirt gehen und nicht mehr wie früher für bestimmte Produkte gezahlt werden.

Um diese Direktzahlungen beantragen zu können, müssen die Landwirte bestimmte Auflagen einhalten, das ist die berüchtigte *Cross Compliance*. Seit 2013 gehört auch das sogenannte *Greening* dazu, Verpflichtungen zur Ökologisierung, die aber grüner klingen, als sie tatsächlich sind. Die Landwirte müssen fünf Prozent ihrer Ackerfläche als sogenannte ökologische Vorrangfläche ausweisen. Dazu können sie verschiedene Möglichkeiten auswählen, sie können zum Beispiel Pufferstreifen an Gewässern oder Feldrändern anlegen, die unbewirtschaftet bleiben, oder stickstoffsammelnde Leguminosen wie Klee oder Lupinen anbauen oder Flächen brachliegen lassen.

In ausführlichen Anträgen müssen die Landwirte genau angeben, wie sie ihre Flächen bewirtschaften und was sie tun, um Anforderungen für das *reening* zu erfüllen. Mehr als tausend Euro zahlen die Langes für diese Förderantragsberatung, doch das ist es ihnen wert, sagen sie, weil die vielen Regelungen, Richtlinien und Verordnungen ziemlich kompliziert sind. Kurzum, Langes führen keinen Betrieb, der sich vor einer Überprüfung fürchten müsste.

Die beiden Kontrolleure kommen mit Satellitenbildern von Langes Äckern und Weiden. Klaus Lange steigt zu ihnen ins Auto und führt sie von Feld zu Feld – und bei jedem Stück finden die Kontrolleure einen Fehler. »Beim ersten Feld hatte ich ein paar Quadratmeter an der Ecke des Feldes nicht bestellt, weil dort ein Baum stand und es mit dem Pflug und der Sämaschine sehr umständlich gewesen wäre, bis in den letzten Winkel zu kommen. Das hätte ich niemals so angeben dürfen, hat mich der Kontrolleur zurechtgewiesen!«, erinnert sich Lange. Beim nächsten und übernächsten Feld moniert der Mann von der Kammer unbestellte Eckflächen und überhängende Hecken, auch hier gibt es Abzug. Dann besichtigen die Kontrolleure eine Pferdekoppel, auf der die Langes einen Apfelbaum gepflanzt hatten. Weil Pferde gerne an Baumrinden knabbern, hatten sie den jungen Baum auf Pferdehalslänge abgezäunt, vier Mal vier Meter lang. Doch diese Flächennutzungsänderung hatte Klaus Lange nicht gemeldet, und deshalb, so der Kontrolleur, muss die Fläche abgezogen werden. Die Logik: Der Baum wäre zwar auch förderfähig, aber nicht wenn er als Weide deklariert ist. Im Flächenantrag stand jedoch »Nutzung als Weide«, und weil die vier Mal vier Meter unter dem Apfelbaum nicht beweidet werden, waren sie logischerweise nicht förderfähig. Also raus damit aus der Flächenprämie.

Obwohl diese Kontrolle schon einige Jahre zurückliegt, hört man noch immer, wie sehr Klaus Lange diese Belehrungen gekränkt haben. »Ich musste hinten im Auto sitzen wie ein kleines Kind, und der Mann vorn hat Vorträge gehalten, was alles nicht in Ordnung war. Es war wie bei einem Verhör, als hätte ich was verbrochen. Dabei ging es immer um wenige popelige Quadratmeter!« Gegen Mittag erreichten Klaus Lange und die Kontrolleure einen Acker, auf dem der Nachbar seine Furche auf Langes Feld gezogen hatte. Der andere Landwirt hatte also ein Stück von Langes Feld abgepflügt, und damit fehlte Lange ein schmaler Streifen Fläche. »Das ist aber nicht in Ordnung«, klagt der Kontrolleur. Klaus Lange drehte sich um und ging zu Fuß durch die Felder nach Hause.

Nach vielen Stunden Kontrollfahrt klingelten die Mitarbeiter der Kammer bei Langes und baten um eine Unterschrift. »Ich hab den Prüfbericht hier liegen«, sagt Klaus Lange, »er ist so dick wie ein halbes Telefonbuch, fünfzig Seiten.« Und das Ergebnis der Kontrolle lautete: 200 Quadratmeter hat Lange zu viel angegeben, von 140 Hektar, die er damals bewirtschaftete, damit lag die Fehlerquote bei 200 von 1 400 000 Quadratmetern. Umgerechnet in Flächenprämie bedeutete das eine Summe von 6 Euro. »Und dafür musste ich mir anhören, wie ich mich bereichere und was ich alles falsch gemacht habe«, berichtet Lange. »Dabei waren diese 200 Quadratmeter die Bilanz des ganzen Tages, und zwar von Flächen, auf denen mir etwas abgezogen wurde, und von anderen, für die ich selbst zu wenig angegeben hatte.«

Klaus Lange hatte mir diesen Vorfall schon vor Jahren geschildert, 2011, und jetzt, als mir mein kleiner Hutewald behördlicherseits strengstens verboten wurde, hatte ich mich wieder daran erinnert. Denn er zeigt, warum es für Landwirte oft einfacher ist, Bäume zu fällen und Hecken abzuholzen. Hecken und Bäume, die so wichtig für die biologische Vielfalt sind, machen erst einmal Arbeit und verkomplizieren die Förderanträge. Ein Hektar Weide bringt etwa 300 Euro Prämie im Jahr, aber jeder Baum oder Busch, der darauf angepflanzt wird, wird von dieser Summe abgezogen, wenn er nicht ordnungsgemäß angemeldet wird und nicht in eine der streng definierten Kategorien der Landschaftselemente passt. Bei Hecken entlang einer Weide oder gar eines Ackers ist das noch komplizierter. Direkt unter der Hecke wächst weniger Gras oder Getreide, weil die Hecke dort Schatten wirft, und von der Flächenprämie für das Ackerland wird die gesamte Fläche, die die Hecke bedeckt, abgezogen. Diese Fläche muss als Landschaftselement gemeldet werden. Welchen Schluss zieht der Landwirt daraus?, frage ich Klaus Lange. »Ich muss die Hecke stutzen, damit ich meinen Ertrag und die Prämie maximiere.«

Dabei geht es weniger um das Geld als um die Entscheidungsfreiheit, erklärt der Landwirt. »Wenn ich freiwillig bereit bin, Naturschutz zu machen, könnte ich die Hecke stehen lassen und die Naturschutzfläche in meinem Förderantrag angeben. Dafür würde ich auch Prämien bekommen, doch dann dürfte ich diese Hecke nie mehr köpfen. Aber ich bin ein freier Landwirt, und ich will mich nicht genötigt fühlen.« Das wäre eine »Einschränkung für immer und ewig«, sagt Klaus Lange, »das kann ich nie im Leben auf einer Pachtfläche machen, und ich habe überwiegend gepachtete Flächen.« Eine Hecke würde eine Wertminderung darstellen, so sieht es der Landwirt, und so sehen es vermutlich auch die meisten Verpächter. Auch die Berater der Landwirtschaftskammer hätten ihm deshalb eher davon abgeraten.

»Es wird gerne unterstellt, dass die EU die Bauern zwingt, Hecken wegzumachen, damit sie Geld kriegen«, sagt Bernhard Rüb, der Sprecher der Landwirtschaftskammer Nordrhein-Westfalen, sehr bestimmt. »Das ist aber nicht so. Für Hecken und Sträucher gibt es die gleichen Prämien wie für Äcker und Wiesen, man muss sie nur anmelden.« Als sogenannte Landschaftselemente. Diese unterlägen strengen Auflagen. Und wer gegen die Regeln verstoße, bekomme »Abzug bis zum Vollverlust der Prämie«. Er bestätigt, was Klaus Lange und viele seiner Kollegen immer wieder beklagen: »Die EU-Agrarförderung ist äußerst kompliziert.«

Der Beleg für die Kompliziertheit folgt per Mail, ein knapp 70-seitiges Dokument mit Hinweisen zum Förderantrag für die Landwirte. Darin steht – etwas überraschend: »Keine Prämie für Bäume und Büsche«. Denn sogenannte »Verbuschung« sei grundsätzlich nicht förderfähig – es sei denn, es handele sich um Landschaftselemente. Unverbuschte Streuobstwiesen aber seien »unschädlich für die Beihilfefähigkeit«. Weiter unten, auf den seitenlangen Erläuterungen zu dem, was Landschaftselemente denn nun ausmacht und von »Verbuschung« unterscheidet, wird der Leitfaden philosophisch: »Wann ist eine Hecke eine Hecke?«, steht da wörtlich. Die Antwort fällt eher nüchtern aus: Eine Hecke, die breiter ist als 15 Meter, ist keine, und eine Hecke, die kürzer ist als zehn Meter ist, ist auch keine, jedenfalls keine förderfähige. Was wäre, frage ich mich, wenn ich eine breite Hecke habe? Muss ich dann Jahr für Jahr nachmessen, dass sie nicht zu breit wird? Die Landwirte müssen das tatsächlich, denn ihre Angaben werden ja mit Satellitenbildern überprüft. Baumreihen wiederum sind auch nur Baumreihen, wenn sie nicht kürzer als 50 Meter sind und linear angeordnet, Nussbäume und Obstbäume zählen dabei nicht. Was wäre denn, wenn ein Weg, an dem ich Bäume pflanzen will, eine Kurve macht? Bis zu welchem Winkel wäre die Kurve wohl »unschädlich« im Sinne der Förderrichtlinien? Dieses Detail wird nicht näher erläutert.

Je länger ich lese, desto besser verstehe ich, warum Landwirte bei dem Wort Landschaftselement gern abwinken und sagen: ach, hör mir damit auf! Natürlich muss gut geregelt sein, wenn eine Berufsgruppe öffentliche Gelder bekommt. Doch die vielen Detailbestimmungen und die komplizierten Nachweise darüber, dass die lebenden Bäume und Hecken tatsächlich nur innerhalb der verwaltungsrechtlich festgelegten Grenzen wachsen, führen dazu, dass Naturschutz für Landwirte nicht vereinfacht, sondern verkompliziert wird.

»Wir müssen nicht über die Sinnhaftigkeit reden«, sagt Bernhard Rüb etwas ungeduldig. »Wir sind eine obere Landesbehörde, und wir haben die Gesetze anzuwenden. Und es geht hier um viel Geld, um 443 Millionen Euro Flächenprämie allein in Nordrhein-Westfalen.« Die Landwirtschaftskammer, die die Landwirte kontrolliert, wird ihrerseits vom Europäischen Rechnungshof überprüft, der Sanktionen verhängt, wenn er Fehler entdeckt. »Außerdem haben die Landwirte noch andere Möglichkeiten, Biodiversität zu unterstützen«, ergänzt der

Sprecher der Kammer. »Für Blühstreifen oder eine erweiterte Fruchtfolge werden ihnen Punkte angerechnet, von denen sie eine bestimmte Anzahl ohnehin für das *Greening* nachweisen müssen. Die NRW-Landwirtschaftskammer bietet zusätzlich eine spezielle Beratung für Landwirte, die freiwillig mehr für die Verbesserung der biologischen Vielfalt auf ihren Betrieben tun wollen. Zurzeit haben wir dafür fünf Berater für Biodiversität im Einsatz, die pro Jahr rund 250 Betriebe besuchen. Dazu kommt noch die sehr zeitintensive Betreuung der vierzehn Leitbetriebe Biodiversität in NRW.«[145]

Was bedeutet das alles für die Insekten und die Vögel und ihre Lebensräume? Wenn Landwirte etwas tun wollen für die biologische Vielfalt auf ihren Flächen, finden sie Beratung und oft auch finanzielle Unterstützung für einzelne Vorhaben – sie müssen nur bereit sein, sich auf aufwendige Antragsverfahren und Kontrollen einzulassen. Und umgekehrt: Wer diesen Aufwand scheut, für den ist es einfacher, es sein zu lassen mit den Hecken und Büschen, genau wie es der Naturschutz-Professor Rainer Luick beschrieben hat und wie es der Landwirt Klaus Lange auf seinen Wiesen erlebt hat.

Der Europäische Rechnungshof hat die Aufgabe, den ordnungsgemäßen Umgang mit Geldern aus dem EU-Haushalt zu überwachen – im Interesse der europäischen Steuerzahlerinnen und Steuerzahler. Deshalb überprüft er auch, ob die vielen Milliarden Euro aus dem Europäischen Agrarhaushalt korrekt ausgegeben wurden. Aber der Rechnungshof tut noch mehr: Er überprüft nämlich auch die politischen Entscheidungen der Europäischen Union, die sich auf die EU-Finanzen auswirken.

Also kontrolliert der Hof nicht nur die korrekte Verteilung der Agrargelder, sondern auch die Regeln, nach denen sie verteilt werden. Der Rechnungshof macht also genau das, was eine Behörde nicht tut: Er fragt nach der Sinnhaftigkeit. Dabei verfolgt er keine eigene politische Agenda, er untersucht vielmehr, ob die Ziele, Verordnungen und Richtlinien der EU in sich kohärent sind.

Er fragt also: Was will die EU? Erreicht sie ihre Ziele? Und passt das mit anderen Zielen der EU zusammen?

2018 hat sich der Europäische Rechnungshof die Agrarpolitik der EU vorgenommen, sowohl die alten Regelungen, die seit 2013 gelten und von Landwirten ein *reening* verlangen, als auch die neuen Vorschläge, die in Brüssel für die Jahre ab 2019 diskutiert werden. Das Urteil des Bundesrechnungshofes lautet – übersetzt aus der Juristensprache: So geht das nicht. »Bislang waren die Fortschritte bei Umweltpflege und Klimaschutz unzureichend«, kritisiert der Europäische Rechnungshof. Und auch der Vorschlag für die neue Agrarpolitik ab 2019 oder 2020 lasse keine klare langfristige Vision erkennen.[146]

Beim Agrarkongress des Bundesumweltministeriums im Januar 2019 in Berlin hat ein Mitglied des Rechnungshofes, der Portugiese João Figueiredo, die Analyse der Kontrollbehörde zu den neuen Plänen für die Europäische Agrarpolitik vorgestellt, freundlich im Ton, aber sehr klar in der Aussage: Es sei zwar eine gute Idee, dass die einzelnen Mitgliedsstaaten der EU in Zukunft nationale Strategiepläne für ihre Agrarförderung ausarbeiten sollten, dass die Länder also mehr Freiheiten haben sollten. Aber es sei überhaupt nicht klar, nach welchen Kriterien die Pläne beurteilt werden sollten und wie die Leistungen überprüft werden sollten, für die die EU-Gelder ausgeben werden. Auch nach den neuen Plänen gebe es weiter Direktzahlungen, also Flächenprämien für alle, die in der Europäischen Union Land bewirtschaften. Der Rechnungshof sei nicht gegen oder für diese Direktzahlungen, stellt João Figueiredo klar, doch in den neuen Plänen fehle es an Begründungen für diese Zahlungen. Wenn die Flächenprämien weiterhin das wichtigste Instrument der Agrarpolitik bleiben sollten, dann brauche die EU dazu eine starke ökonomische Begründung. Und die vermisst der Rechnungshof.

Mit anderen Worten: Der Europäische Rechnungshof überprüft zwar, ob das Land Nordrhein-Westfalen seine Fördergelder korrekt an die Familie Lange ausgezahlt hat und damit also auch, ob sie ihre Auflagen für das *Greening* erfüllt und keine Apfelbäume unangemeldet auf ihren Grünflächen herumstehen – aber der Rechnungshof sagt gleichzeitig, dass das viele Prüfen gar nicht wirke, weil die Regelungen der Europäische Agrarpolitik selbst nicht konsistent und kohärent seien. Trotz der vielen Milliarden, die dafür ausgegeben werden, und trotz der Kontrollen, mit denen die korrekte Mittelverwendung überprüft wird, verfehlt die Agrarpolitik ihre Ziele.

In der Stellungnahme des Europäischen Rechnungshofes steht, was Kritiker dieser Politik seit vielen Jahren wieder und wieder bis zur Verzweiflung gefordert haben: »Wir haben empfohlen, den Zugang zu allen Direktzahlungen davon abhängig zu machen, dass eine Reihe grundlegender Umwelt- und Klimaanforderungen eingehalten werden, die die geltenden *Cross-Compliance*- und Ökologisierungsbestimmungen umfassen.«

Das klingt so selbstverständlich, dass man sich wundert, warum es nicht längst so ist: Wer öffentliches Geld möchte, sollte entsprechende Leistungen dafür erbringen. Etwas, das der Allgemeinheit nützt und den öffentlichen Gütern zugutekommt: Luft, Wasser, Boden, Biodiversität und so weiter. Denn dies ist etwas, was er auf dem Markt nicht bezahlt bekommt. Für die Landwirte ist das der Fall: Die weltweiten Agrarmärkte honorieren weder den Schutz der Natur noch den der Umwelt und auch nicht den der Tiere. Der Schlachtkonzern, der Edith und Klaus Lange die Schweine abkauft, zahlt ausschließlich für das Fleisch, das sie dorthin liefern. Er zahlt nicht dafür, dass die Schweine ein halbwegs artgerechtes Leben führen dürfen, und er zahlt erst recht nicht für einen insektenfreundlichen Futteranbau.

Dass eine solche Art der Produktion überhaupt legal ist, darüber kann man sich zu Recht wundern. Es ist die Folge einer Agrarpolitik, die Produktivität und Konkurrenzfähigkeit auf den Weltmärkten über die eigenen Werte gestellt hat. Tierschutz etwa ist seit 2002 ein offizielles Staatsziel der Bundesrepublik Deutschland, und der Erhalt unserer natürlichen Lebensgrundlagen ist in zahlreichen internationalen Abkommen, EU-Verordnungen und Gesetzen auf nationaler Ebene festgehalten. Trotzdem führt das umfangreiche Regelwerk, das bestimmt, was Landwirte dürfen und was nicht, zu Umweltschäden und sinkender Biodiversität – und zwar auch, wenn die Landwirte gesetzestreu wirtschaften. Das ist ohne Frage sehr unbefriedigend.

Um den Spagat zwischen den Anforderungen des Weltmarkts (möglichst viel, möglichst billig) und den Anforderungen der Umwelt (weniger und vielfältiger, dafür teurer) für die Landwirte zu erleichtern, hat die Europäische Union das System der Flächenprämien oder Direktzahlungen entwickelt, also Geld pro Hektar gegen Nachweis der *Cross Compliance* und seit 2013 des *greenings*. Herausgekommen ist ein kompliziertes System mit viel bürokratischem Aufwand, das trotzdem nicht hilft, die Umwelt- und Naturschutzziele der EU zu erreichen.

Im Agrardeutsch werden die Direktzahlungen als erste Säule bezeichnet und alle anderen Förderprogramme – Naturschutz inklusive, aber auch die Förderung von neuen großen Ställen oder Regionalentwicklung – als zweite Säule. Doch das Bild mit den Säulen führt in die Irre, denn die erste Säule – die der Direktzahlungen – ist sehr groß und stark, während die zweite mit den Umweltprogrammen eher ein kleines Säulchen mit viel geringerem Budget ist.

Die Umwelt- und Naturschutzverbände haben dieses System so oft erfolglos kritisiert, dass viele nur noch mit den Achseln zucken, wenn man sie darauf anspricht. Die Direktzahlungen, die Flächenprämien für die Landbewirtschafter, scheinen unabschaffbar. Die großen Bauernverbände verteidigen sie mit allen Mitteln, auch weil es für die Landwirte sicheres Geld bedeutet, während das Geld aus den speziellen Umweltprogrammen aus der zweiten Säule nur unter bestimmten Bedingungen zu bekommen ist. Inzwischen fordern die meisten Umweltverbände nur noch, ein bisschen weniger Geld für Flächenprämien auszugeben und ein bisschen mehr in Umwelt- und Naturschutz zu stecken, also Geld aus der ersten Säule in die zweite zu transferieren. Diese Direktzahlungen liegen wie ein großer schwerer Block in Brüssel, der so unbeweglich scheint, dass viele glauben, es lohne sich ohnehin nicht, ihren Sinn infrage zu stellen und ihre Abschaffung zu fordern.

Der Agrarwissenschaftler Harald Grethe, Professor an der Humboldt-Universität Berlin, lässt sich davon nicht entmutigen, im Gegenteil. Seine Stimme hat Gewicht, er ist Vorsitzender des wissenschaftlichen Beirats für Agrarpolitik, Ernährung und gesundheitlichen Verbraucherschutz des Bundeslandwirtschaftsministerium, und dieser Beirat hat 2015 ein Gutachten über die Zukunft der Tierhaltung in Deutschland veröffentlicht, was hohe Wellen geschlagen hat.[147] Darin stand der für viele Landwirte schockierende Satz, die derzeitigen Haltungsbedingungen eines Großteils der Nutztiere sei nicht zukunftsfähig. Das war für Tierschutzverbände natürlich nichts Neues, doch diese Worte aus einem Beirat des konservativen Agrarministeriums zu hören hat viele intensiv wirtschaftende Landwirte aufgeschreckt. Harald Grethe und seine Kolleginnen und Kollegen aus dem Beirat wurden überall in Deutschland zu Vorträgen und Diskussionen eingeladen.

Beim Agrarkongress des Bundesumweltministeriums 2019 sollte Grethe nun über die Zukunft der Europäischen Agrarpolitik referieren, aber statt die neuen Entwürfe der Kommission detailreich zu analysieren, trat Grethe einen Schritt zurück und fragte: Was tun wir da eigentlich? Ordnungspolitik alleine, also verschärfte Gesetze und Verbote, könnten die Probleme nicht lösen, stellte er klar. Dann hätte die Agrarproduktion in Europa keine Chance gegenüber den günstigeren Importen aus anderen Agrarländern. Also bräuchte es Förderpolitik, also Zahlungen an die Landwirte. Das stellt Grethe nicht infrage.

Nur wie sollen die ausgestaltet sein? Und wie sind sie zurzeit? »Siebzig Prozent sind weitgehend pauschale Direktzahlungen, es gibt im Durchschnitt der Europäischen Union etwa 300 Euro pro Hektar, Deutschland liegt ungefähr am Durchschnitt«, sagt Grethe, und er zählt auf, was das bedeutet: »Ein Hektar 300 Euro. Zehn Hektar 3 000 Euro. Hundert Hektar 30 000 Euro. Tausend Hektar 300 000 Euro und so weiter und so fort.«

Grethe lässt die Worte wirken. »Pauschale Zahlungen pro Hektar. Über vierzig Milliarden Euro in der Europäischen Union, etwa fünf Milliarden Euro in Deutschland. Wir reden viel über all die Ziele, die wir haben – aber verrieseln das Geld, das wir haben, weitgehend wirkungslos mit der Gießkanne.«

Und wie wird das begründet?, fragt Grethe die Fachleute in Berlin. Natürlich mit den teureren Produktionskosten, werden sich die Zuhörer gedacht haben, das wissen wir doch.

»Die klassische Begründung kann man sehr schön zusammenfassen unter dem Begriff Einkommensparadigma«, fährt Grethe fort. »Da wird eine Geschichte erzählt, die hat vier Kapitel. Kapitel 1 ist: Landwirte sind benachteiligt gegenüber allen anderen Wirtschaftssektoren wegen des Wetters, und wenn das nicht reicht, noch wegen was anderem.« Doch andere Sektoren, ergänzt der Agrarökonom, seien auch dem Wetter ausgesetzt, der Tourismus etwa.

Kapitel 2 der Geschichte von der unbedingten Notwendigkeit der Gelder für die Landwirtschaft: »Weil Landwirtschaft benachteiligt ist, sind die an der Landwirtschaft Beteiligten einkommensärmer als andere.« Aber stimmt das überhaupt? Mit Blick auf die Statistiken lasse sich das nicht halten, erklärt Grethe.

Einige Landwirte verdienten sehr schlecht, einige verdienten sehr gut. Grundsätzlich seien Landwirte nicht ärmer als vergleichbare Sektoren.

»Kapitel 3 der Geschichte«, fährt Grethe fort, fast ein bisschen genüsslich, als freue er sich auf die Pointe. »Der Staat muss sich kümmern, und zwar sektoral.« Der Staat soll sektorale Einkommenspolitik machen?, fragt Grethe und spricht den Satz mit mindestens drei Fragezeichen. »Komisch, eigentlich«, sagt Grethe. »Das machen wir nämlich sonst in Deutschland eigentlich nicht.« Es gebe in Deutschland schließlich auch keine Einkommenspolitik für Krankenschwestern und Taxifahrer. »Da sagen wir eigentlich: Die Einkommensverteilung, wie sie so rauskommt aus dem Markt, gefällt uns nicht, und deswegen machen wir Steuerpolitik. Bei denen, die überproportional mehr verdienen, nehmen wir was weg, und das verteilen wir dann um, im Rahmen der Sozialpolitik.«

Aber selbst wenn die Annahmen stimmten, Landwirte seien arm und benachteiligt und deswegen müsse sich der Staat um sie kümmern, dann sei der letzte Schritt »natürlich gar nicht mehr nachvollziehbar, denn der lautet: Kümmern tut sich der Staat am besten mit 300 Euro pro Hektar.«

Was der Agrarökonom in den letzten Minuten an Fakten aufgezählt hat, war für das Fachpublikum in Berlin nichts Neues. Doch Grethe hat die Geschichte neu erzählt, sodass man als Zuhörer gar nicht anders kann, als zu fragen: Was ist das eigentlich für ein Wahnsinn, den wir für unveränderlich halten? Wie kommt das eigentlich?

Natürlich hat diese Entwicklung historische Gründe, und am Anfang der Gemeinsamen Europäischen Agrarpolitik stand tatsächlich eine gute Idee: Nie wieder Hunger! Und keine Abhängigkeit von Lebensmittelimporten! Die Gemeinsame Europäische Agrarpolitik, GAP abgekürzt, ist 1957 entstanden, als sich Deutschland, Frankreich, Italien und die Beneluxländer zur Europäischen Wirtschaftsgemeinschaft zusammenschlossen. Damals steckte den Menschen noch die Erfahrung des Hungers der Nachkriegsjahre in den Knochen. Auch zehn Jahre nach Kriegsende waren viele Bauernhöfe vor allem im zerstörten Deutschland wenig produktiv (dafür aber insektenfreundlich). Es fehlte an gut ausgebildeten Arbeitskräften und technischen Gerätschaften, und die junge Bundesrepublik war von Nahrungsmittelimporten abhängig. Deshalb setzten sich die Agrarpolitiker für eine Förderung der landwirtschaftlichen Produktivität ein und unterstützten den Aufbau eines europäischen Binnenmarkts für Lebensmittel, der die Landwirte anspornen sollte, mehr und vor allem effizienter zu produzieren. Und das taten die Landwirte: Sie setzten mehr Technik ein, mehr Dünger, mehr chemischen Pflanzenschutz und selektierten ihre Zuchttiere auf Hochleistung, und das alles so erfolgreich, dass nach wenigen Jahrzehnten nicht mehr der Mangel das Problem war, sondern die Überproduktion.

Trotzdem subventionierte die Europäische Wirtschaftsgemeinschaft weiterhin die Landwirtschaft durch gestützte Preise. In den Jahren des Aufbruchs und der Modernisierung forderten die Anführer der Landwirte einen fairen Teil am großen Kuchen. Auch die Bauernfamilien sollten vom Wirtschaftswunder profitieren und am gesellschaftlichen Fortschritt teilhaben. Sie sollten Einkommen wie die Industriearbeiter erwirtschaften. Die Subventionen hatten noch einen Effekt: Sie hielten die Preise für Lebensmittel künstlich niedrig, sodass die Menschen mehr Geld übrig hatten für all die neuen Konsumgüter, die in den fünfziger, sechziger und siebziger Jahren in die Warenhäuser kamen.

In den achtziger Jahren war die Landwirtschaft weit über das Ziel hinausgeschossen – und ließ sich nicht mehr ausbremsen. Als die Landwirte längst mehr produzierten, als die Westeuropäer trinken und essen konnten, als sich die eingelagerte Butter in Bergen türmte, hielt die Europäische Gemeinschaft trotzdem weiter an den hohen Preisen fest – und förderte zusätzlich den Export von Agrarprodukten aus Europa. Diese Exporte richteten im globalen Süden großen Schaden an, weil die subventionierten Export-Lebensmittel aus Europa oft billiger waren als die Produkte der lokalen Kleinbäuerinnen und Kleinbauern.[148] Damals zahlte Europa also gleichzeitig Geld, um die Produktion zu steigern, und Geld, um die Überschüsse zu lagern und außer Landes zu schaffen.

Anfang der 2000er-Jahre wurde dieses System endlich reformiert – als Reaktion auf die anhaltende Kritik, aber auch, weil das System der staatlich gestützten Agrarpreise innerhalb Europas nicht mit der Liberalisierung der Weltmärkte vereinbar war. Das Ergebnis war etwas, was im Agrarverwaltungsdeutsch Entkopplung heißt: Die Erzeugerpreise wurden nicht länger gestützt, sondern sollten dem Auf und Ab der niedrigeren Weltmarktpreise folgen. Öffentliches Geld sollte die Landwirtschaft trotzdem weiter bekommen, nur entkoppelt von den Preisen. Aber nicht für besondere Umweltleistungen. Nicht für den Naturschutz. Nicht für Pestizidverzicht in Naturschutzgebieten. Nicht für Ökolandbau in Trinkwasserschutzgebieten.

Auch nicht für artgerechte Tierhaltung. Nicht für viele gute Arbeitsplätze im ländlichen Raum. Sondern: als Direktzahlung. Als Prämie für die Fläche unterm Pflug.

»Welche Annahme soll dahinterstehen?«, fragt Harald Grethe bei seinem Vortrag beim Agrarkongress des Umweltministeriums. »Je größer Landwirte sind, desto ärmer sind sie? Deswegen muss man ihnen desto mehr geben, je mehr Hektar sie bewirtschaften?« Seine Stimme wird scharf: Umgekehrt stimme es auch nicht, dass alle Großen einkommensstark seien und alle Kleinen einkommensschwach. »Kurzum, wenn man da draufschaut auf diese Argumentation, hält das keiner Überprüfung statt. Trotzdem dominiert sie die Agrarpolitik sowohl in der Europäischen Union als auch in Deutschland – als Rechtfertigung für dauerhafte und verlässliche Direktzahlungen der ersten Säule.«

Natürlich könne man sich fragen, ob das schlimm sei, spottet Grethe. »Wenn wir der Hälfte des Saals hundert Euro wegnehmen und der anderen Hälfte geben, ist die Welt hinterher schlechter als vorher?« Er würde zwar sehen, dass er selbst auf die andere Seite komme, sagt er. Aber ja, es sei schlimm: »Denn das Geld fehlt uns für die Sachen, für die wir das wirklich brauchen.« Für Biodiversität zum Beispiel. Und Tierschutz, Bodenschutz, Klimaschutz, für sauberes Wasser und frische Luft.

Noch etwas anderes ist schlimm: Alle Landverpächter, Schlachtkonzerne, Molkereien, Lebensmittelverarbeiter, Gastronomen, Supermarktketten wissen natürlich ganz genau, wie viel öffentliches Geld die Landwirte bekommen, und preisen das in ihre Rechnungen ein. Es ärgert viele Landwirte, das sie in der öffentlichen Meinung als Subventionsempfänger angesehen werden, während die Subventionen de facto durchgereicht werden wie die Mehrwertsteuer. Damit werden die Lebensmittelpreise künstlich niedrig gehalten, und die Landwirte haben letztlich nicht viel von dem Geld.

Aus Sicht des Naturschutzes ist das alles sehr unbefriedigend. Wenn es schon – gegen alle politische Vernunft – dieses merkwürdige Instrument der Flächenprämien gibt, warum kann es dann nicht wenigstens so ausgestaltet werden, dass es Anreize für den Schutz der Natur bietet? Oder Naturschutz zumindest nicht erschwert? Und wenn das nicht möglich ist, warum sind die Landschaftselemente nicht wenigstens so definiert, dass alles, was als Element in der Landschaft wächst, kreucht und fleucht und der biologischen Vielfalt nützt, geschützt wird und Prämien bringt, damit die Landwirte es hegen und pflegen wie ihre Äcker und Weiden?

»Es gibt noch viel mehr Regelungen, die der Natur im Detail schaden«, sagt Ursula Stratmann. Sie arbeitet im Bundesumweltministerium in Bonn, die Gemeinsame Agrarpolitik und deren Auswirkungen auf Natur und Umwelt sind ihr Thema. Darum machen einige Definitionen, zum Beispiel das, was als landwirtschaftliche Fläche gilt und was nicht, ihr Sorge. So sei Grünland, das länger unter Wasser steht oder auf dem viele Binsen, Seggen oder Sträucher wachsen, ein wichtiger Lebensraum für Frösche, Kröten oder Vögel wie den Neuntöter oder das Braunkehlchen. Solche Flächen könnten auch Überlebensraum für den stark gefährdeten Goldenen Scheckenfalter sein und für den Mittleren Perlmutterfalter mit seinem hübschen Punktmuster. Aber dieses feuchte Grünland gilt in der

Regel nicht als beihilfefähige Fläche eines Betriebes, deshalb werden dafür keine Flächenprämien aus der ersten Säule gezahlt. »Wenn ich feuchtes oder gar nasses Grünland erhalten will, geht das nur mit Agrarumweltzahlungen aus der zweiten Säule – falls dazu in meinem Bundesland gerade eine passende Maßnahme angeboten wird.« Und selbst dies sei für den Landwirt häufig nicht attraktiv genug, weil nur der damit verbundene Aufwand für die Pflege ausgeglichen wird. »Der Landwirt ist aber – wie jeder andere Selbstständige auch – darauf angewiesen, Gewinn zu erwirtschaften. Daher ist es für ihn lukrativer, die Fläche über Drainagen trockenzulegen, um sie anschließend intensiver zu bewirtschaften.« Das Gleiche gilt für extrem trockene Standorte mit lückenhaftem Bewuchs, die Lebensraum beispielsweise für Heuschrecken bieten, etwa für den Schwarzfleckigen Heidegrashüpfer oder den Warzenbeißer, den man früher wirklich in Warzen beißen ließ, damit sie verschwanden. Auch die vom Aussterben bedrohte wärmeliebende Berghexe braucht solche mageren trockenen Flächen.[149] Die Berghexe ist ein kleiner Tagfalter mit braunen Flügeln, deren weiße Tupfer verwischt aussehen wie auf einem impressionistischen Gemälde. Aber im geltenden Agrarförderrecht sind keine speziellen Regelungen für Heuschrecken mit besonderen Fähigkeiten und Schmetterlinge mit seltsamen Namen vorgesehen. »Wenn solche mageren Standorte, Sandtrockenrasen zum Beispiel, nicht mindestens zu fünfzig Prozent mit abweidbaren Gräsern bewachsen sind, sind sie ebenso wenig direktzahlungsfähig wie die zu feuchten Standorte.« Was macht dann der Landwirt mit so einer Fläche? »Ökonomisch rational wäre es, die Flächen entweder verbuschen zu lassen oder aber etwa –

wenn das überhaupt möglich ist – durch Düngung aus landwirtschaftlicher Sicht aufzuwerten«, erklärt Ursula Stratmann. »In beiden Fällen würde aber der Lebensraum für den Schwarzfleckigen Grashüpfer oder für die Berghexe zerstört.«

Solche naturschutzfachlich wertvollen Flächen sollten daher generell als direktzahlungsfähig anerkannt werden, fordert Ursula Stratmann. »Denn damit würde endlich eine Bewirtschaftung, die an die Lebensraumansprüche wertvoller Arten angepasst ist, als gesellschaftlich erwünschte Leistung anerkannt und entsprechend honoriert.« Es ist so zwingend, dass ich nur schwer verstehen kann, warum sich diese Regelung bislang nicht durchsetzen konnte: Wenn Landwirte die Biodiversität fördern und die Natur schützen, sollten sie dafür belohnt werden. Das ergibt sich schlicht und einfach auch aus den politischen Zielen der EU: Biodiversität erhalten! Natürliche Grundlagen schützen!

Offensichtlich hat sich das Bundesumweltministerium in den Verhandlungen mit den anderen Ministerien damit bislang nicht durchsetzen können. Und wie war das mit der Definition von Landschaftselementen? Warum wurden die bürokratischen Erschwernisse zugelassen? »Es war ein langer Weg, in Brüssel zu erreichen, dass Landschaftselemente überhaupt aufgenommen wurden und unter bestimmten Voraussetzungen als förderfähig gelten«, erklärt Stratmann. »Die Direktzahlungen sind schließlich auf ein Agrarsystem ausgerichtet, das vor allem der Produktion von Nahrungs- und Futtermitteln dienen soll. Dieser Grundsatz gilt – allen Umweltproblemen zum Trotz – bis heute. In diesem Kontext sind Landschaftselemente erst einmal störend. Noch bis 2005 war der überwiegende Teil der Agrarsubventionen ja an die Menge der erzeugten Produkte gekoppelt: viel Weizen gab also viel Prämie.« Erst bei der Reform der europäischen Agrarpolitik des Jahres 2003, die ab 2005 wirksam wurde, sind ökologisch wertvolle Flächen und Landschaftselemente überhaupt berücksichtigt worden – zumindest theoretisch. Damals hat die EU festgelegt, dass Landwirte nur dann Direktzahlungen beziehen sollen, wenn sie Landschaftselemente – in einer bestimmten Ausprägung – auf ihren Flächen erhalten.

Was wäre das für ein Fortschritt gewesen, ein wirklich wirksamer Schutz für die biologische Vielfalt, wenn seitdem alle Hecken und Bäume und Teiche geschützt gewesen wären! Aber – es gab einen juristischen Trick, der das verhindert hat. Die EU hatte nämlich bei dieser Reform auch entschieden, dass jedes Mitgliedsland selbst definieren muss, was genau als zu erhaltendes Landschaftselement gelten soll. »Das ist zunächst ja auch sinnvoll«, sagt Ursula Stratmann. »Die Estremadura ist eine ganz andere Landschaft als die bayerischen Voralpen.« Doch genau diese nationalen Definitionen der Landschaftselemente boten die Möglichkeit, den Schutz vieler Hecken, Bäume und Teiche doch noch auszuhebeln. Sie wurden vom Bundeslandwirtschaftsministerium erarbeitet und mit anderen Ministerien – auch dem Bundesumweltministerium – abgestimmt. Das Ergebnis: Die Definitionen sind so umfangreich und stecken so voller Details, dass eine Vielzahl an Landschaftselementen damit eben nicht erfasst wird. Alles, was zu lang, zu krumm, zu breit oder zu schmal ist, gehört nicht dazu und darf deshalb beseitigt werden. Wenn der Landwirt diese Landschaftselemente, die nicht unter die Definitionen fallen, trotzdem stehen lässt, dann muss er auf die Prämie für diese Flächen verzichten.[150] Die Entscheidung aber, was als zu erhaltendes Landschaftselement gilt und deshalb förderfähig ist und was nicht, ist also das Ergebnis eines politischen Ringens zwischen deutschen Ministerien innerhalb des von der EU gesetzten Rahmens. Für die Landwirtinnen aber, die sich mit dem Ergebnis herumschlagen müssen, wirkt die Regelung wie eines dieser wahnsinnig komplizierten Dokumente aus Brüssel, verfasst von weltfremden Bürokraten, die keine Ahnung von der Praxis haben. Das ist unfair, denn für die Definitionen sind ja die Mitgliedsstaaten verantwortlich. Deshalb darf die Verantwortung dafür nicht allein auf Brüssel abgeschoben werden. Das nährt eine gefährliche Europa-Verdrossenheit.

»Agrarpolitik ist nach außen schwierig zu vermitteln«, stellt Ursula Stratmann fest, während sie die vielen europäischen und nationalen Gesetzestexte und die neuen Entwürfe für die Agrarpolitik nach 2020 für mich auseinanderdröselt. »Verordnungen verweisen auf Durchführungsverordnungen und delegierte Verordnungen, da ist es kompliziert rauszukriegen, was genau gilt.« Das Ergebnis ist ein Regelwerk, das ein bisschen Naturschutz will, aber vor allem eine intensive Produktion fördert, das eigentlich Landschaftselemente schützen will, in der Präambel sozusagen, es dann aber doch nicht richtig tut, weil in den Durchführungsverordnungen die Ausnahmen stehen.

Ursula Stratmann nennt ein weiteres Beispiel, wie ein guter Ansatz für die Umwelt durch das Kleingedruckte untergraben wird: Auch bei der Agrarreform 2013 hat die EU den Erhalt des Dauergrünlands als Ziel festgeschrieben, dieses Mal im

Rahmen des *Greenings*. Doch wie zuvor (bei der Regelung als *Cross Compliance*) ist dabei kein absolutes Verbot herausgekommen, Grünland in Ackerland umzuwandeln, sondern die Vorgabe, dass das Grünland im Verhältnis zur gesamten landwirtschaftlichen Nutzfläche erhalten werden muss. Das bedeutet: Jedes Mal, wenn irgendwo Ackerland für eine Straße oder ein Gewerbegebiet versiegelt wird, darf anteilig dazu auch Grünland verschwinden. Ein Flächenverlust als Antwort auf einen Flächenverlust sozusagen. Eine negative Ausgleichsfläche. Je tiefer ich in die Details vordringe, desto klarer wird mir nur eines: Theoretisch ist das Grünland geschützt, aber so richtig dann doch nicht.

Wie kommen solche Regelungen zustande? Das will ich auch vom federführenden Ministerium für Ernährung und Landwirtschaft wissen. Drei Mitarbeiter des Ministeriums erläuterten mir zwei Stunden lang die Details der Agrarzahlungen-Verpflichtungenverordnung und all der anderen Paragrafen. Am Ende habe ich ihre Perspektive verstanden, doch ihre Zuversicht kann ich nicht teilen.

Aus Sicht des Agrarministeriums sind präzise Regelungen für Landschaftselemente grundsätzlich sinnvoll und »aus Gründen der Rechtsklarheit« notwendig: Die Gemeinsame Agrarpolitik unterstütze die landwirtschaftliche Produktion, deshalb könne auch nur eine landwirtschaftliche Nutzfläche beihilfefähig sein, und nicht jede Fläche, zum Beispiel eine verbuschte Brache, auf der niemand arbeitet. Deshalb sei es sinnvoll, zum Beispiel eine maximale Heckenbreite festzulegen. »Irgendwann würde man nicht mehr von einer breiten Hecke sprechen können, sondern bereits von einem Wald, und für den könnten eben keine Direktzahlungen geleistet werden«, erklären die Beamten.

Insgesamt gebe es innerhalb der Europäischen Agrarpolitik eine große Bewegung zu mehr Naturschutz. Doch das könne nicht bedeuten, dass für sämtliche Flächen, die auf irgendeine Weise für den Naturschutz relevant seien, eine Flächenprämie gezahlt werde. Würde man das ausdehnen und sämtliche naturnahen und extensiv bewirtschafteten Flächen auf die landwirtschaftliche Nutzfläche anrechnen, könnte die gesamte Tundra beihilfefähig werden ebenso wie die felsigen Küstenstreifen am Mittelmeer, erläutern die Beamten. In diesem Fall müssten die EU-Direktzahlungen des jeweiligen Landes auf eine viel größere Fläche verteilt werden und damit bliebe für die Landbewirtschafter insgesamt viel weniger Geld übrig als zur Zeit. In Deutschland sei man bereits sehr weit gegangen, erklären mir die Mitarbeiter des Ministeriums, indem zum Beispiel die für den Naturschutz sehr wertvollen Heideflächen als Dauergrünland deklariert und so beihilfefähig worden seien.

Ich muss an die uralten Eichen denken, die der Waldweiden-Experte Rainer Luick in Rumänien hat fallen sehen, und an Anita Idels Expedition in das Biodiversitäts-Paradies der rumänischen Wanderschäfer. Wenn die verarmten Kleinbauern auf dem Balkan eine Prämie dafür bekämen, dass sie genau diese Landschaft in all ihrer Vielfalt erhalten, was für ein Gewinn für die Biodiversität wäre das!

Es bleibt ein kompliziertes und widersprüchliches System: Eigentlich wird Geld für die Produktion gezahlt, und weil dabei Umweltprobleme entstehen, wird nun auch ein bisschen

Geld für Naturschutz dazugezahlt. Aus ein und demselben Budget werden – etwas vereinfacht – Wirkung und Gegenwirkung finanziert, ohne dass es gelungen wäre, diesen Widerspruch aufzuheben. Das ist etwa so, als spendierten Eltern ihren Teenager-Kindern für ein Partywochenende großzügig Bier und Wodka und die Kopfschmerztabletten gleich dazu – anstatt das Geld für den Alkohol zu streichen oder an Bedingungen zu knüpfen. Natürlich hinkt dieser Vergleich, aber er zeigt, dass die reformierte Europäische Agrarpolitik nur Symptome zu kurieren versucht, statt das grundlegende Problem zulösen. Nach wie vor fördert sie mit Milliarden von Euro eine intensive landwirtschaftliche Produktion auf Kosten der Biodiversität. Solange die Landwirte unter dem Diktat niedriger und schwankender Weltmarktpreise wirtschaften müssen, können sie sich nur schwer daraus befreien. Deshalb wäre – neben der Ökologisierung der Agrarpolitik – ein eigenständiger europäischer Naturschutzfonds sehr hilfreich, der die *hope spots* der biologischen Vielfalt von der Tundra bis zur Heide schützen könnte.

Wird die neue Gemeinsame Europäische Agrarpolitik nach 2020, über die seit 2018 verhandelt wird, diese unbefriedigende Situation verbessern? Die Beamten aus dem Agrarministerium können die Kritik des Europäischen Rechnungshofes nicht nachvollziehen. Der Rechnungshof habe vor Beginn der Verhandlungen bemängelt, dass die aktuelle Agrarpolitik nicht ergebnisorientiert sei. Jetzt habe die Kommission diese Kritik aufgenommen und einen Vorschlag gemacht, der eine Ergebniskontrolle vorsieht, und nun kritisiere der Rechnungshof den neuen Vorschlag schon wieder. Vielleicht brauche das aktuelle System mit dem *Greening* noch ein bisschen Zeit, um seine

Wirkung zu entfalten. Dass die Kommission den Ländern mehr Spielraum bei der Gestaltung ihrer nationalen Strategiepläne lasse, halten sie für eine gute Idee. So müssten die Länder analysieren, welche Probleme sie hätten und wie sie die lösen könnten. In Rumänien zum Beispiel seien die Einkommen niedrig, aber die Biodiversität gut, dort werde man vermutlich eher die landwirtschaftlichen Einkommen fördern. Und in Deutschland habe die Politik bereits klar formuliert, erklären mir die Beamten aus dem Landwirtschaftsministerium, dass die Umweltleistungen der Gemeinsamen Agrarpolitik steigen müssten.

Manche Kollegen aus dem Bundesumweltministerium dagegen sehen die neuen Pläne ähnlich skeptisch wie João Figueiredo vom Europäischen Rechnungshof. Die Verhandlungen laufen zudem »extrem zäh«, sagten mir Mitarbeiter des Umweltministeriums im Frühjahr 2019. Zwar sei es fachlich grundsätzlich sinnvoll, dass die Europäische Kommission den Mitgliedstaaten so viel Spielraum lassen wolle. »Das kann jedoch – unter dem Stichwort Wettbewerbsfähigkeit – schnell zu einem Wettrennen um die niedrigsten Standards führen. Deshalb ist es wichtig, ökologische Mindeststandards für alle Länder festzuschreiben.« Nach allem, was bis zum Sommer 2019 auf dem Tisch liegt, scheint es keine große Reform zu geben – das was früher im Brüssel-Deutsch *Cross Compliance* und *Greening* hieß, wird jetzt *Konditionalität* genannt, doch im Moment sieht es nicht danach aus, als würden für diese Konditionalität wirklich Konditionen für wirkungsvollen Umwelt- und Naturschutz ausgehandelt werden. Vielleicht kann das Ergebnis der Europawahl vom Mai 2019 helfen, das doch noch zu drehen. Immerhin haben die Wahlen gezeigt, dass den europäischen Bürgern und Bürgerinnen Klima- und Biodiversitätsschutz wichtig ist.

»Bei jeder Reform in der Geschichte der Europäischen Agrarpolitik, beginnend mit dem Iren MacSharry Anfang der neunziger Jahre, war klar: Wir müssen das System ändern. Aber es ist nie dazu gekommen«, sagt Lutz Ribbe. Er ist der naturschutzpolitische Sprecher der Stiftung Euronatur und seit 1998 Mitglied des Wirtschafts- und Sozialausschusses der Europäischen Union, berufen auf Vorschlag der damaligen Bundesumweltministerin Angela Merkel. In diesem Ausschuss, der Kommission und Parlament berät, vertritt er die Interessen der deutschen Umweltverbände. Er verfolgt, was sich in Brüssel und Straßburg in Sachen Agrarpolitik und Nachhaltigkeit tut und tauscht sich oft mit Parlamentariern, EU-Behörden und Verbänden aus. Vermutlich gibt es nicht viele, die das Ringen um die Europäische Agrarpolitik so lange und so genau verfolgt haben wie Lutz Ribbe. »Seit 1989 ist auch in der Kommission klar, dass wir eine andere Agrarpolitik brauchen«, sagt Ribbe. »Aber es ist nie dazu gekommen.« Dabei habe es genug gute und kritische Analysen gegeben. »MacSharry hatte 1992 kritisiert, dass 20 Prozent der Bauern 80 Prozent der Subventionen erhalten und die EU-Agrar-Milliarden Bauern und Umwelt gleichermaßen vernichteten.« Der irische Agrarkommissar hatte damals vorgeschlagen, das Geld nach sozialen Gesichtspunkten zu staffeln. »Aber der Ministerrat, also die Agrarminister der Länder, blockierten das«, erzählt Ribbe, »mit dem Ergebnis, dass heute 20 Prozent der Bauern 85 Prozent der Subventionen bekommen.«[151]

Auch der Österreicher Franz Fischler, der von 1995 bis 2003 Agrarkommissar in Brüssel war, hatte Pläne für eine andere Art der Landbewirtschaftung. Er wollte eine multifunktionale Landwirtschaft entwickeln, die nicht auf Kostenführerschaft auf dem Weltmarkt setzt, sondern auf den Erhalt der Kulturlandschaft, auf Diversifizierung und Naturschutz. Immerhin gelang es ihm, bei seiner Reform 2003 Landschaftselemente überhaupt als schützenswert und förderfähig anzuerkennen. Nach ihm forderte der rumänische Agrarkommissar Dacian Ciolos, die Direktzahlungen müssten grüner und gerechter werden, und entwickelte das Konzept des *Greening*. Auch das wurde im weiteren Verlauf der Verhandlungen mit den Agrarministern der Länder und dem Parlament verwässert. Der Name blieb, auch der administrative Aufwand, doch die grüne Wirkung blieb aus. Es gelang nicht einmal mehr, ein Pestizidverbot für die ökologischen Vorrangflächen zu verankern. Erst der neue Agrarkommissar Phil Hogan brachte dieses Verbot 2017 auf den Weg – unterstützt von einer knappen Mehrheit des EU-Parlaments, das gegen die Empfehlung seines eigenen Agrarausschusses stimmte.[152] Hogan wiederum hat Ende 2017 den neuen Reformvorschlag vorgelegt, der nationale Strategiepläne vorsieht, aber die umstrittenen Flächenprämien grundsätzlich beibehalten will.

Wenn man Lutz Ribbe zuhört, spürt man, wie sehr er an dieser verschenkten Möglichkeit leidet. »Wenn wir das Geld – 60 Milliarden – vernünftig einsetzen würden, dann müssten die Landwirte nicht nur billige Lebensmittel produzieren, sondern sie würden auch für Naturschutz und gesellschaftliche Leistungen honoriert«, sagt der Naturschützer, und ich muss dabei an Silvia Earle denken. Beide haben ein ganzes Berufsleben lang für den Schutz der Natur gekämpft, Silvia Earle für die Meere und Lutz Ribbe für die europäischen Kulturlandschaften, beide haben Alternativen aufgezeigt, und beide haben sehr klar vor Augen, wie die Politik immer wieder daran gescheitert ist, die natürlichen Ressourcen zu schützen, und wie es Lobbyisten immer wieder gelungen ist, verbindliche Umweltziele trickreich zu unterlaufen. Bei Sylvia Earle sind es nur die traurigen Augen, die verraten, wie sehr sie darunter leidet, aber ihre Botschaft bleibt zuversichtlich: Wir wissen mehr als je zuvor, also können wir handeln! Alle sollen mit anfassen, jetzt gleich am besten! Lutz Ribbe aber ist zornig geworden: »2001 haben die europäischen Staats- und Regierungschefs in ihrer Nachhaltigkeitsstrategie beschlossen, die Verluste der biologischen Vielfalt in der EU bis 2010 einzudämmen und Habitate und natürliche Systeme wiederherzustellen – aber das ist nicht passiert«, klagt er. »Wir reden von einem Europa der gebrochenen Versprechen.« Warum das immer wieder passieren konnte? »Die Probleme sind seit Langem bekannt, und immer wieder gibt es gute Analysen dazu, gerade Ende Januar hat die Kommission ein Reflexionspapier veröffentlicht, in dem genau steht, was wir tun müssten, dass sich die Landwirtschaft an den globalen Nachhaltigkeitszielen orientieren solle und Ökosysteme wiederherstellen müsse. Warum es nicht passiert? Langsam habe ich für mich auch keine Antworten mehr.«[153]

Vielleicht hat das Bundesfinanzministerium eine Antwort? Der Bundeshaushalt investiert seit Jahrzehnten viele Milliarden Euro in ein Umverteilungssystem, das ein überlebenswichtiges

Ziel, den Erhalt der Biodiversität, immer wieder verfehlt. Wie steht das Finanzministerium zu den Vorwürfen des Europäischen Rechnungshofes?

Die Antwort kommt anonym und ist gezeichnet mit »Ihr Bürgerreferat«, was mich irritiert durch die Gleichzeitigkeit von Possessivpronomen und Unpersönlichkeit. Wer auch immer geschrieben hat, er oder sie hat die Kritik des Europäischen Rechnungshofes zur Kenntnis genommen und berichtet, die Vorschläge der Kommission seien in mehreren Sitzungen der Ratsarbeitsgruppe »Horizontale Agrarfragen«, des Sonderausschusses für Landwirtschaft und des Agrarrats diskutiert worden. »Es sind sehr schwierige Verhandlungen, weil die Auffassungen über die Ausgestaltung der künftigen Gemeinsamen Agrarpolitik sehr divers sind. Zahlreiche Mitgliedstaaten streben insbesondere im Bereich der Direktzahlungen keine nennenswerten Veränderungen an und sind Reformen – auch zugunsten des Klima- und Umweltschutzes sowie mehr Biodiversität – gegenüber nicht besonders aufgeschlossen.« Die künftige Agrarreform müsse aber von allen 28 EU-Mitgliedstaaten mitgetragen werden und werde daher immer ein Kompromiss sein, in dem sich alle Interessen wiederfinden müssen, erläutert das Finanzministerium.

Das ist nun wenig aufschlussreich, denn natürlich ist das Wesen von demokratischer Politik das Schließen von Kompromissen. Aber was genau heißt das für diesen konkreten Fall, wo das Ergebnis eines politischen Kompromisses (die europäische Agrarpolitik) ein gemeinschaftlich beschlossenes Ziel (den Erhalt der Biodiversität) unterläuft? Und was heißt überhaupt: »alle Interessen«? Stehen die kurzfristigen finanziellen

Interessen der Lebensmittelindustrie, die von günstigen Rohstoffen profitiert und für Umweltschäden nicht haften muss, gleichberechtigt neben den Interessen der Bürgerinnen und Bürger, die sauberes Wasser und gute Luft und eine gesunde Umwelt brauchen? Und neben den Interessen der zukünftigen Generationen, die wir in eine doppelte Krise von Klimawandel und Biodiversitätsverlust hineinstürzen lassen?

Das Finanzministerium schreibt weiter: »Die Kritik des Europäischen Rechnungshofs muss daher auch an den politischen Gegebenheiten und an dem Gespür für das Machbare gemessen werden.« Ich lese den Satz gleich drei Mal, um sicherzugehen, dass ich das richtig verstehe: Die politischen Gegebenheiten sind, wie sie sind, und das Gespür für das Machbare der erfahrenen Politiprofis sagt den Beamten im Ministerium, dass mehr eben nicht machbar ist, und damit hat sich die Sache. Da mögen die Kritiker im Rechnungshof bitte nicht so naiv sein und unrealistische Ziele einfordern, die noch naivere Journalistinnen dann auf die Idee bringen, irgendjemand könne ernsthaft meinen, Umweltziele hätten größere Priorität als kurzfristige nationale oder ökonomische Interessen. War das so gemeint?

Ich frage noch einmal beim Finanzministerium nach.

> »Es ist ja völlig klar, dass die unterschiedlichen Länder jeweils eigene Interessen verfolgen und jede Agrarpolitik bestrebt sein wird, möglichst viel EU-GAP-Geld zurück in sein eigenes Land fließen zu lassen. Doch meine Frage zielt ja nicht auf die unterschiedlichen Interessen, sondern auf die Erreichung der Europäischen Umwelt- und Biodiversitäts-

ziele. Auf die haben sich die EU-Länder ja längst verständigt, sie müssten doch einen höheren Stellenwert haben und folglich als übergeordnetes Ziel über der Ausgestaltung der GAP stehen?«

»Sehr geehrte Frau Dr. Busse,
das Bundesministerium der Finanzen hat Ihre Anfrage umfassend beantwortet. Alles Weitere können Sie den kommenden Verhandlungen entnehmen. Für inhaltliche Fragen ist im Übrigen das Bundesministerium für Ernährung und Landwirtschaft federführend zuständig.

Mit freundlichen Grüßen
Ihr Bürgerreferat«

»Sehr geehrtes Bürgerreferat,
herzlichen Dank für Ihre Antwort! Selbstverständlich stehe ich mit dem BMEL in Kontakt, ich fahre für ein ausführliches Gespräch dazu nach Bonn.
Trotzdem interessiert mich die Position des Finanzministeriums zur GAP und vor allem zur Kritik des Europäischen Rechnungshofes.

Bei der Reform der GAP geht es um eine der weitreichendsten finanziellen Entscheidungen der Bundesrepublik und Europas für die nächsten Jahre, es geht um die biologische Vielfalt, um Klimaschutz, um natürliche Ressourcen und um die Gesundheit der Bürgerinnen und Bürger.

Erlauben Sie bitte wegen dieser enormen Bedeutung der Reform, dass ich noch einmal nachfrage: Der Europäische Rechnungshof warnt ja sehr eindringlich, dass die aktuellen

Pläne zur GAP dazu führen werden, dass wichtige umweltpolitische Ziele verfehlt werden.

Aus vielen Studien ist bekannt, dass die Heilung von Umweltschäden teurer wird, als es die Vermeidung der Schäden gewesen wäre. Als aktuelles Beispiel mögen die Strafzahlungen gelten, die Deutschland für die Nicht-Einhaltung der Nitratrichtlinie zahlen muss. Eine Europäische Agrarpolitik, die Umweltziele weiterhin verfehlt, ist also doppelt teuer für den Bundeshaushalt und letztlich die Steuerzahler.

Ich habe an Ihrem Ton der Antwort gemerkt, dass Sie sich durch meine Nachfrage gestört fühlen. Doch als Moderatorin von zahlreichen Veranstaltungen zur Agrarpolitik weiß ich, dass diese Sorge über verfehlte Subventionen viele Bürgerinnen und Bürger beschäftigt.

Deshalb würde ich Sie um eine Antwort bitten: Wie setzt sich das Finanzministerium bei den GAP-Verhandlungen für die Einhaltung der längst vereinbarten Umweltziele der EU gegenüber nationalen Einzelinteressen ein?

Herzlichen Dank für Ihre Mühe,

Tanja Busse«

Noch demütiger kann man als Journalistin nicht um Antwort bitten, finde ich, doch mein Bürgerreferat hat die Kommunikation an dieser Stelle abgebrochen.

Kapitel 10

Verfehlte Ziele

Viele Gesetze schützen die Biodiversität – aber nur auf dem Papier

Gäbe es eine Geschichtsschreibung der Feldhasen in Mitteleuropa, wären darin die letzten fünf Jahrzehnte als dunkle Jahre der Verfolgung und der Verzweiflung beschrieben. Eigentlich war das hier unser Gelobtes Land, würden die Feldhaseneltern ihren Kindern erzählen. Vor vielen tausend Jahren sind unsere Vorfahren den Menschen aus dem fernen Osten nach Europa gefolgt, und hier, auf ihren Feldern und Weiden, haben sie lange Zeit viel besser gelebt als zuvor in der Steppe. Natürlich waren die Menschen niemals unsere Freunde, schon immer haben sie uns gejagt und getötet – genau wie die Füchse –, aber wir haben viele Jahrtausende lang neben ihnen überlebt.

Stellt euch vor, würden die Haseneltern sagen, es gab mal eine Zeit, da gab es viel weniger Füchse! Und gar keine Waschbären! Und überall soll es Verstecke gegeben haben, alle paar Meter Hecken, Büsche und Gräben. Es muss so viel leichter gewesen sein, sich vor den Füchsen zu verstecken. Damals mussten die Häsinnen nicht so weit laufen, um genug Futter für eure

Milch zu finden, würden die Hasenmütter ihren Jungen erzählen. Es muss viel weniger anstrengend gewesen sein. Auf den Weiden und an den Wegrändern wuchsen leckere Kräuter, einfach überall. Manchmal sind unsere Vorfahren sogar hinter die Zäune der Menschen gelaufen und haben dort die leckersten Blätter gefressen, die man sich nur vorstellen kann, Kohlrabi heißt das bei den Menschen. Überall bei ihren Häusern gab es solche kleinen Felder, Gemüsegarten haben die Menschen sie genannt.

Die Hasenkinder würden mit dem Kopf schütteln und die alten Geschichten als Märchen abtun. Ein Land des Überflusses ohne Hunger, in dem überall leckeres Futter wächst, mit Verstecken an jeder Ecke und nur wenigen Füchsen? Wer soll das glauben, in einer Zeit, in der an jeder Ecke ein Beutetier wartet und die Fluchtstrecken von einem Versteck zum anderen so lang sind, dass die Hasenkinder kaum eine Chance haben?

Tatsächlich hungern die jungen Feldhasen in der intensiv gedüngten Agrarlandschaft. Ihre Mütter kommen nur einmal am Tag für wenige Minuten zum Säugen in das Versteck, in dem sie ihre Jungen zur Welt gebracht haben. So ist die Chance am größten, dass die Beutetiere – Füchse, Waschbären, Greifvögel und Raben – die Kleinen nicht entdecken. Um die kleinen Hasen in so kurzer Zeit satt zu bekommen, müssen die Häsinnen extrem nahrhafte Milch mit mehr als 20 Prozent Fett produzieren, und dazu brauchen sie energiereiche Kräuter zum Fressen. Von Gräsern allein würden sie nicht satt. Deshalb lieben die Feldhasen Karotten- und Luzernefelder, Gemüsegärten und die Kleegraswiesen der Ökolandwirte. Und deshalb ist ihr Überleben überall gefährdet, wo diese nahrhaften Pflanzen fehlen, und das ist dort, wo der intensive Ackerbau mit seinen engen Fruchtfolgen dominiert. Der Biologe Klaus Hackländer von der Universität für Bodenkultur in Wien hat bei seinen Feldhasenforschungen einen direkten Zusammenhang zwischen Biodiversität und Überlebensrate der Hasenkinder festgestellt: Je höher die Vielfalt auf den Feldern, desto mehr kleine Hasen überleben. In einer kleinteiligen Landschaft mit Brachen und Hecken müssen die Häsinnen nicht weit laufen, um genug Energie für ihre Milch zu bekommen, und sie haben bessere Möglichkeiten, sich und ihre Kinder zu verstecken. Je größer aber die Felder sind und je enger die Fruchtfolge, desto monotoner ist ihre Nahrung, und desto weiter müssen die säugenden Häsinnen für die Futtersuche laufen. Das schwächt auch die Hasenkinder.[154]

Während Feldhasen, Rebhühner und Feldhamster unter der intensiven Landwirtschaft leiden, profitieren die anpassungsfähigen Allesfresser – Füchse, Waschbären und Rabenvögel – von den gut gedüngten Agrarlandschaften, und diese Zunahme der Prädatoren erhöht den Druck auf die geschwächten Feldhasenpopulationen noch weiter.

Das alles ist gut erforscht, niemand muss rätseln, warum es immer weniger Feldhasen gibt, und es herrscht auch Einigkeit darüber, außer in Details vielleicht, wie man ihnen helfen könnte. Vermutlich würden sich die Feldhasen sehr wundern, wenn sie erführen, dass die Menschen beschlossen haben, die Biodiversität zu retten und dass auch sie, die Feldhasen, als »geschützte Tiere« im Anhang III der Berner Konvention aufgeführt sind. Wenn die Menschen uns doch schützen wollen, würden sie fragen, warum erschießen sie uns dann? Und warum nehmen sie uns unsere Verstecke und unsere Nahrung? Die Hasen würden rätseln, ob es diese Beschlüsse wirklich gibt und, wenn ja, warum die Menschen sie nicht umsetzen.

»Wir haben eine ganze Reihe wichtiger Verfassungsnormen, die alle staatlichen Organe verpflichten, die biologische Vielfalt zu schützen«, sagt Peter Feindt. »Biologische Vielfalt ist nicht nur *nice to have.*« Feindt ist Professor für Agrarpolitik an der Humboldt-Uni zu Berlin, seit vielen Jahren arbeitet er an Vorschlägen für eine gerechtere und nachhaltigere europäische Agrarpolitik. Deshalb hat ihn das Bundesumweltministerium zum Agrarkongress 2019 eingeladen. Er soll die Rolle der biologischen Vielfalt für eine neue, gesellschaftlich akzeptierte Agrarpolitik erläutern. Peter Feindt unterscheidet zwischen dem instrumentellen Wert der Vielfalt (wozu brauchen wir sie?) und dem Eigenwert der Arten (sie haben ein Recht auf Leben). Daraus leitet er eine doppelte Verpflichtung ab, das Überleben der Arten im Anthropozän zu sichern, einmal aus moralischen Gründen und zum anderen aus purem Eigennutz, weil wir die Vielfalt zum Überleben brauchen. Damit ist klar: Biologische Vielfalt ist viel mehr, als schön anzusehen.

Dieser Schutz ist rechtlich verbindlich, stellt Peter Feindt klar. Er hat alle Gesetze und Vereinbarungen zusammengetragen, in denen sich die Bundesrepublik Deutschland zum Schutz der biologischen Vielfalt verpflichtet hat, und die trägt er beim Agrarkongress vor. »Das geht los mit dem Grundgesetz, Artikel 20: Der Staat schützt auch in Verantwortung für die künftigen Generationen die natürlichen Lebensgrundlagen. Es folgt Artikel 1 des Bundesnaturschutzgesetzes: Natur und Landschaft sind aufgrund ihres eigenen Wertes und als Grundlage für Leben und Gesundheit des Menschen (…) zu schützen. Dann haben wir mehrere Normen bei der EU, insbesondere Artikel 11 des Vertrags über die Arbeitsweise der Europäischen Union, auch bekannt als Lissabon-Vertrag, der sagt ausdrücklich: Die Erfordernisse des Umweltschutzes müssen bei der Festlegung und Durchführung der Unionspolitiken und -maßnahmen insbesondere zur Förderung einer nachhaltigen Entwicklung einbezogen werden. Und alle Organe und Institutionen werden auf ein »hohes Schutzniveau« verpflichtet.

Peter Feindt spricht zügig, man hört, dass er oft Vorlesungen vor Studierenden hält, und man hört einen leisen Triumph in seiner Stimme wie bei einem Mathematiklehrer, der seiner Klasse eine komplizierte Formel herleitet und kurz vor dem Ende der Beweisführung steht. Der Beweis ist hier ganz offensichtlich: Biologische Vielfalt ist mehr als *nice to have*, die Bundesrepublik hat sich immer wieder verpflichtet, sie zu schützen. Doch der Professor ist noch nicht am Ende seiner Aufzählung. »Wir haben bei den Vereinten Nationen das Übereinkommen zur biologischen Vielfalt: Da verpflichten sich die Mitgliedsstaaten, zu denen auch alle Mitgliedsstaaten der EU gehören, die biologische Vielfalt auf den Ebenen der Gene, Arten und Ökosysteme zu schützen. Und ganz wichtig für uns: Der Eigenwert der biologischen Vielfalt wird hier völkerrechtlich verbindlich anerkannt. Das alles wird dann umgesetzt in der Nationalen Biodiversitätsstrategie.« Peter Feindt holt kaum Luft, er legt an Tempo zu. »Wir sind immer noch nicht am Ende: Es gibt auch noch die *Sustainable Development Goals* der Vereinten Nationen, und Ziel 15 sagt ausdrücklich: Verlust der

Biodiversität stoppen und nachhaltige Nutzung der terrestrischen Ökosysteme fördern. Hier gibt es auch immer den Zusammenhang zwischen Schutz und Nutzung. Und ganz wichtig ist noch das Vorsorgeprinzip, das unter anderem im Grundgesetz verankert ist.«

Doppelt hält besser, muss ich denken, als ich dieser Aufzählung beim Agrarkongress zuhöre, oder in diesem Fall: siebenfach hält besser. Aber warum verschwinden trotzdem die Insekten? Warum sterben die Hasenkinder? Warum werden die Roten Listen länger? Wie kann es denn sein, dass so viele Gesetze und Abkommen die biologische Vielfalt schützen – und sie trotzdem nicht geschützt ist?

Peter Feindt ist auch der Vorsitzende des Wissenschaftlichen Beirats für Biodiversität beim Bundesministerium für Ernährung und Landwirtschaft, und zusammen mit diesem Beirat – 16 Männer und eine (!) Frau – hat er die juristischen Grundlagen zum Schutz der Biodiversität mit der Realität abgeglichen.[155] Auch diese Ergebnisse trägt er auf dem Agrarkongress vor: »So, wie ist jetzt der Stand der biologischen Vielfalt und ihrer Entwicklung in den Agrarlandschaften?«, fragt Feindt, und es folgt zack, zack, zack eine negative Schlagzeile nach der anderen. Auf der Ebene der Habitate sieht es nicht gut aus: 55 % der Biotoptypen »Äcker und Ackerbrachen« sind stark gefährdet, stehen kurz davor, dass wir die endgültig verlieren. Im Grünland sieht es noch schlimmer aus: 88 % der Biotoptypen des Grünlands sind vollständig vernichtet oder stark gefährdet. Auch bei den Tieren gibt es keine guten Nachrichten: Die Bestände der Braunkehlchen sind eingebrochen, die der Rebhühner noch schlimmer. 17 von 24 Brutvogelarten des Offenlandes:

gefährdet. Amphibien und Reptilien: über 60 % bestandsgefährdet. Fische und Neunaugen: 36 % ausgestorben oder gefährdet. Das, sagt Peter Feindt, waren nur die Highlights, und verweist auf weitere Zahlen und sämtliche Quellen in der Stellungnahme des Beirats.

Was nun? Siebenfach geschützte Biodiversität und siebzigfach, ach tausendfach verfehlter Schutz. Warum wurde das jahrelang so hingenommen? Ist es nicht illegal, wenn Gesetze nicht eingehalten und verbindlich formulierte Ziele verfehlt werden? Oder zumindest rechtswidrig? Warum bleibt das dann straflos? Warum ziehen die Braunkehlchen nicht vor Gericht und klagen gegen die Vernichtung ihres Lebensraumes? Warum kann das keiner in ihrem Namen tun?

Meine kleine Reise durch die deutschen und europäischen Agrar- und Naturschutzgesetze hat ergeben, dass Schutzgebiete viel zu wenig schützen, dass manche Verbesserungen sogar verboten sind und dass die europäische Agrarpolitik Naturschutzziele unterläuft. Und für diese Agrarpolitik, die Landwirte sehr oft nötigt, gegen die Natur zu wirtschaften, werden noch immer Milliarden Euro öffentlicher Gelder ausgegeben. Und obwohl das alles lange bekannt ist und obwohl diese Entwicklungen ausdrücklich unseren politischen Zielen widersprechen, fördern wir noch immer ein falsches Wirtschaftssystem, das systematisch Ressourcen zerstört. Wir handeln noch immer, als wüssten wir nicht, dass natürliche Ressourcen begrenzt sind und Biodiversität und Klimaschutz überlebenswichtig. *Cheap nature*, danke!

Alle diese Widersprüche werden seit vielen Jahren kritisiert, und all diese Kritik wird seit vielen Jahren ignoriert, nicht in den Festtagsreden, aber immer dann, wenn es um entscheidende Gesetze und Verordnungen geht, die wirkliche Veränderungen bringen würden. Und so viele wissen, dass es eigentlich anders sein müsste, und sie ärgern sich und fühlen sich machtlos.

Ich habe immer wieder Wissenschaftler, die sich für die Biodiversität einsetzen, gefragt, wie sie das empfinden. Es ist zum Verzweifeln, sagen die einen. Sich immer wieder aufzuregen nützt auch nichts, sagen die anderen. Manche ziehen sich zurück und treiben »akademische Kommastellenforschung«, höre ich, andere arbeiten lieber an konkreten Lösungen im Kleinen, statt auf die große Wende zu hoffen. Andere wieder meinen: Ohne die großen Ziele würden wir noch weniger erreichen. Und andere sind voller Erwartung: Über kurz oder lang wird sich was ändern, die Frage ist nur, wann.

Ich habe erst einen Wutausbruch einer Politikerin gebraucht, um zu verstehen, wie falsch es ist, das hinzunehmen und sich mit diesen großen Widersprüchen abzufinden. Slowfood, die Organisation, die sich für Genuss und nachhaltiges Essen einsetzt und gegen Fast-Food kämpft, hatte im September 2018 zu einer Veranstaltung nach Berlin eingeladen: Deadline 2020 – das Ende der Überfischung in der EU. 2020, so das selbst gesetzte Ziel der Gemeinsamen Fischereipolitik der EU, sollen die Fischbestände in Nord- und Ostsee vor Überfischung geschützt sein. Doch nach Einschätzung von Meeresforschern und Umweltorganisationen deutete im Sommer 2018 nichts darauf hin, dass dieses Ziel erreicht werden würde. Greenpeace etwa warnte: Die Kabeljaubestände in Nord- und Ostsee stehen kurz vor dem Kollaps.[156] Bei der Slowfood-Veranstaltung aber berichtete ein Wissenschaftler vom Thünen-Institut für Ostseefischerei von einigen Erfolgen im Kampf gegen die Überfischung. Wenn eines der EU-Ziele erst später erreicht würde, schloss er, sei das nicht tragisch.

Ich habe in den letzten Jahren viele Podiumsdiskussionen zu Umwelt- und Landwirtschaftsthemen moderiert. Obwohl sich die Lager bei solchen Diskussionen oft konträr gegenüberstehen, bleibt der Ton trotz großem Dissens meist ruhig und wenig emotional. Doch dieser Satz des Meeresforschers ließ die Bundestagsabgeordnete Steffi Lemke, Sprecherin der Grünen-Fraktion im Deutschen Bundestag, explodieren. Es könne nicht sein, stellte sie klar, dass die Politik ihre selbst gesetzten Ziele immer wieder verfehle und sich dann achselzuckend eine neue Deadline setze und das Ziel einfach in die Zukunft verschiebe. Es könne auch nicht die Aufgabe der Zivilgesellschaft sein, die Politik zu verklagen, weil die nicht genug tut, um ihre selbst gesetzten Ziele zu erreichen. Diese Haltung führe zu einem gefährlichen Vertrauensverlust. Wie sollten die Bürgerinnen und Bürger die Politiker ernst nehmen, wenn die so gefährlich fahrlässig über ihre eigenen Ziele hinwegsehen? Das gefährde die Demokratie.

Ich hörte staunend zu, wie Steffi Lemke den Bogen von den Kabeljaubeständen in der Ostsee zur systemgefährdenden Politikverdrossenheit spannte. Ich verstand, wie recht sie hatte. Und ich fühlte mich ertappt. Weil ich dem Wissenschaftler zugehört hatte und schon genickt hatte: Immerhin, ein paar Erfolge, im Mittelmeer sieht es viel schlimmer aus. Da läuft das doch ganz gut hier. Die Überfischung ein bisschen begrenzt, das ist doch schon mal was. Und na ja, ob 2020 oder 2022 … Als Steffi Lemke sprach, verstand ich erst, dass ich selbst dieser zynischen Haltung erlegen war. Ich war nicht erstaunt, dass die Ziele verfehlt wurden, weil ich es nicht erwartet hatte. Weil Umweltziele ja eh immer verfehlt werden. Aber das ist eine gefährliche Resignation.

Es ist vor allem Steffi Lemkes Verdienst, dass sich der Bundestag mit der gefährdeten Biodiversität beschäftigt hat. Immer wieder hat sie das Thema auf die politische Agenda gesetzt, mit Fachgesprächen, Kleinen Anfragen und Veranstaltungen. Doch die große Mehrheit der Abgeordneten hat die Relevanz viel zu spät erkannt.

Dann waren es ausgerechnet die sozialen Medien, die dieses Versäumnis, das achselzuckende Hinnehmen des Nichthinnehmbaren, skandalisiert haben. In seinem Video über die Klimapolitik der CDU echauffiert sich der YouTuber Rezo darüber, dass die Bundesregierung die Ziele des Pariser Abkommens verfehlt. Er wettert: »Sich selbst Ziele setzen und die dann nicht einhalten? Was ist das denn für ein inkompetenter Shit? Ziele setzen und nicht einhalten ist doch kein Verhalten für eine *fucking* Bundesregierung, das ist was für Leute, die abnehmen wollen!«[157] Politiker in Regierungsverantwortung könnten daraus zwei Dinge lernen: einmal, dass das Zieleverschieben Empörung auslöst, zweitens könnten sie diese Empörung aber auch als ein Zeichen für ein noch vorhandenes Vertrauen in die politischen Institutionen deuten. Denn Empörung ist ja der Ausdruck einer enttäuschten Erwartung, das zeigt also, dass Rezo und mit ihm hoffentlich viele andere junge Bundesbürger grundsätzlich davon ausgehen, dass ihre Regierung die selbstgesetzten Ziele auch erreicht. Es wäre viel gefährlicher, wenn sich der junge Blogger nicht so aufregen würde, weil er eh von der Handlungsunfähigkeit des politischen Systems überzeugt wäre. Genau das ist er aber nicht, und dieses Vertrauen darf nicht verspielt werden. (Es ist ein Geschenk an die Demokratie, wenn es unter den einflussreichen jungen Leuten eines Landes so glühende Demokratieverteidiger gibt, die voller Inbrunst ihre Fans anflehen: Geht wählen! Aber informiert euch genau, wen! Und wählt keine rechten Parteien! Diese Haltung hätten die Chefinnen der Volksparteien loben müssen.)

Rainer Froese, der Meeresforscher von Geomar, der die Routen der Fischer ausgewertet und herausgefunden hat, dass Meeresschutzgebiete nicht vor Überfischung schützen, teilt Steffi Lemkes Einschätzung, dass das wiederholte Verfehlen von Umweltzielen das Vertrauen in die demokratischen Institutionen gefährdet. »Es erschüttert das Rechtsempfinden«, hat Rainer Froese gesagt. Vor Jahren habe er sich sehr für die Reform der Gemeinsamen Europäischen Fischereipolitik eingesetzt. Zwei Jahre lang sei er durch ganz Europa gereist und habe über fünfzig Vorträge gehalten, vor Fischereiberatern, Beamten, Politikern und NGOs. 2013 hat die EU ihre neue Fischerei-Verordnung verabschiedet[158], »ein gutes Gesetz ist das geworden«, sagt Froese, »es steht alles richtig drin.« Für einen Moment schien es Froese, als habe sich der Aufwand gelohnt. Doch die Ernüchterung folgte schnell. »Das Gesetz wird nicht umgesetzt, und es gibt Ausführungsbestimmungen, die der Verordnung eindeutig widersprechen.« Und zwar nicht nur in kleinen Details, sondern bei Fragen, die fundamental sind für die Biodiversität in der Ostsee: »Während das Gesetz eindeutig das Ende der Überfischung spätestens im Jahr 2020 vorschreibt, erlauben die Ausführungsbestimmungen wieder fortgesetzte Überfischung, zum Beispiel bis zu 70 Prozent über dem maximal nachhaltigen Wert für den Ostsee-Dorsch.«

Das habe ihn sehr frustriert, erzählt der Forscher, doch Kollegen hätten ihn gefragt, warum er denn so verwundert sei. Das sei doch normal. »Ich hatte den altmodischen Glauben, dass Gesetze gelten und auch einklagbar sind«, erklärt Froese, und ich frage mich, ob der Glaube an den modernen Rechtsstaat wirklich schon altmodisch ist und was an seine Stelle getreten sein könnte. »Ich dachte, wenn etwas als Gesetz beschlossen ist und die Ausführungsbestimmungen dem Geist des Gesetzes widersprechen, müsste es doch eine Art Normenkontrollklage geben, um das zu klären«, fährt Froese fort. »Doch zu meiner Frustration musste ich lernen, dass eine Klage nicht möglich ist, wenn das Gesetz und die Ausführungsvorschrift vom selben politischen Organ erlassen wurde.« Juristisch ist im Fall der Überfischung nichts zu machen, nur politisch wäre das zu ändern, muss Froese erfahren – während die Kutter weiter die Schutzgebiete plündern, den Meeresboden umpflügen und Haie und Rochen töten. »Das erschüttert den Glauben an die Institutionen«, resümiert Froese, »und das finde ich nicht schlau von den Politikern, denn sie untergraben den Rechtsstaat damit.«

Wie sieht das die Verwalterin der Roten Listen, die Präsidentin des Bundesamts für Naturschutz, das unermüdlich über die Verluste berichtet, Fakten zusammenträgt, in Positionspapieren bündelt und Erfolgsmodelle vorstellt? »Klimaschutz und Biodiversität haben eins gemeinsam«, sagt Beate Jessel. »Die

Relevanz wird inzwischen gleichermaßen thematisiert, aber im praktischen Handeln tut sich nur sehr wenig. Wir werden die Klimaziele des Pariser Abkommens wohl ebenso verfehlen wie das Ziel, den Verlust der Biodiversität zu stoppen.« Jessel hat Landschaftspflege studiert, als Planerin gearbeitet, an der Universität geforscht. Sie war Professorin in Potsdam und München, bevor sie 2007 Präsidentin des Bundesamtes wurde, und in all den Jahren hat sie einen sehr klaren Blick auf die politischen Abläufe gewonnen, die der Durchschlagskraft von Umwelt- und Naturschutzzielen im Weg stehen. »Klimaschutz und Biodiversität sind beides Querschnittsthemen, die nicht allein in die Zuständigkeit des Umweltministeriums fallen, sondern eigentlich alle Ressorts betreffen«, erklärt Jessel. Das macht klare Entscheidungen kompliziert, denn es bedeutet, dass jedes Gesetz und jede Verordnung aus dem Umweltministerium mit allen betroffenen Ressorts abgesprochen werden muss, ganz gleich ob es um die Definition der Landschaftselemente geht oder um die deutsche Position zu den europäischen Fangquoten für Kabeljau. »Das ist ein mühsames Abstimmungsverfahren«, sagt Beate Jessel, doch sie stellt sofort klar, dass dieser komplizierte Weg trotzdem sehr wichtig sei. »Dieses Verfahren ist auch richtig so, denn es fragt sich, ob eine simple Durchsetzbarkeit von oben par ordre du mufti uns weiterbringen würde – denn das wäre unter Umständen wenig demokratisch und würde bei den betroffenen Akteuren auch nicht unbedingt zu Akzeptanz führen.« So gibt es Abstimmungen zunächst zwischen den einzelnen Abteilungen innerhalb eines Ministeriums, dann zwischen allen beteiligten Ministerien. Danach wird das Gesetz oder die Verordnung öffentlich mit den betroffenen

Verbänden diskutiert, und anschließend wird im Bundestag darüber debattiert, zunächst in den Ausschüssen und am Ende im Plenum. Ein Verfahren, das so viele Zwischenschritte aufweist, braucht Zeit. Es ist schwer, diese langen Aushandlungsprozesse mit der Kürze einer Legislaturperiode zu vereinbaren, das ist Beate Jessels Erfahrung, aber auch dazu gibt es keine einfache Alternative.

Umso wichtiger ist es, dass Gesetze Sanktionsmöglichkeiten vorsehen. Die sogenannte gute fachliche Praxis zum Beispiel ist ein Handlungsrahmen für Landwirte, der unter anderem einen sorgfältigen und sparsamen Umgang mit Pflanzenschutzmitteln vorschreibt.[159] Laut Pflanzenschutzgesetz ist diese gute fachliche Praxis verbindlich – aber sie ist nicht sanktionierbar.

Warum aber ist es so schwer, ein etabliertes politisches System zu ändern, selbst wenn sich immer mehr Stimmen in der öffentlichen Debatte dagegen aussprechen? Beate Jessel verweist auf die Systemtheorie des Soziologen Niklas Luhmann, der gezeigt hat, dass soziale Systeme autopoietisch und selbstreferentiell sind. Das bedeutet, dass sie sich selbst erschaffen und organisieren und dabei einer eigenen Logik folgen. Einmal etabliert, streben solche Systeme nach Selbsterhalt. Sie dann zu ändern oder gar abzuschaffen, ist sehr schwierig, nicht zuletzt, weil es bei jeder Veränderung natürlich nicht nur Gewinner, sondern auch Verlierer gibt. Das Komplizierte daran: Die Verlierer spüren ihre Verluste sofort, während die Gewinner meist erst nach einiger Zeit bemerken, dass sie von einer neuen Regelung tatsächlich profitieren. Mit diesem Konzept kann man erklären, warum die pauschalen EU-Flächenprämien für die

Landbewirtschaftung in der EU nicht durch das Prinzip »öffentliches Geld für öffentliche Leistung« ersetzt werden, auch wenn noch so viele Gründe dafür sprechen und genau das nötig wäre, um die Biodiversität zu retten. Und langfristig jeder davon profitieren würde.

Lange Abstimmungsprozesse in kurzen Legislaturperioden und träge Systeme, die sich gegen Veränderung wehren – das macht den Schutz der Biodiversität so kompliziert. Aber zu diesen komplizierten demokratischen Verfahren gibt es keine leichten Alternativen, das betont Beate Jessel immer wieder. Eine Ökodiktatur sei keine Lösung, auch nicht die Abkürzung von Beteiligungsprozessen. Als überzeugte Demokratin könne sie auch nicht sagen, nur wir Naturschützer wollen unsere Themen priorisiert haben. Das Recht hätten andere ja auch. Angesagt sei es vielmehr, über neue Beteiligungs- und Entscheidungsprozesse nachzudenken, die zudem die Zivilgesellschaft einbeziehen.

Könnte das helfen? Vielleicht könne es helfen, das Konzept der planetaren Grenzen auch für den Schutz der Biodiversität zu nutzen – ähnlich wie das Zwei-Grad-Ziel im Klimaschutz, schlägt Beate Jessel vor. Denn das mache deutlich, dass letztlich die Ökologie die Grenzen für wirtschaftliche und soziale Nachhaltigkeit bestimme.

Im Pariser Abkommen haben sich die Staaten der Welt darauf verständigt, dass das Zwei-Grad-Ziel eine solche planetare Grenze darstellt – selbst wenn noch nicht viel darauf hindeutet, dass sie wirklich nicht überschritten wird. Vielleicht ist es ein erster Schritt zu sagen: Jenseits dieser Grenze droht der Untergang der Zivilisation. Würde sich die Erde um mehr als zwei

Grad im Vergleich zur vorindustriellen Zeit erhitzen, wäre das Leben, so wie wir es heute kennen, nicht länger möglich. Deshalb müssen wir alles tun, um sie nicht zu überschreiten. Bis hierher und nicht weiter. Diese Erkenntnis bestreitet keine der etablierten und seriösen Parteien in Deutschland. Natürlich kann man zynisch sein und beklagen, dass es uns trotzdem bislang nicht gelingt, die Emissionen zu senken und das Klima wirklich zu schützen. Aber das klare Ziel hat den politischen Druck und das Maß an Verbindlichkeit und Messbarkeit immerhin erhöht. Vielleicht brauchen wir eine solche planetare Grenze auch für die Biodiversität, damit die Argumente des Naturschutzes in politischen Abstimmungsrunden in Zukunft mehr Gewicht bekommen. Damit das kurzfristige ökonomische Interesse einzelner Branchen nicht länger die Anliegen des Naturschutzes aus den Gesetzestexten und Durchführungsverordnungen verdrängt.

Der Publizist Maximilian Probst hat unsere Unfähigkeit zum wirkungsvollen Handel beim Klimaschutz in der Wochenzeitung *Die Zeit* analysiert. Der Klimawandel erschüttere Gewissheiten, schreibt er. Die Katastrophe sei nicht so komplex wie unser Weltbild, sondern so simpel wie die Slogans der protestierenden Schüler. Ihr Schwarz-Weiß-Denken – das angesichts des Klimawandels offenbar richtig sei – könnte für uns auch deshalb so schwer zu akzeptieren sein, weil die Anerkennung von Ambivalenz eine wirkliche Errungenschaft sei, eigentlich das Lebenselixier der liberalen Demokratie. »Denn nur, wenn es in den grundlegenden Fragen kein Richtig und kein Falsch gibt, kann die Tugend gedeihen, Kompromisse zu finden. Und darauf sollen wir jetzt verzichten?«, fragt Probst.[160]

Übertragen auf die langen Abstimmungsprozesse bei der Gesetzgebung, die wirkungsvollen Klima- und Biodiversitätsschutz bislang immer wieder weichgespült und unterlaufen haben, könnte das heißen: Ja, auf solche Kompromisse – den Ausgleich zwischen verschiedenen Interessen, die wir alle als berechtigt wahrnehmen – müssen wir in Zukunft verzichten. Ohne dabei aber die Demokratie, der wir so viel Freiheit und Sicherheit und Wohlstand verdanken, infrage zu stellen. In Zukunft muss die Einhaltung der planetaren Grenzen – der Schutz des Klimas, der Biodiversität, der natürlichen Ressourcen – über kurzfristigen Partikularinteressen stehen.

Dabei geht es ums Ganze, wie auch Maximilian Probst betont: »In der jetzigen Situation jedenfalls scheinen die Demokratien auf der Welt regelrecht in Zugzwang: Sie müssen unter Beweis stellen, dass sie sich der Klimakrise nun endlich wirksam entgegenstellen können. Andernfalls versagt diese Regierungsform vor ihrer bislang größten Herausforderung.«

Das wird deshalb so schwierig, weil es viele gute Gründe gibt, ebendiese Regierungsform zu verteidigen – mit Blick auf die mörderischen Diktaturen, die bislang noch viel weniger in der Lage waren, planetare Grenzen zu sichern. Maximilian Probst bringt das auf den Punkt. So könnten uns ausgerechnet die Errungenschaften des Erfolgsmodells westliche Demokratie zum zuversichtlichen Ausharren verleiten. Es komme hinzu, schreibt er, »dass die demokratisch verfassten Gesellschaften ja auch noch Großartiges geleistet haben, während sie unter der Hand die Klimakrise vorantrieben. Ein weitgehend soziales, weltoffenes Europa haben sie zum Beispiel geschaffen, einen nicht gekannten Wohlstand; sie haben fantastische technologische Errungenschaften hervorgebracht und ein Bildungsniveau wie nie zuvor. So erscheint es selbstverständlich, dass jeder und jede, der und die an diesem Prozess in den vergangenen sieben Jahrzehnten seit dem Ende des Zweiten Weltkriegs mitgewirkt hat, ein gewisses Maß an Systemvertrauen entwickelt hat.« Dieses Systemvertrauen ist wie ein sanftes Schlaflied, das uns einlullt, das uns, die Älteren vor allem, in der Hoffnung wiegt, dass wir das Problem mit dem Klima und den Bienen und dem Müll im Meer schon noch gelöst bekommen, wo sich doch so viele findige Leute darüber Gedanken machen.

Doch es zeigt sich, dass unser politisches System – der demokratische Rechtsstaat, dem wir so unendlich viel mehr Freiheiten verdanken, als die Menschen je hatten – auf gefährliche Weise ungeeignet ist, die globale ökologische Krise abzuwenden und dafür zu sorgen, dass die Erde ein *safe operating space for humanity*, ein sicherer Ort für die Menscheiten bleiben wird. Zurzeit fehlen dafür sowohl die rechtlichen Grundlagen als auch die Möglichkeiten zur politischen Einflussnahme. Der Widerspruch ist schwer auszuhalten: Niemand bestreitet die Gefährdung der Feldhäsin und ihrer Jungen, und niemand bestreitet die Bedeutung der Biodiversität für das Überleben der Menschheit. Auf dem Papier sind beide geschützt. Trotzdem sitzt kein Vertreter der Feldhasen und des Kleinen Heidegrashüpfers am Tisch, wenn über die Definition der Landschaftselemente geredet und wenn über die Zukunft der Gemeinsamen Europäischen Agrarpolitik verhandelt wird.

Das ist ja nicht richtig, werden jetzt die Befürworter des Status quo sagen: Die Umwelt- und Naturschutzverbände werden immerhin angehört, und sie sprechen doch für die bedrohten Arten, sie sind ja gewissermaßen die Lobbyisten der Feldhasen und Heideheuschrecken. Tatsächlich werden die Belange von Umwelt und Natur berücksichtigt, aber sie stehen bestenfalls gleichberechtigt neben den anderen Interessen. Vielleicht kann man sich das so vorstellen: Wenn über die Zulassung von Insektiziden entschieden wird, sitzen die Vertreter der Agrarchemiekonzerne auf großen Stühlen und die Vertreter der Wildbienen auf sehr kleinen Stühlen, sodass sie kaum über die Tischkante blicken können, um ihre Position in die Papiere zu schreiben, die sehr direkt über ihre Zukunft entscheiden werden.

Es zeigt sich, dass unser Recht und unser politisches System nicht gemacht sind für die Probleme des Anthropozäns. Der demokratische Rechtsstaat schützt den Einzelnen vor staatlicher Willkür, das ist eine große Errungenschaft, das Ergebnis aus den Lehren einer brutalen Vergangenheit. Aber der demokratische Rechtsstaat schützt weder seine Bürgerinnen und Bürger noch die bedrohten Arten vor den Folgen einer globalen ökologischen Krise. Als das Grundgesetz und vor diesem die älteren Verfassungen der anderen demokratischen Länder geschrieben wurden, hat sich diese Notwendigkeit noch nicht abgezeichnet. Jetzt fehlen schlicht die geeigneten Instrumente: Sanktionsmöglichkeiten, Beteiligungsrechte, Klagebefugnisse für bedrohte Arten und Ökosysteme und einklagbare Umweltziele.

Es gibt eine andere Sichtweise auf diese Frage, warum die politischen Systeme bislang nicht in der Lage sind, dafür zu sorgen, Klima und Biodiversität zu schützen und die planetaren

Grenzen zu respektieren – also die Grundlagen ihres eigenen Fortbestehens. Nach dieser Anschauung leben wir nicht im Anthropozän (in dem die Menschen als treibende geologische Kraft und wichtigster Faktor für alles Leben auf der Erde gelten), sondern im Kapitalozän, verstanden als die Epoche, in der der Kapitalismus die Natur organisiert. Nach dieser Vorstellung sollte Kapitalismus als »Weltökologie aus Macht, Kapital und Natur« verstanden und analysiert werden.[161] So definiert es der Soziologe Jason W. Moore, der ebendiese Weltökologie an einer amerikanischen Universität unterrichtet und das *world-ecology research network* leitet, das folgenden Fragen auf den Grund geht: Wie wirken das Streben nach Macht, die Akkumulation von Kapital und die Koproduktion der Natur zusammen? Der Fokus liegt dabei auf den komplexen Wechselwirkungen zwischen Menschen, die ihre Umwelt formen, und dem *web of life*, dem Netzwerk des Lebens, das wiederum die Menschen und ihre Organisationen formt. Kapital, Macht und Natur sollen dabei als »organisches Ganzes« verstanden werden.[162] Es sei viel zu einfach, vom Anthropozän zu sprechen, als wäre die Menschheit »als undifferenziertes Ganzes« Schuld an der aktuellen globalen Krise.[163] Dadurch gerieten die wichtigen Entwicklungen aus dem Blickfeld, nämlich der Imperialismus, die Ungleichheit in der Gesellschaft, die *commodification*, also Umwandlung von Lebensmitteln zu Waren. Es sei viel zu spät, mit dieser Spurensuche erst bei der industriellen Revolution zu beginnen, als die Menschen begannen, fossile Energien in gigantischen Mengen zu verbrennen und Kohlendioxid freizusetzen, das jetzt unser Klima bedroht. Kohle und Dampfmaschine in England – das greift viel zu kurz, meint Moore. Der Ursprung der heutigen Krise liege vielmehr in den drei Jahrhunderten nach 1450, die als Epochenwende gelten, als Übergang vom Mittelalter zur Neuzeit. Moore beschreibt die Zuckerrohrplantagen, die noch vor der Wiederentdeckung Amerikas auf den Atlantikinseln Madeira und São Tomé gepflanzt wurden und später in Brasilien. Moore nennt diese Zeit *the rise of cheap nature,* den Aufstieg der »billigen Natur«, deren Aneignung und Ausbeutung nur wenig kostete und den Besitzern gute Gewinne brachte. Als *cheap nature* bezeichnet Moore die Aneignung von *frontier land*, von neuem Land jenseits der Eroberungsgrenzen, und die Aneignung von Arbeitskräften, die beide unabdingbar für die großen Wellen der Kapitalakkumulation gewesen seien.[164] Es war also eine doppelte Ausbeutung: Die europäischen Herrscher ließen Wälder für ihre Plantagen roden, und sie entführten und versklavten Menschen aus Westafrika. Einige Europäer wurden reich, weil die natürlichen Ressourcen beinahe nichts kosteten, nicht das Land und auch nicht die versklavten Menschen. Wenn man sich für einen Moment in einen Zuckerrohrsklaven der frühen Neuzeit versetzt, ergibt der Begriff Kapitalozän sehr viel mehr Sinn als Anthropozän. Anthropozän bedeutet, die Schuld auf alle zu verteilen und die Verantwortlichen aus ihrer besonderen Verantwortung zu entlassen. Als wäre es das unabänderliche Schicksal der Menschen, ihre Biosphäre zu zerstören, als habe es keine menschlichen Kulturen gegeben, die nachhaltig lebten und wirtschafteten.

Die finsteren Zeiten, als Hunderttausende Menschen in Ketten gelegt wurden und sich in Unfreiheit zu Tode schufteten, scheinen weit zurückzuliegen. Doch das System der doppelten

Ausbeutung und das Prinzip der Billigen Natur hat sich nur wenig verändert. In den Glashäusern von Almería und in den Tomatenplantagen Süditaliens schuften heute Migranten für Hungerlöhne. Auch die Arbeiter auf den Palmölplantagen Indonesiens und in den Weinbergen Südafrikas können oft kaum von ihrer Arbeit leben. Und beinahe überall auf der Welt profitieren Unternehmen von natürlichen Ressourcen, ohne dafür angemessene Preise zu zahlen und für einen nachhaltigen Umgang mit diesen Ressourcen zu sorgen. Und wir wohlhabenden Konsumenten der Industrieländer sind die Profiteure dieses Systems. Die Politikwissenschaftler Ulrich Brand und Markus Wissen bezeichnen das als »imperiale Lebensweise«, und der Soziologe Stephan Lessenich spricht von der Externalisierungsgesellschaft, die andere für die Schäden zahlen lässt, die sie selbst anrichtet.[165] Der Umwelthistoriker Justin McBrien schlägt vor, den Begriff Kapitalozän gleich durch das Wort Necrozän zu ersetzen, Todesalter etwa, weil die Vernichtung von Leben und Vielfalt im Herzen der Akkumulation des Kapitals liege. Die kapitalistische Expansion sei ein Prozess der Auslöschung, der *extinction*, argumentiert er. Damit meint er sowohl das Artensterben als auch die Ausradierung von Kulturen durch Gewalt oder Assimilierung und die Vernichtung der Erde durch die Ausbeutung der Ressourcen, durch Eutrophierung, Ozeanversauerung, Entwaldung, Wüstenbildung, Eisschmelze, die Lagerung von Atommüll und den großen pazifischen Müllstrudel.[166]

Natürlich kann man diese Begriffe kritisieren: Vieles spricht dafür, dass die Steinzeitmenschen für das Aussterben der Europäischen Waldelefanten und Nashörner und der anderen

Megaherbivoren verantwortlich sind, diese Zeit aber in das Kapitalozän einzugliedern ist wenig sinnvoll. Das finstere Necrozän hat zweifelsohne mehr als *extinction, extinguishing* und *extermination* hervorgebracht, und gleichzeitig gab es Auslöschung und Vernichtung auch dort, wo keine Kapitalisten herrschten. Doch eines lässt sich nicht wegargumentieren, und das ist die anhaltende Beanspruchung von *Cheap Nature* und die Externalisierung der Schäden und Kosten. Der Wohlstand, den unser Wirtschaftssystem hervorgebracht hat, ist entstanden, weil die Natur und ihre Ökosystemleistungen beinahe nichts gekostet haben. Die Menschen haben sich das Holz und das Wild aus den Wäldern geholt, Kohle und Gas und all die anderen Bodenschätze aus der Erde und die Fische aus dem Wasser.

Während unser materieller Wohlstand wuchs, ist der ökologische Reichtum der Erde geschrumpft. Damit sei es jetzt vorbei, dieses Konzept stoße an seine Grenzen, schreibt der Theoretiker der Welt-Ökologie Jason Moore, weil es keine neuen Inseln und Kontinente mehr zu erobern gebe und weil die Erde vor einem globalen *state shift* stehe, weil Klimawandel und Massenaussterben die Erde für immer verändern könnten.

Wenn aber die kostenlose Nutzung von endlichen Ökosystemleistungen ein inhärenter Teil unseres Wirtschaftssystems ist, dann wird die Frage, warum wir unsere Naturschutzziele nicht erreichen, gleich noch größer und komplizierter. Dann geht es nicht länger darum, wie Gesetze formuliert sein und Fördergelder verteilt werden müssen, sondern um die Transformation eines ganzen Wirtschaftssystems.

Kapitel 11

Systemfehler

Wie sich die Landwirtschaft vom chemischen Pflanzenschutz abhängig gemacht hat und wie sie sich befreien kann

Im Märzen der Bauer: So besingt das alte Kinderlied die Feldarbeit nach der Winterpause. Auch heute verbreiten die landwirtschaftlichen Fachzeitschriften diese Aufbruchsstimmung: »Saisonstart«, schreibt *Agrarheute*, das größte deutsche Landwirtschaftsportal, »Zum Frühlingsstart steht die Planung der Unkrautbekämpfung im Wintergetreide an. Die Vegetation setzt langsam ein und noch ausstehende Herbizidbehandlungen sollten nach dem milden Winter baldmöglichst erledigt werden.«[167] Es folgen die Empfehlungen eines landwirtschaftlichen Dienstleistungszentrums: 1,35 Liter Avoxa pro Hektar, 70 Gramm Biathlon 4D oder 150 Gramm Broadway mit Netzmittel oder auch Caliban und Aurora. Auch Primus Perfect und Husar sind geeignet. Acht verschiedene Wirkstoffkombinationen empfehlen die Berater gegen den feingefiederten Windhalm und zehn gegen den Ackerfuchsschwanz, dessen rötliche Ähren im Sommer das Getreide überragen. »Sobald die Nachfröste nachlassen, sollten sie ihr Wintergetreide prüfen!«

Im April ist der Mais an der Reihe. »Aktuelle Witterung fordert eine starke Fungizidleistung! Mit den Syngenta Maisherbiziden zum erfolgreichen Maisanbau!«, verheißt *Agrarheute* im Newsletter vom 17. April. Im Norden Deutschlands liegen die Samenkörner des Mais, der zur Ernte im Herbst über zwei Meter groß werden wird, noch gar nicht in der Erde, doch vorsorglich werden die Landwirte schon einmal vor der drohenden Gefahr gewarnt: »Der Mais reagiert jetzt besonders empfindlich auf Stressfaktoren. Die Zintan und Elumis Packs von Syngenta können bereits sehr früh angewendet werden und sichern so einen konkurrenzfreien Aufwuchs in der kritischen Ertragsbildungsphase.«[168]

Danach muss wieder der Weizen gerettet werden: »Der Winterweizen ist in diesem Jahr meist mit eher geringem Ausgangsbefall in den Mai gegangen. Doch dieser Eindruck kann trügerisch sein! Ab Mitte Mai schiebt der Winterweizen die ertragsrelevantesten Blattetagen. Diese oberen Blattetagen müssen sicher vor Infektionen geschützt werden, um das Ertragspotential der Bestände abschöpfen zu können.« Da hilft nur Elatus Era Sympara vom Schweizer Agrarkonzern Syngenta, der diesen Newsletter stolz präsentiert.[169]

Natürlich wissen die Landwirte, dass ein mit Logo versehener Newsletter nichts anderes ist als Werbung, doch auch in der redaktionellen Berichterstattung wird häufig über den systematischen Einsatz von Pflanzenschutzmitteln berichtet, als gäbe es dazu keine Alternativen. Für die Landwirte, die mit diesen Selbstverständlichkeiten groß werden, ist es oft ein langer Weg zu anderen Arten der Landwirtschaftung.

Als junger Mann war Hartmut Böhner ein moderner Hochleistungslandwirt, der dem vertraute, was er an der Landwirtschaftsschule und im Agrarstudium gelernt hatte, zum Beispiel, dass nur eine optimale Nährstoffversorgung Höchsterträge bringt – am besten aus dem Düngersack. Böhner stammt von einem Bauernhof, den er nach dem Schutzpatron seiner Gemeinde Lichtenau bei Paderborn, St. Kilian, den Kilianihof genannt hat. Er ist ein Bauernsohn in der fünften Generation. Er sagt, er habe bei der Feldarbeit geholfen, seit er mit dem Fuß an die Kupplung gekommen sei. Mit zehn oder elf, in einem Alter, in dem Großstadtkinder heute zum Sportunterricht kutschiert werden, war er mit seinen Eltern bei der Feldarbeit. »Vatter und Mutter waren froh, dass sie nicht mehr alles alleine machen mussten«, erzählt Böhner. »Mit einundzwanzig Jahren war ich fertiger Agraringenieur, ich hatte alle Klausuren zum ersten Termin geschrieben und bestanden, ich war immer in Bewegung und konnte Belastungen gut ab.« Anpacken gehört zum bäuerlichen Familienethos, und das Erbe verpflichtet. Nach dem Studium begann er als Versuchstechniker auf dem Versuchsgut Hohe Rott, wo der Fachbereich Landbau der Universität Paderborn damals seine Feldversuche machte. Nach der Arbeit und eineinhalb Stunden Autofahrt kümmerte er sich um die Kühe und Schweine zu Hause und um fünfzig Hektar Ackerland. »Auch die vierzig Hektar des Nachbarn habe ich noch mitgespritzt«, sagt Böhner. »Es war viel, viel zu viel Arbeit! Auf privaten Feiern habe ich schon nach dem Essen geguckt, wo ein Sofa ist, und nach einer Viertelstunde bin ich eingeschlafen.« Wie das eben so ist bei ehrgeizigen jungen Landwirten, die erfolgreich sein wollen. Ich habe sehr oft solche

Erzählungen von Arbeitswut bei Landwirten gehört, die die Landwirte selbst als Leidenschaft bezeichnen. Das ist vermutlich typisch für eine Branche, in der viele Arbeiten zu einer bestimmten Zeit erledigt werden *müssen*, bevor sich das Wetter ändert. »Das Wetter ist oftmals ein unerbittlicher Antreiber«, sagt auch Böhner. Ich glaube, dieses Immer-mehr-Leisten und Sich-überfordern führt auch dazu, von anderen – den Tieren im Stall zum Beispiel – immer mehr zu verlangen und permanentes Wachstum und Hochleistung schließlich für selbstverständlich zu halten. »Das Motto ist: Wer nicht leistet, der fliegt«, sagt Hartmut Böhner. Das gelte für die Tiere im Stall, aber auch für die Betriebsleiter.

»In den frühen achtziger Jahren haben wir auf dem Versuchsgut hochinteressante Versuche gemacht«, erzählt Hartmut Böhner, »einen zum Beispiel mit der neuen Generation von Beizmitteln, die systemisch wirkten. Sie sollten Wintergerste und Winterweizen vor Schädlingen schützen, die am Saatgut haften, wie etwa Steinbrand oder Schneeschimmel. Wir haben verschiedene Mittel auf *gesundes* Saatgut aufgebeizt und ausgesät. Bei der Ernte kam heraus, dass alle«, er macht eine Pause, als sei er noch heute erstaunt über das Ergebnis, »wirklich alle Pflanzen mit Beizmitteln schlechtere Ergebnisse brachten als das ungebeizte Saatgut. Bis zu fünfzehn Prozent weniger Ertrag!«

Von Insektensterben war damals noch nicht die Rede, Rachel Carsons *Der stumme Frühling* hatte nicht zum Lektürekanon der Studierenden an der Landwirtschaftsschule gehört, ökologische Bedenken kannte Böhner damals nicht. Die Beizen waren Mittel, die Pflanzen schützen sollten, und Aufgabe der

Versuchstechniker war es herauszufinden, welches Mittel am besten schützte. Bis Böhner feststellte, dass die Beizen zwar vor Schädlingen schützen, aber die Pflanzen offenbar schwächten. »Unsere Ergebnisse sind damals nicht groß diskutiert worden«, erklärt er, »mich haben sie irritiert, aber ich habe diese Erfahrungen noch nicht einordnen können, weil ich damals noch keine Vogelperspektive hatte.«

Böhner erzählt von einem weiteren Versuch, der sein Weltbild ins Wanken brachte: »Alle Weizenzüchter Deutschlands hatten uns ihre besten Sorten zum Test gegeben, und wir haben sie in vier unterschiedlichen Intensitäten angebaut – von wenig Dünger und Pflanzschutzmittel bis zum vollen Programm.« Die höchste Intensitätsstufe lag zwischen 180 Kilo Stickstoff pro Hektar und fünf bis sechs Anwendungen von Pflanzenschutzmitteln: eine Fußbehandlung mit Fungiziden dorthin, wo der Getreidehalm aus dem Boden kommt, ein Wachstumsregler, der die Länge des Halmes reduziert (damit die Pflanze in der Reifezeit nicht unter der Last der schweren Ähren bei Sturm und Nässe zu Boden geht), ein Mittel gegen Blattpilze wie Mehltau, weitere Chemikalien gegen Fusarien und Pilze auf die Ähren und bei Bedarf noch Insektizide gegen Blattläuse. Das Rundum-sorglos-Paket sozusagen: beste Ernährung und Schutz vor allem, was einer Pflanze irgendwie gefährlich werden könnte. Böhner erzählt, wie er gestaunt habe, als er ausgerechnet die unbehandelten Pflanzen in der nur wenig gedüngten Parzelle als gesünder bewerten musste als die die intensiv behandelten Pflanzen. »Das hat mich so irritiert, dass ich mehrfach auf dem Versuchsplan überprüft habe, ob ich mich nicht vertan hatte.«[170] Er bemerkte auch, dass selbst neue Sorten mit »Bestnoten für Mehltauresistenz« ihre Widerstandskraft oft schon nach zwei Jahren verloren. »Es ist wohl doch so«, dachte Böhner, »dass die intelligentesten Mikroorganismen um ein Vielfaches intelligenter sind, als die intelligentesten Wissenschaftler, die sich mit ihnen beschäftigen.« Er half bei weiteren Versuchen und bemerkte, dass Ergebnisse oft nur veröffentlicht wurden, wenn sie die Erwartungen der Hersteller erfüllten. »Das führt zu gefährlichem Halbwissen bei den Landwirten, die sich keine Klarheit über die Chancen und Risiken bei Dünge- und Pflanzenschutzmitteln verschaffen können. Heute würde ich das als gekaufte Wahrheit bezeichnen.«

Seine Zweifel wuchsen, und irgendwann änderte sich die Blickrichtung des jungen Landwirts. Böhner selbst spricht von der Vogelperspektive, die er im Laufe der Jahre gewonnen hat, aber ich stelle mir vor, wie er sich bei einer Versuchsfeldbesichtigung von den anderen abgewandt und auf den Boden geschaut hat. Dass er die Erde und auch die Blätter der Pflanzen in die Hand genommen, und dem, was er dort sah, mehr vertraute als den Dogmen der scheinbar modernen landwirtschaftlichen Lehrbücher jener Zeit.

Es musste etwas falsch sein mit dem System, hat er sich gesagt, wenn die Landwirte gesundes Saatgut mit Chemikalien behandeln und sich damit Mindererträge einhandeln. »Bis heute wird Saatgut vorbeugend gebeizt«, klagt er. »Das prophylaktische Beizen wird nicht hinterfragt, obwohl es in keiner Weise den Grundlagen des integrierten Landbaus entspricht.«[171] Der integrierte Landbau verlangt das sogenannte Schadschwellenprinzip. Das bedeutet, Ackerchemie soll erst dann eingesetzt werden, wenn der wirtschaftliche Schaden durch einen bestimmten

Befall vermutlich so hoch sein wird, dass sich die Aufwendung für Pestizide rechnen wird. Das gilt als Grundlage der guten fachlichen Praxis, die zwar eigentlich verbindlich ist, wie die BfN-Präsidentin Beate Jessel beklagt, aber nicht sanktionierbar.

Der junge Versuchstechniker jedenfalls hat seine eigenen Schlüsse daraus gezogen, was er auf den Testparzellen seines Versuchsgutes gesehen hat. Heute sagt er: »Die Beize ist eine Art Chemotherapie: Wenn ein gesunder Organismus eine Chemikalie verstoffwechselt, dann reagiert er mit Schwäche und Mindererträgen. Dabei müsste Beize eigentlich so konstruiert sein, dass sie wie eine Pflanzenmilch wirkt, etwa wie die Biestmilch, die allererste Milch der Kuh für ihr Kalb. Diese Pflanzenmilch sollte die Abwehrkräfte der Pflanze stärken, sodass sie selbst gegen die Schädlinge angehen kann.«

Er kritisiert das immer noch vorherrschende Versicherungsdenken im konventionellen Ackerbau, das einen vorsorglichen Schutz aus der Chemiefabrik gegen jeden potenziellen Schädling vorsieht. Stattdessen müsse es das Ziel des Pflanzenschutzes sein, die Immunität der Pflanze zu stärken. Nur, wie kommen wir an solche pflanzenbaulichen Weisheiten, fragt Böhner, wenn es fast nur interessengeleitete Forschung gibt, die uns Landwirte in chronischen Abhängigkeiten hält? Und was, wenn die Weisheit darin besteht, dass die Landwirte weniger Dünger und Ackerchemikalien kaufen müssen und niemand daran etwas verdienen kann? Würden sie dann vielleicht das verloren gegangene Vertrauen in die selbst regulierenden Prozesse der Natur wiederentdecken?

Noch etwas hat Hartmut Böhner beobachtet: Je höher die Stickstoffintensität, desto anfälliger werden die Pflanzen für

Pilze. »Pflanzenschutzmittel können das oft nicht mehr kompensieren – das hat mich damals überrascht, weil ich ja immer voller Stolz an die Wundermittel aus dem Chemielabor geglaubt habe. Aber dann habe ich verstanden, dass die erhöhte Stickstoffzufuhr das Zellgewebe so weich macht, dass Pilze leicht eindringen könnten. Wenn die Pflanzen zu schnell wachsen, gehen die Pilze wie durch Butter.«

Es ist ein ganz einfaches Prinzip: Eine extrem hohe Leistung macht anfällig. Das kennen auch die Milchbauern, die Kühe gezüchtet haben, die viermal so viel Milch geben wie ihre Urgroßmütter, aber nur noch ein Viertel so alt werden.[172] Viele von ihnen werden aussortiert und jung geschlachtet, weil sie an Stoffwechselkrankheiten und Fruchtbarkeitsstörungen leiden. »Gute Leistung ist Ausdruck von guter Gesundheit«, wurden die Schülerinnen und Schüler an den Landwirtschaftsschulen gelehrt, so oft, dass es für viele ganz selbstverständlich ist. Aber dass Leistung auch zu gut sein kann, dass eine extrem hohe Leistung auch ein Hinweis auf Überforderung sein und extreme Anfälligkeit schaffen kann, ist offenbar nicht Teil des Lehrplans. Dabei ist das ganz banales Alltagswissen: Viel hilft nicht immer viel. Viel Training verbessert die Leistung von Sportlern, aber zu viel Training führt zu Ermüdungsbrüchen und Erschöpfung. Die Aufgabe der Trainer ist es, das richtige Maß zu finden, nicht die Intensität um jeden Preis zu steigern.

Dieses gute Maß aber, so empfindet es Hartmut Böhner, ist in der Landwirtschaft verloren. Die Landwirte werden zu maximalen Einsätzen verführt und sichern sich aus Angst vor Ertragsverlusten gegen Schädlinge soweit möglich ab. »Das geht dann immer so unter Kollegen: Was haste denn gespritzt? Der und der spritzt das und das. Wenn der das spritzt, dann muss das gut sein, dann mache ich das auch.« Böhner darf so reden, denn er spricht auch von sich selbst als junger Landwirt. »Ich war damals getrieben von der Angst, ich könnte nicht genug gemacht haben, um meine Pflanzen zu schützen«, erinnert er sich.

Es war der Leiter des Versuchsgutes der Fachhochschule, Professor Wolfgang Wecke, der ihm die Augen für eine andere Sichtweise geöffnet hat. »Der hat nämlich die Ergebnisse der Sortenversuche nicht nach Ertrag in Dezitonnen ausgewertet, sondern in Deckungsbeiträgen. In seinen Listen standen also nicht diejenigen Sorten oben, die die größte Menge Getreide geliefert hatten, sondern die mit dem besten Verhältnis von Einsatz und Ergebnis.« Nicht die höchste Intensität bringt den höchsten Profit – das hat Böhner damals erfahren –, sondern die mittleren Intensitäten.

Mitte der achtziger Jahre forderten vierzig Studierende des Fachbereichs Landbau eine Versuchsparzelle für ökologischen Landbau, und der Leiter des Versuchsgutes stimmte zu und sagte: »Herr Böhner, machen Sie das mal!« Hartmut Böhner erinnert sich an diesen Moment: »Ich wollte das gerne machen, weil ich neugierig war, was bio so leisten kann. Aber meine Grundphilosophie war: Biolandbau kann gar nicht funktionieren, weil die Nährstoffkreisläufe nicht geschlossen waren. Ohne Nährstoffe, ohne künstlichen Mineraldünger wächst nichts – das war mir im Studium immer wieder erklärt worden.« Doch die jungen Studierenden ließen sich nicht entmutigen, sie misteten Pferdeställe in der Nachbarschaft aus, um an den Mist für ihren Bio-Versuchsacker zu kommen, und gemeinsam mit den Studierenden legte er die ersten Biofelder der

Fachhochschule an. »Dann kam der spannende Moment der Ernte, als wir gedroschen und gewogen haben«, erinnert sich Böhner. »Ich bin sofort ans Telefon und habe die Preise für Ökoroggen und Ökoweizen erfragt und das mit unserem Ertrag hochgerechnet und habe gestaunt: Es sind die gleichen Roherträge herausgekommen wie auf den konventionellen Versuchsflächen mit Kunstdünger und Pflanzenschutz.« Dabei lag der Ökoacker auf schlechtem Kleiboden, während die anderen Felder auf bestem Bördeboden lagen, mit sieben Meter dickem Lösslehm, erzählt Hartmut Böhner, und das habe ihn sehr beeindruckt. »Von diesem Ergebnis musste man ja auch noch die Kosten für den Pflanzenschutz runterrechnen und die Ökoprämie drauf.« Ökolandbau, das erfuhr der Landwirt Hartmut Böhner an diesem Tag, war also wirtschaftlich erstaunlich sinnvoll.

Zu dieser Zeit diskutierte die ganze Familie über die Zukunft des eigenen Hofes. Die Berater hatten empfohlen, in die Schweinemast einzusteigen und einen Stall mit 350 Mastplätzen zu bauen (was damals als groß galt und heute längst nicht mehr reicht, um davon zu leben), aber weil Hartmut Böhner auf seinem Versuchsgut Kosten, Preise und Erträge zusammengerechnet hatte, entschied er sich 1989 gegen den neuen Schweinestall und für den Einstieg in die ökologische Landwirtschaft. Die alten Stallungen baute er nach den Kriterien des Neuland-Vereins für besonders artgerechte Tierhaltung um. Nun waren ihre Sauen nicht länger angebunden oder in Kastenständen eingesperrt, sondern konnten frei herumlaufen. »Uns ist das Herz aufgegangen, als wir sehen konnten, wie die Schweine im Stroh spielten und im Schweinsgalopp durch den Stall rannten«, erinnert Böhner sich. »Das war ein ganz neues Gefühl der Freude, das wir gar nicht kannten, als wir unsere Sauen noch im Käfig eingesperrt hielten. Da waren wir wie tot an dieser Stelle.« Auch seine Felder stellte Böhner damals auf ökologische Landwirtschaft um – auf einen Anbau ohne Mineraldünger, ohne Beize, ohne Fungizide, Herbizide und Insektizide. In dem Jahr drauf gab es einen Moment des Triumphes und einen der Krise, so erinnert er sich an die große Transformation in seinem Leben. Die Krise kam im Frühjahr: »Ich saß hinter der Fensterscheibe und musste zusehen, wie das jährliche Manöver im Feld vonstattenging, wie meine Nachbarn düngten und spritzten, und ich hatte nichts zu tun. Ich sah meine Kollegen, und meine Hände zitterten: Wir waren doch immer die Ersten gewesen, die anderen richteten sich doch nach uns! Und jetzt musste ich einzig und allein auf Gott und die Natur vertrauen und nichts tun! Das waren starke Entzugserscheinungen.«

Der Triumph kam im Sommer, als die Professoren von der Fachhochschule Soest zu einer Betriebsbesichtigung kamen. Der Dinkel, den er angebaut hatte, wuchs so hoch, dass Böhner – 1,80 Meter groß – gerade so eben aus dem Feld herausschaute. »Ich hätte mir nicht träumen lassen, dass es ohne chemische Produkte zu so einem Wachstum kommen kann. Mir sind die Tränen in die Augen geschossen, so gerührt war ich von der Wirkung der Natur, wenn man sie nur lässt oder ihr nur richtig hilft!«

In den folgenden Jahren entwickelte Böhner eine Alternative zum herkömmlichen Versicherungsdenken, das maximalen Pflanzenschutz durch maximalen Mitteleinsatz anstrebte. Böhners Idee dagegen: Risikominderung durch Vielfalt. Schädlingsbekämpfung durch Nützlinge, nicht durch Ackerchemie. Statt Weizen, Mais und Raps im Wechsel baute er Weizen, Dinkel, Grünkern, Roggen, Hafer an, und viele Gemüsesorten: Fenchel, Grünkohl, Lauch und Staudensellerie.

Auf Seminaren, Feldbegehungen und Treffen von Landwirten lernte er ein ganz neues Denken und neue Anbauverfahren kennen, von denen er im Studium nie gehört hatte. Er experimentierte mit Dammkulturen, die mehr Sonnenlicht aufnehmen, weil sie die Oberfläche vergrößern. Auf den Dammkronen säte er Getreide und in den Tälern Untersaaten, Klee zum Beispiel, der Stickstoff im Boden als Dünger sammelt. Synergisten oder Helferpflanzen nennt er diese Untersaaten. Wenn er Kohlgemüse auf die Kronen der Dämme pflanzt, sät er gelb blühenden Ackersenf in die Täler, um die gefürchteten Rapsglanzkäfer vom Brokkoli wegzulocken. Böhner hat bemerkt, dass die Dammkultur auch gegen Schnecken hilft, weil die lieber in den Tälern bleiben, als auf die sonnigen krümeligen Hügel zu kriechen. Er hat sogar eigene Landmaschinen entwickelt, um die Dämme schonend zu schichten, ohne die Bodenstruktur zu zerstören und das Leben im Boden zu gefährden. Wie das alles am besten geht, darüber hat er sich mit anderen Landwirten in ganz Europa ausgetauscht. Er experimentiert auch mit Mischkulturen und sät Erbsen und Bohnen auf einem Feld zusammen aus. »Die Bohnen stützen die Erbsen«, erklärt er. »Bohnen sind gut für nasse Jahre, Erbsen für trockene.« Im Dürresommer 2018, als viele Ackerbohnenfelder in der Hitze regelrecht vertrocknet waren, habe ich Böhners Felder besichtigt. Auch auf den Feldern des Kilianihofes waren die Schoten der Bohnen kleiner als sonst, hingegen gediehen die Erbsen prächtig.

Doch dieses ist nur der erste Teil der Geschichte des Landwirts Hartmut Böhner. Im Jahr 2013, nach vielen Jahren erfolgreicher Biogemüseproduktion für den konventionellen Lebensmittelhandel, beginnt der zweite Teil der Geschichte, in der die Ackerchemie, der Hartmut Böhner als junger Landwirt entkommen ist, ihn wieder einholt. Mitten in der Gemüseernte im Herbst 2013 bekommt Böhner eine Mail von einem seiner Abnehmer: In seinem Staudensellerie ist Pendimethalin (0,02 Milligramm pro Kilogramm) gefunden worden, ein Unkrautvernichter aus der konventionellen Landwirtschaft. Schnell nahm Böhner weitere Proben und stellte fest, dass der verbotene Wirkstoff überall zu finden war. »Der Lebensmitteleinzelhandel hat uns ausgelistet, und unser Hof wurde gesperrt wegen des Verdachts auf Richtlinienverstoß. Weil der Wirkstoff gleich an verschiedenen Stellen gefunden wurde, glaubte die Kontrollbehörde, wir hätten ihn selbst eingesetzt!« Diesen Verdacht konnte er schnell widerlegen, denn der Wirkstoff wurde nur auf den Pflanzen, nicht aber im Boden gefunden – was bei einer direkten Anwendung der Fall gewesen wäre.[173] Doch das betroffene Gemüse war längst verfault und vergammelt und der Schaden blieb immens, 100 000 Euro für die Verluste auf fünf großen Gemüsefeldern. »Natürlich hätte ich mein belastetes Biogemüse theoretisch als konventionelles verkaufen können. Doch auf dem überfüllten konventionellen Gemüsemarkt macht dir keiner in so einer Situation die Tür auf! Dafür hätten die Händler einen konventionellen Anbieter rausschmeißen müssen. In dem Moment, wo du den Schaden hast, wirst du behandelt wie ein Aussätziger.« Auch deshalb wird bis heute unter Landwirten und Händlern nicht gern über Chemieabdrift geredet. Wer darüber spricht, gibt zu, dass es ausgerechnet auf seinen Feldern oder bei seinen Zulieferern ein Problem gegeben hat.

Dabei kommt es öfter zu Abdrift von Ackerchemikalien und zu Schäden bei Biolandwirten, vor allem dort, wo die Felder der Biobetriebe dicht neben intensiv wirtschaftenden konventionellen liegen. Meist zahlen die Versicherungen – wenn klar ist, wer für die verwehten Giftstoffe verantwortlich ist. Doch genau das war im Fall von Böhners Staudensellerie bis heute nicht eindeutig herauszufinden. Drei seiner Nachbarn gaben an, Pflanzenschutzmittel mit Pendimethalin gespritzt zu haben, jedoch mit der nötigen Vorsicht, also nicht bei starkem Wind und mit abdriftmindernden Düsen. Das Landgericht Paderborn wies Böhners Klage deshalb ab, er legte Berufung ein, und das Oberlandesgericht Hamm schlug einen Vergleich vor. Einen Teil des Schadens sollten die Versicherungen der Nachbarlandwirte übernehmen, einen Teil sollte Böhner selbst tragen.[174] Das abzulehnen und weiterzuklagen bedeutete ein hohes Risiko, falls auch die nächste Instanz gegen ihn entscheiden würde. »Doch mit diesem Vergleich hätte ich nicht gut leben können«, betont Böhner, denn es ging ihm wie vielen anderen ökologisch wirtschaftenden Betrieben auch ums Grundsätzliches. Wer haftet, wenn so etwas passiert? Der Bund für Ökologische Lebensmittelwirtschaft BÖLW entschied sich zu helfen. Kurz vor Weihnachten 2018 startete der Verband eine Art Spendenaufruf und bat Kolleginnen und Kollegen in der ganzen Branche – vom Biobauern bis zum Produzenten um Unterstützung: Wer würde sich – im Falle einer Niederlage vor Gericht – an den Kosten des Verfahrens beteiligen? Die Anfrage ging kurz vor Weihnachten raus, und das Ergebnis war ein Weihnachtsgeschenk, erinnert sich Friedhelm von Mering vom BÖLW. »Innerhalb weniger Tage hatten wir Zusagen für die doppelte Summe! Wir hatten Tränen in den Augen, als sogar Bauern von ganz kleinen Betrieben anriefen und fragen, ob 500 Euro auch reichen würden?« Auch Hartmut Böhner war über die große Solidarität in der Biobranche sehr gerührt.

Um vor Gericht klagen zu können, musste er herausfinden, wer seine Ernte kontaminiert hatte.[175] So zog Hartmut Böhner von Hof zu Hof und fragte seine Feldnachbarn, wer von ihnen das fragliche Mittel angewendet hatte. »Zwei haben mir bereitwillig ihre Bücher geöffnet und gezeigt, wann und wo sie Spritzmittel mit dem Wirkstoff Pendimethalin eingesetzt hatten, und andere haben nach Rücksprache mit ihren Fachberatern auf die Aufbewahrungsfrist von drei Jahren verwiesen und die Aussage verweigert. Einem Landwirt gegenüber seien sie nicht auskunftspflichtig.« Müsste die Aufbewahrungsfrist nicht auf wenigstens sechs Jahre verlängert werden? Und wie soll der Landwirt eine Chance haben, Beweise vorzulegen, wenn ihm die möglichen Verursacher keine Information schuldig sind?[176] Und was ist, wenn gar nicht die nächsten Nachbarn die Verursacher sind, sondern andere, deren Felder viel weiter weg liegen? Was, wenn nicht vier oder fünf sondern vierzig oder fünfzig Betriebe als potenzielle Verursacher infrage kommen? Viele Biobauern und Zertifizierer fürchten, dass die neue EU-Öko-Verordnung, die ab 2021 in Kraft tritt, das Problem sogar noch verstärken wird. Mit dieser Verordnung sollen die Konsumenten von Bioprodukten besser vor Pestizidrückständen geschützt werden, was gut wäre, wenn die Verantwortung dafür bei den

Verursachern des Problems, also den Herstellern und Anwendern von Pestiziden läge und nicht bei Biobauern, für die es weiterhin kompliziert bleiben wird, ihre Unschuld zu beweisen. »Existenzgefährdende Koexistenz«, so fasst Hartmut Böhner das Ganze sarkastisch zusammen.

Inzwischen liegt der Pendimethalinfund auf seinen Feldern sechs Jahre zurück, und im Sommer 2019, zum Redaktionsschluss dieses Buches, gibt es noch immer keine Lösung. Ein neuer Verhandlungstermin beim Oberlandesgericht Hamm ist für Mitte September 2019 anberaumt worden.[177]

In Brandenburg hat sich ein ähnlicher Fall ereignet. Auf den Feldern eines großen Biobetriebs im Biosphärenreservat Schorfheide-Chorin waren 2012 und 2013 Rückstände von Pendimethalin entdeckt worden – obwohl es dort weit und breit gar keine konventionellen Landwirte gibt. Das Brandenburgische Landesamt beauftragte eine Untersuchung, und die ergab: Der Wirkstoff Pendimethalin fliegt offenbar durch die Luft, »die Immissionen scheinen ubiquitär«.[178] Das Bündnis für eine enkeltaugliche Landwirtschaft, ein Zusammenschluss der Bürgerinitiative Landwende, der Schweisfurth-Stiftung und von Unternehmen aus der Biobranche, ließ daraufhin weitere Standorte in ganz Deutschland untersuchen. Entdeckt wurden über hundert Wirkstoffe von Pflanzenschutzmitteln in der Außenluft, darunter auch Glyphosat, das eigentlich als »standorttreu« galt, offenbar aber mit Staubpartikeln durch den Wind verbreitet wird. Auch die längst verbotenen Gifte DDT und Lindan fand man. Pendimethalin wiesen sie an 87 % der Probenstandorte nach.[179]

Wie kann das möglich sein, wenn Pendimethalin wie jeder andere Wirkstoff vor seiner Zulassung umfangreich geprüft wurde, auch darauf, ob er zu Verflüchtigung, Verfrachtung und Deposition neigt? »Das Thema Ferntransport ist auf europäischer Ebene im Rahmen der Wirkstoffgenehmigung zu berücksichtigen«, teilt das Bundesamt für Verbraucherschutz und Lebensmittelsicherheit, kurz BVL, mit. »Im Zulassungsverfahren für Pflanzenschutzmittel werden Wirkstoffe im Hinblick auf Verflüchtigung einer Risikobewertung unterzogen. Gesonderte Risikominderungsmaßnahmen existieren, können jedoch auf die speziellen Bedingungen vor Ort nur begrenzt Einfluss nehmen und Verfrachtung in größere Entfernungen nicht sicher ausschließen.«[180]

Was aber heißt das für einen Landwirt, der nachweisen soll, wer ihm die Ernte verdorben hat? Es bedeutet, er kann nur über die Höhe der Wirkstoff-Funde nachweisen, ob es aus unmittelbarer Nähe oder aus der Ferne gekommen ist. Bei Böhner waren die Funde so hoch, dass alles für einen Feldnachbarn spricht. Auch weil die Konzentrationen vom Rand zur Mitte des Feldes abnehmen. Was wäre aber, wenn ein Biofeld gleichmäßig kontaminiert wird? Dann hat der Landwirt so gut wie keine Chance, den Verursacher zu finden. Aber auch für seine Kollegen aus der Intensivlandwirtschaft ist das keine befriedigende Situation: Sie verwenden ein offiziell zugelassenes Mittel, halten sich an die Regeln für die Ausbringung und sehen sich trotzdem mit dem unbestimmten Verdacht konfrontiert, ihrem Nachbarn oder irgendeinem anderen Biobetrieb, den sie gar nicht kennen, die Ernte vermasselt zu haben. Weil das Ganze nicht grundsätzlich gelöst ist, müssen die betroffenen Landwirte den Streit in den Dörfern ausfechten. Von Nachbar zu Nachbar. Fairer wäre es, das Verursacherprinzip nicht auf die Anwender, sondern auf den Hersteller zu beziehen. Es braucht daher dringend einen Fonds, in den alle Hersteller gefährlicher Chemikalien einzahlen, und der dann für solche Fälle aufkommen muss. Noch besser aber wäre ein Verbot solch gefährlicher flüchtiger Stoffe.

Gerald Wehde ist Geschäftsleiter für Agrarpolitik beim Anbauverband Bioland, er hat Funde der Wirkstoffe Pendimethalin und Prosulfocarb gesammelt und dem zuständigen Bundesamt für Verbraucherschutz und Lebensmittelsicherheit vorgelegt. Es sind sieben Seiten Kleingedrucktes mit mehr als 250 Fällen. Allein für das Jahr 2016 sind fünfzig Funde aufgelistet.[181] Das sind über fünfzig Fälle von unverkäuflichen Biokräutern, Biogemüsen oder Wildsammlungen, über fünfzig Fälle von Existenzangst auf Biobetrieben, die nicht wissen, wie die Koexistenz von bio und konventionell gelingen soll, wenn der Wind jederzeit verbotene Stoffe auf ihre Felder tragen kann. Existenzgefährdende Koexistenz eben.

»Die von mir gesammelten Funde bilden nur einen kleinen Ausschnitt aus der Biobranche ab«, berichtete Wehde. »Meine Liste ist also alles andere als vollständig, und trotzdem ist es offenbar die größte existierende Datensammlung zu diesen beiden Herbiziden in Deutschland. Das Erschreckende ist: Es gibt kein offizielles Monitoring zur Fernabdrift.« Man hört, wie sehr Gerald Wehde sich darüber ärgert. »Die Behörden wissen nichts und wollen nichts wissen!«

Das Bundesamt für Verbraucherschutz und Lebensmittel BVL hat Ende 2017 ein »Meldeblatt zur Fundaufklärung von Pflanzenschutzmittel-Wirkstoffen in unbehandelten Flächen« entworfen und darüber im BVL-Newsletter berichtet. Außerdem seien die Pflanzenschutzdienste der Länder und »bestimmte

Interessenverbände über Fachgespräche« informiert worden.[182] Gerald Wehde hält das für zu wenig. Das Meldeblatt sei in den Agrarmedien nicht so beworben worden, dass wirklich alle Betroffenen davon erfahren hätten. »Es scheint mir, als ob das BVL alles tut, dass bloß keine Fälle gemeldet werden«, klagt der Bioland-Sprecher. »Und die Zulassung für Pendimethalin ist sogar vor Kurzem wieder verlängert worden.«

Was aber bedeutet das alles für die Biodiversität? Ökologisch wirtschaftenden Landwirtinnen und Landwirten, die mit ihrer weiten Fruchtfolge Lebensraum für wilde Pflanzen und Tiere schaffen und auf Herbizide, Fungizide und Insektizide verzichten, wird das Leben schwer gemacht. Sie arbeiten unter einer Art Damoklesschwert und müssen jederzeit damit rechnen, dass eine Probe zeigt, dass auf ihren Feldern unerlaubte Stoffe gelandet sind. Sobald der Richtwert des BNN, des Bundesverbands Naturkost Naturwaren, von 0,01 Mikrogramm pro Kilogramm überschritten wird, können sie ihre Erzeugnisse nicht mehr in Bioqualität verkaufen. Und die Kosten für die vielen Proben müssen sie oder die Vermarkter selbst übernehmen – hier greift nicht das Verursacherprinzip, das die Inverkehrbringer der Stoffe in die Pflicht nehmen würde. Wenn die betroffenen Biobetriebe Glück haben, finden sie den Verursacher, und eine Versicherung übernimmt den Schaden. Wenn sie Pech haben, trägt der Wind immer wieder unerlaubte Stoffe auf ihre Pflanzen, was ihre wirtschaftliche Existenz gefährden kann. Das bedeutet nicht nur einen ökonomischen, sondern auch einen psychologischen Druck, der ausgerechnet auf den Landwirtinnen und Landwirten lastet, die auf riskante Stoffe verzichten. »Es ärgert mich sehr«, sagt Hartmut Böhner, »dass wir ökologisch wirtschaftenden Landwirte diesen Druck abkriegen, obwohl wir doch Teil der Lösung sind! Wir müssen die Frage der Koexistenz vor Ort mit unseren Nachbarn lösen, weil es auf höherer Ebene nicht eindeutig geregelt wurde.«

Viele Studien haben den Nutzen der ökologischen Landwirtschaft für die biologische Vielfalt bewiesen, zuletzt eine Metastudie des Forschungsprojekts »Leistungen des ökologischen Landbaus für Umwelt und Gesellschaft«. Dazu haben 22 Wissenschaftlerinnen und Wissenschaftler über 500 Studien ausgewertet, in denen der Ökolandbau und die konventionelle Landwirtschaft direkt miteinander verglichen wurden.[183] Ihre Auswertung zeigt sehr deutlich, dass der ökologische Landbau höhere Umweltleistungen bringt, vor allem in den Bereichen Wasserschutz, Bodenfruchtbarkeit, Klimaanpassung, Ressourceneffizienz – und Biodiversität. Auf ökologisch bewirtschafteten Flächen gibt es eine höhere Artenzahl bei der Ackerflora, dort wachsen mehr Wildkräuterarten, und im Boden finden sich mehr Samen dieser Pflanzen. Außerdem leben auf Ökoflächen mehr Feldvögel und Insekten. Die Folgerung der Wissenschaftler: »Der ökologische Landbau kann einen relevanten Beitrag zur Lösung der umwelt- und ressourcenpolitischen Herausforderungen dieser Zeit leisten und gilt zu Recht als Schlüsseltechnologie für eine nachhaltige Landnutzung.«

In den letzten Jahren habe ich viele unterschiedliche landwirtschaftliche Betriebe angesehen und fand das Ergebnis wenig überraschend. Warum haben die Forscher so großen Aufwand getrieben, um zu dem Schluss zu gelangen, dass der

Ökolandbau tatsächlich ökologischer ist? Einmal, sagt der Herausgeber Jürn Sanders vom Thünen-Institut in Braunschweig, weil »die letzte umfassende Literaturarbeit aus dem Jahr 2000 stammt[184] und sich die konventionelle und auch die ökologische Landwirtschaft seitdem verändert haben, aber auch, weil die Leistungen des Ökolandbaus immer wieder infrage gestellt werden.« Zum Beispiel vom Agrarökonomen und Gentechnikbefürworter Matin Qaim von der Universität Göttingen.[185] Deshalb wollten Sanders und Hess und ihre Kollegen wissenschaftliche Klarheit schaffen.

Aus ihren Befunden folgt, dass mehr ökologischer Landbau der Umwelt nutzen würde, auch wenn Jürn Sanders vor Vereinfachungen warnt: Ökolandbau dient nicht überall und jederzeit der Umwelt, sondern er ist ein Schritt in die richtige Richtung und sollte mit dem Blick auf Nachhaltigkeit noch weiterentwickelt werden. Tatsächlich hat die Bundesregierung die Stärkung des Ökolandbaus längst beschlossen, und zwar schon vor vielen Jahren – in der nationalen Nachhaltigkeitsstrategie des Jahres 2002. Darin findet sich das Ziel, innerhalb der nächsten acht Jahre auf 20 Prozent Ökolandbau zu kommen, begründet mit den besonderen Leistungen des Ökolandbaus für den Erhalt der Lebensgrundlagen. Doch im Zieljahr 2010 lag der Anteil gerade bei 5,9 Prozent. Da sind sie wieder, die verfehlten Ziele!

Seitdem hat die Bundesregierung ihr Ziel beibehalten, jedoch ohne konkretes Jahresziel. Erst im Koalitionsvertrag des Jahres 2019 steht ein neues Datum: Dieses Mal soll es bis 2030 mit den 20 Prozent klappen.[186] 2018 lag der Anteil des Ökolandbaus in Deutschland bei 9,1 Prozent.[187]

Mehr ökologischer Landbau wäre ein großer Gewinn für die biologische Vielfalt, auch wenn die Regelungen für die Biolandwirtschaft allein nicht ausreichen, um das Artensterben zu stoppen. Dazu bräuchte es zusätzlich eine gut geplante Vernetzung von weiteren Naturschutzflächen, von Waldweiden, Auen, Mooren, Feuchtwiesen, Magerrasen und natürlich ein Ende des gigantischen Flächenverbrauchs für Straßen, Parkplätze, Gewerbegebiete und Siedlungen. Genauso dringend aber sind schnelle Veränderungen auf den etwa fünfzehn Millionen Hektar Land, die in Deutschland konventionell bewirtschaftet werden, auf denen also chemischer Pflanzenschutz ausgebracht wird.[188] Das ist die große Mehrheit der Felder und Wiesen in Deutschland, sie macht etwa 45 Prozent der gesamten Fläche Deutschlands aus.

Das Bundesamt für Verbraucherschutz und Lebensmittelsicherheit führt Buch über die Menge der Pestizide oder Pflanzenschutzmittel, die Jahr für Jahr auf diesen Feldern zum Einsatz kommen: 2017 wurde die gigantische Menge von 115 095 Tonnen »Pflanzenschutzmittel«-Zubereitungen im Inland abgegeben – das sind etwa 4 000 Lkw-Ladungen voller Ackerchemie. Davon machen Herbizide und Fungizide, also Mittel gegen Pflanzen und Pilze, den größten Teil aus. Nur wenige Prozent dieser Menge sind Insektizide, also direkt gegen Insekten wirksam. 3 929 Tonnen.[189]

Es lohnt sich, genau auf die Tabellen des Bundesamtes zu schauen. Denn aus ihnen geht hervor, dass ein Fünftel dieser immer noch beachtlichen Menge Insektengift nicht an Landwirte abgegeben wurde, sondern an »nichtberufliche Verwender«, also Privatpersonen.[190] Das ist eine merkwürdige Rechtslage: Landwirte müssen einen Sachkundenachweis erbringen, bevor sie mit Ackerchemikalien hantieren. Sie müssen lernen, welche Gefahren von den Mitteln ausgehen und wie man die Risiken minimieren kann. Ohne diesen Nachweis dürfen sie nicht mit dem Spritzgerät auf den Acker fahren. Doch für Gartenbesitzer gilt das nicht – obwohl sie Pestizide auf Flächen anwenden, auf denen Kinder spielen und Kleinkinder herumkrabbeln. Das erbost viele Landwirte verständlicherweise: In der Debatte um Ackergifte fühlen sie sich als Umweltverschmutzer angeklagt, während Privatleute, die Gifte versprühen, nicht im Fokus stehen.

Das Bundesamt für Verbraucherschutz und Lebensmittelsicherheit teilt mit, dass nur Pflanzenschutzmittel im Haus- und Kleingartenbereich verwendet werden dürften, die ausdrücklich für nicht berufliche Verwender zugelassen sind (wie Glyphosat zum Beispiel) und dass sie dem »Selbstbedienungsverbot« unterliegen und der Verkäufer dieser Mittel selbst einen Sachkundenachweis besitzen und den Käufer beraten muss. Ich habe einmal erlebt, wie schnell so eine Beratung gehen kann. Ein Mittel gegen Moos? Bitte sehr, hier haben Sie es! Ich war die nächste Kundin in der Schlange und habe mich – auch ohne Sachkundenachweis – zur Beratung ermächtigt gefühlt. Ob der Herr nicht auch vertikutieren könne? Ob er sich sicher sei, dass er wirklich ein Pestizid auf seinem Rasen ausbringen wolle, wo Kinder spielen könnten? Nein, nein, die Kinder seien schon groß, antwortete der Gartenbesitzer, kaufte voller Zuversicht und verschwand.

In diesem Moment konnte ich den Ärger der Landwirte sehr gut verstehen. Dass jeder einfach so in ein Gartencenter spazieren und sich nach einer kurzen Beratung allerlei Pflanzen- und Insektentötungsmittel abholen kann, ohne dafür in der öffentlichen Kritik zu stehen wie die Landwirte, ist nicht nur ungerecht, sondern auch gefährlich. Die Abgabe von Pestiziden an Käufer ohne Sachkundenachweis muss sofort beendet werden. Es gibt keinen vernünftigen Grund, dass Gartenbesitzer aus falsch verstandenem Ordnungssinn Blattläuse oder Moose mit Agrarchemikalien abtöten und damit die Biodiversität gefährden.

Wird das endlich geändert, wo Insektensterben und Biodiversitätsverluste ein großes Thema sind? Nein, offenbar nicht, teilt mir das Bundesamt für Verbraucherschutz und Lebensmittelsicherheit mit: »Über konkrete Überlegungen der Bundesregierung, den Verkauf von Pflanzenschutzmitteln an nicht berufliche Verwender über die bestehende Rechtslage hinaus einzuschränken oder zu verbieten, liegen uns derzeit keine Informationen vor.« Das österreichische Bundesland Kärnten dagegen hat genau das im März 2019 beschlossen. Ab Januar 2020 dürfen weder Glyphosat noch Hunderte anderer Agrarchemikalien an Privatleute ohne Sachkundenachweis verkauft werden.[191] Glyphosat soll in ganz Österreich verboten werden.

Aber auch in der konventionellen Landwirtschaft müssen sich die Konventionen ändern, und das schnell. Die Landwirtschaft ist einer wichtigsten Ansatzpunkte zur Bewahrung der biologischen Vielfalt, einfach wegen der schieren Größe der konventionell bewirtschafteten Fläche. Über 700 verschiedene Wirkstoffe sind in der EU für den Pflanzenschutz zugelassen. Sie werden in verschiedenen Kombinationen angewendet, oft zusammen mit weiteren Beistoffen, die zum Beispiel bewirken, dass ein Wirkstoff besser haftet oder von der Pflanze leichter aufgenommen wird. Beim Abbau dieser Stoffkombinationen entstehen Metabolite, die ebenso wie die einzelnen Wirkstoffe gefährlich sein können. Lange Zeit haben sich nur Experten für die Frage interessiert, wie alle diese Stoffe eigentlich geprüft werden, bevor sie aufs Feld gespritzt werden dürfen. Doch seit Untersuchungen gezeigt haben, dass beinahe jeder Großstädter Spuren von Glyphosat im Urin hat und Neonicotinoide Bienen so orientierungslos machen, dass ihr Überleben gefährdet ist, sind viele misstrauisch geworden.[192] Wie kommt es, dass Wirkstoffe eine offizielle Zulassung der EU-Behörden bekommen, deren Wirkung auf Bienen erst dann untersucht wird, wenn ganze Völker gestorben sind?[193]

Die Last der Studien, die zeigen, dass der systematische und flächendeckende Einsatz von Pestiziden aller Arten der biologischen Vielfalt schadet, ist erdrückend. 56 Jahre nach dem Erscheinen von Rachel Carsons *Der Stumme Frühling* veröffentlichte die Nationale Akademie der Wissenschaften Leopoldina aus Halle an der Saale, eine der ältesten Wissenschaftsakademien der Welt, eine Studie mit dem gleichen Namen: »Der stumme Frühling. Zur Notwendigkeit eines umweltverträglichen Pflanzenschutzes«. Was die Wissenschaftler darin schreiben, klingt wie donnernde Hammerschläge: »Die konventionelle landwirtschaftliche Pflanzenschutzpraxis hat einen Punkt erreicht, an dem wichtige Ökosystemfunktionen und Lebensgrundlagen ernsthaft in Gefahr sind. Bisherige Lösungsansätze sind an ihre Grenzen gekommen.«[194]

Die Umweltwissenschaftler der Leopoldina – Experten für Chemie, Ökotoxikologie, Ökologie, Landwirtschaft, Umweltrecht und Regulatorik – analysieren das umfangreiche Verfahren für die Zulassung von Wirkstoffen für den chemischen Pflanzenschutz.

Vier Bundesinstitute müssen diese Wirkstoffe ausführlich untersuchen und bewerten, bevor sie auf den Feldern ausgebracht werden – trotzdem verursachen Pestizide immer wieder Umweltschäden.[195] Obwohl das Verfahren für die Zulassung in den letzten Jahrzehnten immer wieder verbessert wurde, bilde es »bei Weitem nicht alle ökologischen Wirkszenarien im Freiland ab«. So würden neue Wirkstoffe an Stellvertreterorganismen getestet, die unter Laborbedingungen leicht zu halten seien, an Wasserflöhen oder Kompostwürmern zum Beispiel. Dabei werde nicht berücksichtigt, dass Arten unterschiedlich reagieren. In den Versuchen werden einzelne Wirkstoffe getestet, aber auf den Feldern der Landwirte landet ein Mix verschiedener Chemikalien – das mache die Situation noch komplexer und gefährlicher, argumentieren die Umweltwissenschaftler: »Zentral ist, dass Pestizide im Zusammenhang mit der Anwendung vieler anderer Substanzen, denen Mensch und Umwelt ausgesetzt sind (Pharmazeutika, Biozide, Düngemittel, Industriechemikalien), betrachtet werden müssen. Die Kombinationswirkungen mehrerer Substanzen, die gleichzeitig oder auch nacheinander auf einen Organismus einwirken, wie dies in Tankmischungen oder durch Spritzserien erfolgt, werden in der Risikobewertung systematisch ausgeblendet.« Dadurch würden die Risiken systematisch unterschätzt. Etwas vereinfacht: Kein Mensch weiß, was im Boden und im Wasser wirklich abgeht, wo immer wieder unterschiedliche Chemikalien aufeinandertreffen und miteinander reagieren.

Auch die mangelnde Kontrolle beklagen die Mitglieder der Akademie: Die Auflagen zur Anwendung von Pflanzenschutzmitteln müssten verstärkt überwacht werden, fordern sie, doch dazu seien die Bundesländer durch massiven Stellenabbau in den Pflanzenschutzämtern gar nicht in der Lage. Die Leopoldina spricht von einem bundesweiten Vollzugsdefizit. Sie berichtet von Hinweisen darauf, dass die Wirkstoffe einiger Neonicotinoide länger im Boden blieben, als in den Studien vorhergesagt. Dies bedeute, dass ihre toxische Wirkung unbeabsichtigt fortdauere. »Dieser Befund ist mehr als alarmierend und konterkariert viele Naturschutzbestrebungen, durch Blühstreifen den Biodiversitätsverlusten entgegenzuwirken.«[196] Glyphosat wiederum sei im Oberflächen- und Grundwasser oberhalb der Höchstgrenze nachgewiesen worden – obwohl entsprechende Versickerungsversuche das nicht vorhergesagt hatten. Außerdem werde Glyphosat durch die Störung der Nahrungsketten in intensiv genutzten Agrarlandschaften zum Problem, weil den Arten dort aufgrund der Dichte der landwirtschaftlich genutzten Flächen kaum Alternativen zur Nahrungssuche zur Verfügung stünden.[197] Das Fazit der Wissenschaftler: Es besteht dringender Handlungsbedarf. Es ist dringend geboten, die Pestizidproblematik als systemisches Problem zu sehen. Andernfalls werden sich Entwicklungen wie Insektenschwund und das Aussterben von Vogelarten weiter verschärfen.

Nach der Lektüre der 47 Seiten schwirren mir Begriffe wie *Defizit*, *unzureichend*, *Mangel*, *zu wenig berücksichtigt* und *bisher kaum beachtet* durch den Kopf. Wie kann das alles sein?; frage ich mich. Ein Zeugnis mit so vielen schlechten Noten habe ich selten gelesen, und dabei geht es nicht um ein chaotisches Versuchslabor jenseits aller staatlichen Kontrolle.

Auch bei der Lektüre des *White Papers* der *Citizens for Science in Pesticide Regulation* raufe ich mir die Haare. Die *Citizens* sind ein Zusammenschluss von Dutzenden namhafter Forschern und Umweltorganisationen aus ganz Europa, die unter der Koordination des Pestizid Aktions-Netzwerks PAN Europe die europäischen Sicherheitsbewertungen analysiert haben.[198] Sie listen eine lange Reihe struktureller und methodischer Mängel des Zulassungsverfahrens auf: So sind es keine unabhängigen Studien, sondern Versuche der Pestizidhersteller selbst, auf deren Grundlage die Behörden Gefahren und Risiken abschätzen. Bis 2019 mussten die Hersteller nicht einmal im Voraus melden, wie viele und welche Studien sie machen werden, sodass sie Studien mit unerwünschten Ergebnissen einfach verschweigen konnten. Das ist mit der Überarbeitung des General Food Law im März 2019 endlich geändert worden – durch den Druck der Europäischen Bürgerinitiative gegen Glyphosat und der Europäischen Grünen.[199] Außerdem müssen die Hersteller zunächst nur die reinen Wirkstoffe testen und nicht alle fertigen Produkte mit den Hilfsmitteln, die später wirklich auf die Felder gespritzt werden. Und – das Erstaunlichste in einer Wissensgesellschaft, die großen Wert auf Transparenz legt – diese Studien mussten bis zur Änderung des General Food Law im März 2019 nicht einmal veröffentlicht werden.[200] Parallel dazu haben vier grüne Mitglieder des Europaparlaments vor dem Europäischen Gerichtshof gegen die Geheimhaltung und Schwärzung der Glyphosatstudien geklagt – und gewonnen. Bis zur Entscheidung des Gerichts hatte die

Europäische Lebensmittelbehörde EFSA die Studien nicht herausgegeben, weil das wirtschaftliche Interesse der Hersteller dagegen spreche. Das *White Paper* beklagt außerdem, dass die Vertreter der einzelnen nationalen Behörden in den Gremien der Europäischen Lebensmittelbehörde EFSA potenzielle Interessenkonflikte nicht offenlegen müssen, also ob sie zum Beispiel Verbindung zu den Herstellern haben.[201] Generell gebe es viel zu wenig unabhängige Experten für die Risikoabschätzung von Pestiziden. Und die Richtlinien darüber, mit welchen Testmethoden das Risiko abzuschätzen ist, würden oft in *private-public partnerships* entwickelt, sodass die Hersteller selbst Einfluss nehmen könnten auf das Verfahren, nachdem sie die Risiken ihrer Wirkstoffe überprüft haben.[202] Noch ein Mangel: Nach der Zulassung der Wirkstoffe gibt es kein Monitoring, ob die Risikoabschätzung vor der Zulassung mit dem tatsächlichen Risiko auf den Feldern übereinstimmt. In manchen Fällen übernehmen die Zulassungsbehörden wortwörtlich die Gefahreneinschätzungen von Unternehmen. Das deutsche Bundesinstitut für Risikobewertung etwa hat bei seiner Bewertung von Glyphosat ganze Passagen von Monsanto abgeschrieben.[203] Zu jedem dieser Kritikpunkte steht im White Paper ein ausführlicher Vorschlag, wie die Mängel zu beseitigen wären, einige sind bei der Gesetzesänderung Anfang 2019 berücksichtigt worden.

Bei allen erschreckenden Mängeln gibt es auch eine Stärke im europäischen Zulassungsverfahren: Wirkstoffe werden nicht für immer und ewig zugelassen, sondern ihre Zulassung muss regelmäßig erneuert werden, zehn Jahre nach der ersten Zulassung, dann in der Regel wieder nach fünfzehn Jahren. Bei diesen Verfahren zur erneuten Zulassung müssen neue wissenschaftliche Erkenntnisse berücksichtigt werden. Glyphosat hat Ende 2017 diese Neuzulassung trotz erdrückender Belege für seine Gefährlichkeit und trotz europaweiten Widerstands bekommen, immerhin begrenzt auf fünf Jahre. Doch in anderen Fällen haben Wirkstoffe ihre Zulassung verloren, einige Neonicotinoide etwa. So sind in der Europäischen Union über hundert Wirkstoffe nicht neu zugelassen, also de facto verboten worden, die in anderen Ländern der Welt immer noch erlaubt sind. »In Argentinien zum Beispiel sind 53 Wirkstoffe erlaubt, die ihre Zulassung in Europa verloren haben, weil sie sich als zu gefährlich erwiesen haben«, sagt Peter Clausing vom deutschen Pestizid Aktions-Netzwerk PAN.[204] »Den Landwirten in Europa stehen deshalb immer weniger Wirkstoffe zur Verfügung.« Clausing ist Agrarwissenschaftler, zugleich Fachwissenschaftler für Toxikologie und einer der Autoren des White Papers. »Doch es gibt bei diesen Verboten immer wieder Ausnahmegenehmigungen. So dürfen einige Neonicotinoide zwar nicht mehr im Freien angewendet werden, aber in Gewächshäusern sind sie immer noch erlaubt. Außerdem gibt es 37 Wirkstoffe, die längst neu bewertet hätten sein müssen, weil die zehn Jahre abgelaufen sind. Doch weil sich die Bewertungsverfahren verzögern, wurde die alte Zulassung für diese Stoffe erst einmal erneuert, befristet für ein Jahr. Darunter sind auch acht Stoffe, die in der Zwischenzeit als vermutlich krebserregend oder wahrscheinlich reproduktionstoxisch für den Menschen eingestuft wurden. Wir vom PAN fordern, dass zumindest die Wiederbewertung dieser Stoffe vorrangig gehandhabt wird, wobei für ›wahrscheinlich reproduktionstoxische‹ Wirkstoffe eine Vermarktung eigentlich gesetzlich verboten ist!«

Zusammengefasst: Es gibt keinen Grund, sich als Bürgerin der Europäischen Union gut geschützt zu fühlen – auch wenn unsere Gesetze und Zulassungsverfahren besser sind als in den meisten anderen Ländern außerhalb Europas. Das aufwendige europäische Zulassungsverfahren suggeriert eine Sicherheit, die offensichtlich nicht besteht. Trotz der vielen im Laufe der Jahre erreichten Verbesserungen stecken im Verfahren so viele Lücken, dass die Vermutung naheliegt, das habe System.

Wie hatte mir das BVL geschrieben? »Für Pflanzenschutzmittel gelten generell hohe Zulassungsanforderungen, auch in Hinsicht auf die Sicherheit für die Umwelt. Mittel für den Haus- und Kleingartenbereich müssen darüber hinaus noch zusätzliche Kriterien erfüllen. Bei vorschriftsmäßiger Anwendung richtet man deshalb im Kleingartenbereich damit keine Umweltschäden an.«

Die Autoren des Leopoldina-Papiers schreiben, leicht verzweifelt, etwas Selbstverständliches an das Ende ihrer Analyse: »Es sollte im Interesse aller sein, Anbau- und Pflanzenschutzstrategien zu erarbeiten, die langfristig ausreichende Erträge gewährleisten, ohne dabei die Umwelt nachhaltig zu schädigen.« Sie machen einen Vorschlag, wie das klappen könnte: Pestizide sollten nur als *ultima ratio* eingesetzt werden. Genau das ist der entscheidende Punkt: Pestizide werden in der konventionellen Landwirtschaft eben nicht wie eine Medizin bei einer Krankheit eingesetzt, wenn Vorbeugung und Hausmittel nicht geholfen haben, sondern sie sind systematisch in die Produktion eingeplant. Sie sind nicht *ultima ratio*, sondern eher *prima ratio*. Der gesamte Anbau ist auf ihren Einsatz hin ausgerichtet, vor allem die enge Fruchtfolge, durch die sich bestimmte Schädlinge vermehren können, und der dichte Bestand der Hochertragssorten, der die Pflanzen länger feucht hält und damit anfälliger für Pilze macht. Es ist ein Systemfehler: Die intensive Landwirtschaft bekämpft Schädlinge mit Pestiziden, statt vorzubeugen und so zu wirtschaften, dass möglichst wenig Schädlinge die Pflanzen schädigen.

Der Biolandwirt Harmut Böhner ist inzwischen ungeduldig geworden. »Wir müssen jetzt mit der Landwende anfangen und das retten, was noch da ist«, sagt er. Obwohl das noch immer laufende Verfahren zur Chemieabdrift auf ihm lastet, ist er voller Tatendrang. Er will ein lokales Nachhaltigkeitszentrum aufbauen, das zeigt, wie eine enkeltaugliche Landwirtschaft mit enkeltauglichem Artenschutz kombiniert werden könnte. Dazu will er etwas entwickeln, was er *Ökobio* nennt, eine ökologische Landwirtschaft, die über die Einhaltung der Biorichtlinien hinausgeht und nicht maximale Produktion, sondern maximalen Artenschutz anstrebt.[205] Und er will gemeinsam mit seinen konventionellen Kollegen Lösungen entwickeln, wie auch der konventionelle Landbau naturverträglicher werden könnte, von Bauer zu Bauer sozusagen, über den Feldrand hinweg, ohne Vorurteile und Angst vor Gesichtsverlust. »Mein Motto ist dabei: Der Irrtum ist zu bekämpfen, aber der Irrende ist liebevoll zu behandeln«, sagt Böhner. »Denn die Kollegen gefährden die biologische Vielfalt ja nicht absichtlich. Sie haben sich nur auf ein System eingelassen, das sie jetzt unter extremen Druck setzt. Ihre Kosten steigen seit Jahrzehnten, aber die Preise nicht.« Immer mehr Landwirte hätten das Gefühl, dass die intensive Chemielandwirtschaft an ihre Grenzen stoße, weil die Behörden immer mehr etablierten Wirkstoffen die Neuzulassung verweigern und weil immer mehr Wildkräuter resistent werden.[206] Außerdem leiden sie unter der gesellschaftlichen Kritik an ihrer Arbeit. So spürten immer mehr Landwirtinnen und Landwirte einen Druck zur Veränderung. Böhners Vision ist es, den konventionellen Landbau naturverträglich zu gestalten, und er hat viele Ideen, wie das gehen könnte. Striegeln und hacken statt spritzen. Mit schonenden Dammkulturen das Bodenleben aktivieren. Wildkräuter als Helferpflanzen einsetzen. Die Landwirte sollten sich weniger als Chefs auf der eigenen Scholle, sondern als Kooperationspartner von Field-Sharing-Projekten verstehen. Böhners Idee: Die Landwirte teilen sich den Acker mit den anderen Bewohnern, zum Beispiel mit den Lerchen. Zuerst kommt der Landwirt und striegelt und ackert, dann bauen die Lerchen ihre Nester, und erst wenn die jungen Lerchen flügge sind, kehrt der Landwirt zurück aufs Feld zur Ernte. »Auf Getreidefeldern gelingt das hervorragend«, sagt Böhner, »aber im Gemüsebau ist das komplizierter, denn es muss noch später im Jahr gehackt werden.« Wie die Lerchen dabei trotzdem zu schützen wären, das würde Böhner gerne gemeinsam mit anderen erforschen, und dafür hätte er auch gerne Fördergelder, die das erleichtern würden. Überhaupt würde Böhner gerne nicht nur mit den Lerchen kooperieren, sondern auch mit all den Menschen in seiner Region, die wie er die Notwendigkeit für eine Landwende spüren. Er will regionale Partnerschaften aufbauen mit all den Machern, die vor Jahren die Energiewende in Angriff genommen und riesige Windparks gebaut haben, mit Umweltschützern, Behörden, Politikern und allen Landwirten, die sich auf die Suche machen nach einer neuen kooperativen Landwirtschaft über die Artengrenzen hinweg. Und er sucht eine Finanzierung dafür, »damit die Betriebe, die sich für Artenschutz engagieren, ein bisschen vom täglichen Existenzkampf entlastet werden«. Lerchenpark Lichtenauer Land so nennt Böhner sein Projekt, denn die Lerche, sagt er, ist unser Pandabär.

Kapitel 12

An der Weggabelung: Vielfalt der Kulturpflanzen oder Gentechnik

Darf der Mensch im Molekularlabor die Zukunft der Arten bestimmen?

Zwei Drittel der gesamten Welternte stammen von neun Pflanzen: Zuckerrohr, Mais, Reis, Weizen, Kartoffeln Sojabohnen, Ölpalmen, Zuckerrüben und Maniok. Dabei gibt es rund 382 000 verschiedene Pflanzen auf der Welt, und mehr als 6 000 davon haben die Menschen kultiviert, um daraus Lebensmittel zuzubereiten. Doch nur neun davon füllen zwei Drittel unserer Teller. Durch diese monotone und einseitige Ernährung geht nicht nur die Vielfalt der kultivierten Arten verloren, sondern auch die Diversität der vielen Sorten, die die Menschen im Laufe der Jahrtausende aus den wilden Arten gezüchtet haben.[207]

Niemand kann besser beschreiben, warum das ein Problem ist, als Marie Haga. Die norwegische Diplomatin und Politikerin leitet seit 2013 den *Global Crop Diversity Trust*, den Welttreuhandfonds für Kulturpflanzenvielfalt, und damit ist sie die Hüterin der Weltgendatenbank auf Spitzbergen im Nordatlantik. »Wenn man dort hinfliegt, sieht man nur Eis und Eis und

Eis. Es ist ein Ort, an dem so gut wie nichts wächst«, erzählt sie. »Dort leben dreitausendfünfhundert Eisbären und zwölftausend lustig aussehende Rentiere mit riesigen Hälsen und ganz kurzen Beinen, genetisch angepasst an das Leben im Eis.«[208] Mitten in dieser eisigen Region, in einem tief in einen Berg getriebenen Bunker im Permafrostboden, lagern Samentüten aus der ganzen Welt, Sicherheitskopien der gesamten Vielfalt der Kulturpflanzen, die die Menschen je gezüchtet haben – und die bislang noch nicht verloren sind, eine Million verschiedene Sorten.

»Warum um alles in der Welt bewahren wir eine Million verschiedener Samen an einem Ort auf, an dem nichts wächst?«, fragt Marie Haga und zählt gleich die Gründe auf: weil die Weltbevölkerung wächst und die Klimaforscher voraussagen, dass mit jedem Grad, um das die globale Durchschnittstemperatur ansteigt, die weltweite Ernte um zwei Prozent zurückgeht. »Das ist dramatisch«, sagt Marie Haga, weil unser Ernährungssystem ohnehin schon in der Krise sei. 820 Millionen Menschen hungern, zwei Milliarden Menschen fehlen wichtige Vitamine und Mineralien, beinahe ebenso viele sind übergewichtig. Gleichzeitig werden 30 bis 40 Prozent der Lebensmittel weggeworfen, ein Drittel der landwirtschaftlich genutzten Böden ist degradiert, und die Landwirtschaft wird für ein Viertel aller Treibhausgasemissionen verantwortlich gemacht. »Es ist wahnsinnig schwer, daraus nicht zu folgern, dass wir in Zukunft eine andere Art der Lebensmittelerzeugung brauchen«, sagt Marie Haga.

Wenn Marie Haga erklärt, warum der eisige Bunker auf Spitzbergen dabei eine wichtige Rolle spielen wird, zeigt sie ein

Foto von einer unscheinbaren Bohne, deren Schoten eher Erbsen ähneln. »Diese Bohne ist unglaublich«, sagt sie. »Diese Bohne hat jahrhundertelang alle möglichen schwierigen Wetterbedingungen überlebt, weil sie so ein ganz erstaunliches Wurzelsystem entwickelt hat. Mit dieser Bohne will der *Crop Diversity Trust* nun weiterzüchten, »so dass sie mehr Bohnen bringt, aber ihre riesigen Wurzeln behält«. Die Bermuda-Bohne könnte die Bohne der Zukunft sein, wenn sich die Klimakrise verschärft und immer häufiger extreme Wetterereignisse die Ernten der Welt gefährden. Denn auf den Bermuda-Inseln hat die Bohnen jahrhundertelang Sommer für Sommer die heftigsten Hurrikane überstanden, und ihre langen Wurzeln machen sie dürreresistent. Beinahe wären die Züchter des *Crop Diversity Trust* zu spät gekommen. Es gab nur wenig mehr als zwei Dutzend Pflanzen der Bermuda-Bohne, als der *Trust* auf die Wunderpflanze aufmerksam wurde. »Wir sind extrem besorgt«, sagt Marie Haga, »weil wir eine erschreckend große Menge von Pflanzen wie diese schon verloren haben.«

Nun steht die Welt vor der gigantischen Herausforderung, ein nachhaltiges Ernährungssystem schaffen zu müssen, das gesunde und nährstoffreiche Lebensmittel für mehr Menschen produziert – und das, ohne zusätzlich Ressourcen zu verbrauchen. »Wir müssen also die Frage beantworten: Wie finden wir neue Lösungen, wenn die alten nicht mehr funktionieren? Wir können nicht mehr Land, mehr Wasser und mehr Pestizide einsetzen!« Die Landwirte seien dazu essenziell, sagt Marie Haga. Denn noch gebe es mehrere Millionen Sorten von Kulturpflanzen, und das sei trotz der vielen schon verloren gegangenen Sorten noch immer eine gigantische Ressource. Die Nutzpflanzenvielfalt der Welt sei möglicherweise die wertvollste natürlichste Ressource der Welt, glaubt Marie Haga, und vermutlich die am wenigsten anerkannte. Bislang sei diese Ressource überhaupt noch nicht ausgeschöpft worden. Marie Haga zählt, was der *Global Crop Diversity Trust* an bäuerlicher Zuchtleistung zusammengetragen hat: 4500 Kartoffelsorten gibt es, 125000 Weizensorten, möglicherweise bis zu 200000 Reissorten, komischerweise nur ein paar Hundert Kaffeesorten. Und *alle* dieser vielen noch vorhandenen Kulturpflanzensorten seien wichtig, erklärt Marie Haga, weil *eine* von ihnen das wichtige Merkmal haben könnte, das die Art braucht, um sich an ein verändertes Klima anzupassen oder um mehr Nährstoffe zu liefern, um Krankheiten zu besiegen oder höhere Erträge zu produzieren, so wie die Bermuda-Bohne mit ihren langen Wurzeln. »Jede dieser alten Sorten könnte der *game changer* sein, aus denen die Nutzpflanzen der Zukunft gezüchtet werden.«[209] Deshalb sei der Verlust der alten Sorten so dramatisch, denn mit jeder Sorte, die verloren geht, weil sie nicht mehr angebaut wird, gehen Optionen verloren – »Optionen für morgen, für in fünfzig Jahren oder in zweihundert Jahren«. Marie Haga plädiert eindringlich für mehr Agrobiodiversität und dafür, die alten Sorten für die neuen Züchtungen zu nutzen. Alle Eigenschaften, die wir in Zukunft brauchen, glaubt Marie Haga, werden wir in den Millionen Kulturpflanzensorten und den wilden Arten, die uns zusätzlich als Reservoir für die Züchtung zur Verfügung stehen, finden. Alles, was wir brauchen, finden wir in der bestehenden Vielfalt, stellt sie klar. Dazu brauchen wir keine gentechnisch veränderten Pflanzen.

Nicht alle sind ihrer Meinung. Unterstützt durch viele Millionen Euro Forschungsgelder, wird in einigen Ländern der Welt an gentechnischen Veränderungen von Pflanzen geforscht, die weit über die klassische Agrogentechnik hinausgehen. Es geht nicht mehr nur darum, das Genom einer Soja- oder Maispflanze so zu verändern, dass sie resistent gegen Herbizide wie Glyphosat ist. Solche Pflanzen werden heute vor allem in den USA und Südamerika angebaut, sie ermöglichen einen nahezu flächendeckenden Einsatz von Glyphosat in den Ackerbauregionen dieser Länder – mit unermesslichen Folgen für die biologische Vielfalt und großen Risiken für die Gesundheit der Menschen dort.

Doch die Molekularbiologen arbeiten längst an einer neuen Generation von gentechnisch veränderten Organismen, die Pflanzen und Insekten, möglicherweise auch Tiere außerhalb der Labore gentechnisch verändern sollen. *Gene Editing* werden die neuen Techniken zum An- und Ausstellen und Rausschneiden und Reinbasteln von Genen in die DNA eines Organismus genannt. Sie machen gentechnische Veränderungen sehr viel schneller und einfacher. Das Wort *Editing* klingt ziemlich harmlos für das, was in den Laboren passiert, als ginge es nur um ein einfaches Bearbeiten und Sortieren – und nicht um das Innerste des Lebens selbst.

Als *Gene Drive* wird die neue Methode zur Ausbreitung dieser gentechnischen Veränderungen außerhalb der Labore bezeichnet. Dieser *Gene Drive* setzt die klassischen Vererbungsregeln außer Kraft und soll bewirken, dass die manipulierten Organismen ihre Labor-Eigenschaften an die nächsten Generationen weiter vererben, und zwar dominant, so dass sie die Gene einer Population komplett verändern werden. Die von der Bill & Melinda Gates-Stiftung finanzierte Gruppe *Target Malaria* etwa forscht daran, Anopheles-Mücken, die Malaria-Erreger auf den Menschen übertragen, im Labor so zu verändern, dass sie eine Art Sterblichkeitsgen auf die gesamte Population im Freien übertragen könnten oder eine Resistenz gegen die Malariaerreger.[210] Ein anderer Plan: In den intensiven Ackerbauregionen der Welt sind manche Wildkräuter resistent gegen bestimmte Herbizide geworden. Per *Gene Drive* könnten diese Pflanzen so verändert werden, dass sie ihre Resistenzen wieder verlieren.[211] Das wäre also ein gentechnisches Verfahren, mit dem die Fehler eines chemischen Verfahrens korrigiert werden sollen.

Es war die Leiterin des Fachgebiets Gentechnik beim Bundesamt für Naturschutz, Margret Engelhard, die mir klargemacht hat, was das alles bedeutet, was in den Laboren zurzeit mit welcher Geschwindigkeit passiert.[212] Das Netzwerk der gentechnikfreien Regionen Europas hatte sie im Herbst 2018 zur Konferenz nach Berlin eingeladen, um vom Stand der Forschung zu berichten, und als ich ihr zuhörte, wie sie von der großen Beschleunigung durch die neuen gentechnischen Verfahren wie CRISPR/Cas erzählte, hatte ich das unheimliche Gefühl, in einem Science-Fiction-Film zu sitzen. *Gene Drives* werden bereits im Labor erforscht, manche Forscher würden sie gern schon jetzt freisetzen und damit – wenn die Technik wirklich funktioniert – die DNA von ganzen Populationen in der Natur verändern.

Doch das ist erst der Anfang, berichtet Margret Engelhard. Die DARPA, eine Einrichtung des US-Verteidigungsministeriums, fördert Forschung an einem horizontalen Einsatz von gentechnisch veränderten Organismen im Freiland. Erforscht werden pflanzensaugende Insekten, die mit gentechnisch veränderten Pflanzenviren infiziert werden. Diese Insekten sollen dann über einem Feld freigelassen werden, damit sie dort an Pflanzen fressen. Dabei würden sie die gentechnisch manipulierten Viren auf die Pflanzen übertragen, und diese Viren würden die genetischen Eigenschaften der Pflanzen verändern. »Das bedeutet: Wir setzen nicht mehr nur gentechnisch veränderte Organismen frei, sondern unser Instrument aus dem Labor gleich mit. Damit verlagern wir Teile aus dem Labor in die freie Wildbahn«, sagte Margret Engelhard.

Ich hielt den Atem an, als sie sprach. Gleich öffnet sie eine Dose und lässt Insekten fliegen, die uns beißen werden, und wir liegen tot am Boden! Für ein paar Sekunden habe ich das wirklich geglaubt. Im Labor erzeugte Organismen, die freigelassen werden, um ihre künstlich erzeugten Eigenschaften auf ihre wilden Verwandten zu übertragen? Mit einem Mechanismus, der dafür sorgt, dass sie sich innerhalb weniger Generationen dominant durchsetzen? Und damit das komplizierte Gefüge in den Ökosysteme irreversibel verändern? Nicht rückholbar, für immer und ewig? Wir planen Eingriffe in ein komplexes Gefüge von Organismen, deren Zusammenwirken wir gerade erst ansatzweise verstehen und dessen Funktionieren für uns überlebenswichtig ist?

Guy Reeves vom Max-Planck-Institut für Evolutionsbiologie in Plön hält das für eine hochgefährliche Forschung, über die viel zu wenig diskutiert werde. Diese geplanten I*nsect Allies*, alliierte Insekten, könnten vielleicht als biologische Waffen missbraucht werden, warnte er in der Fachzeitschrift *Science*.[213]

Auch die Vereinigung deutscher Wissenschaftler ist alarmiert: Sie warnt vor unrealistischen Erwartungen an *Gene Drives* und den völlig unvorhersehbaren Auswirkungen.[214]

Margret Engelhard ist promovierte Mikrobiologin, sie hat selbst viele Jahre in molekularbiologischen Laboren geforscht. Für ihre Diplomarbeit hat sie am Max-Planck-Institut für terrestrische Mikrobiologe in Marburg an stickstofffixierenden Bakterien im Reis gearbeitet und an der Uni Basel die Genetik von Knöllchenbakterien erforscht, bevor sie zur Europäischen Akademie zur Erforschung von Folgen wissenschaftlich-technischer Entwicklungen in Ahrweiler gegangen ist und schließlich zum Bundesamt für Naturschutz. »Es ist beeindruckend, was in den Laboren gerade abgeht«, berichtet Margret Engelhard. »Die DNA-Sequenzierungen für meine Doktorarbeit haben unvergleichlich viel mehr Zeit in Anspruch genommen. Das ist heute völlig anders. Die DNA eines Organismus zu entschlüsseln oder ein Genom genetisch zu verändern ist viel schneller und einfacher und vor allem viel billiger geworden. Wo man früher aufwendig mit Hand und Pipette arbeiten musste, setzt man heute winzige Testgeräte und automatisierte Verfahren ein. Es gibt zum Beispiel kleine Geräte, nicht größer als ein USB-Stick, die DNA entschlüsseln können, und Computer mit riesiger Rechenleistung, die über *machine learning* Experimente optimieren.« Nein, es seien nicht nur Roboter am Werk, es seien schon noch Menschen im Labor, beruhigt Margret Engelhard. Doch es sei wichtig, sich klarzumachen, wie sehr sich die Arbeit in den letzten Jahren beschleunigt und damit auch qualitativ verändert habe. Vor allem das CRISPR-Cas-Verfahren, das auch als Genschere bezeichnet wird, mache es sehr viel einfacher, an einer bestimmten Stelle in der DNA etwas herauszuschneiden oder einzufügen. Margret Engelhard erzählt, wie sie ihre früheren Kollegen in den Laboren angerufen habe, um zu erfahren, ob die berühmte Genschere wirklich funktioniere. Und ja, ihre Kollegen seien alle begeistert gewesen. Auch wenn der Teufel wie immer in der Forschung im Detail steckt, sind nun Organismen wesentlich besser für Veränderungen und Manipulationen zugänglich.

CRISPR-Cas mache es auch möglich, neue Gene in einen Organismus einzufügen, auch solche, die in der Natur nicht existieren. »Diese sogenannte Synthetische Biologie ist ein sehr dynamisches Feld«, sagt Engelhard. »In den nächsten Jahren werden wir als Behörde, die in die Zulassung involviert ist, viele neue Anwendungen beurteilen müssen, die uns nicht nur bei der Risikobewertung vor große Herausforderungen stellen. Gerade bei gentechnischen Anwendungen von Wildpopulationen ist auch ein gesellschaftlicher Diskurs darüber dringend nötig.«

Seit Engelhard nicht mehr im Labor arbeitet, hat sich die Perspektive in der Forschung erweitert: Noch vor wenigen Jahren bedeutete Molekularbiologie, innerhalb biologischer Systeme zu arbeiten. Doch die Synthetische Biologie gehe darüber hinaus. Sie sei ein Forschungsparadigma, das über die Natur hinausdenke und experimentiere. »Viele synthetischen Biologen sagen: Wir machen eine bessere Natur«, so bringt Engelhard die neue Entwicklung auf den Punkt. Dabei gehe die Synthetische Biologie nach ingenieurwissenschaftlichen Prinzipien vor: Zellen würden ähnlich wie Autos in der Fahrzeugindustrie als »Chassis« gesehen, die dann mit standardisierten und optimierten Bausteinen ausgestattet werden.[215] Längst ist das Ziel nicht mehr eine verbesserte Pflanze, sondern die Veränderung der Natur und des Lebens selbst.

Zusammengefasst: In den Laboren geht die Post ab. In nie erlebter Geschwindigkeit und mit völlig neuen Methoden basteln Ingenieure und Molekularbiologen an der DNA des Lebens, sie träumen davon, das Labor aufs Feld fliegen zu lassen, vermutlich auch aufs Schlachtfeld, und dabei die Evolution selbst in die Hand zu nehmen. *Regenesis* hat der Biologe George Church sein Buch über diese neuen Möglichkeiten genannt. Der Untertitel lautet: Wie die Synthetische Biologie die Natur neu erfinden wird und uns selbst. Margret Engelhard warnt, man solle Wissenschaftler wie Church oder auch das Team um Craig Venter nicht als naive Träumer abtun. »Das sind sehr intelligente Forscher, die schon viele Projekte in die Tat umgesetzt haben.«

Der Soziologe Jason Moore, der Theoretiker des Kapitalozäns, der unsere Aneignung von *Cheap Nature*, von billiger Natur, als zerstörerische Wertschöpfungsstrategie unseres Wirtschaftssystems beschrieben hat, glaubt, dass dieses System der Ausbeutung an ein Ende gekommen ist – einfach weil es keine neuen Länder mehr zu erbeuten gibt. Moore sagt: *Today there is nowhere to run*. Heute geht das nicht mehr, weil alles längst erobert ist. Es gab kein *frontier land* mehr. Das ist nicht ganz richtig, denn noch gibt es Urwälder im Kongo, auf Borneo und in Ecuador, die ihre Bewohner gegen Plantagenbesitzer verteidigen.[216] Und wenn die Permafrostböden auftauen, werden sich die Investoren auch für die Flächen im Norden Sibiriens interessieren. Doch vor allem scheint mir, dass Moore bei seiner These die neuen gentechnischen Methoden übersieht. Denn das, woran gerade in den Laboren geforscht wird, ist die innere Eroberung des Lebens.

Jetzt, wo beinahe die gesamte Erde und alles Leben darauf unter dem Zugriff des Kapitalismus steht, hat die Wissenschaft Methoden entwickelt, die die Eroberung und Beherrschung der Natur von innen möglich machen sollen. Die neue *frontier* sind die Gene. Es muss sehr verlockend für die Forscher sein, den uralten Menschheitstraum, selbst Schöpfer zu werden, im Labor zu verwirklichen. Woran dort gearbeitet wird, ist viele Dimensionen zu groß für ein schlichtes Risikoabschätzungsverfahren einer Kontrollbehörde. Ebenso alt wie der Wunsch der Menschen, Gott 2.0 zu werden, sind die Warnungen vor menschlicher Hybris, vom Turmbau zu Babel bis zu Goethes Zauberlehrling, vom Golem zum Terminator.

Was aber bedeutet das für die Biodiversität? *Gene Drives* und all die neuen Methoden sind eine riesige Verlockung für Naturschützer. Überall auf der Welt, nicht nur auf Inseln, die lange Jahrtausende isoliert waren, bedrohen invasive Arten die Biodiversität. Ein Rindenpilz aus Asien, der 1904 vermutlich durch eine Zierkastanie aus China eingeschleppt wurde, hat innerhalb weniger Jahrzehnte Milliarden von Amerikanischen Kastanien in Nordamerika getötet und die Art beinahe ausgerottet. Heute gibt es die Amerikanischen Kastanien nur noch als kleine Büsche, größer lässt der Pilz sie nicht werden. Was wäre, wenn sich mithilfe eines *Gene Drives* die Resistenz gegen diesen Pilz ebenso schnell verbreiten könnte, wie der Pilz vorher die Bäume erobert hat? Würde die Rettung einer für die Ökosysteme so wichtigen Baumart den Eingriff und das Risiko nicht rechtfertigen? Oder was wäre, wenn man mithilfe von *Gene Drives* die Mäuse auf den Midway Inseln ausrotten könnte, die dort die Albatrosse gefährden (neben der unendlichen Menge Plastikmüll, die dort angeschwemmt wird)?

Die Internationale Naturschutzorganisation IUCN hat 2016 ein vorläufiges Forschungsmoratorium für *Gene Drives* verhängt und gleichzeitig eine Arbeitsgruppe beauftragt, die inzwischen eine Position zu *Gene Drives* und Synthetischer Biologie erarbeitet hat. Diese Empfehlung wird unter Naturschützern weltweit diskutiert. In diplomatischer Sprache steht darin, dass Synthetische Biologie negative und positive Auswirkungen auf die Biodiversität haben könnte, aber dass bestimmte Anwendungen von *Gene Drives* durchaus eine Chance sein könnten, Bedrohungen von Biodiversität abzuwenden.

Margret Engelhard sieht es kritisch, dass in der Arbeitsgruppe auch Forscher dabei waren, die selbst an *Gene Drives* arbeiten und die also ein Interesse an der Anwendung der neuen Technik haben.[217] »Man muss sich klarmachen, welches Verständnis von Natur hinter solchen Methoden steht«, sagt die Mikrobiologin. »Wer Pflanzen oder Tiere über *Gene Drives* resistent machen will, hat ein statisches Naturverständnis. Wer dagegen von einem dynamischen Naturverständnis ausgeht, kann sich nicht für *Gene Drives* aussprechen. Sie sind schlicht das falsche Instrument. Würde man eine Resistenz gegen bestimmte Erreger per *Gene Drive* verbreiten, hätte man die natürliche Selektion verhindert und entstehende Resistenzgene unterdrückt.«

Was wäre passiert, wenn es vor gut zehn Jahren schon *Gene Drives* gegeben hätte, als der eingeschleppte Chytridpilz Millionen von Amphibien in Amerika getötet hat? Vor Kurzem haben Forscher herausgefunden, dass sich manche Bestände von ausgestorben geglaubten Froscharten in Panama erholt haben, obwohl der Pilz nichts von seiner Gefährlichkeit eingebüßt hat.[218] Margret Engelhard warnt: »Der Mensch wäre dann an die Stelle der Evolution getreten. Ob wir das wollen, ist nichts, was ein gewöhnliches Risikobewertungsverfahren entscheiden kann. Es muss eine breite gesellschaftliche Debatte über diese Fragen geben.«

Das Wichtigste aber wäre, ein zentrales Register aufzubauen, in dem alle Anwendungen der neuen gentechnischen Methoden weltweit aufgezeichnet werden – denn die neuen gentechnisch veränderten Organismen haben keine Marker mehr, anhand derer man sie überhaupt identifizieren und von natürlichen Organismen unterscheiden könnte. Viele Forscher dagegen drängen auf eine Vereinfachung der Gesetzgebung: Der Europäische Gerichtshof hatte 2018 entschieden, dass die neuen gentechnischen Methoden des Gene Editing wie CRISPR-Cas als Gentechnik einzustufen seien und damit auch unter die Regulierungsvorschriften der EU fielen.[219]

Was wäre, wenn solche Gesetzesänderungen wirklich durchkommen? Wenn ein Genehmigungsverfahren als Forschungshindernis gilt und Gentechnik nicht mehr als Gentechnik? Wie könnten dann Landwirte, die ohne Gentechnik arbeiten, sicherstellen, dass sich auf ihren Feldern keine gentechnisch veränderten Organismen ausbreiten? Wenn man die überhaupt nicht mehr nachweisen könnte?

Diese neuen Verfahren – der Zugriff der Ingenieure auf die Seele, wenn man so will – werden ausgerechnet in einer Zeit vorangetrieben, in der uns Biologinnen, Anthropologinnen und Philosophen eine ganz neue Sicht auf das Leben zeigen. Die Biologin Lynn Margulis hat beschrieben, dass sich das höhere Leben auf der Erde aus einer Symbiose von Einzellern entwickelt haben könnte. Dass bestimmte Einzeller andere Einzeller nicht einfach aufgefressen haben, sondern dass eine Gruppe im Inneren der anderen weitergelebt hat – und sich erst aus diesem Zusammenleben höhere Lebensformen gebildet haben.[220] Das würde bedeuten: Wir sind nicht aus einem Überlebenskampf – jeder gegen jeden – entstanden, sondern aus einer sinnvollen Kooperation zum gegenseitigen Nutzen vieler ganz unterschiedlicher Arten. Wir sind weniger Individuen und Einzelkämpfer als vielmehr das Ergebnis einer uralten symbiotischen Entwicklung und Teil eines großen Ganzen.

Deshalb sollten wir diese Beziehungen viel mehr beachten und viel besser erforschen, fordern die Wissenschaftlerinnen. Wir sollten weniger auf die einzelnen Arten oder Individuen schauen, sondern mehr auf ihre gegenseitigen Verknüpfungen. Die Biologin Margaret McFall-Ngai hat das getan. Sie hat in den Gewässern um Hawaii erforscht, wie ein Meeresbakterium eine kleine Tintenfischart nachts zum Leuchten bringt, ungefähr so hell wie das Mondlicht, sodass der im Dunkeln jagende Tintenfisch keinen Schatten wirft. Der Tintenfisch lebt also mit einer Art Taschenlampe aus Bakterien zusammen. Mit dieser Arbeit hat McFall-Ngai die Aufmerksamkeit vieler Biologen auf das Zusammenwirken zwischen Tieren und Pflanzen und Mikroben gelenkt. Sie und ihre Mitstreiterinnen haben gezeigt, »dass alle Tiere, Pflanzen und Pilze ihr eigenes, einzigartiges Mikrobiom haben, ein Gefolge von winzigen Wesen, mit denen sie leben«. Eine Kuh zum Beispiel könnte ohne die Myriaden von Mikroben in sich keinen einzelnen Grashalm verdauen. Und auch wir Menschen müssten ohne unsere Mikroorganismen im Darm verhungern. Der Begriff *Individuum*, der »das Unteilbare« bedeutet, ist damit etwas unpassend geworden. »Wir beginnen jetzt zu verstehen, dass ›Individuen‹ gar nicht besonders individuell sind«, schreibt Margaret McFall-Ngai, »weil Organismen typischerweise aus mehr Zellen anderer Lebewesen bestehen als aus ›eigenen‹.«[221] Es braucht ein bisschen Zeit, um zu erfassen, was das bedeutet: In mir leben mehr Zellen anderer Lebewesen, als ich selbst an Zellen habe? Oder gehören die anderen auch zu mir? Und wer bin ich dann eigentlich? Lynn Margulis hat vorgeschlagen: Wir sollten nicht von einem Individuum sprechen, sondern vom *holobiont*. So nennt sie die Einheit, die ein Organismus zusammen mit allen seinen Mikroben bildet.

Alle diese Wechselbeziehungen rücken immer mehr in den Fokus. Biologen erforschen heute weniger die Evolution einer Art, sie blicken vielmehr auf die Ko-Evolution, die gemeinsame Evolution von mehreren Arten, die sich in gegenseitiger Verflechtung miteinander entwickelt haben. Sie sprechen etwa von der Koevolution von Beutegreifern und Beutetieren oder von der Koevolution von Grasland und Weidetieren. Damit greift auch die Vorstellung von unabhängigen Organismen, die mit einer Umwelt interagieren, zu kurz, ebenso wie die binäre Aufspaltung von Mensch und Umwelt oder von Kultur und Natur. Kultur ist aus Natur entstanden, und was heute Natur ist, ist überall auf der Welt von der Kultur des Menschen beeinflusst. Oder besser: seine Unkultur. Es gibt kein Außerhalb der Ökosysteme, sondern nur ein gemeinsames Werden und Vergehen.

Damit hat sich auch der Blick auf die Evolution geändert: Der Baum des Lebens, in dessen Spitze sich der Mensch als Krone der Schöpfung zeigt, ist kein passendes Bild mehr für das, was wir heute über die Entwicklung des Lebens wissen. Wir sollten uns eher ein Netz des Lebens vorstellen, in dem alles mit allem zusammenhängt.

Deshalb greift es viel zu kurz, auf das Aussterben einzelner Arten oder Artengruppen zu blicken, wenn man erfassen will, was das Massenaussterben bedeutet, dessen Zeugen wir gerade werden. Wenn eine Art ausstirbt, warnt McFall-Ngai, »dann stirbt mit ihr auch ein ganzes Mikrobiom, das gemeinsam mit dieser Art im Laufe der Evolution entstanden ist«. Der Verlust einer einzelnen Art hat den Verlust vieler weiterer Arten zur Folge. Margaret McFall-Ngai folgert: Das Sterben der Arten ist viel bedenklicher, als wir früher angenommen haben.[222]

Wir müssen also auf die Zusammenhänge blicken, auf das Zusammenwirken und Zusammenleben von Artengemeinschaften, zu denen auch wir gehören, wenn wir erfassen wollen, was wir gerade anrichten. In diesem artenübergreifenden Netz, dessen Komplexität wir noch gar nicht ganz verstehen, scheint mir eine simple Schere wie CRISPR-Cas nicht das richtige Instrument.

»Keine Art handelt allein, nicht einmal unsere eigene arrogante, die auf Basis sogenannter moderner, westlicher Skripte so tut, als würde sie aus artigen Individuen bestehen«, spottet die Biologin, Wissenschaftstheoretikerin und Feministin Donna Haraway.[223] »Diese Zeiten, Anthropozän genannt, sind die Zeiten einer artenübergreifenden Dringlichkeit, die auch die Menschen umfasst«, warnt Haraway. »Es sind Zeiten von Massensterben und Ausrottung; einer Weigerung, sich die kommende Katastrophe rechtzeitig präsent zu machen; Zeiten eines nie da gewesenen Wegschauens.«[224] Der fossilienverbrennende Mensch, so bringt sie es klar und scharf auf den Punkt, scheine darauf aus zu sein, in kürzester Zeit so viele neue Fossilien wie möglich herzustellen.[225]

Was früher Natur genannt wurde, schreibt sie, sei »zu einer durchschnittlichen menschlichen Angelegenheit mutiert, und zwar so und mit solcher Nachdrücklichkeit, dass sich die Mittel und Aussichten des Weiterbestehens zutiefst verändert haben; inklusive der Möglichkeit, dass es überhaupt nicht weitergeht«.[226] Trotzdem hält Donna Haraway den Begriff Anthropozän für falsch, um all das zu verstehen – und vor allem, um es zu verändern. In den vielen Reden vom Anthropozän und vom Kapitalozän »infizieren technotheokratische, geoingenieursmäßige Reparaturfantasien und das sich Suhlen in Verzweiflung jede gemeinsam hergestellte Vision«, kritisiert sie. Und beides hilft nicht weiter – weder Resignation noch der größenwahnsinnige Versuch, mit Ingenieursmethoden globale Stoffkreisläufe managen zu wollen. Um der drohenden Auslöschung etwas entgegenzusetzen, müssten wir vielmehr über das Anthropozän hinausdenken und all die Vorstellungen hinter uns lassen, die uns überhaupt erst in diese Zeit der Dringlichkeit gebracht haben: die Vorstellung der Dominanz des Menschen über die Natur, die Geschichte vom männlichen

Helden, der seinen Gegner im Kampf besiegen muss, die Geschichte vom Fortschritt durch Technik, von der Dominanz des Westens und von Individuen als wirkmächtigen Einzelkämpfern, von technokratischen Unternehmern, von Markt und Profit betörten Kapitalisten – kurz all das, was unser Denken bislang ziemlich geprägt haben dürfte. Und was uns jetzt daran hindert, neu zu denken. Damit wir uns überhaupt vorstellen, wie es anders gehen könnte.

»Eine andere Welt wird nicht nur dringend gebraucht, sie ist auch möglich; aber nicht, wenn wir uns durch Verzweiflung, Zynismus oder Optimismus, im Glauben oder Unglauben an den Diskurs des Fortschritts verhexen lassen«, schreibt Haraway.[227]

Dieses Anthropozän, in dem der Fortschrittsdiskurs die Menschen verhext hat, sollten wir verlassen, schlägt Donna Haraway vor. Wir sollten lieber ins *Chthuluzän* auswandern. Das ist ihr Begriff für eine Welt, in der es nicht um technokratische Weltbeherrschung und -zerstörung, sondern um »artenübergreifende Praktiken des Miteinander-Werdens« geht. Das *Chthuluzän* hat sie nach einer Spinne benannt, denn in ihrem neuen Zeitalter sind Netze und Tentakeln wichtig, überhaupt die Verwobenheit des Lebens. Verheddern, Verfilzen, Verwirren, Nachspüren und Sortieren, das sind ihre Begriffe.[228] Sie will aufmerksame Praktiken des Denkens, des Liebens, der Wut und der Sorge fördern – und artenübergreifende Responsabilität.[229] Man könnte es – nach der Idee des Landwirts Hartmut Böhner, der Field-Sharing mit den Lerchen betreiben will – vielleicht als World-Sharing bezeichnen. Das Anthropozän will sie deshalb nicht als Epoche verstanden wissen, sondern lieber als ein Grenzereignis, das möglichst kurz bleiben sollte. »Es markiert schwerwiegende Diskontinuitäten, was danach kommt, wird anders sein als das, was war.«

Und das, was kommt? »Das unabgeschlossene Chthuluzän muss den Abfall des Anthropozäns und die Tötungskraft des Kapitalozäns aufsammeln. Es muss schroten und schreddern und schichten wie ein verrückter Gärtner und einen noch viel heißeren Kompost für immer noch mögliche Vergangenheiten, Gegenwarten und Zukünfte herstellen.«[230]

Um zu denken, was Donna Haraway in etwas kryptischen Worten vorschlägt, müssen wir einiges in unserem Kopf neu ordnen. Damit wir überhaupt nachvollziehen können, was sie meint, ist die Lektüre von *Arts of living on a damaged Planet* hilfreich. [231] Das Buch sammelt die Vorträge einer Tagung von Anthropologen, Biologen und Künstlern, die gemeinsam nach den Monstern und Geistern unserer Zeit gesucht haben. Aber ich glaube, die Wegweiser ins *Chthuluzän* finden sich nicht in Büchern oder Tagungsräumen, sondern irgendwo draußen, im Komposthaufen vielleicht oder zwischen Grashalmen, vielleicht in den Gängen von Ameisenbauten, vielleicht dort, wo sich Mykorrhizapilze mit Pflanzenwurzeln vernetzen und Nährstoffe austauschen, vielleicht auch in den Mustern, die uralte Flechten auf Steinen gezeichnet haben. Oder in der Huppenheide, wo die Kleinen Heidegrashüpfer ihr Refugium gefunden haben, vielleicht auch in den verschlungenen Wegen der Altenau, des Baches, die Ulrich Eichelmann und sein Mitstreiter entgradigt haben. Ich will nicht esoterisch klingen, aber wenn der Satz stimmt, der Albert Einstein zugeschrieben wird, nach dem man Probleme nicht mit derselben Denkweise lösen kann, die sie geschaffen hat, könnte es sehr hilfreich sein, sich auf solche Blicke einzulassen.

Das ist besonders wichtig, weil es eine sehr mächtige Gegenbewegung gibt. Informatiker und Ingenieure arbeiten mit viel Forschungsgeld und Risikokapital an der Verschmelzung von Mensch und Maschine. Sie nennen das *human enhancement*, die Optimierung des Menschen, und sie verbreiten dabei eine Vision von technisch verbesserten Lebewesen, von Cyborgs mit Datenbrillen und Gehirnen, die mit Festplatten verkoppelt werden. Was das alles bedeutet, diskutieren Wissenschaftler unter dem Schlagwort *Posthumanismus*. Für die meisten Menschen klingt das eher schaurig, doch wir sind gerade dabei, uns langsam an diesen Gedanken zu gewöhnen, dass wir mit Maschinen kommunizieren, Gefühle für sie entwickeln und uns ganz allmählich in Cyborgs verwandeln. In vielen Filmen vom *Terminator* bis zur Kinderserie *Dinotrux* und auch in Videospielen treten diese Mischwesen auf. Die Visionäre dieser neuen Techniken in der realen Welt scheinen mir auf eine rätselhafte Weise losgelöst von den natürlichen und materiellen Grenzen dieser Welt und sehr weit entfernt von den Warnungen der Ökologen. Es ist, als gäbe es zwei Welten, die eine mitten in der ökologischen Krise, auf dem Weg in die Katastrophe, und die andere kurz vor dem Abflug in höhere Sphären der menschlichen Entwicklung. Es ist sehr erschreckend, dass diese beiden Welten bislang kaum miteinander kommunizieren.

Auch in der großen Debatte über die Digitalisierung der Landwirtschaft gibt es diese Trennung: Die Pioniere der Präzisionslandwirtschaft haben in den letzten Jahren neue technische

Lösungen entwickelt, die den intensiven Ackerbau noch intensiver machen. Landmaschinenhersteller kooperieren mit IT-Konzernen, entwickeln autonom fahrende Traktoren und Drohnen für den Feldeinsatz. Das alles birgt durchaus Chancen für die biologische Vielfalt. Manche Landwirte lassen vor dem Mähen Drohnen über ihre Felder fliegen, um Rehkitze im hohen Gras zu entdecken. Das wäre natürlich auch für die Nester von Bodenbrütern wie Rebhühnern oder Kiebitzen denkbar. Drohnen sollen in Zukunft Pestizide nur dort ausbringen, wo ihre Sensoren tatsächlich einen Befall festgestellt haben. Auch die Verkopplung von Landmaschinen mit Satellitendaten birgt Chancen für die Vielfalt in der Landschaft: So könnte eine GPS-gesteuerte Sämaschine mit digitaler Steuerung bestimmte Stücke eines Ackers auslassen, feuchte Mulden etwa oder Stellen mit schlechten Böden, um dort kleine Brachflächen entstehen zu lassen. Die digitalen Ackerschlagkarteien könnten helfen, solche Flächen miteinander zu vernetzen, sodass ökologische Korridore in den Agrarlandschaften entstehen. Doch die digitalen Innovationen, die auf den Fachmessen zurzeit präsentiert werden, zielen vor allem auf Effizienzsteigerung und Arbeitserleichterungen. Die biologische Vielfalt und die komplexen ökologischen Zusammenhänge werden dabei nicht mitgedacht.

Kapitel 13

Wegweiser in die Zukunft

Die Rebellion gegen die Vernichtung unserer Lebensgrundlagen hat begonnen – das ist die Chance, die biologische Vielfalt zu retten

Vor zwei Jahren habe ich mich auf die Suche nach einer Antwort auf die Frage gemacht, warum ein kleiner Naturfreund in seinem fünfjährigen Leben in Mitteleuropa erst eine einzige Heuschrecke gehört hat. Meine Suche hat mich hinter den Zaun eines militärischen Sperrgebiets geführt, wo Heuschrecken überlebt haben, für die in den Agrarlandschaften kein Platz mehr ist. Und zum Entomologischen Verein nach Krefeld, der in Tausenden von Gläsern und Schubladen Beweise für das Verschwinden gesammelt hat: Heuschrecken, Schmetterlinge, Käfer, Bienen und Wanzen, die es dort früher gab und die es jetzt nicht mehr gibt. Bei meiner Suche bin ich auf viele ungelöste Widersprüche gestoßen: auf Blühstreifen an mit Pestiziden gespritzten Äckern, auf eine Landwirtschaftsministerin, die Bienen retten will und doch Insektizide genehmigt, und auf viele Gesetze, die den Schutz nicht einhalten, den sie versprechen. Die Suche hat mich zum Kern des Problems geführt, zu einer Wirtschaftsordnung, die wirtschaftliche Entwicklung auf Kosten der Natur ermöglicht, zu einem Wirtschaftssystem, das externe Kosten verursacht, für das die Verursacher selbst nicht aufkommen müssen. Dabei ist klar geworden, dass die Suche nach den Lösungen nicht zu einzelnen Blühstreifen führt, sondern zu einer ökologischen Transformation. Alles darunter wird ein Flickwerk bleiben, das die Widersprüche zwischen einem gefräßigen Wirtschaftssystem und unserem fragil gewordenen Ökosystem nicht auflöst.

Meine Suche hat mich aber auch zu unfassbar kundigen Bäuerinnen, Biologinnen, Ökologen und Naturschützern geführt, und ich habe gestaunt, wie viel sie über das Leben um sich herum wussten, von dem ich noch nie gehört hatte, und wie sie es schafften, auf ihren Flächen Vielfalt zu bewahren und Wissen darüber zu verbreiten. *Hope spots* würde die Meeresforscherin Sylvia Earle diese Orte nennen, und es gibt deren viele.

Doch bei meiner Suche bin ich auch auf dicke Stapel wissenschaftlicher Literatur gestoßen. Ich habe so viele Aufsätze heruntergeladen, dass die Festplatte meines Rechners gestreikt hat, und das, was ich gelesen habe, hat mich zwischenzeitlich in tiefe Depressionen gestürzt: eine weltweite Beschleunigung der Naturzerstörung auf allen Ebenen, Biomasseverluste von Insekten, Artensterben sowieso, Defaunation, eine abnehmende Widerstandskraft und drohende *Regime Shifts* zusätzlich zu einer unmittelbar bevorstehenden Klimakatastrophe, die das Sterben der Arten weltweit noch beschleunigen wird. *Leute, seht ihr denn nicht, dass hier alles vor die Hunde geht?* Ich habe gelesen und gelesen, und um mich herum ging der Alltag weiter, und keiner aus meiner Familie wollte jeden Tag neue Untergangsgeschichten hören. Deshalb habe ich mich so gefreut, als der YouTuber Rezo mit seiner Kritik an der Untätigkeit der CDU und seiner Warnung vor Klimakrise und Artensterben Millionen Menschen erreichte. Vor seiner Recherche habe er noch geglaubt, so schlimm werde es schon nicht laufen, aber was er dann herausgefunden habe, »war *fucking* heftig«. Der Ausdruck trifft es ganz gut, finde ich.

Kurz: Als ich vor zwei Jahren meine Recherche zum Artensterben begonnen habe, habe ich mich noch sicherer gefühlt in der Welt. Inzwischen kommt es mir vor, als hätte mich damals jemand mit einem tückischen Schlaflied eingelullt, damit ich nicht sehe, dass mein kleines Schiff auf einen riesigen Eisberg zusteuert. Und es war ausgerechnet das Zirpen einer winzigen Heuschrecke, das mich aufgeweckt hat. (Ich weiß, Heuschrecke und Schiff, das passt nicht gut zusammen, aber ich kenne kein anderes Bild, um auszudrücken, wie ein geordnetes Leben auf einen Abgrund zusteuert.) Heute weiß ich: Es gab überhaupt keinen Grund für diese Ruhe. Jetzt dröhnt die überwältigende wissenschaftliche Evidenz für die Größe der Bedrohung in meinem Kopf, und in der Dürre und Hitze des Sommers 2018 habe ich gespürt, wie nah das alles ist, wovor die Wissenschaftler warnen. Zu Beginn meiner Recherche dachte ich, es ginge um Heuschrecken und Insekten und seltene Vögel mit hübschem Gefieder und dass es nicht gut ist, dass wir sie aussterben lassen. Doch dann ist mir klar geworden: Es geht um uns alle. Es ist das Ende der Welt, wie wir sie kannten. Das Sterben der anderen wird unser eigenes sein.

Das kann man sich nicht richtig vorstellen? So wie man sich nicht vorstellen konnte, dass die Wiesen in der norddeutschen Tiefebene im Sommer so vertrocknen, dass die Bauern Kühe schlachten, weil sie nicht genug Gras für alle haben? Dass sie im Mai ihre Felder bewässern, als lägen sie in Südspanien und nicht in Norddeutschland? Dieser Zustand heißt Apokalypse-Blindheit, und er wird genährt durch die geschickten Beschwichtigungen und Ablenkungen derjenigen, die kurzfristig finanziell davon profitieren, dass dieser gefährliche Zustand noch lange anhält.

Ich habe mich ins politische Berlin gestürzt und Dutzende von Gesprächen geführt, und die haben mich noch mehr verzweifeln lassen: Die biologische Vielfalt ist gefährdet, die Gefahr ist erkannt – für das Überleben der anderen, aber auch für uns –, aber es fehlt der politische Wille zum wirkungsvollen Vollzug. Niemand, mit dem ich gesprochen habe, leugnet die wissenschaftliche Erkenntnis. Alle teilen die Einsicht, dass wir schnell handeln und Grundlegendes ändern müssen. Wie kann es sein, dass alle das wissen und trotzdem nichts dagegen tun? Oder nein: Alle tun ja etwas, nur eben nicht genug, und genau das ist jedem klar. Niemand leidet an chronischer Apokalypse-Blindheit, doch alle scheinen gefesselt in unsichtbaren Ketten. Unser politisches System ist offensichtlich nicht in der Lage, Krisen dieser Tragweite zu lösen. Ist das System zu komplex, um handlungsfähig zu sein? Ist das Schiff zu groß, um schnell zu wenden? Und haben wir uns damit arrangiert? Jede Zugfahrt durch eine grüne blütenlose monotone Landschaft hat mich trauriger gestimmt.

Doch dann hat sich in Stockholm eine Schülerin vor das schwedische Parlament gesetzt und gesagt: Ich streike so lange, bis ihr handelt! Und Millionen sind ihr gefolgt, vor allem Schülerinnen und Schüler, die die unsichtbaren Grenzen noch nicht kannten, die ihre Elterngeneration davon abhalten, das Schiff umzusteuern – oder wenigstens einen ernsthaften Versuch dazu machen. Die junge Schwedin wurde weltbekannt, weil sie sagte: *Ich sage nur, was die Wissenschaftler schon lange sagen. Hört ihr mich? Oder geht mein Mikro nicht?* Weil sie offenbar in Worte fasste, was viele, viele Menschen fühlten, ohne es so einfach und klar und unbeirrt artikulieren zu können. Ihre Worte waren der Start der *fridays for future*, die zu einer globalen Bewegung geworden sind.

Gleichzeitig verbreitete sich von England aus die Bewegung der Extinction Rebellion über die ganze Welt, die es genauso ernst meint wie Greta Thunberg, die aber nicht länger geduldig wartet, sondern zum gewaltfreien Widerstand aufruft, damit die Regierungen endlich handeln. Beim Extinction Day November 2018 blockierten Tausende Aktivisten Londoner Brücken, und im April 2019 besetzten sie Straßen und Plätze in vielen europäischen Städten. Tausende Rebellen wurden allein in London festgenommen, berichtete der *Guardian*, es sei die größte Aktion zivilen Ungehorsams in der jüngeren Geschichte Großbritanniens gewesen.[232]

Die Rebellen fordern: Die Regierungen müssen jetzt handeln, um bis 2025 den Verlust der Biodiversität zu stoppen und die Treibhausgasemissionen auf netto-null zu senken.[233] Doch die erste Forderung der Rebellen lautet: *Tell the truth!* Sagt die Wahrheit! Die Regierungen müssen die Wahrheit über die

Klimakrise sagen, sie müssen den Notstand ausrufen und die Dringlichkeit des Wandels kommunizieren. *Die Regierung soll die Wahrheit sagen!* Es sind keine zensierten und unterdrückten Widerstandskämpfer einer finsteren Diktatur, die das fordern, auch keine verwirrten Verschwörungstheoretiker, die glauben, dass der Klimawandel eine Erfindung zur Erschleichung von Forschungsgeldern sei und wir alle mit Chemtrails vergiftet werden. Sondern es sind freie, gut informierte und gut gebildete Bürgerinnen und Bürger der Europäischen Union, die das von ihren demokratischen rechtsstaatlichen Regierungen fordern, in Ländern mit freien Medien. Wie kann das sein, dass sie sich belogen fühlen?

Auch die Journalistin und Autorin Ute Scheub, die seit Jahren über die Wege zu einer nachhaltigeren Welt schreibt, kritisiert den Umgang der Medien mit der ökologischen Krise. In einem Kommentar der Tageszeitung *taz* lobte sie die jungen Klimastreikenden, weil sie gegen das gigantische Politikversagen protestieren, und kritisierte die spärliche Berichterstattung über diesen Aufbruch.[234] 1,6 Millionen junge Menschen in 123 Staaten der Welt haben protestiert, doch das sei keinesfalls ausreichend gewürdigt worden. Der Aufbruch so vieler junger Menschen ist in den Medien einfach untergangen, weil so viel über einen Terroranschlag in Neuseeland geschrieben wurde. Ute Scheub stellt die kluge Frage: »Weshalb wird ein einzelner Menschenfeind mit weit mehr Aufmerksamkeit belohnt als Millionen Jugendliche, die um ihre Zukunft bangen?« Und sie gibt eine Antwort, die in allen Zeitungsredaktionen und Parteizentralen in Großbuchstaben an die Wände gehängt werden sollte: »Der Subtext der Medien lautete: Wir nehmen euch nicht ernst, solange ihr keine Steine und Bomben schmeißt.« Genau das ist ja auch der Subtext einer Politik, die über Jahre hinweg ihre selbst gesetzten Umwelt- und Klimaziele verfehlt und mit neuer Frist erneut auf die Agenda setzt, ohne sich die Mühe zu machen, aus dem Scheitern ernsthafte Konsequenzen zu ziehen. Wer so handelt, erklärt einer engagierten Zivilgesellschaft: Wir nehmen euch nicht ernst! Und alle eure Aktionen und Demonstrationen und Petitionen und Positionspapiere auch nicht! Schon lange bevor der YouTuber Rezo beklagt hat, dass die *fucking* Bundesregierung ihre Ziele verfehlt, haben ungezählte Umwelt-, Natur- und Tierschützer, Wissenschaftler und auch Journalisten darauf immer wieder freundlich hingewiesen. Mit unendlicher Geduld haben sie immer neue Risiken und Fehlentwicklungen dokumentiert und mit ebenso großer Sorgfalt Vorschläge und Alternativen entwickelt und gezeigt, wie es anders ginge. Und besser. Doch all das hat nicht mehr als winzige Erfolge gebracht – gemessen an der Reichweite der Bedrohung. Die Botschaft ist: Wir nehmen euch nicht ernst. Und das ist wirklich gefährlich.

Ich bitte um Entschuldigung für die militärische Metapher: Aber all das – Greta Thunberg, die *fridays for future*, die *Extinction Rebellion*, das Volksbegehren in Bayern – sind für mich laute Warnschüsse, die wirklich nur schwer zu überhören sind. Es baut sich ein Druck auf, der zeigt, dass politisches Nicht-Handeln nicht länger geduldet werden wird. Einiges spricht dafür, dass nicht nur ökologische *regime shifts* bevorstehen, irgendwo in den Tiefen der Ostsee, sondern auch gesellschaftliche.

Was aber ist zu tun, um die biologische Vielfalt zu retten – und uns vor dem Untergang? Der britische Autor und *Guardian*-Kolumnist George Monbiot hat in seinem Buch *Out of the wreckage* (Heraus aus den Trümmern) geschrieben: »Verzweiflung ist der Zustand, in den wir fallen, wenn unsere Vorstellungskraft versagt.«[235] Wenn uns nichts mehr einfällt. Um aus dem Chaos, in das wir uns gestürzt haben, wieder herauszukommen, sagt Monbiot, brauchen wir zuallererst eine gute Erzählung, mit der wir durch die Gegenwart navigieren und die uns in die Zukunft führt. Wir brauchen eine neue Geschichte, weil die alten nicht mehr taugen, vor allem nicht die neoliberale Geschichte vom heroischen Unternehmertum, das die Kräfte der freien Märkte mobilisiert, um der Welt Freiheit und Wohlstand zu bringen.[236] Diese Geschichte hat uns ein ökonomisches System beschert, in dem alles einen Preis hat, aber nichts einen Wert, und ein politisches System, das Wirtschaftswachstum über alles stellt, egal ob es den Menschen nützt oder nicht.[237]

Donna Haraway hat eine solche neue Geschichte entwickelt. Sie handelt davon, dass wir das zerstörerische Anthropozän mit seinen anmaßenden menschlichen Weltherrschern verlassen sollten, um ins Chthuluzän aufzubrechen, ins Zeitalter des artenübergreifenden Miteinanders. George Monbiot schwebt etwas Ähnliches vor, auch wenn er andere Worte benutzt: Er entwirft die Geschichte einer einzigartigen Spezies, deren Fähigkeit zum Altruismus im ganzen Tierreich unübertroffen ist. Doch diese bemerkenswerten Eigenschaften wurden durch eine Ideologie des extremen Individualismus und des Wettbewerbs unterdrückt. Deshalb fühlen sich so viele Menschen entfremdet und vereinsamt. Aber daraus sollten wir uns jetzt befreien und uns daranmachen, gemeinsam, in gemeinsamer Verantwortung eine bessere Welt zu gestalten.[238]

Das ist ein Aufruf an jeden von uns: Keiner kann sich dem Netz der Verantwortung entziehen, weil jeder Einzelne Teil des Netzes des Lebens ist. Jeder ist also eingeladen, an der Lösung mitzuwirken. Angesichts der Dimension der ökologischen Krise ist klar, dass individuelle Verhaltensänderungen nicht ausreichen werden. Jeder muss seinen Beitrag leisten, im Garten, auf dem Balkon, beim Einkaufen. Das ist wichtig, aber das allein reicht nicht aus. Ich betone das trotz aller Offensichtlichkeit, weil Lobbyisten dieses Argument noch immer benutzen, wenn sie dringende politische Regelungen verhindern wollen. Die Medien aber müssen weiter blicken. Sie müssen die Geschichten vom gemeinsamen Aufbruch, vom Gelingen und von den vielen Pionierinnen und Pionieren des Wandels verbreiten. Wir brauchen dringend *journalists for future*, fordert Ute Scheub in der *taz*. Die Journalisten müssten endlich mit dem dummen Prinzip *Bad news are good news* brechen. »Wie wäre es«, schlägt sie vor, »wenn statt der Minderheitenshow des Börsenberichts – nur etwa 5 Prozent der Deutschen besitzen Aktien – jeden Tag um 19.50 Uhr eine ökosoziale Erfolgsgeschichte gesendet würde?« Das wäre mal ein Anfang. Wir Journalisten sollen nicht nur schreiben, was nicht geht, sondern auch was schon geht.[239]

Ute Scheub hat recht und George Monbiot auch und Donna Haraway allemal: Wir brauchen gute Nachrichten und eine gute Geschichte, die diese einzelnen guten Nachrichten zu einer sinnstiftenden Erzählung zusammenfügt, die uns sagt, wo es langgehen könnte in eine weniger riskante Welt mit mehr Vielfalt und Resilienz.

Deshalb kommen hier also alle guten Nachrichten, die ich in den letzten zwei Jahren zusammengetragen habe und zu einer neuen Erzählung verflechten möchte. Meine gute Erzählung beginnt in der Huppenheide, im Refugium der Heuschrecken. Dorthin bin ich ein paar Monate nach meiner winterlichen Heuschreckensuche noch einmal zurückgekehrt, um die Kleinen Heidegrashüpfer zu sehen, die bei meinem Besuch im Winter noch als Eier im Boden lagen. Beim zweiten Besuch habe ich meinen Sohn und meinen Neffen mitgebracht, und unsere Wanderung war ein Fest! Ein Fest der Heuschrecken, der Schmetterlinge und der wilden Bienen und der Neugierde und Entdeckungslust der Kinder! Thomas Fartmann hatte einen Schmetterlingskäscher dabei, so konnten die beiden Jungen die Augen des Tagpfauenauges bestaunen, die Punkte des Schornsteinfegers zählen und die dicken Beine der Hosenbiene bewundern. Sie haben Eidechsen und Frösche gestreichelt und Libellen verfolgt. Und ihre Begeisterung hat bis heute angehalten und mir gezeigt, wie unendlich wichtig es ist, Kindern – nein, allen natürlich – zu zeigen, was es noch gibt an Vielfalt. Damit wir all diese kleinen Tiere kennen und bewundern und schätzen können. Den ganzen Sommer über ist mein Sohn hinter Schmetterlingen hergesprungen, und seine Freude hat meine Resignation vertrieben. Wir müssen, so schnell wir können, die Kinder von den Smartphones und Bildschirmen weglocken und ihnen zeigen, was da draußen zu sehen ist.

Der große Erfolg der *Citizen Science*-Projekte zu Naturthemen, bei denen Verbände oder Wissenschaftler gemeinsam mit interessierten Laien Daten sammeln, zeigt, wie viele Menschen Freude daran haben, Natur zu beobachten und mehr darüber zu erfahren.

Nur ein Beispiel: Der Naturschutzbund NABU hat im Sommer zur »Stunde der Gartenvögel aufgerufen, und mehr als 76 000 Menschen haben mitgemacht und eine Stunde lang Vögel gezählt, 1,7 Millionen insgesamt.

Doch sehen, was noch da ist, das ist nur der Anfang. Denn wir brauchen, um das, was draußen noch lebt, retten zu können, eine ganz andere Sicht auf die Natur, nein, genauer: eine andere Sicht *in* der Natur. Oder: auf uns in der Natur. Eine Perspektive, die sich aus den neuen Erkenntnissen der Biologie ergibt, auf Ökosysteme, denen wir nicht als Außenstehende gegenübertreten, sondern deren Teil wir sind. Wir müssen uns im Netz des Lebens sehen – gefangen oder aufgehoben, ganz wie man mag –, jedenfalls ohne Möglichkeit da rauszukommen. Und wir müssen uns auch auf die Perspektiven der anderen Arten einlassen und die Welt mit ihren Augen sehen. Dann werden wir verstehen, dass diese Jahre Zeiten der existenziellen Krise und der Bedrohung für sie sind. Für die Heuschrecken, für die Turteltauben, die Feldhasen, selbst für die Eulen. Dass dort Eltern um ihre Kinder bangen und kämpfen. So müssen wir das sehen und fühlen, um zu verstehen, warum es so dringend ist, dass wir jetzt handeln. Das ist eine Erkenntnis, die sich nicht durch Medien vermitteln läßt, sondern nur durch unmittelbare Anschauung. Ich habe einen solchen Moment erlebt, in dem sich meine Sicht auf die Welt vor meinen Augen umgedreht hat. An einem warmen Frühlingsabend war ich bei tief stehender Sonne in Schleswig-Holstein unterwegs und genoss die weite Landschaft. Getreidefelder, Wiesen, Bäume und Knicks, alles leuchtete grün in der Abendsonne, und ich dachte: Wie schön ist das! Dann blickte ich auf die gemähten Wiesen und dachte an die Hochleistungsmähwerke, die alles Insektenleben zerfetzen, und sah die Getreidefelder, auf denen die Ähren nur deshalb so prächtig und dicht standen, weil die Felder mit viel Dünger und Pestiziden behandelt worden waren, sodass dort kein Platz für anderes Leben war. Mit den Augen einer Heuschrecke betrachtet, war das ein Schlachtfeld nach dem Gemetzel. Und mit den Augen einer Biene gesehen, war es eine Wüste ohne Futter. Keine Blüte, nirgends. Wenn wir die Vielfalt retten wollen, müssen wir uns darin üben, das Leben dort draußen nicht nur aus unserer eingefahrenen und eingeschränkten Perspektive zu sehen, sondern mit den Augen vieler Arten.

Und vor allem müssen wir lernen, unser Konzept von Ordnung und Aufgeräumtheit nicht länger auf die Natur zu übertragen. »Rasen ist Natur unter totalitärer Herrschaft«, hat der amerikanische Schriftsteller Michael Pollan gesagt. Wer will schon Totalitarismus im Garten? Und wer braucht akkurat abgesäbelte Wegränder statt blühender Sommerwiesen?[240] Statt unser properes Wohnzimmeridyll gedanklich auf den Garten oder aufs Feld zu übertragen, sollten wir lieber ein Bild entwickeln, wie es draußen sein könnte, wie lebendig, wie vielfältig, wie bunt, wie schön. Wir sollten nicht länger von sogenannter *unberührter Natur* in weit entfernten Ländern träumen, sondern von den Möglichkeiten, die uns die längst berührte

Natur hier, vor unseren Haustüren, bietet. Wie schön wäre es, wenn in unserem Garten eine Blauracke brüten würde! Wie schön wären blühende Sommerwiesen, in denen Käfer, wilden Biene und Heuschrecken krabbeln! Wie schön wäre es, die Fülle zu erleben, die Theodor Fontane und Rosa Luxemburg erlebt haben. Aber es geht eben nicht darum, ins Flugzeug zu steigen und dorthin zu fliegen, wo es diese Fülle noch gibt, sondern daran zu arbeiten, dass es hier und jetzt wieder schön wird. Und vielfältig und damit ein sicherer Überlebensraum für die anderen Arten. Und für uns.

Die zweite gute Nachricht: Das ist alles andere als ein unrealistischer Wunschtraum. Denn es ist möglich, die biologische Vielfalt zu retten, weil wir wissen, was wir tun müssen. Es gibt Hunderte von Erfolgsgeschichten sowohl von Naturschutzflächen als auch in der Landwirtschaft. Ob in der Huppenheide bei Münster oder auf dem Kalkmagerrasen bei Ottbergen, drei Hügelketten hinter meinem Heimatdorf: Überall in Deutschland gibt es Refugien der Vielfalt und Naturschutzverbände, Landschaftsstationen, Stiftungen und andere Organisationen, die diese Refugien schützen und pflegen. Überall in Deutschland gibt es landwirtschaftliche Betriebe, die sich für Vielfalt auf ihren Flächen einsetzen – von den bunten wilden Weiden an der Schlei, auf denen Gerd Kämmer seine Rinder ganzjährig draußen leben lässt, bis zu der beeindruckenden Uriaherde von Hermann Maier in Balingen unter der Hohenzollernburg. Außerdem gibt es Dutzende von Projekten, die versuchen, auch in ganz gewöhnlichen Betrieben mehr Biodiversität zu etablieren, etwa das F.R.A.N.Z.-Projekt des Deutschen Bauernverbands, das *Summende Rheinland* der Stiftung Rheinische Kulturlandschaft, das Wildschutzprogramm des rheinland-pfälzischen Landesjagdverbandes.[241] Ihre Erfahrung zeigt: Biodiversität ist auch auf Flächen möglich, auf denen Lebensmittel produziert werden. Folgten alle ihrem Beispiel, hätten wir sicherlich nicht genug Lebensmittel, um weiterhin ein Drittel davon auf den Müll zu werfen, aber wir hätten genug, um gesund satt zu werden.

Außerdem gibt es einen Konsens unter Wissenschaftlern und Naturschützern darüber, welche Regelungen es bräuchte, um Biodiversität nicht nur an einzelnen Orten, sondern überall zu bewahren. Das gemeinsame Gutachten zum flächenwirksamen Insektenschutz, verfasst vom Sachverständigenrat für Umweltfragen und vom Wissenschaftlichen Beirat für Biodiversität und genetische Ressourcen sei nur als prominentes Beispiel genannt. Der Sachverständigenrat berät die Bundesregierung, der Wissenschaftliche Beirat für Biodiversität das Bundeslandwirtschaftsministerium, beide sind Gremien mit Gewicht.[242] Die wichtigsten Forderungen der beiden Räte: Wir müssen die Agrarförderung an ökologischen Belangen ausrichten. Wir müssen vielfältige Landschaftsstrukturen fördern. Wir brauchen weniger Pflanzenschutzmittel und Nährstoffeinträge. Wir müssen die bestehenden Schutzgebiete stärken, die künstliche Beleuchtung verringern und den Flächenverbrauch reduzieren.

Die dritte gute Nachricht ist: Es gäbe sogar Geld, um einen großen Teil davon zu finanzieren, im Agrarbudget der Europäischen Union nämlich. Thomas Fartmann hat einen Vorschlag, wie dieses Geld besser eingesetzt werden könnte. Er empfiehlt, jedem Berufsschäfer pauschal 50 000 Euro pro Jahr auszuzahlen, weil seine Arbeit so unersetzlich wertvoll für die biologische Vielfalt ist. »Es gibt kaum jemanden mit einem so geringen ökologischen Fußabdruck wie die Berufsschäfer, und was sie für die Gesellschaft leisten, ist phänomenal.« Könnten die Schäfer mit ihrer Arbeit Geld verdienen, gäbe es vielleicht wieder genug von ihnen, um die Magerwiesen auf der Schwäbischen Alb zu beweiden, von denen heute viele verbuscht sind – es wäre eine Überlebenschance für den fast verschwundenen Apollofalter. Ich würde diese Pauschale gerne auch an Milchviehbetriebe verteilen, die ihre Kühe auf die Weide schicken. Die finanzielle Situation von Schäfern und Milchbauern ist so prekär, dass viele kaum von ihrer Arbeit leben können. Sobald die Wölfe in ihre Gegend ziehen, müssen sie außerdem noch in teure Schutzmaßnahmen investieren. Eine andere Fördermittelverteilung könnte diese Betriebe vor dem Aufgeben retten – und damit wertvolle Lebensräume bewahren.

Und die vierte gute Nachricht: Auch die politischen Instrumente, die wir zur Umsetzung dieser Forderungen brauchen, sind längst bekannt. Es gibt sehr viele gute Vorschläge, mit welchen Steuerungsinstrumenten die uralten Prinzipien des Umweltrechts – das Vorsorgeprinzip und das Verursacherprinzip – endlich angewendet werden könnten, damit die Biodiversität und Nachhaltigkeit flächendeckend über die guten einzelnen Projekte hinaus gestärkt werden können.

Das erste und wichtigste wäre eine grundsätzliche Biodiversitätsprüfung für alle neuen Gesetze, Verordnungen, Durchführungsbestimmungen und für sämtliche staatlichen Subventionen und Wirtschaftsförderungsmaßnahmen. Es ist offensichtlich, dass Gesellschaften dauerhaft nur in einer stabilen Umwelt überleben können, und es ist ebenso offensichtlich, dass unser politisches System diesem langfristigen Überlebensziel bis jetzt nicht genug Rechnung trägt. Eine verbindliche Biodiversitäts- oder Nachhaltigkeitsprüfung würde deshalb besser gewichten, was systemrelevant und überlebenswichtig ist und was nicht. Alles, was als *too important to fail* eingestuft würde, müsste dann politischen Vorrang haben und dürfte nicht gefährdet werden. Wenn wir die planetaren Grenzen nicht noch weiter überschreiten wollen, muss die Umwelt- und Ressourcenpolitik künftig den Rahmen für alle anderen Ressorts festlegen. Die planetaren Grenzen müssen der Maßstab für alle zukünftige Politik sein.

Eine Pressemitteilung des Deutschen Bauernverbands zur Biodiversität hat gezeigt, dass dieser simple Gedanke lange noch nicht überall angekommen ist. Im Juni 2019 – also zwei Jahre nach dem Erscheinen der Krefelder Studie und wenige Wochen nach der Europawahl, die so deutlich gemacht hat, dass viele Wählerinnen und Wähler verstanden haben, dass es ernst ist mit der ökologischen Krise –, in diesem Juni des Aufbruchs und der Ungeduld also hat der Vizepräsident des Bauernverbands Wolfgang Vogel gesagt: »Bei allem Wunsch der Gesellschaft nach Veränderung darf die deutsche Landwirtschaft nicht in ihrer Wettbewerbsfähigkeit geschwächt werden – sonst ist der Ackerbaustandort Deutschland in Gefahr.«[243] stellt Vogel allen Ernstes die Wettbewerbsfähigkeit des alles andere als nachhaltigen Ackerbaus in Deutschland über die biologische Vielfalt? Will er nicht verstehen, was ihm Wissenschaftler und engagierte Bürgerinnen sagen? Es geht nicht um

Biodiversität als Bonbon für eine verwöhnte Gesellschaft mit Extrawünschen, sondern um Biodiversität als Überlebensbedingung. Wie kann es sein, dass das in der Chefetage des Bauernverbands nicht angekommen ist, wo doch die Praktiker auf den Feldern und Wiesen längst begonnen haben, nach Alternativen zu suchen? Wettbewerbsfähigkeit heißt nichts anderes als Konkurrenzfähigkeit mit den Erzeugern, die zu den allerniedrigsten Standards arbeiten, also mit Landwirten in den Ländern, in denen katastrophale Umweltfrevel geduldet werden wie den USA, Brasilien oder Indonesien. Biodiversität und globale Wettbewerbsfähigkeit um die billigsten Rohstoffe gehen nicht zusammen, ebenso wenig wie Klimaschutz und Kohleverbrennung. Und genau um solche grundsätzlichen Dinge klarzustellen, bräuchten wir eine Biodiversitäts- oder Nachhaltigkeitsprüfung für alle anstehenden politischen Entscheidungen.

Das Land Nordrhein-Westfalen hat 2016 eine solche Prüfung eingeführt. Seitdem müssen alle neuen Gesetze in NRW auf ihre Vereinbarkeit mit der Nachhaltigkeitsstrategie des Landes überprüft werden.[245] Das ist ein guter Anfang, um zu zeigen, dass Nachhaltigkeit kein grünes Wohlfühlthema ist, sondern existenzielle Bedingung für alle weitere Politik. Doch um die Biodiversität (und das Klima natürlich auch) wirklich zu schützen, müsste die Nachhaltigkeitsprüfung um zwei wichtige Dinge ergänzt werden: Sie darf nicht nur für Gesetze gelten, sondern muss es auch für alle anderen Regelungen wie Erlasse, Richtlinien, Verordnungen und auch für die Förderpolitik. Und zweitens muss ein unabhängiges Gremium mit wissenschaftlicher Expertise die Entscheidungen treffen. Wie auch immer das im Einzelnen ausgestaltet würde: Das Entscheidende ist, dass alle gesetzlichen Regelungen auf ihre Wirkungen für Umwelt, Klima und Biodiversität bewertet werden, dass also überlebenswichtige Ziele endlich Vorrang vor anderen politischen Interessen bekommen. Der Journalist Christian Stöcker hat im *Spiegel* die drohende Klimakatastrophe mit einem Flugzeug mit Leck im Tank verglichen. Er stellt sich vor, dass die Pilotin den Passagieren eine Notlandung über Grönland vorschlägt, weil das Flugzeug sonst kurz vor seinem Ziel abstürzen könnte. Doch ein Herr im Anzug aus der ersten Klasse sagt sehr laut, dass er dringend noch am Abend in New York sein müsse, er habe da einen wichtigen Deal. Da meldet sich eine Politikerin zu Wort, die ein geordnetes Verfahren vorschlägt, in dem alle Themen berücksichtigt werden.[245] Wer würde gern in diesem Flugzeug sitzen?

Die Wirtschaftlichkeit von etwas, das unsere Lebensgrundlagen zerstört, darf nicht länger als gleichwertig oder sogar als wichtiger gegenüber den Belangen der Biodiversität, des Klima- und Ressourcenschutzes gewertet werden. Jeder Politiker und Funktionär, der so argumentiert, zeigt, dass er keine Empathie für das Sterben der anderen empfindet und dass er das zukünftige Überleben der eigenen Art nicht wertschätzt.

Ein weiteres Steuerungsinstrument für den Schutz der Biodiversität wären verbindliche und einklagbare Flächenverbrauchsziele für alle Bundesländer. Einige Länder haben sich bereits zum Ziel gesetzt, in Zukunft weniger Flächen zu bebauen und zu versiegeln, aber sie haben das nicht in einem verbindlichen Gesetz festgehalten, auf dessen Grundlage Naturschützer bei Verstößen klagen könnten. Dieses Ziel nicht nur zu formulieren, sondern in einem Gesetz festzuschreiben wäre ein einfacher Schritt mit gigantischer Wirkung. Die Umweltjuristin Roda Verheyen, die *Greenpeace* und drei vom Klimawandel besonders betroffene Familien in ihrer Klage gegen die Bundesregierung vertritt, hält verbindliche Grenzen für den Flächenverbrauch für einen der wichtigsten Hebel im Kampf gegen den Verlust der biologischen Vielfalt.

In Nordhessen demonstriert unterdessen eine Bürgerinitiative die Bedeutung solcher Grenzen auf eine andere Weise: Am Ortsrand des kleinen Städtchens Neu-Eichenberg plant die Dietz AG ein 80 Hektar großes Logistikzentrum – auf dem allerbesten Ackerboden. Eine solche Fläche zu versiegeln wäre aus ökologischer und landwirtschaftlicher Sicht ein Frevel. Deshalb haben Aktivisten die Fläche im Frühsommer 2019 kurzerhand besetzt.

Ein weiteres bekanntes Steuerungsinstrument, das in Deutschland bislang einfach nicht genutzt wird, ist die Einführung zweckgebundener Abgaben auf riskante Stoffe. Der Jurist (und Bildhauer) Stefan Möckel vom renommierten Helmholtz-Zentrum für Umweltforschung in Halle an der Saale etwa schlägt eine Abgabe auf Pflanzenschutzmittel nach dem Vorbild von Frankreich, Dänemark und Schweden vor, um Hersteller, Händler und Anwender an den ökologischen und gesundheitlichen Folgekosten zu beteiligen. Sein Team vom Helmholtz-Zentrum empfiehlt auch, die Hersteller von Arzneimitteln an den Kosten zu beteiligen, die entstehen, um Mikroschadstoffe aus den Gewässern zu holen.[246]

Wer sich durch die langen Publikationen der Hallenser Umweltforscher klickt, muss sich verwundert die Augen reiben. Denn ihre Argumente sind so plausibel und ihre Vorschläge so durchdacht, dass man sich leicht verzweifelt fragt: Warum haben wir all das nicht längst? Da setzen sich Teams aus Toxikologen, Biologen, Juristen, Ökonomen und Politikwissenschaftlern zusammen und empfehlen die schlichte Anwendung des Verursacherprinzips und eine vorausschauende Flächenplanung – und nichts passiert.

Auch die Kommission Landwirtschaft am Umweltbundesamt schlägt eine Reform des Planungsrechts vor, um Düngeüberschüsse zu reduzieren und das Grundwasser vor zu viel Nitrat zu schützen. Ställe sollten nur dann gebaut werden dürfen, wenn ökologische Obergrenzen einer bestimmten Region nicht überschritten werden. Auch dieser Vorschlag lässt Laien verzweifeln. Warum gibt es das nicht längst? Kommunale Bebauungspläne schreiben Bauherrn detailreich vor, wie hoch sie ihr Haus bauen dürfen und sogar welche Farbe das Dach haben muss. Aber es gibt keine kommunale Entwicklungsplanung für die Landwirtschaft? Auch nicht dort, wo wegen vieler großer Mastanlagen das Trinkwasser in Gefahr ist?[247] Die Kommission Landwirtschaft am UBA fordert deshalb einen Perspektivwechsel »vom Sektor zum Raum«. Die einzelbetriebliche Produktivitätssteigerung dürfe nicht das Ziel der landwirtschaftlichen Entwicklung sein, wenn die rechtlichen und politischen Rahmenbedingungen die Betriebe zu einer Wirtschaftsweise zwingen, die den natürlichen Ressourcen und der Biodiversität schadet.[248] Deshalb braucht es eine ganz andere Regionalplanung, die Perspektiven für Landwirtschaft entwickelt.

Ähnlich wie die Wissenschaftler der KLU und des Helmholtz-Zentrums für Umweltforschung argumentieren auch der

Physiker Oliver Richters und der Ökonom Andreas Simoneit in ihrem Buch *Marktwirtschaft reparieren* für sinnvolle und wirkungsvolle Steuerungsinstrumente.[249] Sie nennen es eine soziale Utopie der Marktwirtschaft, aber ich finde ihren Vorschlag gar nicht utopisch, sondern schlicht realistisch – und zwingend notwendig. Richters und Simoneit fordern nicht mehr als verbindliche Regeln, die einen fairen Wettbewerb ermöglichen. Das Prinzip hat sich im Sport millionenfach bewährt. Jedes Fußballspiel folgt verbindlichen Regeln, außerdem ist ein Schiedsrichter auf dem Platz, der überwacht, dass sie eingehalten werden. Niemand käme auf die Idee zu sagen: Das sollten wir deregulieren, damit sich das freie Spiel der Kräfte besser entfalten kann, es wäre auch zum Nutzen aller. Wenn das im Fußball klappt, sollte es auch in der Politik möglich sein. Doch von einer politischen Gestaltung, die dafür sorgen würde, dass die Wirtschaft Anreize hat, innerhalb der planetaren Grenzen zu operieren, sind wir nach weit entfernt.

Das ist also die Situation im Sommer 2019 – 57 Jahre nach Rachel Carsons *Stummer Frühling*, 27 Jahre nach der ersten Warnung der Wissenschaft an die Menschheit und zwei Jahre nach der Krefelder Studie: Wir kennen das Problem. Wir kennen die Ursachen. Wir kennen die Lösungen. Wir wissen genug, um sofort handeln zu können. Wir haben sogar einen Haufen Gesetze und Abkommen, die uns zum sofortigen Handeln verpflichten. Und wir haben erfolgreiche Volksbegehren, überzeugende Umfrageergebnisse und beginnende Rebellionen, die zeigen, dass ganz viele Menschen wollen, dass gehandelt wird. Das Einzige, was fehlt, sind politische Entscheider, die entschlossen sind, endlich zu handeln. Die wirkungsvolle Regulierungen nicht für Teufelszeug halten, das die Wirtschaft verschrecken könnte, sondern für überlebensnotwendig.

Und jetzt?

Die *Extinction Rebellion* fordert: Die Regierungen sollen Bürger*innenversammlungen einberufen, die auf Basis partizipatorischer Demokratie ausarbeiten, wie die Ziele verwirklicht werden. Bayern hat im Winter 2018/2019 gezeigt, wie das funktionieren kann: Ein breites Bündnis von ganz unterschiedlichen Gruppen – Grüne, ÖDP, Landesbund für Vogelschutz, Omnibus für direkte Demokratie, Imker, Bauern und Bioverbände – hat das Volksbegehren Artenvielfalt auf den Weg gebracht. Das Bündnis fordert ein neues Naturschutzgesetz – eines, das die Vielfalt wirkungsvoll schützen würde. Es fordert die Vernetzung von Lebensräumen, den Schutz von Hecken, Bäumen und kleinen Gewässern, blühende Randstreifen an Bächen und Blühwiesen und ein Pestizidverbot auf staatlichen Flächen. Die 1,7 Millionen Unterzeichnerinnen haben der Landesregierung sozusagen Beine gemacht und sie zum Handeln gezwungen. Aus dem Volksbegehren soll nun ein Gesetz werden – das ist das Ergebnis von Verhandlungen an einem runden Tisch, geleitet von einem CSU-Politiker, der nicht nur von Landwirten, sondern auch von Naturschützern geschätzt wird. Dieser runde Tisch, so berichtet die *Süddeutsche Zeitung*, habe den Ministerpräsidenten so überzeugt, dass er sich vorstellen kann, er möge eine Dauereinrichtung werden.[250] Und weil das neue Naturschutzgesetz vor allem die Landwirte zu Veränderungen zwingen wird, plant die bayerische Staatsregierung ein »großes

Paket für Artenschutz und Landwirtschaft«, das noch weitergeht als die Forderungen des Volksbegehrens, den Landwirten aber die Umstellung erleichtert. Kommunen, Kirchen und Privatleute – alle sollen mithelfen. ›Grüne Oasen‹ sollen entstehen, Blühstreifen am Straßenrand, Ökolandbau soll besser gefördert werden, Kantinen sollen mehr regionale Produkte verwenden, Jungbauern sollen stärker unterstützt werden«, berichtet die Süddeutsche. Das alles ist – jenseits des Erfolgs für den Naturschutz – auch ein großer Erfolg für die direkte Demokratie.

Denn es war sehr wichtig, dass auch Landwirte mit am Tisch saßen. Die hatten völlig zu Recht beklagt, dass das Volksbegehren vor allem Veränderungen für die Landwirtschaft fordere – aber keine Einschränkungen für alle anderen. Wenn aber die intensive Landwirtschaft ebenso verantwortlich ist wie die Flächenversiegelung, warum sollen dann nur die Landwirte ihren Beitrag leisten? Und nicht auch die Konsumenten und Autofahrer und Gartenbesitzer? So ist am runden Tisch klar geworden, dass ein noch viel größerer Aufbruch nötig ist, dass es ums Ganze geht und dass alle gemeinsam etwas ändern müssen und dabei viel lernen und gewinnen können.[251]

Dabei könnte eine Idee des Bundesumweltministeriums helfen, die das Ministerium seit einigen Jahren auf seinen Agrarkongressen mit einer breiten Öffentlichkeit diskutiert: ein Gesellschaftsvertrag für eine zukunftsfähige Landwirtschaft. Dieser Vertrag soll in regionalen Foren mit allen Verantwortlichen gemeinsam ausgehandelt werden und endlich den traurigen Konflikt zwischen intensiver Landwirtschaft auf der einen und Natur- und Tierschützern auf der anderen Seite lösen.[252]

Bei diesen Foren sollte es aber nicht nur um Landwirtschaft als eine Wirtschaftsbranche gehen, sondern um einen ganzheitlichen Blick auf alles, was damit zusammenhängt: biologische Vielfalt, Klima, Ernährung und regionale Wirtschaft und Entwicklung.[253]

Denn würden diese großen gesellschaftlichen und politischen Problemfelder endlich besser miteinander koordiniert, könnten sich große Synergien entwickeln. Krankenkassen, Kinderärzte und Ernährungsmediziner schlagen Alarm, weil immer mehr Menschen immer früher krank werden und vorzeitig sterben, weil sie sich falsch ernähren, zu süß, zu fettig, zu einseitig.[254] Das ist nicht nur ein riesiger volkswirtschaftlicher Schaden, sondern es bedeutet auch viel Leid und Elend. Die Ernährungsmediziner fordern mehr Vielfalt in der Ernährung, wenig Fertigessen aus der Plastiktüte und mehr frisches Obst und Gemüse. Die Monokultur in den Supermärkten ist das Gegenstück zur Monokultur auf den Äckern, und man darf sich dabei nicht durch die bunte Vielfalt auf den Verpackungen täuschen lassen, auch nicht durch die Vielfalt der Aromen und Farbstoffe. Dahinter verbirgt sich eine Einfalt der Inhaltsstoffe, hauptsächlich Zucker, Mais, Reis und Weizen von wenigen einseitig auf Höchstertrag gezüchteten Sorten. Was für eine wunderbare Win-win-Situation wäre es, wenn die Landwirte eine große Vielfalt unterschiedlicher Arten und Sorten anbauen würden, um die Menschen in ihrer direkten Umgebung vielfältiger zu ernähren. Die Vielfalt auf den Feldern hätte einen direkten Nutzen für die Biodiversität, und die Vielfalt auf den Tellern hätte einen direkten Nutzen für die Gesundheit der Menschen.

Um das zu organisieren, bräuchte es regionale Foren, in denen sich Naturschützer, Mediziner, Lehrer, Landwirte, Gärtner, Imker, Schäfer, Lebensmittelverarbeiter, Kantinenbetreiber, Gastronomen, Wasserwerker und Planer an einen Tisch setzen, um regionale Ernährungs- und Biodiversitätspläne zu entwerfen. Ein erster Schritt könnten die Schulkantinen sein: Die Ärzte müssten sagen, was die Kinder essen sollten, damit sie gesund bleiben oder es wieder werden, die Landwirte könnten vorschlagen, wer davon was und für welchen Preis anbauen kann, die Naturschützer könnten die Landwirte beraten, wie sie ihren Anbau so gestalten, dass möglichst viele Arten davon profitieren könnten. Dabei können winzige Details wie ein verzögerter zweiter Schnitt einer Grünfläche über das Überleben von Lerchenküken entscheiden. Natürlich müssten auch die lokalen handwerklichen Lebensmittelverarbeiter von dieser Zusammenarbeit profitieren. Deshalb bräuchte es einen Kümmerer, der alle Fäden in der Hand behält, die richtigen Leute miteinander vernetzt und bürokratische Hürden aus dem Weg räumt. Und natürlich eine Wirtschaftsförderung, die starke regionale Wertschöpfungsketten aufbaut statt Logistikzentren für den Welthandel auf Ackerflächen.

Es gibt viele engagierte Gruppen, die längst an solchen Ideen arbeiten und sie ausprobieren: Die Ernährungsräte etwa, die sich gerade in vielen Städten Deutschlands neu gründen, um eine kommunale Ernährungspolitik von unten zu entwickeln. Oder der Bundesverband der Regionalbewegung, der gerade einen Praxisleitfaden für das »Traumpaar Biodiversität und Regionalvermarktung« entwickelt hat. Oder die Bewegung der *transition towns*, die in vielen Städten und Gemeinden Europas an einer postfossilen und lokalen Wirtschaft arbeitet. Oder die Gemeinwohlökonomie, die der österreichische Autor und Aktivist Christian Felber entwickelt und weltweit bekannt gemacht hat. Oder die konviviale Ökonomie. Oder die Postwachstum-Bewegung. Oder die Bewegung der essbaren Städte. Oder das Bündnis für eine enkeltaugliche Landwirtschaft. Und natürlich die wunderbare Bewegung der solidarischen Landwirtschaft, bei der Bäuerinnen und Konsumenten gemeinsam die Verantwortung für einen Bauernhof übernehmen.[255] Alle diese Aufbrüche eint, dass sie die ökologische Transformation mit einem partizipativen Ansatz verbinden. Nicht eine milliardenschwere Investition soll den Planeten retten, sondern – alle Menschen gemeinsam. Woran sie arbeiten, kommt dem sehr nahe, was George Monbiot als Vision formuliert hat, eine Politik der Zugehörigkeit, und vielleicht auch dem, was Donna Haraway vorschwebt, wenn sie sich ins *Chthuluzän* wünscht. Vielleicht könnte man es auch einfacher sagen: Sie arbeiten an einem guten und gesunden Leben in einem Ökosystem, das wir uns mit vielen anderen Arten teilen.

Alle diese Initiativen könnten eine große Inspiration für die politischen Entscheider sein: Da draußen gibt es ganz viele Leute, die die Widersprüche des herrschenden Systems analysieren und versuchen, sie zu überwinden. Sie arbeiten an praktischen Lösungen auf allen Ebenen und leisten damit Vorarbeit für einen Systemwandel, ohne den wir die biologische Vielfalt vermutlich nicht retten können.

Kapitel 14

Das Tribunal der Arten

Das Ziele-Verfehlen muss ein Ende haben: Wir brauchen ein Klagerecht für Arten, um die notwendigen politischen Änderungen zu beschleunigen – und Umwelt- und Naturschutzziele müssen endlich verbindlich und einklagbar werden

1988 haben die Nordsee-Robben den Verkehrsminister der Bundesrepublik Deutschland verklagt, Jürgen Warnke von der CSU. Die Robben klagten gegen die andauernde Vergiftung ihres Lebensraums, es ging um ihr Überleben – nicht nur um einzelner Tiere, sondern das der ganzen Art. Eine Behörde aus dem Verantwortungsbereich des Verkehrsministeriums, das Deutsche Hydrographische Institut in Hamburg, hatte deutschen Unternehmen jahrelang gestattet, giftige Abfälle in die Nordsee zu pumpen, mehr als 300 000 Tonnen pro Jahr. Die Chemikalien stammten unter anderem von Bayer, von der Westdeutschen Abfallbeseitigungsgesellschaft aus Duisburg, den Deutschen Solvay-Werken aus Rheinfeld und vom Chemiewerk Kronos Titan aus Nordenham, das auch die Gifttransporte in die Nordsee organisierte. »Alle diese Unternehmen nutzen die Nordsee als Mülleimer«, schrieb *Der Spiegel* damals.[256] Schon im April ’88 waren tote Robbenbabies an die Strände gespült worden, später verendeten auch ältere Tiere, »im August allein in Schleswig-Holstein 500 pro Woche«, berichtete das *Hamburger Abendblatt* in einem Rückblick 25 Jahre nach dem großen Sterben. Mehr als 30 000 Urlauber und Inselbewohner protestierten auf Sylt mit einer 38 Kilometer langen Menschenkette.[257] Denn bald war klar, dass die Seehunde an einer Viruserkrankung gestorben waren, weil die vielen Umweltgifte in der Nordsee die Tiere so sehr geschwächt hatten, dass sie den Viren nichts entgegensetzen konnten. Acht große Umweltverbände schlossen sich zusammen, um gemeinsam gegen die Bundesregierung zu klagen – im Namen der Robben.

Doch das Hamburger Verwaltungsgericht, das immerhin Stellungnahmen von den Unternehmen eingefordert hatte, wies die Klage ab. Die Begründung: Robben seien im juristischen Sinne Sachen und damit nicht klagefähig.[258]

Doch seitdem hat sich viel geändert: 1990 hat der Deutsche Bundestag das Gesetz zur Verbesserung der Rechtsstellung des Tieres im Bürgerlichen Recht verabschiedet, mit dem geklärt wurde, dass Tiere juristisch nicht länger wie Sachen zu behandeln sind.[259] Seit 2002 ist der Schutz der Tiere als Staatsziel im Grundgesetz verankert. Und in den letzten Jahren haben sich die Klagerechte von Umwelt-, Natur- und Tierschutzverbänden Schritt für Schritt verbessert, während Tierrechtler die Frage aufgeworfen haben, warum Tieren individuelle Rechte verwehrt bleiben, wenn sie ebenso wie wir Menschen fühlende und schmerzempfindende Individuen sind.[260] Im Mai 2019 verkündete der Weltbiodiversitätsrat, dass eine Million Arten vom Aussterben bedroht sind. Es scheint mir an der Zeit, das Thema

Klagerechte für Arten neu in die Diskussion zu bringen. Ich habe die Hoffnung, dass ein Tribunal der Arten einer erstarrten Politik auf die Sprünge helfen könnte, falls die versammelte Kraft der neuen und alten Treiber des Wandels, der *fridays for future*, der *scientists for future*, der *transition towns*, der neu politisierten YouTuber und der Umwelt-, Bio- und Tierschutzverbände, der Beiräte, der Öko-, Umwelt- und Wuppertal Institute nicht ausreichen sollte.

1991 hat die Europäische Gemeinschaft eine Nitratrichtlinie erlassen, um das Wasser in Europa besser zu schützen. Eine Richtlinie aus Brüssel muss – anders als die EU-Verordnungen, die unmittelbar gelten – zunächst in nationales Recht umgesetzt werden. Doch zwanzig Jahre lang hat die Bundesregierung das einfach nicht erledigt. Sie wurde erst tätig, als die EU-Kommission 2013 ein Vertragsverletzungsverfahren gegen Deutschland in die Wege leitete. Ab dann ging es schnell: 2017 verabschiedete die Bundesregierung die neue Düngeverordnung – mit einem Vierteljahrhundert Verspätung. Weil auch die nach wissenschaftlicher Einschätzung nicht ausreichte, forderte die Europäische Kommission eine weitere Verbesserung. Unter dem Druck von möglichen Strafzahlungen in Höhe von 857 000 Euro pro Tag einigten sich die Bundesministerinnen für Landwirtschaft und Umwelt im Juni 2019 auf eine zweite Verschärfung.

Das Ärgerliche an dieser verspäteten Umsetzung ist, dass jetzt viele landwirtschaftliche Betriebe zu einem großen Dokumentationsaufwand verpflichtet sind, auch wenn sie gar nicht zu den Verursachern des Problems gehören. Darüber hinaus ist es für die großen Intensivmastbetriebe keine gute Lösung: Sie müssen künftig ihre Gülleüberschüsse für viel Geld in Gegenden mit wenig Tierhaltung transportieren, während die Behörden, die diese Stallbauten in viel zu hoher Konzentration ja genehmigten, und die Banken, die diese Ställe finanziert haben, unbehelligt bleiben. Ebenso wie die landwirtschaftlichen Berater und all die anderen mittelbar Verantwortlichen für die extremen Konzentrationen von Mastställen vor allem im Westen von Niedersachen und im Münsterland. Hätte die Bundesregierung eher gehandelt, wären solche gesundheitsgefährdenden Konzentrationen von Ställen verhindert worden. Und zudem das Vertragsverletzungsverfahren der EU gegen Deutschland. Vermutlich wird auch die erneut verschärfte Düngeverordnung nicht alle Nitratprobleme beseitigen. Dennoch zeigt mir der Fall, dass eine drohende Klage politische Untätigkeit wirkungsvoll beenden kann. Dass die Justiz helfen kann, wenn die Politik versagt.

Der US-amerikanische Jurist Christopher Stone hat die Idee eines Klagerechtes für Tiere schon vor Jahren entwickelt. Er schlägt sogar vor, dass nicht nur Arten, sondern natürliche Objekte generell, also auch Flüsse oder Berge, klagebefugt sein sollen. Ist das erstaunlich, vielleicht sogar absurd? Stone erinnert daran, dass sich die Vorstellungen der Menschen über Moral und Recht im Laufe der Geschichte immer wieder verändert haben. Zum Beispiel die Vorstellung darüber, was man rechtmäßig sein Eigen nennen kann. Es gab Zeiten, in denen Menschen das Eigentum andere Menschen waren. Und es gab Zeiten, in denen Männer ihre Frauen besaßen. Und Väter ihre Kinder. Die Rechtslage hat sich inzwischen grundlegend geändert,

Leibeigenschaft und Sklaverei wurden verboten, und mit dem Empfinden der meisten Menschen in diesen Fragen hat sich ihre Einstellung geändert. Stone beruft sich auf Charles Darwin, der die Geschichte des moralischen Empfindens der Menschheit als ständige Erweiterung beschrieben hat: Anfangs zählte nur der eigene Clan, dann wurden auch die anderen Menschen des gleichen Standes respektiert und schließlich alle Mitglieder seiner Gesellschaft, die Menschen anderer Rassen und in unseren Tagen sogar die Tiere.[261]

Auch der Meeresforscher Rainer Froese (der gezeigt hat, dass die Fische in den Schutzgebieten der Nord- und Ostsee vor Überfischung nicht geschützt sind) hat mir von der sich ausweitenden Empathie der Menschen erzählt – als Grund dafür, dass er bei allen Rückschlägen die Hoffnung nicht aufgibt. Zusammen mit Sidney J. Holt, dem Begründer der modernen Fischereiwissenschaft, und Daniel Pauly, der den Begriff *shifting baselines* prägte, hat Froese dieses Konzept in der Fachzeitschrift *Marine Policy* beschrieben. Die Empathie der Menschen umfasse heute nicht nur die Menschheit als Ganze, sondern auch Menschenaffen, Elefanten und höher entwickelte Tiere mit einem Bewusstsein ihrer Selbst. Auch für andere Tiere, die noch nicht unter diesem Schirm der Empathie Schutz fänden, wie zum Beispiel Meeresschildkröten, sei unsere moralische Verantwortung inzwischen weitgehend akzeptiert. Wir müssen dafür sorgen, dass sie alle im Anthropozän überleben können.[262]

Der Juraprofessor Stone argumentiert nun, dass auch die Geschichte des Rechts eine ähnliche, parallele Entwicklung genommen habe. Die Vorstellung darüber, wer Rechte besitze, habe sich kontinuierlich erweitert. Jahrhundertelang hatten Kinder keine Rechte (»sie waren weniger als eine Person, ein Objekt, ein Ding«), ebenso wenig Gefangene, Fremde, Frauen, psychisch Kranke, Afroamerikaner und Indigene in Amerika. »Tatsache ist: Jedes Mal, wenn es eine Bewegung gab, einer Gruppe Rechte zu verleihen, die vorher noch keine hatte, wurde dieser Vorschlag als seltsam oder furchterregend oder lächerlich abgewertet.« Bis das Undenkbare denkbar wurde – und rechtlich verankert.

Auch das deutsche Recht hat sich in diesem Sinne verändert: 1988 wäre eine Klage gegen das Töten männlicher Küken in den Brütereien der Eierindustrie vermutlich als unzulässig abgewiesen worden. Damals galten die Küken ja noch als Sache, und die Brütereien hatten das Recht, mit ihren Sachen zu machen, was sie wollten. Das ist heute nicht mehr denkbar. 2013 hatte das Land Nordrhein-Westfalen das Töten der männlichen Hühnerküken, der Brüder der zukünftigen Legehennen, nach dem Schlüpfen erstmals per Erlass verboten. Zwei Brütereien klagten gegen das Verbot und bekamen zunächst sogar Recht. Im Juni 2019 entschied das Bundesverwaltungsgericht: »Im Licht des im Jahr 2002 in das Grundgesetz aufgenommenen Staatsziels beruht das Töten der männlichen Küken für sich betrachtet nach heutigen Wertvorstellungen nicht mehr auf einem vernünftigen Grund. Die Belange des Tierschutzes wiegen schwerer als das wirtschaftliche Interesse der Brutbetriebe.« Zur Praxis in den Brütereien, die männlichen Küken nach dem Schlüpfen zu töten, weil sie weder Eier legen können noch schnell zu mästen sind, schrieb das Bundesverwaltungsgericht: »Dem Leben eines männlichen Kükens wird damit jeder Eigenwert abgesprochen. Das ist nicht vereinbar mit dem Grundgedanken des Tierschutzgesetzes, für einen Ausgleich zwischen dem Tierschutz und menschlichen Nutzungsinteressen zu sorgen.«

Warum das Gericht nach dieser Klarstellung den Brütereien dennoch erlaubt hat, vorläufig weiter Küken zu schreddern, können vermutlich nur Juristen verstehen. Das Gericht argumentierte: Weil die heutige Praxis jahrzehntelang hingenommen worden sei, könne von den Brutbetrieben eine sofortige Umstellung ihrer Betriebsweise nicht verlangt werden. Trotz dieser Entscheidung zeigt das Urteil, dass sich die Stellung der Tiere im deutschen Recht innerhalb der letzten Jahre grundlegend geändert hat. Tiere sind nicht länger Sachen, sondern sie haben einen Eigenwert. Das hat das höchste deutsche Gericht für Verwaltungsrecht bestätigt – auch wenn das Urteil Millionen Küken nicht vor einem erbärmlichen Tod retten wird. Es hat den Weg geebnet für zukünftige Urteile, die Überlebensfragen über Wirtschaftlichkeitsfragen stellen werden. Und es zeigt, wie sich das Recht in Darwins und Stones Sinne weiterentwickelt.

Christopher Stone hat alle Einwände gegen seine Vorschläge für ein Klagerecht von natürlichen Objekten abgeschmettert: Bäume – oder Seehunde – können kein Klagerecht haben, weil sie ihre Klageschrift nicht selbst formulieren können? Auch Kinder können das nicht – trotzdem haben sie Rechte und können diese vor Gericht geltend machen. Bäche und Wälder können kein Klagerecht haben, weil sie nicht sprechen können? Auch juristische Personen können nicht sprechen und trotzdem klagen. Anwälte sprechen für sie. Sollen Bäume dann etwa auch wählen dürfen? Nein, Rechte zu besitzen bedeutet nicht, sämtliche Rechte zu haben, die Menschen haben. Auch Kinder dürfen nicht wählen, aber Rechte haben sie trotzdem. Es gibt also keinen Grund, folgert Stone, natürlichen Objekten keine Rechte zu gewähren.

Im Jahr 2018, also genau dreißig Jahre nach dem Urteil das Seehunde als Sache definierte, hat der Bremer Juraprofessor Andreas Fischer-Lescano Stones Überlegungen zu den Klagerechten der Natur aufgenommen und zum Konzept der »Natur als Rechtsperson« weiterentwickelt. »Allzu offensichtlich ist, dass die Zerstörung des Öko-Systems, das weltweite Artensterben sowie die Klimaerwärmung rasant fortschreiten«, schreibt der Jurist. »Dabei zeigen die politischen Versuche gegenzusteuern nur geringe Wirkung, auch weil der politische Wille fehlt, nationale Wirtschaftsinteressen mit first priority versehen werden und maßgebliche Akteure wie transnationale Unternehmen nicht hinreichend in die Umweltregulierung eingebunden sind.« Tiere und Natur seien nur unzureichend geschützt, »wenn man sie dem good will von Staaten und Wirtschaftsakteuren überlässt und sie institutionell nicht so absichert, dass bestehende Rechtsschutzlücken geschlossen werden«.[263] Deshalb muss die Natur vor Gericht ziehen dürfen.

Schon heute können offiziell anerkannte Umwelt- und Naturschutzverbände vor Gericht die Interessen der Natur vertreten. Das hat das sogenannte Verbandsklagerecht ermöglicht, das in den letzten Jahren in einigen Bundesländern auch auf Tierschutzverbände ausgeweitet wurde. Doch diese Möglichkeiten seien nicht mehr als »zaghafte Öffnungen«, schreibt Fischer-Lescano, denn es gebe »eklatante Durchsetzungslücken«. Die Verbandsklagen seien auf die Durchsetzung einfachen Rechts beschränkt, und Grund- und Menschenrechte von Tieren und Natur könnten über diesen Mechanismus nicht geltend gemacht werden. Genau das aber brauchten die Arten, um ihr Recht auf Überleben einklagen zu können. Fischer-Lescano schlägt deshalb »die Zuerkennung von autonomen Rechten für Natur und Tiere und damit die rechtliche Anerkennung nicht-humaner Rechtspersonen vor«.

»Absurd«, hat *Der Spiegel* es 1988 genannt, dass Seehunde vor Gericht klagen wollten, und ich stelle mir vor, dass ein solcher Kommentar schon bald als absurd empfunden wird. So wie es den meisten Menschen heute schon absurd und unvorstellbar vorkommen muss, dass es lange Zeit einmal rechtens gewesen war, tonnenweise Gift in den Lebensraum der Dorsche und Seehunde zu pumpen. Bald werden es die Menschen auch für unvorstellbar halten, dass das Töten von Millionen von Hühnerküken unmittelbar nach dem Schlüpfen jemals rechtens gewesen sein kann. Und dass es eine Zeit gab, in der die Natur und die Arten keine einklagbaren Rechte besaßen. Wo es doch so offensichtlich war, dass sie ihnen zustehen. Und dass sie sie brauchen, um sich schützen zu können.

2017 hat der Regisseur Milo Rau eine Generalversammlung in die Berliner Schaubühne einberufen als Weltparlament der Menschheitsgeschichte. »Trotz weltweiter ökonomischer und politischer Verwicklungen existieren auf globaler Ebene weder wirkungsvolle rechtliche Institutionen noch ausreichende demokratische Strukturen, die den Weltmarkt hinreichend regulieren, völkerrechtliche Verstöße verfolgen, Menschenrechte durchsetzen oder ökologische Entwicklungen in sinnvolle Bahnen leiten könnten«, heißt es auf der Internetseite des Projekts. Als Abgeordnete hat Rau Menschen eingeladen, die irgendwo auf der Welt von deutscher Politik betroffen sind, aber kein Mitspracherecht haben, darunter auch den Regenwaldschützer Feri Irawan, den ich auf Indonesien getroffen hatte. Denn er ist ganz unmittelbar von deutscher und europäischer Politik betroffen. Würden wir nicht Tonnen über Tonnen Palmöl aus Indonesien importieren, gäbe es seinen Wald vielleicht noch.

Milo Raus Generalversammlung tagte drei Tage lang im Berliner Schauspielhaus, mit Live-Übertragungen in andere europäische Theater und natürlich ins Internet. Die Generalversammlung verabschiedete eine »Charta des 21. Jahrhunderts«, in der es vor allem um das Recht der Menschen geht, Rechte zu haben. Diese Rechte sollen helfen, die transnationalen globalen Beziehungen zu demokratisieren. Auch der Gedanke der Rechte der Natur taucht darin auf, wenn auch nicht so explizit, wie die Arten es bräuchten: »Im Geist der Verfassung der Republik Ecuador als des aktuell jüngsten Dokuments der Menschenrechtsrevolution schließt das Recht auf Rechte die Selbstverpflichtung ein, den Kosmos, die Natur, alles Lebendige und alle fühlenden Wesen, namentlich die Tiere, in ihren besonderen Rechten zu achten, stets Fürsprache für diejenigen zu halten, die ihre Ansprüche nicht selbst vortragen können, und sie entsprechend zu schützen.«[264]

Der Veranstaltungsort war ein Theater, aber die Veranstaltung selbst war es mitnichten, sondern eine politische Veranstaltung, die es in der wirklichen Politik geben sollte, aber nicht gibt. Es war die Vorwegnahme einer politischen Entwicklung, die sich bald entwickeln sollte, ein Weltparlament für eine globalisierte Welt.

Im Jahr zuvor hatte eine internationale Bürgerinitiative zum *Monsanto*-Tribunal nach Den Haag eingeladen. Zeugen aus der ganzen Welt berichteten dort über die Praktiken und Auswirkungen der Produkte des US-amerikanischen Agrarchemiekonzerns, der inzwischen vom deutschen Konzern Bayer übernommen wurde. Fünf Richterinnen und Richter, darunter die ehemalige Vizepräsidentin des Europäischen Gerichtshofs für Menschenrechte, Françoise Tulkens, saßen dem Tribunal vor und erstellten nach der Verhandlung ein Gutachten über *Monsanto*. Auch dieses Tribunal war keine wirkliche Gerichtsverhandlung, auch wenn es von wirklichen Richtern geleitet wurde, sondern es war die Inszenierung eines Gerichts, das es dringend wirklich geben sollte. Nämlich ein globales Gericht für globale Unternehmen, das sich nicht wie die Schiedsgerichte der WTO ausschließlich mit Handelsfragen beschäftigt, sondern mit den Rechten der Menschen und der Natur in einer globalisierten Welt.

Nach diesem Vorbild möchte ich ein Tribunal der Arten einberufen – für die Zeit, die noch verstreichen wird, bis unser Rechtssystem den nichthumanen Lebewesen Grund- und Klagerechte einräumt. In diesem Tribunal sollten alle Arten zu Wort kommen, deren Überleben durch die Aktivitäten der Menschen gefährdet ist.

Den Anfang machen ein Käfer, ein Tagfalter, ein Vogel, ein Meeressäuger, ein Menschenaffe – und eine Heuschrecke.

Die gefleckte Schnarrschrecke, Bryodemella tuberculata, aus der Familie der Feldheuschrecken klagt auf Wiederherstellung ihres Lebensraums. Sie braucht offene sandige Flächen mit spärlichem Bewuchs, die nicht zu klein sein dürfen. Ein Fleckchen Erde, wie es dem Kleinen Heidegrashüpfer reicht, ist ihr zu wenig. Die wenigen verbliebenen Gefleckten Schnarrschrecken leben entlang einiger Alpenflüsse, zum Beispiel an der oberen Isar. Sie klagen stellvertretend für ihre ausgestorbenen Verwandten in ganz Mitteleuropa, die durch Flussregulierungen, Kiesentnahme, Bewaldung oder wegen zu starken Düngung ihres Lebensraums beraubt wurden.[265] Sie fordern eine Renaturierung von Flüssen und eine europäische Agrarpolitik, die den Erhalt von Kulturlandschaften fördert.

Der Eremit, Osmoderma eremita, auch Juchtenkäfer genannt, klagt gegen die Vernichtung alter Baumbestände, gegen die Verkürzung der Umtriebszeit von Laubbäumen auf unter 200 Jahre, gegen den Einsatz von Bioziden in Mischwäldern und gegen die Gefährdung eines seiner letzten Lebensräume im Stuttgarter Schlossgarten. Eremiten leben mehrere Jahre lang als Larve und nur einige Wochen als Käfer, gut versteckt in den Höhlen alter Bäume. Auch Grundwasserveränderungen wie beim Bau des neuen Stuttgarter Bahnhofs gefährden die Bestände. Der Eremit fordert den Erhalt alter Bäume und das Verbot des Pestizideinsatzes in Wäldern.[266]

Der Segelfalter, Iphiclides podalirius, klagt gegen die Verbuschung seines Lebensraums. Er gilt als der schönste unter den Schmetterlingen, aber er ist in vielen Teilen Deutschlands verschwunden. Der Segelfalter braucht gut besonnte Schlehenbüsche, idealerweise auf trockenen Magerwiesen, die nicht verbuschen und zuwachsen dürfen – eine Landschaftsform, die die Gemeinsame Agrarpolitik der Europäischen Union durch ihre Förderpolitik gefährdet.[267] Der Segelfalter schließt sich der Sammelklage vieler Arten gegen die Gemeinsame Agrarpolitik der EU an und fordert ihre ökologische Neuausrichtung.

Das Rebhuhn, Perdix perdix, klagt gegen den Einsatz von Insektiziden und Herbiziden, gegen die Flurbereinigung, das Verschwinden der Brachen und Feldrainen. Ohne eine extensiv genutzte strukturreiche Landschaft kann es nicht brüten. Ohne Insekten verhungern seine Küken, ohne die Samen von Wildkräutern hungert es selbst. Deshalb ist sein Bestand in den letzten Jahren um mehr als neunzig Prozent zurückgegangen. Das Rebhuhn fordert, dass der freiwillige Jagdverzicht, zu dem einige Landesjagdverbände aufgerufen haben, für alle verbindlich wird, bis sich die Bestände der Rebhühner wieder erholt haben. Es klagt weiterhin gegen die Zulassung von insektengefährdenden Insektiziden und fordert ein Verbot von Totalherbiziden wie Glyphosat.[268]

Der Pottwal, Physeter macrocephalus, klagt gemeinsam mit den Albatrossen, Diomedeidae, gegen die Verseuchung der Meere mit Plastik. Die Wale können den schwimmenden Plastikteilen bei ihrer Nahrungssuche nicht ausweichen. Bei einzelnen Exemplaren wurden bis zu vierzig Kilo Plastik im Magen entdeckt, im März 2019 wurde eine trächtige Walkuh mit 22 Kilo Plastik im Magen tot an der sardischen Küste aufgefunden.

Albatrosse können die Plastikstückchen nicht von Fischen unterscheiden, deshalb verhungern viele von ihnen mit vollem Magen. Sie fordern das sofortige weltweite Verbot von Einwegplastik, die sofortige weltweite Einführung einer Plastiksteuer und klagen gegen alle Staaten, deren Plastikmüll die Meere erreicht, die Bundesrepublik Deutschland inklusive.[269]

Der Orang-Utan, Pongo, klagt gegen die Palmölindustrie und gegen alle Länder, die die Verwendung von Palmöl für Biodiesel zulassen oder fördern, die Europäische Union inklusive. Für Palmölplantagen sind in den letzten Jahrzehnten große Teile der Regenwälder Südostasiens vernichtet worden. Ohne Regenwald kann der Orang-Utan nicht leben. Er fordert deshalb die sofortige Einführung einer globalen Palmölabgabe, mit der die Wiederaufforstung der Wälder Indonesiens und Malaysias finanziert wird.

In Zeiten ihrer größten Gefährdung seit 66 Millionen Jahren brauchen die Tiere und Arten schnellstens verbindliche Rechte, die sie auch einklagen können. Der Schutz, den unser Rechtssystem ihnen gewährt, muss so weit reichen wie die Gefährdung, die wir ihnen zumuten.

Dank

Ich danke meinem Doktorvater Prof. Claus Eurich, dass er mir Günther Anders zu lesen gegeben hat, Michael Thamm, dem viel zu früh gestorbenen Leiter des WDR-Studios Bielefeld, dass er mich mit einem Kamerateam an die renaturierte Altenau geschickt hat, und meiner WDR-Redakteurin Dorothea Runge, dass sie meinen Blick für die Umweltfolgen der Landwirtschaft gerichtet hat. Ich danke Eckehard Niemann für seine hervorragende Agrarpresseschau, Morten Kansteiner und Dr. Anna Kindhäuser für die kritische Lektüre und meinem Lektor Dr. Edgar Bracht.

Für wunderbare lehrreiche und inspirierende Exkursionen in Feld, Wald und Sammlung und viel Geduld beim Beantworten meiner vielen Fragen danke ich besonders Prof. Thomas Fartmann, Hartmut Böhner, Ulrich Eichelmann und Dr. Martin Sorg. Für wertvolle Literaturhinweise danke ich Prof. Dr. Rainer Luick und Prof. Dr. Beate Jessel.

Vielen Dank an alle, die mir ihre Zeit geschenkt haben und denen ich viel Wissen und Inspiration verdanke:

Hartmut Böhner, Dr. Ignacio Chapela, Dr. Peter Clausing, Dr. Silvia Earle, Dr. Margret Engelhard, Prof. Dr. Thomas Fartmann, Prof. Dr. Rainer Froese, Prof. Dr. Bernd Gerken,

Prof. Dr. Wolfram Graf, Prof. Dr. Franz-Theo Gottwald, Dr. Edmund Haferbeck, Martin Häusling, Dr. Udo Heimbach, Prof. Dr. Jürgen Hess, Dr. Michaela Hofmann, Dr. Severin Hohensinner, Dr. Anita Idel, Prof. Dr. Beate Jessel, Andreas Krug, Klaus und Edith Lange, Steffi Lemke, Dr. Ulrike Litwin, Prof. Dr. Rainer Luick, Prof. Dr. Christian Möllmann, Dr. Jochen Neuendorff, Ulrich Peterwitz, Ines Reinisch, Lutz Ribbe, Dr. Anton Safer, Prof. Dr. Josef Settele, Werner Schulze, Heinz Schwan, Dr. Martin Sorg, Dr. Jürn Sanders, Eva Sterzelmaier (Register), Ursula Stratmann, Dr. Peter Tinnemann, Peter Trapet, Dr. Robert Trusch, Josef Tumbrinck, Gerald Wehde, Dr. Hubert Weiger, Kirsten Wosnitza, Prof. Dr. Jean Ziegler und allen, die nicht genannt werden wollten.

Dank an Hélène Grimaud und Sergei Rachmaninoff für ihre Musik, ohne die dieses Buch nie fertig geworden wäre.

Vielen Dank an meine Eltern für das Land und überhaupt für alles, an Josef Parensen für die Hilfe beim Bäume- und Heckenpflanzen und natürlich an Lenn für seine erstaunte Frage.

Literatur

Bücher

Anders, Günther: Die Antiquiertheit des Menschen, Band 1 (1956), München 1988

Barde, Martin/Hochmann, Lars: Streuobstwirtschaft, München 2019,

Beinlich, Burkhard/Grawe, Frank: Verborgene Schätze zwischen Egge und Weser. Die Vielfalt der Natur im Kulturland Kreis Höxter, Holzminden 2015,

Blackbourn, David: Die Eroberung der Natur. Eine Geschichte der deutschen Landschaft, München 2008

Blom, Philipp: Die Welt aus den Angeln. Eine Geschichte der kleinen Eiszeit von 1570 bis 1700 sowie der Entstehung der modernen Welt, verbunden mit einigen Überlegungen zum Klima der Gegenwart, München 2017

Brand, Ulrich/Wisser, Peter: Imperiale Lebensweise. Zur Ausbeutung von Mensch und Natur im globalen Kapitalismus, München 2017

Burtscher-Schaden, Helmut: Die Akte Glyphosat. Wie Konzerne die Schwächen des Systems nutzen und damit unsere Gesundheit gefährden, Wien 2017

Busse, Tanja: Die Ernährungsdiktatur. Warum wir nicht länger essen dürfen, was uns die Industrie auftischt, München 2010

Busse, Tanja: Die Einkaufsrevolution. Konsumenten entdecken ihre Macht, München 2006

Busse, Tanja: Die Wegwerfkuh. Wie unsere Landwirtschaft Tiere verheizt, Bauern ruiniert, Ressourcen verschwendet und was wir dagegen tun können, München 2015

Carroll, Sean B.: The Serengeti Rules. The Quest to Discover How Life Works and Why It Matters, Princeton 2016

Carson, Rachel: Silent Spring (1962), London 2000
Coccia, Emanuele: Die Wurzeln der Welt. Eine Philosophie der Pflanzen, München 2018
Dohrn, Susanne: Das Ende der Natur. Die Landwirtschaft und das stille Sterben vor unserer Haustür, Berlin 2017
Fischer, Jürgen u. a.: Die Heuschrecken Deutschlands und Nordtirols, Wiebelsheim 2016
Haraway, Donna J.: Unruhig bleiben. Die Verwandtschaft der Arten im Chthuluzän, Frankfurt am Main 2018
Hartmann, Kathrin: Aus kontrolliertem Raubbau. Wie Politik und Wirtschaft das Klima anheizen, Natur vernichten und Armut produzieren, München 2015,
Hayles, Katherine N.: How we became posthuman, Chicago 1999
Herbrechter, Stefan: Posthumanism. A Critical Analysis, London 2013
Idel, Anita: Die Kuh ist kein Klima-Killer! Wie die Agrarindustrie die Erde verwüstet und was wir dagegen tun können, Marburg 2011
Kolbert, Elizabeth: The Sixth Extinction. An Unnatural History, New York 2014
Kunz, Werner: Artenschutz durch Habitatmanagement. Der Mythos von der unberührten Natur, Weinheim 2017
Küster, Hansjörg: Geschichte der Landschaft in Mitteleuropa. Von der Eiszeit bis zur Gegenwart, München 1999
Lessenich, Stephan: Neben uns die Sintflut. Die Externalisierungsgesellschaft und ihr Preis, Berlin 2016
Leu, André: Die Pestizidlüge. Wie die Industrie die Gesundheit unserer Kinder aufs Spiel setzt, München 2018
Löwenstein, Felix zu: Food Crash. Wir werden uns ökologisch ernähren oder gar nicht mehr, München 2011
Marí, Francisco/Buntzel, Rudolf: Das Globale Huhn. Hühnerbrust und Chicken Wing – wer isst den Rest? Frankfurt am Main 2007
Monbiot, George: Out of the Wreckage. A New Politics for an Age of Crisis, London 2017
Moore, Jason W. (Hg.): Anthropocene or Capitalocene? Nature, History, and the Crisis of Capitalism, Oakland 2016
Pollan, Michael: The Omnivore's Dilemma. A Natural History of Four Meals, New York 2006

Pollan, Michael: Lebens-Mittel. Eine Verteidigung gegen die industrielle Nahrung und den Diätenwahn, München 2009
Pollan, Michael: Food Rules. An Eater's Manual, New York 2009
Poschlod, Peter: Geschichte der Literaturlandschaft, Stuttgart 201
Purdy, Jedediah: After Nature. A Politics for the Anthropocene, Harvard 2015
Reichholf, Josef H.: Ende der Artenvielfalt? Gefährdung und Vernichtung von Biodiversität, Frankfurt am Main 2008
Reichholf, Josef H.: Naturschutz. Krise und Zukunft, Berlin 2010
Reichholf, Josef H.: Stabile Ungleichgewichte. Die Ökologie der Zukunft, Frankfurt am Main 2008
Reichholf, Josef H.: Die Zukunft der Arten. Neue ökologische Überraschungen, München 2005
Roberts, Paul: The End of Food. The Coming Crisis in the World Food Industry, London 2008
Robin, Marie-Monique: Mit Gift und Genen. Wie der Biotech-Konzern Monsanto unsere Welt verändert, München 2009
Scheub, Ute: Ackergifte? Nein danke! Für eine enkeltaugliche Landwirtschaft, Klein Jasedow 2014
Schneidewind, Uwe: Die Große Transformation. Eine Einführung in die Kunst des gesellschaftlichen Wandels, Frankfurt am Main 2018
Scranton, Roy: Learning to Die in the Anthropocene, San Francisco 2015
Segerer, Andreas H./Rosenkranz, Eva: Das große Insektensterben. Was es bedeutet und was wir jetzt tun müssen, München 2018
Stone, Christopher D.: Should Stress Have Standing? Law, Morality, and the Environment (1972), Oxford/New York 2010
Tsing, Anna u.a. (Hg.): Arts of Living on a Damaged Planet, Minneapolis 2017
van Reybrouck, David: Gegen Wahlen. Warum Abstimmen nicht demokratisch ist, Göttingen 2016
Westrich, Paul: Wildbienen. Die anderen Bienen, München 2015
Wiggering, Hubert: Land, Landschaft, Landwirtschaft 2071, Marburg 2017
Wohlleben, Peter: Das geheime Leben der Bäume. Was sie fühlen, wie sie kommunizieren – die Entdeckung einer verborgenen Welt, München 2015

Aufsätze, Studien, Artikel

Anthes, Nils/Fartmann, Thomas/Hermann, Gabriel: Wie lässt sich der Rückgang des Goldenen Scheckenfalters (Euphydryas aurinia) in Mitteleuropa stoppen? Erkenntnisse aus populationsökologischen Studien in voralpinen Niedermoorgebieten und der Arealentwicklung in Deutschland, Naturschutz und Landschafsplanung 35, (9) 2003, S. 279–287

Antwort der Landesregierung Nordrhein-Westfalen auf die Kleine Anfrage 4996 vom 28. Juli 2016 des Abgeordneten Hanns-Jörg Rohwedder PIRATEN, Pestizideinsatz in Schutzgebieten, Drucksache 16/12597 v. 9.9.2016

Ausschuss für Umwelt, Naturschutz, Bau und Reaktorsicherheit des Deutschen Bundestags: Öffentliches Fachgespräch zum Thema »Ursachen und Auswirkungen des Biodiversitätsverlustes bei Insekten«, https://www.bundestag.de/dokumente/textarchiv/2016/kw02-pa-umweltausschuss/399986

Bender, Silvia: Nitrat im Trinkwasser. Problemlage, aktuelle Forschungsergebnisse und Analyse bisher eingeschlagener Lösungswege, Berlin 2019

Bethge, Philip/Klawitter, Nils u. a.: Die Müll-Lüge, Der Spiegel vom 18.1.2019

Beste, Andrea/Idel, Anita: Vom Mythos der klimasmarten Landwirtschaft – oder warum weniger vom Schlechten nicht gut ist, Wiesbaden 2018

Börnecke, Stephan: Die (un-)heimliche Arten-Erosion. Eine agroindustrielle Landwirtschaft dezimiert unsere Lebensvielfalt, Dossier und Bestandsaufnahme im Auftrag von Martin Häusling, MdEP, Wiesbaden 2017

Bommert, Wilfried/Linz, Manfred: Landwirtschaft am Scheideweg, Berlin 2018

Brückmann, Tomas u. a.: Gift auf dem Acker? Innovativ geht anders! Ein Plädoyer für eine giftfreie Landwirtschaft. Autorenstudie im Auftrag von Martin Häusling, MdEP, Wiesbaden 2018

Bundesamt für Naturschutz: Artenschutz-Report 2015. Tiere und Pflanzen in Deutschland, Bonn 2015

Bundesamt für Naturschutz: Grünland-Report. Alles im grünen Bereich? Bonn 2014

Bunzel-Drüke, Margret u. a.: Naturnahe Beweidung und NATURA 2000. Ganzjahresbeweidung im Management von Lebensraumtypen und Arten im europäischen Schutzgebietssystem NATURA 2000, Duderstadt 2015

Bunzel-Drüke, Margret u. a.: »Wilde Weiden«. Praxisleitfaden für Ganzjahresbeweidung in Naturschutz und Landschaftsentwicklung, Bad Sassendorf-Lohne 2008

Carrington, Damian: Plummeting insect numbers »threaten collaps of nature«, www.theguardian.de vom 10.2.2019,

Ceballos, Gerardo u. a.: Accelerated modern human-induced species losses: entering the sixth mass extinction, Science Advances vom 19.6.2015, http://advances.sciencemag.org/content/1/5/e1400253

Citizens for Science in Pesticide Regulation (Hg.): A White Paper: Ensuring a Higher Level of Protection from Pesticides in Europe, 2018

Civitello, David u. a.: Biodiversity inhibits parasites: Broad evidence for the dilution effect, PNAS July 14, 2015 112 (28) 8667–8671

Deutscher Bundestag (Hg.): Antwort der Bundesregierung auf die Kleine Anfrage der Abgeordneten Steffi Lemke, Harald Ebner, Bärbel Höhn, weiterer Abgeordneter und der Fraktion Bündnis 90/Die Grünen: Insekten in Deutschland und Auswirkungen ihres Rückgangs, Drucksache 18/12859

Deutscher Bundestag (Hg.): Antwort der Bundesregierung auf die Kleine Anfrage der Abgeordneten Steffi Lemke, Harald Ebner, Annalena Baerbock, weiterer Abgeordneter und der Fraktion Bündnis 90/Die Grünen: Stummer Frühling – Verlust von Vogelarten, 2.5.2017, Drucksache 18/1187

Deutscher Bundestag (Hg.): Antwort der Bundesregierung auf die Kleine Anfrage der Abgeordneten Steffi Lemke, Harald Ebner, Peter Meiwald, weiterer Abgeordneter und der Fraktion Bündnis 90/Die Grünen: Verlust von Artenreichtum in der Agrarlandschaft, 13.9.2017, Drucksache 18/13418

Deutscher Naturschutzring: Forderungen an ein Aktionsprogramm Insektenschutz, Berlin 2018

de Vos, Jurriaan M.: Estimating the normal background rate of species extinction, in: Conservation Biology v. 26.8.2014

Dureuil, Manuel: Elevated trawling inside protected areas undermines conservation outcomes in a global fishing hot spot, *Science* 21 Dec 2018, Vol. 362, Issue 6421, pp. 1403–1407

FAO Commission on Genetic Resources for Food and Agriculture: The State of the World's Biodiversity for Food and Agriculture, Rom 2019

Fartmann, Thomas u. a.: Insektenrückgang und -schutz in den fragmentierten Landschaften Mitteleuropas, in: Natur und Landschaft 2019, Heft 6/7, S. 261–270

Fartmann, Thomas/Kämpfer, Steffen/Löffler, Franz: Wichtige Bruthabitate für Rote-Liste-Arten: Weihnachtsbaumkulturen im Hochsauerland, in. Der Falke, Magazin für Vogelbeobachtung 12/2017, S. 20-23

Frazier, Ian: Can Silvia Earle Save the Oceans? Outside vom 5.11.2015

Folke, Carl u. a.: Regime Shifts, Resilience, and Biodiversity in Ecosystem Management, in: Annual Review Ecology, Evolution, and Systematics 2004, 35:557–81

Frey, Andreas: Hat es sich bald ausgekrabbelt? Frankfurter Allgemeine Zeitung v. 23.7.2017

Fuchs, Sara/Stein-Bachinger, Karin: Naturschutz im Ökolandbau. Praxishandbuch für den ökologischen Ackerbau im nordostdeutschen Raum, Mainz 2008

Grill, Günther u. a.: Mapping the world's free-flowing rivers, in: Nature Nr. 569 2019, S. 215–221

Grossarth, Jan: Immer schnellere Chemie-Resistenzen mindern die Ernten. Frankfurter Allgemeine Zeitung vom 23.1.2017

Hallmann, Caspar A.: Declines in insectivorous birds are associated with high neonicotinoid concentrations, in: Nature 511 vom 17.7.2014, S. 341–343

Hallmann, C. A., Sorg, M., Jongejans, E., Siepel, H., Hofland, N., Schwan, H. u. a.: More than 75 percent decline over 27 years in total flying insect biomass in protected areas. PLoS ONE 12(10): e0185809, 2017

Hart aber fair: Der stille Tod der Bienen – wer vergiftet unsere Natur? ARD am 4.12.2017

Henk, Malte/Uchatius, Wolfgang: Morgen vielleicht, Die Zeit v. 17.6.2015

Hofmann, Frieder/Schlechtriemen, Ulrich: Durchführung einer Bioindikation auf Pflanzenschutzmittelrückstände mittels Luftgüte-

Rindenmonitoring, Passivsammlern und Vegetationsproben, Fachbeiträge des LUGV Heft Nr. 147

Intergovernmental Science-Policy Platform on Biodiversity and Ecosystem Services: Regional and subregional assessments of biodiversity and ecosystem services: regional and subregional assessment for Europe and Central Asia, Medellin/Kolumbien 2018, www.ipbes.net

Jarvis, Brooke: The Insect Apocalypse is here, in: The New York Times Magazine vom 27.11.2018, www.nytimes.com/2018/11/27/magazine/insect-apocalypse.html

Kommission Landwirtschaft am Umweltbundesamt: Landwirtschaft quo vadis? Agrarsysteme der Zukunft, Veröffentlichung in Vorbereitung

Kurze, Susanne/Heinken, Thilo/Fartmann, Thomas: Nitrogen enrichment in host plants increases the mortality of common Lepidoptera species, Oecologia (2018) 188:1227–1237

LANUV: Blühende Vielfalt am Wegesrand. Praxisleitfaden für artenreiche Weg- und Feldraine, LANUV-Info 39

Luick, Rainer/Jedicke, Eckart/Metzner, Jürgen: Extensive Beweidung von Grünland. Auswirkungen der neuen Gemeinsamen Agrarpolitik der EU, Natur und Landschaft Nr. 6/2015, S. 283–289

Luick, Rainer/Schuler, H.-K.: Waldweide und forstrechtliche Aspekte. Berichte des Institutes für Landschafts- und Pflanzenökologe der Universität Hohenheim Nr. 17/2008, S. 149-164

Luick, Rainer: Wilde Wälder in Europa, Präsentation zum Vortrag am 6.6. 2018 im Rathaus Tübingen, Folie 34 ff.

Möllmann, Christian/Diekmann, Rabea: Marine Ecosystem Regime Shifts Induced by Climate and Overfishing: A Review for the Northern Hemisphere, in: Advances in Ecologial Research Nr. 47, 2012, S. 303–347

Möllmann, Christian u. a.: Marine regime shifts around the globe: theory, drivers and impacts, in: Philosophical Transcations B, Royal Society

Ostfeld, Richard S./Keesing, Felicia: Effects of Host Diversity on Infectious Disease, Annual Review of Ecology, Evolution, and Systematics 2012 43:1, 157–182

Ostfeld, R. S./Kessing, F.: Is biodiversity bad for your health? Ecosphere 8(3):e01676. 10.1002/ecs2. 1676

Ostfeld, R. S., Levi, T., Keesing, F., Oggenfuss, K., and Canham, C. D.: Tick-borne disease risk in a forest food web. Ecology, 99, 2018: 1562-1573. doi:10.1002/ecy.2386

Pauly, Daniel: Anecdotes and the shifting baseline syndrome of fisheries, TREE (Trends in Ecology and Evolution) Vol. 10 N. 10, Oktober 1995, S. 430, www.webpages.uidaho.edu/envs501/downloads/Pauly%201995.pdf

Pauly, Daniel/Froese, Rainer/Holt, Sidney J.: Balanced harvesting: The institutional incompatibilities, Policy 69 (2016) 121–123

Pisa, L. W. u. a.: Effects of neonicotinoids and fipronil on non-target invertebrates, Environmental Science and Pollution Research, online am 17.9.2014 veröffentlicht, www.researchgate.net/publication/265685707_Effects_of_neonicotinoids_and_fipronil_on_non-target_invertebrates

Powers, Ryan P./Jetz, Walter: Global habitat loss and extinction risk of terrestrial vertebrates under future land-use-change scenarios, Nature Climate Change Volume 9, April 2019

Probst, Benedict: Klimakiller Kuh, in: Süddeutsche Zeitung v. 12.12. 2018. S. 2

Rada, Stanislav u. a.: Protected areas do not mitigate biodiversity declines: A case study on butterflies, Diversity and Distributions. 2019; 25, S. 2

Reeves, R. G. u. a.: Agricultural research, or a new bioweapon system? *Science* 05 Oct 2018, Vol. 362, Issue 6410, pp. 35-37

Rockström, Johan u. a.: A safe operating space for humanity, Nature, Volume 461 vom 24.9. 2009, Seite 472–475, www.nature.com/articles/461472a

Sakamotu, Manabu/Benton, Michael/Venditti, Chris: Dinosaurs in decline tens of millions of years before their final extinction, in: Proceedings of the National Academy of Sciences of the United States of Amerika vom 3.5. 2016, S. 5036-5040, www.pnas.org/content/pnas/113/18/5036.full.pdf

Sánchez-Bayo, Francisco/Wyckhuys, Kris A. G.: Worldwide decline of the entomofauna: A review of its drivers, Biological Conservation 232, 2019, S. 8–27

Sanders, Jürn/Hess, Jürgen (Hg.): Leistungen des ökologischen Landbaus für Umwelt und Gesellschaft, Thünen Report Nr. 65, Braunschweig 2019

Schäffer, Andreas u. a.: Der stumme Frühling – Zur Notwendigkeit eines umweltverträglichen Pflanzenschutzes, Diskussion Nr. 16 der Leopoldina Nationalen Akademie der Wissenschaften, Halle (Saale) 2018,

Scheub, Ute: #journalistsforfuture, in taz v. 29.4. 2019

Schoof, Nicolas/Luick, Rainer u. a.: Biodiversität fördern mit Wilden Weiden in der Vision ›Wildnisgebiete‹ der Nationalen Strategie zur biologischen Vielfalt, Natur und Landschaft Nr. 7/2018, S. 314–322

Schwan, Heinz: Schmetterlinge (Tagfalter), die nach 1980 im Gebiet der Stadt Krefeld und Umgebung erfasst wurden, in: Natur am Niederrhein 1 (1), Krefeld 1986, S. 29–35

Sguotti, Camilla u. a.: Catastrophic dynamics limit Atlantic cod recovery, Proceedings of the Royal Society, B 20182877

Staniczek, Arnold: Eintagsfliegen. Manna der Flüsse, Stuttgarter Beiträge zur Naturkunde, Serie C, Heft 53, 2003, S. 24

Steffen, Will u. a.: The trajectory of the Anthropocene. The Great Acceleration, in: The Anthropocene Review 2, 2015

Stolze M, Piorr A, Häring A, Dabbert S: The environmental impacts of organic farming in Europe. Stuttgart-Hohenheim: Inst. für Landwirtschaftliche Betriebslehre 2000, Organic farming in Europe economics and policy 6

Temperton, Vicky u. a.: Step back from the forest and step up to the Bonn Challenge: how a broad ecological perspective can promote successful landscape restoration

Ulrich, Bernd: Insektensterben: Die Wahrheit auf sechs Beinen, Die Zeit 44/2017 vom 26.10.2017

Umweltbundesamt: Bodenzustand in Deutschland, Dessau 2015

Umweltbundesamt: Daten zur Umwelt: Umwelt und Landwirtschaft, Dessau 2018

Viering, Kerstin: Der Schwund der Sechsbeiner, www.spektrum.de vom 16.8. 2013, www.spektrum.de/news/der-schwund-der-sechs beiner/1204129

Vogel, Gretchen: Where have all the insects gone? Sciencemag.org 10.5.2017, www.sciencemag.org/news/2017/05/where-have-all-insects-gone

Voss, Jens: Krefelder Entomologen verteidigen ihre Zahlen zum Insektensterben, Rheinische Post am 25.7. 2017

WWF: Artenschutz in Zeiten des Klimawandels: Die Auswirkungen der Erderhitzung auf die biologische Vielfalt in den WWF-Schlüsselregionen, 2018
WWF: Living Planet Report 2018

Anmerkungen

Einleitung

1 »Der stille Tod der Bienen – wer vergiftet unsere Natur?« Hart aber fair (WDR), ausgestrahlt am 4.12. 2017 im ARD Fernsehen, www.youtube.com/watch?v=KJ9iF4YkJvY

2 Pauly, Daniel: Anecdotes and the shifting baseline syndrome of fisheries, Trends in Ecology and Evolution, Vol. 10 N. 10, Oktober 1995, S. 430, https://www.webpages.uidaho.edu/envs501/downloads/Pauly%201995.pdf

3 Blackbourn, David: Die Eroberung der Natur. Eine Geschichte der deutschen Landschaft, München 2008, S. 225 ff.

4 Blackbourn, David, Die Eroberung der Natur. Eine Geschichte der deutschen Landschaft, München 2008, S. 226

5 http://riverwatch.eu/de/

6 Mehr über die Turteltaube: www.markuskappeler.ch/tex/texs2/turteltaube.html

7 www.geo.de/natur/oekologie/4203-rtkl-algen-was-sie-ueber-algen-wissen-sollten

8 www.unenvironment.org/resources/frontiers-201819-emerging-issues-environmental-concern

Kapitel 1

Das Refugium der Heuschrecken

9 Ploschod, Peter: Geschichte der Kulturlandschaft, Stuttgart 2016, S. 14, 42,

10 Rosa Luxemburg: Briefe aus dem Gefängnis, Kapitel 9, 2.5. 1917, nachzulesen unter http://gutenberg.spiegel.de/buch/briefe-aus-dem-gefangnis-2090/9

11 Kunz, Werner: Artenschutz durch Habitatmanagement. Der Mythos von der unberührten Natur, Weinheim 2017.

12 Poschlod, Peter: Geschichte der Kulturlandschaft, S. 134.

13 Vgl. Blackbourn, David, S. 345.

14 Bender, Silvia: Nitrat im Trinkwasser. Problemlage, aktuelle Forschungsergebnisse und Analyse bisher eingeschlagener Lösungswege, Berlin 2019, www.bund.net/fileadmin/user_upload_bund/publikationen/fluesse/fluesse_trinkwasser_nitrat_studie.pdf http://dip21.bundestag.de/dip21/btd/18/111/1811171.pdf

15 Fischer, Jürgen u. a.: Die Heuschrecken Deutschlands und Nordtirols, Wiebelsheim 2016, S. 274.

16 Ich halte den Begriff *konventionelle* Landwirtschaft für irreführend, denn es ist ja gerade nicht konventionell im Sinne von herkömmlich oder den Konventionen entsprechend, Land mit modernen Agrarchemikalien und Mineraldünger zu behandeln. In den letzten Jahrtausenden haben die Landwirtinnen und Landwirte eine solare Kreislaufwirtschaft ohne den Zukauf externer Mittel betrieben, es gab schließlich keine Alternativen dazu. Doch der Begriff konventionell als Abgrenzung zur ökologischen Landwirtschaft (die eigentlich als die konventionelle bezeichnet werden müsste) hat sich durchgesetzt. Deshalb verwende ich ihn hier, der Konvention entsprechend.

17 www.destatis.de/DE/PresseService/Presse/Pressemitteilungen/2016/08/PD16_269_412.html

Kapitel 2

Weckruf vom Niederhein

18 Puhl, Anette/Stenmans, Werner: Status, Statuten, Standorte. Zur Geschichte der bedeutenden Insektensammlung in Krefeld, in: die heimat 79/2008, S. 39–45

19 Hallmann CA, Sorg M, Jongejans E, Siepel H, Hofland N, Schwan H, et al. (2017) More than 75 percent decline over 27 years in total flying insect biomass in protected areas. PLoS ONE 12(10): e0185809. https://doi.org/10.1371/journal.pone.0185809

20 https://www.zeit.de/wissen/umwelt/2017-10/insektensterben-fluginsekten-gesamtmasse-rueckgang-studie

21 Schwan, H.: Schmetterlinge (Tagfalter), die nach 1980 im Gebiet der Stadt Krefeld und Umgebung erfasst wurden, in: Natur am Niederrhein 1 (1), Krefeld 1986, S. 29-35.

22 https://rp-online.de/nrw/staedte/krefeld/insektenschwund-berichte-bis-nach-china_aid-20782475, http://journals.plos.org/plosone/article/metrics?id=10.1371/journal.pone.0185809, www.rsb.org.uk/about-us/mysociety/158-biologist/features/1881-big-biology-breakthroughs-2017, www.altmetric.com/press/press-releases/what-are-the-most-popular-scientific-studies-of-2017/, www3.weforum.org/docs/WEF_GRR18_Report.pdf

23 www.stefanieclemen.de

24 Frey, Andreas: Hat es sich bald ausgekrabbelt? Frankfurter Allgemeine Zeitung vom 23.7. 2017, http://www.faz.net/aktuell/wissen/insektensterben-hat-es-sich-bald-ausgekrabbelt-15111642.html, Hart aber fair: Der stille Tod der Bienen – wer vergiftet unsere Natur? ARD am 4.12. 2017

25 Vogel, Gretchen: Where have all the insects gone? Sciencemag.org 10.5.2017, www.sciencemag.org/news/2017/05/where-have-all-insects-gone

26 www.topagrar.com/news/Home-top-News-8424544.html www.topagrar.com/news/Home-top-News-Insektensterben-Nur-22-Rueckgang-lueckenhafte-Daten-keine-eindeutigen-Ursachen-8784645.html

27 http://www.rwi-essen.de/unstatistik/72/

28 Schwan, H.: Schmetterlinge (Tagfalter), die nach 1980 im Gebiet der Stadt Krefeld und Umgebung erfasst wurden, in: Natur am Niederrhein 1 (1), Krefeld 1986, S. 29.

29 Klaus Reinhardt schreibt:
»Aus momentaner wissenschaftlicher Kenntnis gibt es keinen Grund, an einer 76%igen Abnahme der Biomasse fliegender Insekten in den Naturschutzgebieten Norddeutschlands zu zweifeln. Im Oktober 2017 durch die Statistiker-Gruppe Unstatistik verbreitete Darstellungen zum Insektensterben sind verzerrt, falsch und entsprechen nicht der gängigen Wissenschaftspraxis.«

»Die Abnahme der Biomasse in der Studie der Krefelder Entomologen beruht auf einem Trend über viele Jahre und stellt ein robustes Ergebnis dar. Fehlende jahrweise Wiederholungsproben am gleichen Standort ändern nichts am Gesamttrend einer 76%igen Abnahme der Biomasse fliegender Insekten. Standorte, die in mehreren Jahren gemessen wurden, stimmen in der 76%igen Abnahme der Biomasse fliegender Insekten überein. Das selektiv ausgewählte Beispiel einer nur 30%igen Abnahme der Biomasse ist falsch. Vorhandene Daten nicht berücksichtigen zu wollen ist Wissenschaftsbetrug.«
»Als Hochschullehrer habe ich die von Unstatistik verbreiteten Aussagen in einer Vorlesung mit Studierenden als Beispiel wissenschaftlicher und publizistischer Unredlichkeit diskutiert.«

30 http://meedia.de/2017/07/18/angeblicher-insektenschwund-wie-die-medien-in-die-gruen-rote-wahlkampffalle-tappten/

31 http://meedia.de/2017/11/20/weniger-predigen-mehr-berichten-statistik-professor-ueber-den-umgang-von-medien-mit-der-insektensterben-studie/

32 Lewandowsky, Stephan/Oberauer, Klaus/Gignac, Gilles E.: NASA Faked the Moon Landing – Therefore, (Climate) Science Is a Hoax. An Anatomy of the Motivated Rejection of Science, in: Psychological Science vom 26.3. 2013, http://journals.sagepub.com/doi/abs/10.1177/0956797612457686, siehe auch www.spiegel.de/wissenschaft/mensch/psychologie-was-die-klimawandelleugner-bewegt-a-891707.html

33 Antwort der Landesregierung auf die Kleine Anfrage 4996 vom 28. Juli 2016 des Abgeordneten Hanns-Jörg Rohwedder PIRATEN, Drucksache 16/12597 vom 9.9.2016

34 www.ltz-bw.de/pb/site/pbs-bw-new/get/documents/MLR.LEL/PB5Documents/ltz_ka/Arbeitsfelder/Bienen%20in%20der%20Agrarlandschaft/Bienensch%C3%A4den/Bienensterben%202008%20in%20Baden-W%C3%BCrttemberg_DL/MLR-Abschlussbericht%20Beizung%20und%20Bienensch%C3%A4den%202008.pdf

35 Schwan, H.: Schmetterlinge (Tagfalter), die nach 1980 im Gebiet der Stadt Krefeld und Umgebung erfasst wurden, in: Natur am Niederrhein 1 (1), Krefeld 1986, S. 29–35.

36 Sánchez-Bayo, Francisco / Wyckhuys, Kris A. G.: Worldwide decline of the entomofauna: A review of its drivers, Biological Conservation 232, 2019, S. 8–27.
37 www.taz.de/!5569147/
38 Sánchez-Bayo, Francisco / Wyckhuys, Kris A. G., a. a.O, S. 9.

Kapitel 3

Todeszonen in der Ostsee und Zeckenplagen im Wald

39 Sakamotu, Manabu/Benton, Michael/Venditti, Chris: Dinosaurs in decline tens of millions of years before their final extinction, in: Proceedings of the National Academy of Sciences of the United States of Amerika vom 3.5. 2016, S. 5036-5040. www.pnas.org/content/pnas/113/18/5036.full.pdf
40 Kolbert, Elizabeth: The Sixth Extinction. An Unnatural History, New York 2014, S. 93 ff.
siehe auch www.newyorker.com/tech/annals-of-technology/the-fate-of-earth
41 de Vos, Jurriaan M.: Estimating the normal background rate of species extinction, in: Conservation Biology v. 26.8. 2014, https://onlinelibrary.wiley.com/doi/pdf/10.1111/cobi.12380
42 Ceballos, Gerardo u. a.: Accelerated modern human-induced species losses: entering the sixth mass extinction, Science Advances vom 19.6. 2015, http://advances.sciencemag.org/content/1/5/e1400253
43 http://scientistswarning.forestry.oregonstate.edu/sites/sw/files/Warning_article_with_supp_11-13-17.pdf
44 Anders, Günther: Über die Bombe und die Wurzeln unserer Apokalypse-Blindheit, in Anders, Günther: Die Antiquiertheit des Menschen, Band 1 (1956), München 1988, S. 263
45 Anders, Günther, a. a.O., S. VII
46 Udo Heimbach war Gast bei der Podiumsdiskussion »Winzige Helfer – sind unsere Insekten noch zu retten?« im Kiekeberg Museum in Rosengarten bei Hamburg am 8.5. 2019
47 Zum Problem der Blühstreifen siehe auch S. 129, 202, 306
48 www.zeit.de/2015/44/indonesien-braende-torf-klimawandel-smog; Vergleiche auch Hartmann, Kathrin: »Aus kontrolliertem

Raubbau. Wie Politik und Wirtschaft das Klima anheizen, Natur vernichten und Armut produzieren«, München 2015, S. 161 ff.

49 Blackbourn, David: Die Eroberung der Natur, S. 192

50 Und auch Flugzeuge fliegen noch, obwohl wir wissen, wie schädlich deren Emissionen sind. Und trotzdem bin ich nach Indonesien geflogen. Ich bin mir des Widerspruchs bewusst.

51 https://hcr.clarivate.com/#

52 www.deutschlandfunkkultur.de/tierischer-zoff.1001.de.html?dram:article_id=156539

53 Blackbourn, David, S. 395

54 www.ipbes.net/assessment-reports/pollinators

55 Civitello, David u. a.: Biodiversity inhibits parasites: Broad evidence for the dilution effect, PNAS July 14, 2015 112 (28) 8667-8671; first published June 11, 2015 https://doi.org/10.1073/pnas.1506279112

56 Ostfeld, R. S., Levi, T., Keesing, F., Oggenfuss, K., and Canham, C. D. (2018), Tick-borne disease risk in a forest food web. Ecology, 99: 1562–1573. doi:10.1002/ecy.2386;
gute Zusammenfassung hier: www.caryinstitute.org/newsroom/forest-ecology-shapes-lyme-disease-risk-eastern-us; www.caryinstitute.org/science-program/research-projects/biodiversity-community-ecology-and-dilution-effect/dilution-effect; Ostfeld, Richard S./Keesing, Felicia: Effects of Host Diversity on Infectious Disease, Annual Review of Ecology, Evolution, and Systematics 2012 43:1, 157–182

57 www.gesundheitsstadt-berlin.de/woran-eine-borreliose-zu-erkennen-ist-6684/

58 www.tu-braunschweig.de/geooekologie/institut/usa/personal/dania_richter; www.deutschlandfunkkultur.de/borreliose-koennen-rinder-gefaehrliche-zecken-desinfizieren.976.de.html?dram%3Aarticle_id=448928

59 Ostfeld, R. S./Kessing, F.: Is biodiversity bad for your health? Ecosphere 8(3):e01676. 10.1002/ecs2. 1676

60 https://esajournals.onlinelibrary.wiley.com/doi/full/10.1002/ecs2.1676 FAO Commission on Genetic Ressources for Food and Agriculture: The State of the World's Biodiversity for Food and Agriculture, Rom 2019, www.fao.org/3/CA3129EN/CA3129EN.pdf

61 Angaben des Welttreuhandfonds für Kulturpflanzenvielfalt, des Global Crop Diversity Trust, Vortrag der Exekutivdirektorin des Fonds am 15.1.2019 in Berlin

62 Rockström, a. a.O., eigene Übersetzung. »There is growing understanding of the importance of functional biodiversity in preventing ecosystems from tipping into undesired states when they are disturbed. This means that apparent redundancy is required to maintain an ecosystem's resilience. Ecosystems that depend on a few or single species for critical functions are vulnerable to disturbances, such as disease, and at a greater risk of tipping into undesired states.«

63 Möllmann, Christian/Diekmann, Rabea: Marine Ecosystem Regime Shifts Induced by Climate and Overfishing: A Review for the Northern Hemisphere, in: Advances in Ecologial Research Nr. 47, 2012, S. 303–347, Möllmann, Christian u. a.: Marine regime shifts around the globe: theory, drivers and impacts, in: Philosophical Transcations B, Royal Society Publishing 2015, B 370: 20130260. http://dx.doi.org/10.1098/rstb.2013.0260

64 In den achtziger Jahren hat sich die Nordatlantische Oszillation (NAO), die unser Wetter bestimmt, abrupt geändert, vermutlich als Folge von natürlicher Variabilität und unter dem Einfluss des Klimawandels.

65 www.sueddeutsche.de/news/wissen/wissenschaft-extreme-ausdehnung-von-todeszonen-in-der-ostsee-dpa.urn-newsml-dpa-com-20090101-140331-99-03442

66 Die Eckernförder Zeitung hat eindrucksvolle Bilder und Filme dazu: www.shz.de/lokales/eckernfoerder-zeitung/mit-video-massenhaft-tote-fische-an-ostseestraenden-id17809461.html

67 Siehe dazu der Film »Quallen auf dem Vormarsch. Die unheimliche Großmacht« von Britta Kunft, arte 2018

68 Folke, Carl u. a.: Regime Shifts, Resilience, and Biodiversity in Ecosystem Management, in: Annual Review Ecology, Evolution, and Systematics 2004, 35:557–81

69 WWF: Living Planet Report 2018, deutsche Kurzfassung, S.11

70 Steffen, Will u. a.: The trajectory of the Anthropocene. The Great Acceleration, in: The Anthropocene Review 2, 2015, www.stockholmresilience.org/publications/artiklar/

2016-04-18-the-trajectory-of-the-anthropocene-the-great-acceleration.html

71 Steffen, Will, a. a.O., S. 10

72 Powers, Ryan P./Jetz, Walter: Global habitat loss and extinction risk of terrestrial vertebrates under future land-use-change scenarios, Nature Climate Change Volume 9, April 2019, S. 323–329

73 WWF: Artenschutz in Zeiten des Klimawandels: Die Auswirkungen der Erderhitzung auf die biologische Vielfalt in den WWF-Schlüsselregionen, 2018, S. 6

74 WWF: Artenschutz in Zeiten des Klimawandels, a. a.O., S. 39

75 www.ipbes.net/news/media-release-biodiversity-nature%E2%80%99s-contributions-continue-%C2%A0dangerous-decline-scientists-warn; die vollständigen Berichte finden sich unter www.ipbes.net/assessment-reports

Kapitel 4

Der Kampf um die Deutungshoheit

76 www.welt.de/vermischtes/weltgeschehen/article139697225/24-Stunden-Wache-fuer-das-letzte-Nashorn-Maennchen.html, Meier, Nicola: »Für mich ist Sudan nicht tot«, Interview mit dem Berliner Tierarzt und Forscher Thomas Hildebrandt, in: Die Zeit v. 3.12.2018, S. 35

77 Ulrich, Bernd: Insektensterben. Die Wahrheit auf sechs Beinen, in: Die Zeit v. 26.10.2017

78 Habekuss, Fritz: Das Ausmaß des Insektensterbens – die überinterpretierte Zahl, in: Die Zeit v. 3.12. 2018, S. 34

79 www.topagrar.com/management-und-politik/news/mercedes-benz-zieht-werbung-zurueck-9547858.html

80 Probst, Benedict: Klimakiller Kuh, in: Süddeutsche Zeitung v. 12.12.2018. S. 2

81 Idel, Anita: Die Kuh ist kein Klima-Killer! Wie die Agrarindustrie die Erde verwüstet und was wir dagegen tun können, Marburg 2011

82 Fragen Sie Slavoj Žižek: Was verschenken Sie zu Weihnachten? In: Frankfurter Allgemeine Sonntagszeitung v. 9.12.2018, S. 43

83 Wille, Walter: Super Yacht, in: Frankfurter Allgemeine Sonntagszeitung vom 9.12.2018, S. 53f.

84 Im Gesetz zur Förderung der Stabilität und des Wachstums der Wirtschaft, www.gesetze-im-internet.de/stabg/index.html

85 Das Portal »Grüner Journalismus« des Instituts für Kommunikation und Medien der Hochschule Darmstadt versucht diesen Mangel zu beheben und fördert die Berichterstattung über grüne Themen und einen grundsätzlichen Blick auf die ökologische Krise: https://gruener-journalismus.de/.
Es gibt auch einen Zusammenschluss von Journalistinnen, die Nachhaltigkeit und Zukunftsfähigkeit als Querschnittsthema fördern: www.netzwerk-weitblick.org; https://gruener-journalismus.de/natur-als-journalistischer-resonanzraum-skizzen-fuer-neue-wege/

86 Blackbourn, David, a. a.O., S. 400

87 Blackbourn, David, a. a.O., S. 401

88 www.zeit.de/mobilitaet/2019-03/cityairbus-airbus-lufttaxi-modellprojekt-ingolstadt, www.spiegel.de/auto/aktuell/tempolimit-andreas-scheuer-laesst-sitzung-der-klimakommission-platzen-a-1249351.html

89 www.youtube.com/watch?v=4Y1lZQsyuSQ, bei 5:30

90 https://docs.google.com/document/d/1C0lRRQtyVAyYfn3hh9SDzTbjrtPhNlewVUPOL_WCBOs/preview

91 www.youtube.com/watch?v=4Y1lZQsyuSQ, bei 6:50

Kapitel 5

Die Eulen sind tot, es leben die Eulen

92 http://www.atteln-online.de/altenau.html

93 Grill, Günther u. a.: Mapping the world's free-flowing rivers, in: Nature Nr. 569 2019, S. 215–221, www.nature.com/articles/s41586-019-1111-9; siehe auch www.wissenschaft.de/erde-klima/kaum-noch-ungehinderte-stroeme/?utm_source=newsletter&utm_medium=email&utm_campaign=wissenschaft.de_09-05-2019

94 Blackbourn, David: Die Eroberung der Landschaft, S. 100.

95 Blackbourn hat die Verschmelzung des alten deutschen Traumes von der Eroberung der Natur durch ihre Gestaltung (Flüsse bändigen, Moore urbar machen) mit den brutalen Eroberungen der Nationalsozialisten ausführlich beschrieben, S. 307–367.

96 Blackbourn, S. 393.

97 Backbourn, S. 392.

98 www.ard-wien.de/2017/06/18/serbien-auf-theiss-safari/

99 http://flora-deutschlands.de/Publikationen/2010_NuM_Theissbluete.pdf

100 Staniczek, Arnold: Eintagsfliegen. Manna der Flüsse, Stuttgarter Beiträge zur Naturkunde, Serie C, Heft 53, 2003, S. 24.

101 Mehr hier: https://balkanrivers.net/sites/default/files/Eco-Masterplan%20for%20Balkan%20Rivers-PRESS-REVISION%201-2018%20November%2026-WEB.pdf

Kapitel 6

Die Vernebelung der Ursachen

102 »Der stille Tod der Bienen – wer vergiftet unsere Natur?« Hart aber fair (WDR), ausgestrahlt am 4.12. 2017 im ARD Fernsehen, www.youtube.com/watch?v=KJ9iF4YkJvY bei 12:30; Krüsken bezieht sich auf ein Zitat von Martin Sorg in der FAZ: Frey, Andreas: Hat es sich bald ausgekrabbelt? Frankfurter Allgemeine Zeitung vom 23.7. 2017, www.faz.net/aktuell/wissen/insektensterben-hat-es-sich-bald-ausgekrabbelt-15111642.html

103 Pressemeldung des Deutschen Bauernverbands vom 17.7. 2017 www.bauernverband.de/diskussion-zum-insektensterben-in-einer-wolke-der-unwissenheit

104 www.dlr.de/dlr/desktopdefault.aspx/tabid-10176/372_read-32941/#/gallery/33841
Mit der Wirkung von Entwurmungsmitteln auf Insekten beschäftigt sich der Bundesfachausschuss Entomologie des NABU: www.nabu.de/wir-ueber-uns/organisation/kontakte/fachausschuesse.html

105 www.researchgate.net/publication/265685707_Effects_of_neonicotinoids_and_fipronil_on_non-target_invertebrates

106 www.umweltbundesamt.de/daten/flaeche-boden-land-oeko systeme/flaeche/siedlungs-verkehrsflaeche#textpart-2

107 Bundesamt für Naturschutz: Grünland-Report. Alles im grünen Bereich? Bonn 2014, S. 10

108 www.wissenschaft.de/umwelt-natur/wildbienen-hungerleiden-auf-dem-land/?utm_source=newsletter&utm_medium=email&utm_campaign=wissenschaft.de_11-03-2019

109 www.bundestag.de/dokumente/textarchiv/2016/kw02-pa-umweltausschuss/399986, als Sachverständige war neben den im Text genannten noch Prof. Dr. Thomas Schmitt, Senckenberg Deutsches Entomologisches Institut in Müncheberg, geladen.

110 IPBES: The Assessment Report on Pollinators, Pollination and Food Production, Summary for Policymakers, Bonn 2016, www.ipbes.net/system/tdf/spm_deliverable_3a_pollination_20170222.pdf?file=1&type=node&id=15248

111 http://ec.europa.eu/environment/water/water-nitrates/pdf/nitrates_directive_implementation_report.pdf

112 www.ltz-bw.de/pb/site/pbs-bw-new/get/documents/MLR.LEL/PB5Documents/ltz_ka/Arbeitsfelder/Bienen%20in%20der%20Agrarlandschaft/Bienensch%C3%A4den/Bienensterben%202008%20in%20Baden-W%C3%BCrttemberg_DL/MLR-Abschlussbericht%20Beizung%20und%20Bienensch%C3%A4den%202008.pdf

113 www.sueddeutsche.de/wirtschaft/pestizide-eu-staaten-verbieten-bienenschaedliche-neonikotinoide-1.3959435

114 Pisa, L. W. u. a.: Effects of neonicotinoids and fipronil on non-target invertebrates, Environmental Science and Pollution Research, online am 17.9.2014 veröffentlicht, www.researchgate.net/publication/265685707_Effects_of_neonicotinoids_and_fipronil_on_non-target_invertebrates

115 Hallmann, Caspar A.: Declines in insectivorous birds are associated with high neonicotinoid concentrations, in: Nature 511 vom 17.7.2014, S. 341–343, www.nature.com/articles/nature13531

116 Sánchez-Bayo, Francisco/Wyckhuys, Kris A. G.: Worldwide decline of the entomofauna: A review of its drivers, Biological Conservation 232, 2019, S. 8–27

Kapitel 7

Schutzgebiete, die nicht schützen

117 www.buzer.de/s1.htm?g=BNatSchG&a=39

118 www.gesetze-im-internet.de/pflschanwv_1992/__4.html

119 Ebd.

120 Reichholf, Josef H.: Die Zukunft der Arten. Neue ökologische Überraschungen, München 2005, S. 227

121 Das ist in den §§ 51 und 52 des Wasserhaushaltsgesetzes geregelt: https://dejure.org/gesetze/WHG/51.html, https://dejure.org/gesetze/WHG/52.html

122 https://www.iva.de/iva-magazin/umwelt-verbraucher/vorsicht-wasserschutzgebiet

123 Wenn Froschmännchen Eier legen, Spektrum der Wissenschaft April 2010, S. 12

124 Mehr dazu in einer Studie des BUND: www.bund.net/service/presse/pressemitteilungen/detail/news/bund-studie-zum-wasserentnahmeentgelt-einheitliche-regelung-fuer-gewaesser schutz-ueberfaellig/

125 www.wissenschaft.de/umwelt-natur/kaum-schutz-in-schutzgebieten/?utm_source=newsletter&utm_medium=email&utm_campaign=wissenschaft.de_18-05-2018. Zur Serengeti siehe hier: www.wissenschaft.de/umwelt-natur/serengeti-schutzgebiet-in-der-krise/?utm_source=newsletter&utm_medium=email&utm_campaign=wissenschaft.de_02-04-2019

126 Kendall Jones zitiert nach www.wissenschaft.de/umwelt-natur/kaum-schutz-in-schutzgebieten/?utm_source=newsletter&utm_medium=email&utm_campaign=wissenschaft.de_18-05-2018; Kendall R. Jones u. a.: One-third of global protected land is under intense human pressure, *Science* 18 May 2018: Vol. 360, Issue 6390, pp. 788–791, DOI: 10.1126/science.aap9565

127 www.wissenschaft.de/umwelt-natur/tagfalter-schwund-auch-in-eu-schutzgebieten/?utm_source=newsletter&utm_medium=email&utm_campaign=wissenschaft.de_10-12-2018

128 Rada, Stanislav u. a.: Protected areas do not mitigate biodiversity declines: A case study on butterflies, Diversity and

Distributions. 2019;25, S. 2, https://onlinelibrary.wiley.com/doi/epdf/10.1111/ddi.12854; mehr über die Studie und das Bürgerforschungsprojekt: Viering, Kerstin: Der Schwund der Sechsbeiner, www.spektrum.de vom 16.8. 2013, www.spektrum.de/news/der-schwund-der-sechsbeiner/1204129

129 www.wissenschaft.de/umwelt-natur/europas-meeresschutzgebiete-sind-keine-refugien/?utm_source=newsletter&utm_medium=email&utm_campaign=wissenschaft.de_27-12-2018

130 Dureuil, Manuel: Elevated trawling inside protected areas undermines conservation outcomes in a global fishing hot spot, Science 21 Dec 2018, Vol. 362, Issue 6421, pp. 1403–1407, DOI: 10.1126/science.aau0561

131 www.bundesregierung.de/breg-de/aktuelles/insektensterben-stoppen-1138930

132 www.bmu.de/fileadmin/Daten_BMU/Download_PDF/Artenschutz/eckpunkte_insektenschutz_bf.pdf

133 www.bmu.de/download/aktionsprogramm-insektenschutz/

134 www.bmu.de/pressemitteilung/rekordbeteiligung-beim-online-dialog-zum-aktionsprogramm-insektenschutz/

135 https://www.bmu.de/fileadmin/Daten_BMU/Download_PDF/Artenschutz/massnahmen_insektenschutz_bf.pdf

Kapitel 8

Naturschutz verboten

136 www.umbruchrechte.de/index.html

137 Oberverwaltungsgericht für das Land Nordrhein-Westfalen, Urteil vom 26.7.2010, Aktenzeichen 20 B 327/10

138 Wie absurd: Seit die Wölfe nach Deutschland zurückkehren, fordern Behörden von Tierhaltern, ihre Herden wolfssicher einzuzäunen, mit Elektrozäunen mit vier bis fünf stromführenden Litzen und zusätzlichem Flatterband, das die Wölfe davon abschrecken soll, über die Zäune zu springen. Dabei scheint der Erholungswert der Landschaft keine Rolle zu spielen.

139 BA für Naturschutz: Artenschutz-Report 2015. Tiere und Pflanzen

in Deutschland. Bonn 2015, https://www.bfn.de/fileadmin/BfN/presse/2015/.../Artenschutzreport_Download.pdf

140 https://www.naturpark-solling-vogler.de/index.php/hutewald.html

141 9.7.2018

142 www.waldwissen.net/waldwirtschaft/nebennutzung/agroforst_weide/fva_waldweide/index_DE

143 Rainer Luick: Wilder Wälder in Europa, Präsentation zum Vortrag am 6.6. 2018 im Rathaus Tübingen, Folie 34 ff.

144 Luick, Rainer/Jedicke, Eckart/Metzner, Jürgen: Extensive Beweidung von Grünland. Auswirkungen der neuen Gemeinsamen Agrarpolitik der EU, Natur und Landschaft Nr. 6/2015, S. 283–289

Kapitel 9

Im Europa der gebrochenen Versprechen

145 www.landwirtschaftskammer.de/landwirtschaft/naturschutz/biodiversitaet/index.htm, www.landwirtschaftskammer.de/landwirtschaft/naturschutz/leitbiodiversitaet/index.htm, www.umwelt.nrw.de/presse/detail/news/2019-01-29-neues-internetangebot-zur-foerderung-der-artenvielfalt-in-der-landwirtschaft/

146 Europäischer Rechnungshof: Die Zukunft der GAP, Themenpapier März 2013. https://www.eca.europa.eu/de/Pages/NewsItem.aspx?nid=11130

147 www.bmel.de/SharedDocs/Downloads/Ministerium/Beiraete/Agrarpolitik/GutachtenNutztierhaltung-Kurzfassung.pdf?__blob=publicationFile

148 Marí, Francisco/Buntzel, Rudolf: Das Globale Huhn. Hühnerbrust und Chicken Wing – wer isst den Rest? Frankfurt am Main 2007

149 Vgl. Fartmann, Thomas et al.: Insektenrückgang und -schutz in den fragmentierten Landschaften Mitteleuropas, in: Natur und Landschaft 2019, Heft 6/7, S. 261–270

150 Ursula Stratmann weist darauf hin, dass zu erhaltende Landschaftselemente auch Zielsetzungen des Naturschutzes selbst

behindern können, weil damit zum Beispiel die Dynamik extensiver Weidesysteme nicht hinreichend berücksichtigt werden kann: So könnte ein Landwirt eine Sanktion riskieren, wenn seine Tiere diese Landschaftselemente einfach wegknabbern, auch wenn die Beweidung selbst ausdrücklich Naturschutzzielen dient. Sinnvoller wäre es daher, die Förderung an den Zielsetzungen selbst auszurichten und nicht nach starren Kategorien. Das zeigt die Schwierigkeit, Agrarförderung und Naturschutz im selben Fördersystem zu vereinbaren.

151 Lutz Ribbe hat über diese verfehlten Ziele der Europäischen Agrarpolitik bei der Herbsttagung 2018 der Agrarsozialen Gesellschaft in Göttingen referiert, sein Vortrag ist hier runterzuladen: www.asg-goe.de/ASG-Herbsttagung-2018.shtml

152 www.topagrar.com/acker/news/pflanzenschutz-verbot-auf-oekologischen-vorrangflaechen-kommt-9854431.html

153 http://ec.europa.eu/transparency/regdoc/rep/1/2019/DE/COM-2019-22-F1-DE-MAIN-PART-1.PDF

Kapitel 10

Verfehlte Ziele

154 Vortrag von Klaus Hackländer beim 2. Niederwildsymposium des Landesjagdverbandes Rheinland-Pfalz am 11.4.2018 in Mainz; siehe auch: Hackländer, Klaus: Feldhasen in der Kulturlandschaft. Die Bedeutung von Brachen für Nahrungsökologie, Energiehaushalt und Populationsdynamik, Hamburg o. J.; Hackländer, Klaus: Grundlagen für ein nachhaltiges Niederwildmanagement, Schriftenreihe des Landesjagdverbands Bayern, www.jagd-bayern.de/fileadmin/_BJV/Akademie/Niederwild_Schriftenreihe/BJV_Niederwild_09_Hacklaender_V04.pdf

155 Wissenschaftlicher Beirat für Biodiversität und Genetische Ressourcen beim Bundesministerium für Ernährung und Landwirtschaft: Für eine Gemeinsame Agrarpolitik, die konsequent zum Erhalt der biologischen Vielfalt beiträgt, Berlin, April 2018.

156 www.greenpeace.de/themen/meere/ueberfischung

157 www.youtube.com/watch?v=4Y1lZQsyuSQ, bei 17:30 Minuten.

158 https://eur-lex.europa.eu/LexUriServ/LexUriServ.do?uri=OJ:L:2013:354:0022:0061:EN:PDF

159 www.bvl.bund.de/DE/04_Pflanzenschutzmittel/04_Anwender/01_SachgerechteAnwendung/psm_SachgerechteAnwendung_node.html#Start

160 Probst, Maximilian: Der Schock, wenn alles plötzlich ganz einfach erscheint, Die Zeit vom 4.5.2019, www.zeit.de/kultur/2019-04/klimawandel-generationenkonflikt-schuelerproteste-schock-erwachsene/komplettansicht

161 Moore, Jason W. (Hg.): Anthropocene or Capitalocene? Nature, History, and the Crisis of Capitalism, Oakland 2016, S. 6.

162 Moore, a. a.O., S. 79 und 81

163 Moore, a. a.O., S. 81.

164 Moore, Jason W.: The Rise of Cheap Nature, in: Moore, Jason W. (Hg.): Anthropocene or Capitalocene? Nature, History, and the Crisis of Capitalism, Oakland 2016, S. 114.

165 Brand, Ulrich; Wisser, Peter: Imperiale Lebensweise. Zur Ausbeutung von Mensch und Natur im globalen Kapitalismus, München 2017; Lessenich, Stephan: Neben uns die Sintflut. Die Externalisierungsgesellschaft und ihr Preis, Berlin 2016

166 McBrien, Justin: Accumulating Extinction, in: Moore, Jason W. (Hg.): Anthropocene or Capitalocene? Nature, History, and the Crisis of Capitalism, Oakland 2016, S. 116f.

Kapitel 11

Systemfehler

167 www.agrarheute.com/pflanze/getreide/saisonstart-herbizide-gegen-ackerfuchsschwanz-windhalm-552356

168 Newsletter von agrarheute vom 17.4.2019.

169 Newsletter von agrarheute vom 8.5.2019

170 Sogar die neuen Sorten mit Bestnote gegen Mehltauresistenz verloren ihre Resistenz schon nach zwei Jahren.

171 Ähnlich war es in der Tierhaltung: Auch Schweine wurden in Mastställen prophylaktisch mit Antibiotika behandelt. Böhner

hat einmal gehört, wie ein landwirtschaftlicher Berater das als »Begrüßungscocktail« bezeichnete.

172 Vgl. Busse, Tanja: Die Wegwerfkuh, München 2015

173 Antwort des Landesamt für Natur, Umwelt und Verbraucherschutz des Landes NRW vom 23.5.2019: »In den Bodenproben aus den betroffenen Anbauflächen wurden keine Rückstände gefunden, die bei direkter Anwendung der Pestizide unvermeidbar gewesen wären. Demnach konnte kein unerlaubter Einsatz von Pestiziden unterstellt werden und die festgestellten Pestizid-Rückstände konnten nur aus der Abdrift bei der Behandlung von den benachbarten, nichtökologisch bewirtschafteten Flächen herrühren.«

174 https://www.westfalen-blatt.de/OWL/Kreis-Paderborn/Lichtenau/3071113-Labor-weist-Pflanzenschutzmittel-auf-Oeko-Staudensellerie-in-Lichtenau-nach-Pestizid-Klage-Biobauer-wurde-sein-Gemuese-nicht-mehr-los

175 Landwirte, die Pestizide einsetzen, sind allerdings den Pflanzenschutzdiensten der Länder gegenüber auskunftspflichtig.

176 Die Landwirte sind den Pflanzenschutzdiensten der Länder gegenüber auskunftspflichtig.

177 Aktenzeichen 24 U 74/16

178 Hofmann, Frieder/Schlechtriemen, Ulrich: Durchführung einer Bioindikation auf Pflanzenschutzmittelrückstände mittels Luftgüte-Rindenmonitoring, Passivsammlern und Vegetationsproben, Fachbeiträge des LUGV Heft Nr. 147, https://lfu.brandenburg.de/media_fast/4055/fb_lugv-147.pdf, S. 46 und 50.

179 http://enkeltauglich.bio/wp-content/uploads/2019/02/Bericht-H18-Rinde-20190210-1518-1.pdf

180 Mail vom 24.5.2019

181 Die Liste liegt der Autorin vor.

182 www.bvl.bund.de/SharedDocs/Downloads/04_Pflanzenschutzmittel/Meldeblatt_Fundaufkl%C3%A4rung_unbehandelte_Fl%C3%A4chen.html, nach Angaben der BVL wurden bis Ende Mai 2019 vier Fälle über das Meldeblatt zur Fundaufklärung gemeldet.

183 Sanders, Jürn/Hess, Jürgen (Hg.): Leistungen des ökologischen Landbaus für Umwelt und Gesellschaft, Thünen Report Nr. 65,

Braunschweig 2019, www.thuenen.de/media/publikationen/thuenen-report/Thuenen_Report_65.pdf

184 Stolze M, Piorr A, Häring A, Dabbert S (2000): The environmental impacts of organic farming in Europe. Stuttgart-Hohenheim: Inst. für Landwirtschaftliche Betriebslehre. Organic farming in Europe economics and policy 6

185 www.topagrar.com/oekolandbau/news/qaim-Oekolandbau-rettet-die-welt-nicht-11536695.html?utm_content=index

186 www.thuenen.de/de/thema/oekologischer-landbau/zukunfts strategie-oekologischer-landbau/warum-20-prozent-oekolandbau/

187 www.thuenen.de/de/thema/oekologischer-landbau/aktuelle-trends-der-deutschen-oekobranche/oekolandbau-in-zahlen/ www.bmel.de/SharedDocs/Pressemitteilungen/2018/161-Oekolandbau.html, Pressemittteilung

188 Bundesamt für Verbraucherschutz und Lebensmittelsicherheit: Absatz an Pflanzenschutzmitteln in der Bundesrepublik Deutschland, Braunschweig 2018, Seite 9, www.bvl.bund.de/psmstatistiken

189 A. a.O., S. 9: Insektizide, Pheromene, andere als inerte Gase: 22,4 %. Bundesamt für Verbraucherschutz und Lebensmittelsicherheit: Absatz an Pflanzenschutzmitteln in der Bundesrepublik Deutschland, Braunschweig 2018, Seite 9, www.bvl.bund.de/psmstatistiken

190 Aus der ausführlichen Antwort des BVL auf meine Frage, warum private Anwender keinen Sachkundenachweis brauchen, Mail vom 5.4. 2019: »Pflanzenschutzmittel sind per se Produkte, die bestimmte Schädlinge abtöten, Krankheiten bekämpfen oder Unkraut vernichten sollen und dazu in die Umwelt ausgebracht werden. Dabei ist kein Mittel so selektiv, dass es nur auf den einen Schädling oder nur auf die eine Krankheit wirkt. Deshalb geht es immer darum, die gewünschte Wirkung zu erzielen, ohne die Sicherheit für Anwender, Anwohner und Verbraucher zu gefährden und ohne die Umwelt unvertretbar zu belasten. Die o. g. Regelungen dienen dazu, das zu gewährleisten. (…) Auch wenn diese Mittel einfach in der Handhabung sind und vergleichsweise günstige Eigenschaften haben, sollten sie dennoch mit dem nötigen

Verantwortungsbewusstsein angewendet werden. Die gesetzlichen Vorschriften zur Anwendung von Pflanzenschutzmitteln gelten auch für nichtberufliche Anwender. So darf die Anwendung nur in den zugelassenen Anwendungsgebieten erfolgen, und es sind die Anwendungsbestimmungen einzuhalten. Der Anwender sollte sorgfältig die Gebrauchsanleitung lesen und beachten; darin steht alles, was zur sicheren und vorschriftsmäßigen Anwendung nötig ist.« www.bvl.bund.de/SharedDocs/Downloads/04_Pflanzenschutzmittel/PSM_Haus_und_Kleingarten.pdf. www.bvl.bund.de/psmgarten

191 www.heute.at/oesterreich/kaernten/story/Kaernten-beschliesst-Glyphosat-Verbot-fuer-Privatanwender-ab-2020-54207387

192 https://web.archive.org/web/20131023061542/http://landwirtschaft-bw.de/pb/,Lde/665732

193 http://www.bfr.bund.de/de/fragen_und_antworten_zur_bewertung_des_gesundheitlichen_risikos_von__glyphosat-127823.html

194 Schäffer, Andreas u. a.: Der stumme Frühling. Diskussion Nr. 16, Nationale Akademie der Wissenschaften Leopoldina, Halle, 2018. S. 45

195 Bundesamt für Verbraucherschutz und Lebensmittelsicherheit, BVL, Bundesinstitut für Risikobewertung, BfR, das Julius-Kühn-Institut, JKI, und Umweltbundesamt UBA.

196 Schäffer, Andreas u. a., S. 19

197 Schäffer, Andreas u. a.: Der stumme Frühling – Zur Notwendigkeit eines umweltverträglichen Pflanzenschutzes, Diskussion Nr. 16, Nationale Akademie der Wissenschaften Leopoldina, Halle (Saale) 2018.

198 Citizens for Science in Pesticide Regulation (Hg.): A White Paper: Ensuring a Higher Level of Protection from Pesticides in Europe, 2018
https://www.pan-europe.info/sites/pan-europe.info/files/public/resources/reports/White%20Paper_Dec2018.pdf; Information dazu in Deutsch: https://pan-germany.org/pestizide/neue-analyse-offenbart-schwachstellen-beim-europaeischen-pestizid-zulassungssystem-und-bietet-loesungen-an/

199 http://ec.europa.eu/citizens-initiative/public/initiatives/successful/details/2017/000002

200 www.martinhaeusling.eu/images/themen/GFL_ENVI_Abstimmung_27112018.docx.pdfSiehe auch: www.martinhaeusling.eu/presse-medien/pressemitteilungen/2248-erfolg-auf-ganzer-linie-glyphosat-studien-muessen-oeffentlich-gemacht-werden.html

201 https://sven-giegold.de/gruener-erfolg-vor-dem-eugh-studien-zu-glyphosat-duerfen-nicht-geheimgehalten-werden/

202 Das International Life Science Institute zum Beispiel beschäftigt sich mit solchen Risikoabschätzungen. Es ist nach eigener Aussage eine Non-Profit-Organisation, die mit Unternehmen zusammenarbeitet, siehe auch FAQ: »Why do companies join ILSI? Companies join ILSI to collaborate with leading scientists from industry, academia, and government to identify and resolve scientific issues of common concern.«

203 Der ausführliche Bericht zum Plagiat auf englisch: www.greens-efa.eu/files/doc/docs/298ff6ed5d6a686ec799e641082cdb63.pdf,
siehe auch: https://www.keine-gentechnik.de/nachricht/33532/

204 Arancibia, Florencia/Motta, Renata/Clausing, Peter u. a.: The neglected burden of agricultural intensification: a contribution to the debate on land use change, 2019, eingereichtes Manuskript (Stand Mai 2019)

205 Gespräch mit Peter Clausing am 24.5.2019, vermutlich krebserregend: Captan, Chlorothalonil, Chlorotholuron, Folpet, Mepanipyrim, Propyzamid, Thiacloprid. Wahrscheinlich reproduktionstoxisch: Flumioxazin, Thiacloprid. Siehe auch die Antwort der Bundesregierung auf die Kleine Anfrage der Abgeordneten Harald Ebner u. a. »Mängel und Reformbedarf im Zulassungsverfahren von Pestiziden« v. 11.2.2019, Antwort 3, http://dip21.bundestag.de/dip21/btd/19/077/1907739.pdf

206 www.agrarheute.com/pflanze/getreide/drei-fungizide-verlieren-zulassung-553703

Kapitel 12

An der Weggabelung: Vielfalt der Kulturpflanzen oder Gentechnik

207 FAO Commission on Genetic Ressources for Food and Agriculture: The State of the World's Biodiversity for Food and Agriculture, Rom 2019, S. 113. http://www.fao.org/3/CA3129EN/CA3129EN.pdf

208 Marie Haga auf dem Agrarkongress des Bundesumweltministeriums am 15.1. 2019 in Berlin.

209 Angaben des https://vielfaltschmeckt.de/ https://biologischevielfalt.bfn.de/bundesprogramm/projekte/projektbeschreibung/

210 www.transgen.de/aktuell/2735.gene-drive-malaria-moratorium.html

211 https://cdn.elifesciences.org/articles/03401/elife-03401-v2.pdf

212 Viele Aufsätze von Margret Engelhard finden sich hier: www.researchgate.net/profile/Margret_Engelhard

213 Reeves, R. G. u. a.: Agricultural research, or a new bioweapon system? *Science* 05 Oct 2018, Vol. 362, Issue 6410, pp. 35–37, DOI: 10.1126/science.aat7664, https://science.sciencemag.org/content/362/6410/35; Gute Zusammenfassung auf Deutsch: www.mpg.de/12316482/darpa-insect-ally

214 https://genedrives.ch/report/ www.tagesspiegel.de/wissen/chancen-und-risiken-fuer-die-globale-gesundheit-gene-drives-mit-groesster-vorsicht-behandeln/24376140.html

215 Engelhard, Margret: Entzauberung des Lebens. Zum Einfluss der modernen Lebenswissenschaften auf unser Konzept des Lebens, Konrad-Adenauer-Stiftung, Nr. 521, Juli/August 2013, 58. Jahrgang, S. 81–83, https://www.kas.de/c/document_library/get_file?uuid=48b71ee8-af99-b662-bedd-b306ca015ed8&groupId=252038

216 Siehe Rettet den Regenwald.

217 IUCN: Genetic frontiers for conservation, https://portals.iucn.org/library/sites/library/files/documents/2019-012-En-Syn.pdf

218 https://science.sciencemag.org/content/359/6383/1517.editor-summary, www.welt.de/newsticker/dpa_nt/infoline_nt/

wissenschaft_nt/article175015114/Froesche-entwickeln-wohl-Resistenz-gegen-Todes-Pilz.html

219 https://biooekonomie.de/nachrichten/genome-editing-fuer-pflanzenzucht-nutzen

220 Endosymbiontentheorie.

221 Margret McFall-Ngai: Noticing Microbial Worlds, in: Arts of living on a damaged planet, M52, eigene Übersetzung.

222 Margret McFall-Ngai, a. a. O., M66.

223 Haraway, Donna J.: Unruhig bleiben. Die Verwandtschaft der Arten im Chthuluzän (2016), Frankfurt am Main 2018, S. 137.

224 Ebd., S. 54.

225 Ebd., S. 68.

226 Ebd., S. 62

227 Ebd., S. 81

228 Ebd., S. 48 ff.

229 Ebd., S. 81

230 Ebd., S. 83

231 Tsing, Anna u. a.: Arts of Living on a Damaged Planet, Minneapolis, London 2017.

Kapitel 13

Wegweiser in die Zukunft

232 www.theguardian.com/environment/gallery/2019/apr/22/extinction-rebellion-protest-photos-from-day-eight, ausführliche Berichterstattung hier: www.theguardian.com/environment/extinction-rebellion

233 https://extinctionrebellion.de/forderungen/: »Die anthropogenen Emissionen von Treibhausgasen werden über alle Sektoren hinweg bis 2025 auf Netto-Null reduziert. Der ökologische Raubbau wird mit allen zur Verfügung stehenden Mitteln eingedämmt und – wenn möglich – wieder rückgängig gemacht. Zentrale Zielsetzung der Gesellschaft ist es in Zukunft, das Klima und die Ökosysteme der Erde so zu stabilisieren, dass sie allen Menschen und allen Arten,

zuvorderst den am stärksten gefährdeten, ein sicheres Zuhause bietet.«

234 Scheub, Ute: #journalistsforfuture, in taz v. 29.4. 2019, www.taz.de/!5588084/

235 Monbiot, George: Out of the wreckage, …
Despair is the state we fall into when our imagination fails.

236 Ebd., S. 5.

237 Ebd., S. 19.

238 Ebd., S. 182 f.

239 Ute Scheub ist mit ihrem Appell keineswegs allein, unter den Schlagworten solution oriented journalism oder constructive journalism diskutieren Medienschaffende auf der ganze Welt, wie die Medien angemessen mit den globalen Krisen umgehen sollten, ohne zu Zynismus und Resignation zu verleiten.
Zum Beispiel hier:
gruener-journalismus.de
www.solutionsjournalism.org
www.netzwerk-weitblick.org

240 LANUV: Blühende Vielfalt am Wegesrand. Praxisleitfaden für artenreiche Weg- und Feldraine, LANUV-Info 39, http://wegraine.naturschutzinformationen.nrw.de/wegraine

241 www.natur-erleben-nrw.de/natura-2000/regionen-und-gebiete-in-nrw/details/kalkmagerrasen-bei-ottbergen, www.bundewischen.de, www.uria.de (Über die Uria-Herde hat Arte am 12.3.2019 eine Dokumentation gesendet: »Ziemlich wilde Rinder«), www.franz-projekt.de, www.rheinische-kulturlandschaft.de/themen-projekte/kulturlandschaft-erhalten-und-foerdern/summendes-rheinland-landwirte-fuer-ackervielfalt/ https://ljv-rlp.de/projekte/wildschutz programm-feld-wiese/ Der Anbauverband Bioland hat eigene Biodiversitätsberater für Landwirte eingestellt: www.bioland.de/infos-fuer-erzeuger/fachberatung/fachberatung-naturschutz.html

242 Sachverständigenrat für Umweltfragen/Wissenschaftlicher Beirat für Biodiversität und genetische Ressourcen beim Bundesministerium für Ernährung und Landwirtschaft: Für einen flächenwirksamen Insektenschutz. Stellungnahme, Oktober 2018,

243 Pressemitteilung des Deutschen Bauernverbands vom 7.6.2019, Ackerbautagung in Berlin

244 www.nachhaltigkeit.nrw.de/fileadmin/download/Nachhaltigkeitspruefung/Leitfaden__Nachhaltigkeitspruefung_ext.pdf

245 Stöcker, Christian: Vor dem Absturz, Spiegelonline vom 9.6.19, www.spiegel.de/wissenschaft/mensch/klimawandel-den-absturz-kann-man-nicht-wegdiskutieren-kolumne-a-1271315.html

246 Pestizidabgabe: www.ufz.de/index.php?de=36458, www.ufz.de/export/data/global/86986_Zusammenfassung_Gutachten.pdf, Mikroschadstoffe: https://www.ufz.de/index.php?de=42394, https://www.umweltbundesamt.de/publikationen/arzneimittelabgabe-inpflichtnahme-des-arz

247 Kommission Landwirtschaft am Umweltbundesamt: Landwirtschaft quo vadis? Agrarsysteme der Zukunft, Veröffentlichung in Vorbereitung, https://www.umweltbundesamt.de/themen/boden-landwirtschaft/kommissionen-beiraete/kommission-landwirtschaft-klu, Stefan Möckel, Ulrich Peterwitz von Gelsenwasser und die Autorin sind Mitglieder in der Kommission.

248 www.umweltbundesamt.de/themen/boden-landwirtschaft/kommissionen-beiraete/kommission-landwirtschaft-klu

249 www.marktwirtschaft-reparieren.de/

250 https://www.sueddeutsche.de/bayern/artenvielfalt-gesetz-volksbegehren-1.4394714

251 Zum Weltbienentag 2019 haben auch die Baden-Württemberger ein Volksbegehren auf den Weg gebracht. Zwei Berufsimker haben »Rettet die Bienen« initiiert, aber auch hier geht es um mehr. »Wir Bürger übernehmen Verantwortung für unsere Lebensgrundlagen«, heißt es auf der Webseite. Sie fordern eine Halbierung der mit Pestiziden belasteten Flächen bis 2025 und 50 % Ökolandbau bis 2035 und etwas, was selbstverständlich sein sollte: ein Pestizideinsatzverbot in Naturschutzgebieten. In Brandenburg ist es komplizierter: Dort gibt es gleich zwei Volksinitiativen zur Artenvielfalt, die quasi gegeneinander antreten: eine der Naturschutzverbände und eine zweite vom Bauernverband, der auf freiwillige Maßnahmen setzt. Unter diesem Link sind alle laufenden Verfahren auf Landesebene zu finden: https://www.mehr-demokratie.de/themen/volksbegehren-in-den-laendern/laufende-verfahren/

252 www.bmu.de/download/wege-zu-einem-gesellschaftsvertrag-fuer-eine-zukunftsfaehige-landwirtschaft/

253 Vielleicht könnte man den Gesellschaftsvertrag auch in einen Vertrag für Vielfalt und Heimat umbenennen, dann hätte man Begriffe, die sowohl Linke als auch Konservative ansprechen.

254 www.aok-bv.de/engagement/wenigerzucker/ www.hamburg.de/pressearchiv-fhh/12555666/2019-04-29-bgv-zucker/ www.hamburg.de/weniger-zucker

255 http://neu.ernaehrungsraete.org www.regionalbewegung.de/projekte/regional-plus-in-nrw/praxisleitfaden-traumpaar-biodiversitaet-und-regionalvermarktung https://transitionnetwork.org http://convivialism.org www.degrowth.info www.incredible-edible-todmorden.co.uk www.solidarische-landwirtschaft.org https://landwende.de https://schweisfurth-stiftung.de www.landwende.de, vergleiche auch Schneidewind, Uwe: Die Große Transformation. Eine Einführung in die Kunst des gesellschaftlichen Wandels, Frankfurt am Main 2018, van Reybrouck, David: Gegen Wahlen. Warum Abstimmen nicht demokratisch ist, Göttingen 2016

Kapitel 14

Das Tribunal der Arten

256 www.spiegel.de/spiegel/print/d-13529600.html

257 Robbensterben. Die große Angst vorm Toten Meer, Hamburger Abendblatt vom 20.7.2013, www.abendblatt.de/hamburg/magazin/article118224263/Robbensterben-Die-grosse-Angst-vorm-toten-Meer.html

258 VG Hamburg: Keine Beteiligungsfähigkeit der »Seehunde in der Nordsee« im Verwaltungsprozess, NVwZ 1988, 1058 Scheub, Ute: Kein Klagerecht für Robben, taz vom 30.9. 1988, S. 6, www.taz.de/!1836408/

259 http://dipbt.bundestag.de/dip21/btd/11/054/1105463.pdf

260 Vgl. Sezgin, Hilal: Artgerecht ist nur die Freiheit, München 2014, www.iri-world.de

261 Stone, Christopher D.: Should trees have standing? Oxford 2010

262 Pauly, Daniel/Froese, Rainer/Holt, Sidney J.: Balanced harvesting: The institutional incompatibilities, Policy 69 (2016) 121–123.

263 Fischer-Lescano, Andreas: Natur als Rechtsperson. Konstellationen der Stellvertretung im Recht, ZUR 2018, S. 206 f.

264 www.general-assembly.net/charta-fur-das-21-jahrhundert/

265 www.orthoptera.ch/arten/item/bryodemella-bryodemella-tuberculata https://www.iucnredlist.org/species/16084462/70292211

266 https://ffh-anhang4.bfn.de/arten-anhang-iv-ffh-richtlinie/kaefer/eremit-osmoderma-eremita/lokale-population-gefaehrdung.html https://www.iucnredlist.org/species/15632/105873655#threats

267 www.deutschlands-natur.de/tierarten/tagfalter/segelfalter/

268 www.deutschewildtierstiftung.de/wildtiere/rebhuhn nrw.de/artenschutz/de/arten/gruppe/voegel/kurzbeschreibung/103024

269 www.spiegel.de/wissenschaft/natur/italien-22-kilogramm-plastik-im-magen-von-pottwal-gefunden-a-1260761.html, Bethge, Philip/Klawitter, Nils u. a.: Die Müll-Lüge, Der Spiegel vom 18.1.2019, www.spiegel.de/wirtschaft/soziales/plastikmuell-deutschland-will-exportverbot-fuer-unsortierte-abfaelle-a-1264874.html

Personenregister